KRITIK
DER
REINEN
VERNUNFT

纯粹理性批判

Immanuel
Kant

[德] 康德◎著
蓝公武◎译

人文经典丛书 第一辑

中国科学技术出版社
·北 京·

图书在版编目（CIP）数据

纯粹理性批判 /（德）康德著；蓝公武译 . -- 北京：中国科学技术出版社，2025. 10. -- ISBN 978-7-5236-1031-2

Ⅰ . B081.2；B516.31

中国国家版本馆 CIP 数据核字第 2024T1Z457 号

策划编辑	申永刚　陆存月	**责任编辑**	胡天焰
封面设计	水玉银文化	**版式设计**	蚂蚁设计
责任校对	焦　宁	**责任印制**	李晓霖

出　　版	中国科学技术出版社
发　　行	中国科学技术出版社有限公司
地　　址	北京市海淀区中关村南大街 16 号
邮　　编	100081
发行电话	010-62173865
传　　真	010-62173081
网　　址	http://www.cspbooks.com.cn

开　　本	889mm × 1194mm　1/32
字　　数	460 千字
印　　张	19.75
版　　次	2025 年 10 月第 1 版
印　　次	2025 年 10 月第 1 次印刷
印　　刷	大厂回族自治县彩虹印刷有限公司
书　　号	ISBN 978-7-5236-1031-2
定　　价	126.00 元

目　录

第二部　先验逻辑

第一编　先验分析论

第二编　先验辩证论

二　先验方法论

梵罗拉美之倍科

大革新　序文

余对于余自身不欲有所言。唯关于今之所论究之事项，则余愿人人不以之为一私见而以之为一重要之事业，且对于余之所尝试者不以之为创设一宗派或一私见，而确信为创设人类之福利及威权。尤愿人人考虑自己之利益——且为普法之福利计——以参与此事业。人人宜各有所期望。且愿不以余之革新学问为渺茫无限超越人间之事。盖今之革新，实终结无限之谬妄而为学问之正当限界者也。[1]

〔1〕此为第二版所增加者。

与国务大臣男爵瑞特立芝书

勋爵钧鉴：

就吾人职分之所在，以促进学问之发展，实即尽力于明公所爱护之事业，此不仅因明公地位崇高，众望所归，乃因明公与学问关系密切，爱护如恋人、明察如贤明之法官耳。辱蒙奖饰，以仆为有助于学问之进展，特摅胸臆，以伸谢忱。

钧座前对于第一版关垂逾恒，今谨进呈此第二版以仰答厚意，并祈对于仆生平著作，大力维护，无任感荷。谨肃。〔1〕

康德再拜

〔1〕在第一版此段文字如下：

凡排遣俗虑耽于思辨之生活者，其得明察老练之法官之鉴识，所以奖掖其前进者甚大，其利益至深且远，区非流俗之所能知者也。

仆今进呈本著，以仰答此一类法官之关垂厚意，且乞其庇护仆之一切其他著作……

第一版序文

人类理性具有此种特殊运命，即在其所有知识之一门类中，为种种问题所困，此等问题以其为理性自身之本质所加之于其自身者，故不能置之不顾，但又因其超越理性所有之一切能力，故又不能解答之也。

理性如是所陷入之烦困，非由理性本身之过误。理性初以“唯能运用原理于经验过程，同时经验充分证明理性使用此等原理之为正当者”一类原理开始。以此等原理之助，理性穷溯（盖此亦由理性本质所规定者）事物更高更远之条件，唯立即自悟以此种方法进行则问题永无尽期，理性之事业，势必无完成之日；乃迫不得已求之于“超越一切可能之经验的使用且又似不能拒斥即常人亦易于接受”之原理。但由此种进程，则人类理性实陷入黑暗及矛盾之境；斯时理性固推测此等黑暗及矛盾，必起于某种隐藏之误谬，但不能发现之。盖因其所使用之原理，超越经验之限界，已不受经验之检讨。此等论争无已之战场即名为玄学。

玄学固曾有尊为一切学问之女王一时代；且若以所愿望者为即事功，则以玄学所负事业之特殊重要，固足当此荣称而无愧。

但今则时代之好尚已变，以致贱视玄学；老妇被弃诚有如海枯拔（Hecuba）之所自悼者：昔我为人中之最有权力者，因有无数之子婿儿女而占支配者之地位，而今则为流离颠沛之身矣。

玄学之政权，初则在独断论者统治之下而为专制的。但因其立法仍留有古代蛮野之痕迹，故其帝国渐由内乱而陷入完全无政府之状态；而游牧种族之怀疑派，则厌弃一切安定生活，时时破坏一切社会之组织。所幸此类人数不多，不能阻抑玄学之时时重建——虽无齐一及一贯之计划。在最近时期因有一种关于人类悟性之说明学问——声望卓著之洛克所著之悟性论——似将终结一切论争，且关于玄学自身所主张之地位，似亦受有最后之判决。

但其结果则适相反。盖虽推寻玄学之世系，谓其出自"通常经验"之卑贱门地，以图动摇其所谓女王之僭称，但以事实言，此种世系表实为妄造，故玄学仍继续固执其自身所主张之地位。因而玄学后退至古朽之独断论，复复忍受其所已振拔之鄙视地位。今则信为一切方法俱已用尽无效，对于玄学之态度，皆成为倦怠而冷淡——在一切学问中，玄学为混乱及黑暗之母，所幸在此种事例中，实为一切学问未来革新及更生之源泉，至少亦为其序幕。盖玄学至少已终结其所妄用之勤劳，此种妄用之勤劳，乃使玄学陷于黑暗、混乱及无效用者也。

但对于此种研究，貌为冷淡之人，实无聊之极，盖此等研究之对象，在人类本性，绝不能等闲视之者也。此等貌为冷淡者，不问其如何以日常用语代学术语，期掩饰其自身，但在彼等有所思维之限度内，则势必复归其向所宣称为极度鄙视之玄学主张。顾此种冷淡，显现于种种学问发达之时，且实影响于此等学问——此等学问之知识，如能得之，吾人至少应爱护之——实为务须注意及熟虑之一种现象。此非由轻率所致，乃由时代之成熟的判断力[①]所致，彰彰明甚，盖时代之判断力，已不再为虚妄之知识所欺矣。且此为对于理性之一种要求，令其重行从事于理性所有之一切事业中最艰巨之事业（即理性自知之明），及组织法庭不以独断的命令，而依据理性自身所有之永恒不变法则，以保证理性之合法主张而消除一切无根据之僭妄主张。此种法庭实唯纯粹理性之批判足当之。

我之所谓批判非指批判书籍及体系而言，乃指就理性离一切经验所努力寻求之一切知识，以批判普泛所谓理性之能力而言。故此种批判乃决定普泛所谓玄学之可能与否，乃规定其源流、范围及限界者——凡此种种皆使之与原理相合。

我已进入此种途径——此为今所留存尚未开辟之唯一途径——且自以为遵从此种途径，我已发现一“防免一切误谬”之方法，此等误谬在理性离经验使用时，使理性自相矛盾者。我并不借口人类理性能力之不足而避免理性所有之问题。反之，我依据原理，将此等问题，一一列举详尽；且在发现理性自相矛盾所在之点（由于误解而起）以后，我已圆满解决此等问题。所解答者固不能如独断的幻想的主张在知识上之使吾人所期待者——此种期待仅能由魔术的计谋以迎合之，而我则非熟习魔术者也。盖以此种方法解答问题，实不在吾人理性本质所有之意向以内，且因此等方法，乃由误解而来，故哲学之任务，唯在消除其惑人之影响，固不顾及“足值欣赏之幻梦”将因而消失也。在此种研究

① 吾人尝闻有慨叹现代思想浅薄及实学衰微者。但我实未见建立于坚实基础之学问，如数学、物理学等丝毫有如其所责难者。此等学问之成绩足以维护其旧日之声望不坠，且如物理学则实超绝既往者也。在其他种类之学问中，如首唯注意于其原理之确定，则数学等所具之同一精神亦自能显现。在原理未确定以前，则冷淡、怀疑及苛刻之批判（最后之结果），实为思维深密之证。现代尤为批判之时代，一切事物皆须受批判。宗教由于其神圣，法律由于其尊严，似能避免批判。但宗教法律亦正以此引致疑难而不能得诚实之尊敬，盖理性唯对于能经受自由及公开之检讨者，始能与以诚实之尊敬。

中，我以“周密”为主要目的，我敢断言玄学之问题，已无一不解决，或至少已提供解决此问题之关键。纯粹理性实为一完成之统一体，故若其原理不足以解决其自身所发生之问题之一时，吾人应即弃置此原理不用，盖因斯时吾人已不信赖此原理足以处理其他任何之问题矣。

当我言此时，我能想象读者对此令人感及其骄慢浮夸之自负，现有不悦而杂以轻侮之面容。但此等自负，较之所有在其通常之纲领上宣称证明心灵之单纯性及世界起源之必然性者等著作者之夸张温和多矣。盖此等著作者承当能扩大人类知识于可能经验之限界以外，顾我则谦卑自承此实为我之能力所不及者。我之所论究者，唯在理性本身及其纯粹思维；欲得其完备知识，固无须远求于外，盖理性及其纯粹思维实在我自身中见及之也。至理性之一切单纯活动，如何能详备举示，且列为系统，普通逻辑已提示其例证。今所论究之主题，则为除去经验所有之一切质料及助力时，吾人由理性所能希冀成就者究达何种程度之问题。

吾人规定所论究之每一问题时，务极注意其**周密**，而于规定所须论究之一切问题时，则务极注意其**详备**。盖此等问题并非任意采择者，乃知识自身之本质所加之吾人为批判研究之主要论题者。

至关于吾人研究之方式，则正确及明晰二点，为二大基本要求，凡企图尝试此种精微事业者，自当令其充备此等条件。

关于**正确**，我对自身所制定之格率则为：在此类研究中，绝不容许**臆断**。故一切事物凡有类“假设”者，皆在禁止之列，一经发现，立即没收，固不容其廉价贩售也。任何知识，凡称为**先天的**所有者，皆要求被视为绝对必然者。此更适用于“一切纯粹**先天的**知识之任何**规定**”，盖因此种规定，实用为一切必然的（哲学的）正确性之尺度，因而用为其最高之例证。在我所从事之事业中，是否有成，自当一任读者之判断；著者之任务唯在举示其根据而不陈述判断者对此等根据所当有之结果。但著者以不欲自身减弱其论据，自当注意足以引人疑虑（虽仅偶然的）之处。其所以有时参以己见者，实欲用以消除“所有对于不甚重要之点所生无谓疑惑，以致影响读者对于主要论点之态度”之一类影响耳。

我知“关于探讨吾人所名为悟性之能力，及规定其使用之规律、限界”之论究，实无逾于我在先验分析论之第二章名为**纯粹概念之演绎**中所论述者。此等论述亦实为尽我最大之劳力者——如我所望。非无报偿之劳力。此种颇有甚深根据之论究有两方面。一方面与纯粹悟性之对象有关，意在说明其先天的概念之客观的效力，而使吾人能理解之。故此为我之目的根本所在。至其他一方面则为研讨纯粹悟性之本身，即其可能性及其所依据之认知能力，因而在主观方面论究之。此后者之说明，就我之主要目的言，虽极重要，但并不成为其基本部分。盖主要问题常为：悟性及理性离一切经验所能知者为何，及所知之程度如何？而非：思维自身能力之如何可能？后者乃追寻所得结果之原因，性质颇近似假设（我虽在他处将另有所说明，实际本不如是）。故在此种事例中我似只任意陈述**意见**，读者当亦可自由发表其不同之**意见**。以此之故，我自必在读者批判之前，预有一言奉告，即我之主观的演绎，就令不能产生如我所希望之充分确信，而我主要所从事之客观的演绎，则仍保有其完全力量。

至关于**明晰**，读者首先有权要求由**概念**而来之**论证的**（逻辑的）明晰，其次则要求由**直观**而来之**直观的**（感性的）明晰，即由于例证及其他具体之释明。关于第一点我已充分具备。盖此为我之目的根本所在；但亦为不能满足第二要求（此虽非十分重要但亦为合理的）之旁因。在我著作之进展中，关于此一点，我每彷徨不知应如何进行。例证及释明固常视为所必需者，在我初稿中，凡需及时，常采入之。但我立即悟及我事业之宏大及所论究事项之繁复；且又见及我即纯然以学究的干枯论法论究之，而其结果在量上亦已充分过大，故再以例证及释明增大其数量，我殊觉其不宜。且此等例证及释明，仅为通俗起见所必需；而本书则绝不适于常人之理解。凡真纯研究学问之人无须乎此种例证释明之助，况例证释明虽常令人快适，实足以自弱其所论之效果。僧院长德勒森（Terrasson）曾有言，书籍之分量，如不以页数为衡，而以通晓此书所需之时间为衡，则有许多书籍可谓为若不如是简短即应较此更大为简短。在另一方面，吾人如就“思辨的知识之全体（此虽广泛多歧，但具有自原理之统一而来之有条不紊始终一贯）能使人理解”而论，亦正可谓许多书籍若未曾如是努力使之明晰，则当较此更为明晰也。盖凡有助于明晰者，在其细密部分，虽有所补益，但常足妨吾人体会其全体。读者因而不容急速到达概观其全体之点；盖释明所用材料之鲜明色彩，每掩蔽体系之脉络及组织，顾此种体系吾人如能就其统一及巩固判断之，则为吾人所首应注意之主要事项也。

我敢断言，当著者按今所立之计划，努力以成就一伟大而重要之事业至极完备之程度，而期垂之久远，读者自必大为感奋，悠然生愿随协作之感。玄学就吾人所采纳之见解而言，实为一切学问中之唯一学问，敢期许以微小而集中之努力，且在短时期中到达极完备之程度，其所遗留于后人之事业仅为各就其所择之教学方法采用之，不能有所增益其内容。盖玄学不过吾人由纯粹理性所有一切财产系统的排列之目录耳。在此领域中无一能自吾人遗漏。凡纯由理性本身所产生者，绝不能掩藏，在共通原理已发现以后，立即由理性本身呈现于吾人之前。此种知识之完全统一及其完全来自纯粹概念而绝不为任何经验或特殊直观（此种直观可引达其能扩大及增进知识者之确定经验）所影响之事实，乃使此种绝对完备不仅能实行，且亦成为必然的。汝其详审汝家，则知汝之财产之如何简单矣。——普西乌斯（Persius）。

此种纯粹（思辨的）理性之体系，我期望在我自然之玄学一书中成就之。此书较今所著批判一书，页数不及其半，但其内容之丰富，则远过于批判一书，盖批判一书以发现“批判所以可能之源流及条件”为首先要务，殆所以清除平整迄今尚在荒芜之土地者也。在本著中我乞求读者以法官之忍耐公正临之，在其他一著作（自然之玄学），则乞求以协作者之仁爱援助临之。盖在批判一书中所呈现之体系，其所有之一切原理即极完备，但体系本身之完备，则尚须引申而来之概念无一欠缺。顾此等引申而来之概念，绝不能由先天的计算列举之，而必须逐渐发现之者。唯在此批判一书中，概念之全部综合已申说详尽，所留存之工作唯在分析概念至同一程度之完备而已，此一种事业与其谓之劳役，毋宁谓之娱乐。

关于印刷事项我尚有数言附述。纯粹理性之二律背驰，自三百六十页至三百八十三页，排列成一表式，凡属于正面主张者列左，属于反面主张者列右。我之所以如是排列者，盖欲命题与相反之命题易于互相比较耳。

第二版序文

论究属于理性领域内知识之方法，是否由学问之安固途径进行，此由其结果而极易断定之者也。盖若在艰苦准备以后时行更易，此乃在将达目的之时突行中止；或时时迫不得已却步旋踵，别择新途；又或各个参与此同一事业之人，于进行程序之共通计划未能一致，吾人于此可断言其离进入学问之安固途径尚远，实仅冥行盲索而已。在此等情状中，吾人如能发现所能安全进行之途径，则吾人对于理性实已有所贡献——虽以此故，而令包含在原有之目的中者无数事项（此类目的乃未经详审即行采纳之者）皆应视为无益而废弃之。

逻辑自古代以来即已在安固之途径中进行，此由以下之事实即可证明之者，盖自亚里士多德以来，逻辑从未须后退一步，且吾人之所视为改进者，亦仅删除若干无聊之烦琐技巧，或对于所已承认之教诲，更明晰阐明之而已，此等事项与其谓之有关学问之正确性，毋宁谓之有关学问之美观耳。其亦可令人注意者，则降至今日逻辑已不能再前进一步，在一切外表上，已成为完善之学问。近代如或有人思欲加入关于种种知识能力（想象力、理智，等等）之心理学数章以及关于知识起源，或关于由不同种类之对象而有不同种类之正确性（观念论、怀疑论，等等）之玄学数章，或关于偏见（其原因及救济方策）之人类学数章，以图扩大逻辑之范围，此仅由于其不知逻辑学问之特有性质故耳。吾人若容许各种学问之疆域可互相混淆，此非扩大学问，实为摧毁学问。逻辑之范围久已严密规定；其唯一之职分，在对于一切思维——不问其为先天的或经验的，其起源如何，其对象为何，以及在吾人心中所可遇及之阻障（不问其为偶然的或自然的）——之方式的规律，详密说明之及严格证明之而已。

逻辑之所以有如是成就者，其便益全在其制限，逻辑因此能有正当理由抽去——实亦其责务使然——知识之一切对象及对象所有之差别，所留存于悟性者，仅为论究其自身及其方式。但在理性，其进入学问之安全途径，自当艰难异常，盖因理性之所论究者，不仅其自身，且又及于其对象。故逻辑为一准备之学问，殆仅构成各种学问之门径；当吾人论究特殊知识时，在批判的评衡此种知识之际，虽必以逻辑为前提，但为欲实际获得此种知识，则吾人应求之于各种专门学问，即种种客观的学问是也。

今若理性为此等学问中之一因子，则此等学问中之某某部分必为先天的所知者，且此种知识能以两种方法中之一与对象相关，即或纯为规定此对象及其概念（此种对象及概念必为他处所提供者）或又使之成为现实者。前者为理性之理论知识，后者则为其实践知识。在二者中凡理性所完全先天的规定其对象之部分，即纯粹部分（不问包含此部分多寡），在与由他种源流而来之知识相混时，必须首先分别论究之。盖若吾人浪费其所收入，而不能在收支不相应时，辨别其收入之某部分确能正当支出，某部分必须节减，则为不善经营生计者也。

数学及物理学（此为理性在其中产生理论的知识之两种学问）皆先天的规定其对象者，前者之规定其对象完全纯粹的，后者则至少其中有一部分应视为由理性以外之其他知识源流而来者也。

数学在人类理性史所及范围之极早时代，已在希腊之伟大民族中进入学问之坚实途径。但不可因此而即推断数学之能发现——或宁谓之构筑——荡荡大道，一如逻辑（在逻辑中理性仅论究其自身）之易。就我所信，数学曾长期停留于盲索之阶段中（在埃及人中尤为显著），其转变实由于其中一人之幸运创见所成就之革命，彼所设计之实验，标示此学所必须进入之一种途径，遵由此种途径始得其所有一切时代及其无限扩张之确实进步。此种智力革命（其重要远过于发现回航好望角之通道）及其幸运创造者之历史，并未留传于世。但第喔干尼斯·拉尔的乌斯（Diogenes Laertius）所留传关于此类事项之记述，曾举一发现几何学论证中不甚重要事项（由常人判断实为无须此种证明者）之人名，至少足以指示此种新途径第一瞬间所成就之革命记忆，由数学家观之，实异常重要，以其足以使湮没之事复彰也。新光明实在论证二等边三角形性质之第一人［不问其人为泰莱斯（Thales）或其他某人］心中显露。彼所创建之真实方法，并不在检验彼在图形中或在图形之概念中所见及之事物，以及由此以理解图形之性质；而在发现所必然包含于“彼自身先天的所构成之概念”中之事物，由彼所呈现此先天的事物于彼自身之构成方法，以表现之于图形。彼若以先天的正确性知任何事物，则除必然由彼自身依据彼之概念所加入于图形者之外，绝不附加任何事物。

自然科学进入学问之大道，为时甚晚。自培根（Bacon）之天才建议以来——一方面创始此种发现，另一方面则鼓励已在研究途中之人——实仅一世纪有半耳。在此种自然科学之事例中所有发现，亦可谓为智力革命之突变结果。唯我今所指之自然科学，仅限于建立于经验的原理者而言。

当伽利略（Galileo）使具有预先由彼规定一定重量之球在斜面下转时；当托里拆利（Torricelli）使空气载有预先由彼计算“与水之一定容量之重量”相等之重量时；或在更近时期，当斯他尔（Stahl）以撤去金属中之某某成分及再加入之方法，使金属变为氧化物，氧化物再变金属时；[①] 一线光明突在一切研究自然者之心中显露。彼等乃知理性之所能洞察者，仅限于理性按其自身之计划所产生之事物，又知理性不容其自身机械的为自然所支配，必以依据固定法则之判断原理指示其进行途径，而强抑自然以答复理性自身所规定之问题。凡偶然之观察不遵从所预行设定之计划者，绝不能产生必然的法则，而理性则唯以发现此必然的法则为任务者也。理性左执原理（唯依据原理相和谐之现象始能容许为等于法则）、右执实验（依据此等原理所设计者），为欲受教于自然，故必接近自然。但理性之受教于自然，非如学生之受教于教师，一切唯垂听教师之所欲言者，乃如受任之法官，强迫证人答复彼自身所构成之问题。即如物理学，其泽被久远之思想革命，完全由于以下之幸运见解，即当理性必须在自然中探求而非虚构事实时，凡由理性自身之源流所不能知而应仅自自然学习之者，则在其探求中，理性必须以其自身所置之于自然者为其指导。如是，自然研究在救世纪之冥行盲索以后，始进入学问之

① 在我所选择之例证中，我并非推溯其实验方法史之正确径路，盖关于实验方法之起始，吾人实无精确之知识。

坚实途径。

玄学为完全孤立之思辨的理性学问，高翔于经验教导之外，且在玄学中，理性实为其自身之学徒。玄学唯依据概念——非如数学依据概念之适用于直观者。顾玄学虽较一切学问为古，且即一切学问为破坏一切之野蛮主义所摧毁而玄学依然能存留，但玄学固尚无幸运以进入学问之安固途径者也。盖在玄学中，即令理性所寻求之法则，一如其所宣称为具有先天的所洞察者，为吾人最通常之经验所证实之法则，理性亦常遇绝境。以不能引吾人趋向所欲往之途程，在玄学中吾人屡屡却步旋踵。又以玄学之学徒在彼等之论辩中远不能展示有一致之点，故玄学宁视为特适于欲练习武术者之战场，在此战场中无一参与者曾能获得盈寸之地，且绝无术以确保其永久之所有。由此观之，以往玄学之进程，仅在盲索之中，绝不容疑，其尤为恶劣者，则仅在概念中盲索耳。

在此方面，到达学问之正确途径，至今尚未发现，其理由果安在？其发现殆为不可能乎？如为不可能，则何以自然又以探求此种途径毫无已时之努力赋予吾人之理性，一若此为理性至关重要事项之一者。且若在吾人所深愿对之得有知识之最重要领域之一中，理性不仅使吾人一无成就，且以欺人之期许引诱吾人进行，及至终途，乃大反吾人之所期，则吾人尚有理由信赖吾人之理性耶！又或仅为过去择术未精，致未能发现真实之途径，则以更新之努力，吾人或较前人幸运，但有否任何征候以证实此期望之正当？

数学及自然科学由一突发革命以成今日繁荣之例证，由我观之，实足指示吾人应考求在其改变之观点中，此等学问受益如是之大者，其主要方面为何。此等学问之成功，自必使吾人倾向于（至少以实验之方法）模拟其进行程序——以其同为理性知识，就此等学问能类推及于玄学之限度内。吾人之一切知识必须与对象一致，此为以往之所假定者。但借概念，先天的关于对象有所建立以图扩大吾人关于对象之知识之一切企图，在此种假定上，终于颠覆。故吾人必须尝试，假定为对象必须与吾人之知识一致，是否在玄学上较有所成就。此种假定实与所愿欲者充分相合，即先天的具有关于对象之知识（在对象未授予吾人以前，关于对象有所规定）应属可能之事是也。于是吾人之进行正与哥白尼（Copernicus）之按其基本假设而进行相同。以“一切天体围绕观察者旋转”之假定，不能说明天体之运动，哥白尼乃更假定观察者旋转，星球静止不动，以试验其是否较易成功。关于对象之直观，此同一之试验，固亦能在玄学中行之。盖若直观必须与对象之性质相合，则我实不解吾人关于对象何以能先天地有所知；但若对象（所视为感官之对象者）必须与吾人直观能力之性质相合，则我自易思及此种可能性。诚以直观成为所知，我即不能止于此等直观，而必须使成为表象之直观与为其对象之某某事物相关，且由直观以规定此对象，故或我必须假定为我借以得此规定之概念与对象相合，或假定为对象或经验（此为同一之事物盖对象唯在经验中始为所与之对象而能为吾人所知）与概念相合。在前一假定，我仍陷于“关于对象我如何能先天的有所知”之烦困中。在后一假定，其观点较有期望。盖经验自身即为包括悟性之一类知识；而悟性则具有此种规律，即我必须预行假定，在对象授予我之前，此种规律即存在我之内部，盖即先天的存在者。此等规律在先天的概念中表现经验之一切对象，必然与此等先天的概念相合，且必须与之一致。至关于“仅由理性所思维，且实为必然的，但绝不能在经验中授予”（至少在经验中非理性所思维此等对象之形象）之对象，则在思维此等对象之企图中（盖此等对象必须承认为所思维者），关于吾人所采用之新思维方法（即吾人关于事物所能先天的知之者，仅限于吾人自身之所置之于事物者）实提供有一卓越之检验标准。①

此种实验有所成就亦即吾人之所能愿欲者，且对于玄学期许其在第一部分中——此为论究其相应之对象（与之适相符合）能在经验中授予之先天的概念之部分——有进入学问之安固途径之望。盖新观点足使吾人说明何以能有先天的知识；且关于“成为自然（所视为经验之对象之总和者）之先天的基础”之法则，复与之以满足之证明——此二者遵由以往之方法，皆不能有所成就者也。但关于吾人所有先天的认知能力之此种演绎，在玄学之第一部分中，实具有惊人之效果，但似与第二部分中所论究玄学之全部目的，大为背驰。盖超越一切经验眼界，虽正为玄学所唯一企求之事，但吾人之所断言者，则为吾人绝不能超越可能的经验之限界。但此种情状适足以产生此种实验，即吾人间接能证明第一部分中所评判吾人所有先天的理性知识之真实，盖即此种先天的知识仅与现象相关，至事物自身则一任其自身为实在之物，但视为吾人所不能认知者耳。诚以势必迫使吾人超越经验及一切现象之限界者，乃此不受条件制限者，此为理性以必然性及正当权利对于物自身所要求者，盖欲以之完成条件之系列者也。故若

① 此种方法乃模拟自然研究者之方法，即在为实验所肯定或否定者之中探求纯粹理性之要素。顾纯粹理性之命题，尤其在越出可能的经验之一切限界时，不能与在自然科学中者相同，以关于其对象之任何实验检验之也。论究吾人先天所采用之概念及原理，吾人之所能为者，唯自两种不同观点用此等概念及原理以观察对象耳——即一方面与经验相联结，视为感官及悟性之对象；另一方面则视为努力欲超越一切经验限界之孤立的理性之对象，即纯为所思维之对象。如以此二重观点以观察事物，吾人自见与纯粹理性之原理相一致，但若以单一之观点观察事物，则理性实陷于不可避免之自相矛盾，实验即所以决定此种区别之为正当者也。

假定为吾人之经验的知识与所视为物自身之对象相合，则思维此不受条件制限者自不能无矛盾，但若假定为“吾人所有事物之表象”（如事物之所授予吾人者）并不与“所视为物自身之事物”相合，乃“所视为现象之对象”与吾人之表象形象相合，则此种矛盾即消失矣；故若吾人发现此不受条件制限者，在吾人认知事物之限度内，即在事物授予吾人之限度内，不能在事物中见及之，而仅在吾人所不知之一类事物限度内，即在此等事物为物自身之限度内寻求之，吾人始能正当断言吾人最初以实验之目的所假定者，今则确已证实之矣。① 但在超感官之领域中，一切进行皆不容思辨的理性有之之时，亦尚有吾人所能论究之问题，即在理性之实践知识中，是否能发现资料足以规定理性所有“不受条件制限者之超验的概念”，因而能使吾人依据玄学之愿望，借先天所可能之知识，以超越一切可能的经验之限界（虽仅自实践的观点而言）。思辨的理性至少留有此类扩大之余地；同时思辨的理性若不能实行扩大，必须任此种余地空闲，但吾人固有自由借理性之实践的资料以占领此余地（设属可能），且实为吾人使命之所在也。②

依据几何学者物理学者所立之例证，使玄学完全革命化，以

① 纯粹理性之此种实验，极似化学中之实验所名为还原法，即通常之所名为综合法者是也。玄学之分析乃分纯粹先无的知识为两种极不相同之要素，即视为现象一类事物之知识及物自身之知识被复以辩证的方法联结二者以与理性所要求之“不受条件制限者之必然的理念”相调和，且见及除由以上之区别以外，绝不能得此种调和，故此种区别乃必须承受者也。

② 与此相同，天体运动之根本法则，对于哥白尼最初仅假定为一种假设者，与以已证实之正确性，且在同时又产生不可见的宇宙联结力（牛顿之引力）之证明。但若哥白尼不敢以“与感官相反但亦真实”之方法，即不在天体内探求而在观察者中探求所观察之运动，则不可见的宇宙联结力将永为不能发现之事物。与哥白尼之假设相类似，在批判一书中所说明之转变观点，我在序文中仅视为一种假设提出之而已，盖欲使人注意在此种转变中（此常为假设的）最初所尝试之性质耳。但在批判本文中，则将自吾人所有空间时间之表象之性质及悟性之基本的概念，以证明其为必然的而非假设的。

改变玄学中以往所通行之进行程序，此种企图实为此批判纯粹思辨的理性之主要目的。本批判乃一方法论，非即学问自身之体系。但在同时亦已规划学问之全部计划（关于其限界及其全部之内部构造）。盖吾人之思辨理性具有此种特质，即按理性所由以选择其思维对象之种种不同方法，以衡量其能力，又能一一列举理性所由以提出其问题之种种方法，因而能（或势所必然）推寻一玄学体系之完备纲要。关于第一点，除思维的主观由其自身而来者以外，先天的知识中绝无能归之对象者；至关于第二点，纯粹理性在其知识之原理有关之限度内，为一完全独立自存之统一体，其中与有机体相同，一切部分皆为一切其他部分而存在，全体为各部分而存在，故除在其与纯粹理性之全体运用相关之全部关系中，详密审察之以外，无一原理能就任何一种关系安全采用之者也。因之玄学又具有论究对象之其他学问所无之独特优点（逻辑仅论究普泛所谓思维之方式），即若玄学由此批判以进入学问之安固途径，则自能网罗此全部领域之详尽知识是也。玄学应仅论究原理及此等原理自身所规定之使用眼界，故能完成其事业，且以之为完全无缺不能有所增益之资产而传之后世。盖玄学乃根本之学，自负有臻此完全境域之义务。吾人对于玄学自必能作是言：尚有应为之事留存时，不能以之为有所成就者也。

但将有人问，吾人所欲留传于后人者果为何种宝藏？其称为批判所纯化，及最后告成所建立之玄学，其价值如何？凡粗知本著之大略者，自将见其效果仅为消极的，唯在警戒吾人绝不可以思辨理性越出经验之限界耳。此实为批判之主要效用。但当吾人承认思辨理性所以之越出其固有限界之原理，其结果并不扩大理性之运用而适足缩小其运用时（如吾人在严密审察之下所见及者），则此种教导立得其积极的价值。盖此等原理，本不属理性而属于感性，在其用之于超越经验时，势必迫使感性之范围与实在者等量齐观，于是在理性之纯粹（实践的）运用中，乃取理性而代之矣。故在吾人之批判制限思辨理性之限度内，固为消极的；但因其由此除去实践理性运用之障碍，乃至其势欲毁灭实践理性之运用者，则实具有积极的及极重要之效用。至少其结果如是，吾人因而立即确信有纯粹理性之绝对的必然的实践运用（道德的），理性在此运用中，自必超越感性之限界。实践理性，在如是进展中，虽无须思辨理性之助力，但亦必严防其有相反之处，使理性不致陷于自相矛盾。凡不以批判为有积极之贡献者，实等于谓警察无积极之益处，以其主要职务仅在防免足使公民互相恐惧之暴乱，而使各人得安居乐业耳。空间时间仅为感性直观之方式，故为“所视为现象一类事物”之唯一存在条件；且除有直观能授予吾人，以与悟性概念相应以外，吾人并无任何悟性概念，因而亦无事物知识之要素；故吾人不能有关于“视为物自身之任何对象”之知识，所有知识仅限于其为感性直观之对象即现象是也——凡此种种皆在批判之分析部分中证明之。故其结论，自当为“理性之一切可能的思辨知识，唯限于经验之对象”。但吾人进一步之论议，自亦当切记在心，即吾人虽不能认知“所视为物自身之对象”，但吾人自必亦能思维此等“视为物自身之对象”[1]，否则吾人将陷于悖理之论断，谓无显现之者而

[1] 认知一对象必须我能证明其可能性，或自其为经验所证实之现实性，或先天的由理性证明之。但仅须我不自相矛盾，即我之概念若为一可能的思想，我即能思维我之所欲思者。即令我不能在一切可能性之总和中保证是否有一对象与此概念相应，但此（译者按，即不自相矛盾及为可能的思想）自足为此概念之可能性。顾在我能赋予此种概念以客观的效力，即实在的可能性以前，尚须有其以上之事物，盖前一可能性纯为逻辑的。此以上之事物无须在知识之理论的源流中求之；此盖能存在实践的源流中者也。

可有现象矣。今任吾人假定并不设立“所视为经验对象之事物”与“视为物自身之事物”间之区别（吾人之批判已说明此区别为必然的）。则在此种情形中，一切普泛所谓事物，在其成为“因果相乘之原因”之限度内，皆将为因果原理所规定，因而为自然之机械性所规定矣。故我对于同一事物，例如人之心灵，谓其意志固自由，但又服属自然之必然性，即不自由云云，则不能无明显之矛盾。此盖我以同一意义——即视为普泛所谓事物，易言之视为物自身——解说两命题中之心灵；故除先经批判以外，实不能有所说明者也。但若吾人之批判所教导者为不谬，即对象应以“视为现象及视为物自身”之二重意义解释之；又若悟性概念之演绎有效，因而因果原理仅适用于前一意义之事物，即限于其为经验之对象（此等同一之对象，如以另一意义解释之，则不从属因果之原理）则假定为同一之意志，在现象中（即在可见之行为中），必然服属自然之法则，因而极不自由，但同时又以其属于物自身，此为不服属自然法则者，故又自由云云，实无矛盾。自后一观点所言之我之心灵，实不能由思辨理性知之（更不能由经验的观察知之），故所视为此一种存在所有性质之自由（我以感性界中种种结果为由彼所发生者），亦不能以任何此种方法知之。盖我若能以此种方法知之，则我应知此种存在一若其存在已受规定而又不在时间中规定矣。顾此为不可能者，盖因我不能由任何直观以支持我之概念。但我虽不能认知自由，尚能思维自由；易言之，若顾及两种表象形象——感性及智性——间吾人之批判的区别，及纯粹悟性概念与由此等概念引申而来之原理等所有之制限，则自由之表象至少非自相矛盾者也。

吾人若承认道德必然以“所视为吾人意志所有性质”之自由（最严格之意义）为前提；盖即谓吾人如承认道德产生“所视为

理性之先天的所与”之实践原理（此为吾人理性所固有之根本原理），且除假定有自由以外，此事将成为绝对不可能；又若同时吾人承认思辨理性已证明此种自由不容人思维之者，则前一假定（此为道德而假定之者）将退让别一主张（译者按：自然之机械性），与此主张相反者含有明显之矛盾。盖因仅在假定有自由之前提下，否定道德始含有矛盾，今若以自由为不能思维之事，则自由及道德皆将退让自然之机械性矣。

道德并不要求必须以容认自由为前提，仅须吾人具有自由云云不致自相矛盾，及至少须容人思维之，且因自由为吾人所思维者，自不妨阻其为自由行动（此自别一关系言之则为自由行动）而又与自然之机械性相合。于是道德学说及自然学说各能改进其位置矣。但此仅限于批判已先行证明吾人对于物自身绝不能知，且一切能为吾人理论上所知者又仅限于现象而始可能者也。

此种对于纯粹理性之批判的原理所生积极利益之论究，自亦能在神及“吾人心灵之单纯性”之概念中发展之；但为简便计，一切皆从略。但就吾人之所已言者证之，神、自由及灵魂不灭之假定（此为我之理性所有必然的实践运用而假定者）若不同时剥夺“思辨理性自以为能到达超经验的洞察”之僭妄主张，则此种假定亦属不可能者。盖理性为欲到达此超经验的洞察，则必须使用实际仅能推用于经验对象之原理，若复应用之于所不能成为经验之对象时，则此等原理实际又常转变此等对象为现象，于是使纯粹理性之一切实践的开展成为不可能。故我发现其为信仰留余地，则必须否定知识。玄学之独断论（即不经先行批判纯粹理性，在玄学中即能坦然进行之成见）乃一切无信仰（此常为异常独断的而与道德相背反者）之根源。

以依据纯粹理性批判所构成之系统的玄学，传之后世，虽非难事，但不可轻视此种遗产之价值。盖不仅理性将因而能遵由学问之安固途径，不似以往无审察、批判之冥行盲索；且性耽研究之青年，亦将因而费其时间于较之独断论更有实益之处，彼等受独断论之影响，往往及早时期即大为其所鼓动，沉溺于轻率思辨彼等所绝不能理解且亦无一人能洞知之事物——此乃鼓励彼等创制新观念新意见而置实学之研究于不顾者也。且其中尚有一不可衡量之利益，即今后一切对于道德及宗教之反对论，将永远沉寂，此盖以苏格拉底之方法使之然者，即以最明晰之证据，证明反对者亦无所知耳。是以在世界中常存有某种玄学，今后亦常能继续存在，玄学存在，则纯粹理性之辩证性质自亦同在，盖此为纯粹理性所自然发生者也。故杜绝玄学所有误谬之源流以期一举铲除玄学中之有害影响，实为哲学之第一及最重要之任务。

在学问之领域中，虽有此重大转变，思辨理性虽必忍受其幻想的所有之损失，但人类之普泛关心事项，则一如以往永处人所尊重之特有地位，世界在以往自纯粹理性之教导所得之利益，亦绝不消失。其受损失者仅为**学派之独占权**，与**人类之关心事项**无关。我今将质之最冥顽之独断论者，自实体之单纯性所推得吾人死后继续存在之证明，又如由主观的实践必然性与客观的实践必然性之间所有烦琐而无效用之区别所到达其与普遍的机械性相对立之意志自由之证明，又如由**实在的存在体**之概念（变化体之偶然性及第一主动者之必然性之概念）所演绎之神之存在之证明等，是否能离学派而教导公众之心或稍能影响于公众之信仰？此皆绝不能有之者，且以通常人类理解力不适于此种烦琐之思辨，故绝不应如是期待之。此种流布广泛之信仰，在其依据合理的根据之限度内，实全由他种考虑而起者。**来生**之期望，起于吾人所有绝不能为现世所满足（以现世不足尽人类完成其全使命之智能）之特性；自由之意识，则完全根据于“义务明显展示于吾人之前，与一切由利害好恶所生之要求相对立”而起，聪明伟大之创世主之信仰，则纯由自然中随处展示之光荣秩序、美及神意所产生者也。当其已使学派承认彼等在普遍的人类有关之事项中，不能自以为较大多数人所到达者（此为吾人所极度重视者）有更高更圆满之洞察，以及彼等（作为哲学之学派）应限于研究此种普遍所能理解之事，且在道德的见地上阐发其证明之充分根据时，则不仅以上之所有（译者按：即灵魂不灭、意志自由、神之存在等）不因思想革命而有所动摇，且因改革而更获得较大之权威者也。其受转变之影响者，仅学派之僭妄要求，盖学派皆切望被视为此种真理之唯一创作者及所有者（一如彼等在许多其他知识之部门中所能要求者），由彼等自身掌握此种真理之关键，而仅传布真理之用途于公众——其不知与我等耳，乃切望被视为唯彼一人知之者。顾同时对于思辨的哲学者之较平妥要求，亦承认其要求切当。即思辨的哲学者关于有益于公众而非公众所知之学问，即理性之批判，依然具有唯一之权威。盖批判绝不能使之通俗化，且亦无使其通俗化之必要。诚以拥护有益真理所精炼之论据，既非诉之于常人，故在公众一方亦无精妙之驳难能反对之也。然在到达思辨高度之人，则主张与反驳二者皆为绝不能免者；且由彻底研究思辨理性之权利所在，以期永能防免为人所轻侮，实为学派之义务，盖此种轻侮，由于玄学者因其教说趋入歧途所必须陷入之论战（后则僧侣亦陷入此论战中）迟早必在公众间发生者也。唯有批判能铲除唯物论、定命论、无神论、无信仰、狂信、迷信（此皆能普遍有害于公众者）及观念论、怀疑论（此则主要有害于学派而尚难传达于公众者），等等。政府如以干学者之事业为适当，则鼓励批判自由（盖唯由批判，理性之劳作，始能建立于坚实基础之上）实较之维护学派之可鄙专横，更合于对学问对人类之贤明爱护，盖此等学派对于公众所绝不关心，且其损失亦绝非公众所能感知之蛛网（体系）毁灭，大声疾呼谓为公众之危害者也。

此批判并不反对理性在其所视为学问之纯粹知识中之独断的进程，盖因此种进程必须常为独断的，即自正确之先天的原理以产生严格之证明是也。其所反对者，仅为独断论，即反对其自以为依据原理纯自（哲学的）概念即能促进纯粹知识，一如理性所久已习行之者；且以为最初无须研讨理性究以何种方法，由何种权利而获有此等概念，即能从事于此等等之专横独断。故独断论乃未经预行批判其自身所有能力之纯粹理性之独断的进程。但在反对独断论时，吾人绝不因而宽纵假借通俗名义之浅薄浮辞，及颠覆一切玄学之怀疑论。反之，此种批判实为一根据完密之玄学所必须之准备，此种玄学，以其为学问，故必须依据体系之严格要求，独断的发展，不以满足平凡的公众之方法行之，唯在满足学派之要求。盖此为玄学所务须遵行之要求而不可忽视者，即玄学应完全先天的成就其事业，而使思辨理性完全满足是也。故在实行批判所制定之计划中，即在未来之玄学体系中，吾人应遵由一切独断的哲学家中之最伟大者沃尔夫（Wolff）之严密方法。彼为首先以例证（由彼之例证警觉在德国至今尚在之彻底精神）指示：学问之坚实进展，如何仅由原理之秩然建立，概念之明晰规定，以及依据严密之证明而主张，且避免推理中有轻率突飞之步骤等等而到达之者也。彼如曾思及预行批判“机官”即批判纯粹理性自身以准备其基础，则彼实为最适于使玄学进达学问之尊严地位之人。彼之不能为此，其咎并不多在彼自身，而在当日所通行之独断的思维方法，关于此一点，沃尔夫当时及其以前时代之哲学家皆无相互责难之权利。至反对沃尔夫之治学方法而又反对纯粹理性之批判者，其目的所在，仅欲脱离一切学问之束缚而变业务为游戏，正确性为意见，哲学为偏护私见耳。

至关于此第二版，我曾利用机缘，尽力之所能，以除去足以引人误解书中所有费解及晦昧之处（此或为我之过误），盖即思想敏锐者，当其批判吾书时，亦尝陷入此种误解也。顾命题自身及命题之证明，乃至结构计划之方式及其详密之点，我皆未见其中有应改变之处。此乃一方由于我在公之于公众以前，已经长期审察，一方则由于吾人所论究之主题之性质。盖纯粹思辨理性具有“一切事物在其中成为一官品之一种结构”，全体为一切部分而存在，一切部分为一切其他部分而存在，故即至微小之缺点，不问其为过误（误谬）或缺陷，亦必在行使之际显露也。我所期望者，此体系将通彻未来保持此恒久不变之点。盖使我具此确信者实非自欺，乃经验所得之证明，即或自最小之要素以进达纯粹理性之全体，或自全体（盖此亦由实践领域中之终极目的所呈现于理性者）以达各部分，其结果皆相等是也。故凡企图变更之者，即令变更其最小之部分，亦立即发生矛盾，其矛盾不仅在体系中，且在普泛所谓人类理性中发生。至关于阐释方法，则未尽之处尚多；在本版中我所修正者意在除去（一）关于感性论，尤其关于时间概念之误解；（二）关于悟性概念演绎所有晦昧之处；（三）在纯粹悟性原理之证明中，外观上缺乏充分证据；最后驳难合理的心理学之推理错误一章内所有之错误说明。自此点以外，即自先验辩证论第一章以下，我皆未有所变更。[①] 盖时间过促，不容再有所更改；且关于其余各部分，我皆未见精辟公平之批判有任何误解之处也。我虽未便列举此等批判者之名，奉

① 严格言之，所增加者（虽仅改变其证明方法）仅为心理学的观念论之新驳论（198 页以下）及外的直观之客观的实在性之严格的（亦为我所信为唯一可能者）证明。观念论就玄学之主要目的言之，固可以为无害（实际虽并非无害），但其以外物之存在（吾人所有知识之全部质料及至内感之质料皆自此而来）必须纯视为信仰上之所假设者，且以为若有人怀疑外物之存在，吾人绝不能以满足之证明解其疑云云，故观念论仍为哲学上及人类理性上之污点。自第十四行至第十六行在证明中所用之表现文字，间有晦昧之处，我已改易之如下：但此持久者不能为我内部中之直观。盖在我内部中所见其规定我之存在之一切根据，皆为表象，若以表象言，则其自身自必要求一与表象有别之持久者，表象之变易及我在时间中（表象皆在此时间中变易）之存在，皆与此持久者相关而被规定者也。对于此证明或尚有反对之音，以为我仅直接意识在我内部中之事物，即仅意识"我之关于外物之表象"，因而在我以外是否有与表象相应之任何事物，仍为不能决定之事。但由内的经验，我意识我在时间中之存在（因而亦意识及我之存在能在时间中受规定），此点即为"仅意识我之表象"以上之事实。此与关于我之存在之经验的意识符合此经验的意识，仅由其与在我以外而与我之存在相联结之某某事物相关而被规定者。我在时间中存在之意识与"其与在我以外某某事物有关之意识"相联结（合二者为一），故使外物与吾人之内感联结而不可分者，乃经验而非空想，乃感官而非想象力。盖外感在其自身中已为直观与实际在我以外之某某事物之关系，而外感之实在性，就其与想象有别之点而言，纯依据目前之所发现者，即依据"与内的经验联结不可分离而为内的经验所以可能之条件之事物"。故若在"我在"之表象中（此为伴随一切我之判断及悟性活动者）我之存在之智性的意识我同时能使之与"由智性的直观所得我之存在之规定"相联结，自无须与在我以外某某事物相关之意识。但即智性的意识先在心中发现（按即"我在"之意识），而我之存在所唯一能由以决定之内的直观则为感性的，且与时间之条件相联结者。故此种规定及内的经验自身，依据"不在我内部中之持久的某某事物"，因而仅能依据在我以外之某某事物，对于此某某事物我必以我自身为与之有关者。故若普泛所谓经验而成为可能，则外感之实在性必与内感相联结，易言之，我意识"在我以外与我感官相关之事物"，其确实正与我意识我自身之存在一如在时间中所规定者相同。欲决定所与直观中孰为"在我以外之对象"实际相应者，即孰为属于外感者（此等直观应归于外感不应归之于想象力），吾人必须在每一个别事例中诉之于"普泛所谓经验乃至内的经验所由以与想象相区别"之规律而决定之——此际乃以实有所谓外的经验之一类事物之命题为其前提者也。此外尚须附加一言，存在中所有持久的某某事物之表象与持久的表象非同一之物。盖持久的某某事物之表象虽与吾人所有之一切表象相同，常为变易的交代的（物质之表象亦复如是），但仍与持久的某某事物相关。故此持久的某某事物必为外的事物，与吾人之一切表象不同，且其存在亦必包括在我自身存在之规定中，二者合成一单一之经验，此种经验若不同时为外的（部分的）则亦不能在内部发生者也。至此事如何可能，吾人之不能更有所说明，正与吾人不能说明吾人何以能思维时间中之常住者相同，常住者与变易者之同时存在，即产生变化之概念。

之以其所应得之赞辞，而我之注意彼等之评论则在以上所举之新修正之各部分中，自易见及之。此等修正虽含有小损失，但除使卷页繁重以外，实为不可避免者，盖我曾删节若干部分，此于全体之完善固不关重要，但在许多读者或以其别有所裨益而深惜其失去也。然唯删节我始能如我所期望留有修正为更易理解之释明之余地，此等新修正者对于命题之基本事项或命题之证明，虽绝对无所变更，但与以前之论究方法则随处有十分相异之点，盖此等处非仅以新者杂入旧者中所能了事者也。此种损失（损失微小且参考第一版即能补救之者）我期望将以新版之大为明晰补偿之。在种种刊物中——评论及论文——我见及彻底精神在德国并未消灭，仅为一时流行之虚伪自由思想所掩蔽；以及批判途径之艰难曾不沮丧笃学明智之士之通读我书，不胜欣慰之至——此一种著作乃引达学术的（且唯其为学术的始能持久存在，故为最需要者）纯粹理性之学问。在释明中，随处缺陷之处颇多，完成之业，我将期之富有洞察力而又具有说明畅达之天才之人士（我实自觉未具有此种天才）；盖关于此一点，其危险不在为人所论驳而在不能为人理解。自今以往，我虽不能容许自身加入论战，但我将严密注意一切提示，不问其来自论友或论敌，以为将来依据此准备的学问以缔造其体系之用。在此等等劳作之进展中，我年事已甚高（本月已达六十四岁），故我若欲成就“我所提议提供一自然玄学及道德玄学之计划”（此种自然玄学及道德玄学足以证实我在思辨理性及实践理性两领域中所批判之真理者），则我必节省我之时间。故清除本著中晦昧之处（此为新事业之所不可避免者）及为本著全体辩护，我必期之以我之教说为彼自身所有之人士。哲学著作不能如数学论文防卫谨严，故触处可受人驳击，但其体系之结构，自统一之全体观之，则固无丝毫危及之虞也。具有通达无碍之精神通晓新体系者甚鲜；且因一切革新，通常不感兴趣，故抱从事于此新体系之志趣者更鲜。吾人如随处择片段文字，截去其前后联络，比较考订，则外观上之矛盾自必不少，尤其在以自由表达方法所著作之书籍。在以耳为目之人士观之，此种矛盾有损著作之价值；但在通晓全体理念之人士观之，则此种矛盾极易解决者也。故如学说之本身坚强，则凡其初似足以伤及此学说之偏重过度之处，经历时日，适足以使学说中向之精粗轻重不平衡者因而平衡；且若有公正、明察、性易通欲之人士，殚其心力为之阐释，则短期间内，此学说之叙述文辞，亦必斐然可观者也。

一七八七年四月堪尼希堡

导言

一　纯粹知识与经验的知识之区别

吾人所有一切知识始于经验，此不容疑者也。盖若无对象激动吾人之感官，一方由感官自身产生表象，一方则促使吾人悟性之活动，以比较此类表象，联结之或离析之，使感性印象之质料成为“关于对象之知识”，即名为经验者，则吾人之知识能力，何能觉醒而活动？是以在时间次序中，吾人并无先于经验之知识，凡吾人之一切知识，皆以经验始。

吾人之一切知识虽以经验始，但并不因之即以为一切知识皆自经验发生。盖即吾人之经验的知识，亦殆由吾人所受之于印象者及吾人之知识能力（感性印象仅为其机缘）自身所赋予者二者所成。设吾人之知识能力对于经验的知识有所增益，则非勤加注意，使吾人善于离析此所增益者以后，吾人殆不能辨别知识之质料与知识能力之所增益者。

是否有离经验乃至离一切感官印象而独立自存之知识，则为一至少须严密审察之问题，而不容轻率答复者。此类知识名为先天的，以与来自后天的即来自经验之经验的知识有别。

但此“先天的”名词并未精确指示吾人所有问题之全部意义。盖通常有许多自经验所得之知识，亦常谓为吾人先天的具有之，或谓为先天的能具有之者，其意义所在乃指吾人并不直接自经验得之而自普遍的规律得之耳——但此类规律乃吾人自经验所假借者。故吾人对于一掘其居室屋基之人，谓能先天的知此屋之将倾覆，即彼无须俟此屋之实际倾覆即知之。顾彼仍未能完全先天的知此。盖彼由经验始习知物体之有重量，及当其支持者撤除以后，即将倾覆耳。

是以在本书以下所述所谓先天的知识非指离某某个别经验而独立自存之知识，乃指绝对离开一切经验而独立自存之知识。与此相反者为经验的知识，此仅后天的可能，即仅由经验而可能之知识。当先天的知识未杂有经验的事物在内，则名为纯粹的。例如“一切变化皆有其原因”之命题，虽为先天的但非纯粹的，盖因变化乃仅能得自经验之概念。

二　吾人具有某种先天的知识，乃至常识亦绝未缺乏此类知识

吾人此处所需乃一能用以正确辨别纯粹知识与经验的知识之标准。经验教示吾人某某事物之情状如是如是，而非某某事物必须如是不能别有其他情状之谓。于是第一，设吾人有一命题，在思维时，被思维为必然者，则此命题为先天的判断；此命题设更非由任何命题引申而来（除亦具有必然的判断之效力者），则此命题为绝对的先天的判断。第二，经验从未以真实严格之**普遍性**赋予其判断，而仅由归纳与之以假定的、比较的普遍性。是以吾人仅能谓在吾人迄今所观察之限度中，某某规律未见有例外耳。

今如有一判断以严格的普遍性思维之，即不容其有例外之事可能者，则此一判断非来自经验而为绝对先天的有效。经验的普遍性，仅以在最多数事例中所视为有效力者任意扩而充之，以之为对于一切事例皆有效力，例如“一切物体皆有重量”之命题。反之，当严格的普遍性为一判断之本质者时，则此一判断乃指示知识之一种特殊源流即指示一种先天的知识能力。因之，必然性与严格的普遍性，为先天的知识之正确标准，且二者有不可分离之关系。唯因行使此等标准时，判断之偶然性有时较判断之经验制限更易于显示，或因判断之无限制的普遍性，有时较判断之必然性更易明显证明，故分别行使此两种标准较为合宜，盖每一标准就其自身言，皆确实无误者。

在人类知识中有必然而又普遍（自最严格之意义言之）之判断，即纯粹的先天的判断，此固极易显示者也。如欲从学问中求一实例，则吾人仅须取数学之任何命题即见之；如须从常识中求一实例，则“一切变化必有一原因”之命题，即足以尽之矣。在后一例中，此原因概念显然含有与结果相连之必然性及规律所有之严格的普遍性等之概念，所以吾人若加休谟（Hume）所为，欲从“所发生事象与前一事象之重复联想”，及“连接表象之习惯”（此习惯由重复联想所发生，而仅成为主观的必然性者）以引申此原因概念，则原因概念将因而丧失无余矣。今即不征之此种实例，亦能展示纯粹的先天的原理为使经验可能所不可缺者，因而证明此类原理乃先天的存在者。盖若经验所依以进行之一切规律，其自身常为经验的，因而为偶然的，则经验又何从得其正确性？盖此等规律固不能视为第一原理者也。唯吾人今则以证实吾人之知识能力有一种纯粹运用及提示此类运用之标准为何，即已满足矣。

此种先天的起源，不仅判断中有之，即概念中亦有之。盖若吾人从一物体之经验的概念中，将其中所有一切经验的形象，如色、刚、柔、重乃至不可入性，等等，一一除去，但仍留有一物体（此物体今已消灭无余）所占之空间，此空间固不能除去者也。又若吾人从任何对象（物质的或非物质的）之经验的概念中，将经验所教示吾人之一切性质除去，但仍不能将“对象所由以被思为实体或被思为属于实体者”之性质除去（此实体之概念，虽较之普泛所谓对象之概念更为确定）。故由于实体概念所迫使吾人承服其为实体之必然性，吾人唯有承认此必然性之基础在吾人所有先天的知识之能力中耳。[1]

〔1〕在第二版中，导言共分五节，而第一版则为两节。第二版中之第一、第二两节，在第一版中则为首二段，其文如下：

先验哲学之理念

经验为吾人悟性在改造感性印象之质料时所首先产生之产物，此无可疑者也。因之，经验为最初所授予吾人之知识，且在经验之进展中新知无穷，所以在一切未来时代之连续生活中所能采集之新知识，绝无缺乏之虞。但经验绝非限定吾人悟性之唯一领域。经验教示吾人以事物之所有情状，而非事物之必然如是不容别有其他情状者。是以经验不与吾人以真实之普遍性；而理性则因其坚执此类普遍性之知识，故为经验所刺激而非经验所能满足。此类普遍的知识（同时具有内的必然性之性质），因其自身离去一切经验，必应明晰而正确。因之，此类知识名为先天的知识；反之，仅自经验假借来者，则通常名之为后天的或经验的所知。

其尤为显著者，即在经验中，吾人亦见含有“其作用唯在连接种种感官表象”起自先天之一类知识。盖即吾人自经验中除去属于感官之一切事物，仍见其留有若干本源的概念及自此类概念引申而来之判断，此类概念与经验无关，必纯由先天的发生，盖以其能使吾人对于所显现于感官之对象，更能有（或至少使吾人信以为能有）较经验所能教示者以上之主张耳——此类概念对于吾人之主张与以真实之普遍性及严格之必然性，此皆非经验的知识所能提供者。

三　哲学须有一种规定先天的知识之可能性、原理及其范围之学问

较之以上所述更为逾越常度者，乃有某类知识离去一切可能的经验之领域，貌似扩大吾人之判断范围于一切经验限界以外，至其所以实行之者，则唯赖“经验中不能有其相应对象”之概念。

正赖此类知识，吾人之理性乃得在感官世界以外经验所不能导引不能较正之领域中，从事于“吾人所视为较之悟性在现象领域中所习知者更为重要其目的更为高贵”之研究。对于此类切要研究，吾人因其性质可疑，则宁愿冒误谬之危险以尝试之，而不愿就此作罢或轻视淡漠此种为纯粹理性自身所设定绝不能回避之问题，为神、自由、灵魂不灭三者。其最后目的唯在解决此类问题之学问（以及其所有一切准备）为玄学；玄学之方法，最初为独断的，此乃并未先行审察理性之能力是否适于如是伟大之事业即贸然从事者。

当吾人离去经验根据以后，对于吾人所设计建造之建筑物基础，应由绵密之研究，自行保证，凡吾人所有之知识，非先确定

其由来，绝不使用，所有之原理，非先知其起源，绝不信赖，此固极自然者也。质言之，应先考虑悟性因何而能到达此先天的知识，及此先天知识所能有之范围、效力、价值如何，等等问题，实极自然。唯此“自然”一词，吾人若指正当合理所应有者而言，则自然诚莫过于此。若吾人以“自然”一词指习见者而言，则适得其反，此类研究之所以久被忽视，乃成为最自然而最易明之事矣。盖因属于此类知识之一部分即数学久已证实其可信赖，因而对性质上与之不同之其他部分，亦有乐观之期望。况吾人一旦出乎经验范围之外，即无为经验**所否定**之虑。而引使吾人扩大知识之诱惑，又如是之强烈，非遭遇直接矛盾，绝不能阻止吾人之进行；且此类矛盾，吾人若在所有之空想构造中加以审慎，即能避免——唯矛盾虽能避免而其为空想之构造则如故。数学关于吾人离去经验在先天的知识中所能进展之程度，实与吾人以光辉之例证。顾数学所研究之对象及知识，唯限于其能表现于直观中者。但此种情形易被忽视，盖因在思维中直观自身即能先天的授予吾人，因而难与纯然概念相区别。为此种所已证明之理性能力所误，渴望知识扩大之心遂不知有所制限。轻捷之鸽翱翔空中，感遇空气之抗阻，遂悬想在真空中飞行，当更畅适。柏拉图以感官世界制限悟性过甚，遂鼓观念之翼，轻率离感官世界以入纯粹悟性之真空界中，其情正同。顾彼未见及竭其所有之力，实未尝有所寸进——良以未遇“彼所可据为支点能应用其能力而使悟性活动”之抗阻耳。竭其力之所能，急遽完成其思辨的结构，唯在完成后始研讨其基础之是否可恃者，比比皆是，此诚人类理性共通之运命。当其欲使吾人确信其基础之巩固，或意在使吾人废弃能危及其基础之最新研讨，乃借种种文饰之辞自解。但当实际经营此思辨的结构时，吾人何以能无所疑惧而傲然自以为贯通一切者，盖由于此种情形，即理性之大任务（或许最大任务）在分析吾人关于对象所已有之概念。此种分析，予吾人以相当数量之知识，此类知识虽仅在阐明吾人概念中之所含有者（虽在混淆状态中），但至少就其方式而言，尚足视为创见。然若就其质料或内容而言，则并未扩大吾人所已有之概念，仅分析之而已。唯因此种程序产生真实之先天的知识，理性遂深为所惑，于不自觉中，潜引入性质完全不同之主张于其内——即以完全相异之其他概念加于所与概念，且先天的加于其上。至理性何以能如是，则尚未为人所知。且此一问题亦从未为人所思及。故我即将进论此两种知识间之异点。

四　分析的判断与综合的判断之区别

在含有主宾关系之一切判断中（今仅考虑肯定的判断，至以后适用于否定的判断，则极易为之）此种关系之所以可能共有两种方法。或乙宾词属于甲主词而为包含于甲概念中之某某事物，或乙与甲虽相联结而乙则在甲概念之外。前一类我名之为**分析**判断后一类则名之为**综合**判断。分析判断（肯定的）其中宾主连接，视为相同之事物；凡其连接，不以宾主二者为相同之事物者，则应名为综合判断。前一类，因宾词对于主词之概念一无所增益，唯将主词之概念分剖成“所含在其中构成此一概念之若干概念”（虽属混淆），故亦可名之为**说明的**判断（Erlaüterung-surtheil）。后一类则对于主词之概念加以一“其所绝未含有，且即分析亦不能自其中抽绎”之宾词；故又名之为**扩大的**判断（Erweiterung-surtheil）。例如“一切物体皆为延扩的”，此即一分析的判断。盖若求“与物体相连接之延扩”，则固无须逾越物体概念以外。诚以欲觅此宾词，仅须分析此物体概念即得，即我自身能意识我常在此物体概念中所思维之杂多足矣。故此判断为分析的。但若云“一切物体皆有重量”，则此宾词与我在普泛所谓物体概念中所思维者有极不同之点；故加有此类宾词，即产生综合的判断。

经验判断[1]就其自身而论，皆为综合的。欲在经验上建立一分析的判断，则为悖理。盖当构成此分析的判断，我不必越出我之概念以外，即无须经验之证明以维持之者。因之，“物体为延扩的”之命题，乃先天的有之而非经验的。诚以在诉之经验以前，此物体概念中已具有我之判断所需之一切条件。我仅依据矛盾律，自此概念中抽绎此所需之宾词，同时且能意识此判断之必然性——此为经验所绝不能教示吾人者。反之，在普泛所谓物体之概念中，虽不能包含“重量”一宾词，但此物体概念乃由经验所有部分之一部分以指示经验之对象者，故我能将此同一经验之其他部分加于此一部分，而使之同属于此概念。其初我能由延扩、不可入性、形体，等等之属性，自分析方面以了解此物体概念（所有此种属性已包含在物体概念中）。但当还顾我所由以得此物体概念之经验，而见及“重量”常与上述云云之属性相连接，于是我将此“重量”作为一宾词而系附于此概念；唯我之系附此宾词，乃综合的，因而扩大我之知识。故“重量”宾词之所以能与物体概念综合，乃依据经验。盖一概念虽不包含在其他之概念中，但仍互相联属（虽为偶然的），成为一经验全体所有之部分，此经验自身即为直观之综合的连接。

但在先天的综合判断中，则绝无此类经验之后援（在此种判断中，并无在经验领域中探求之便益）。当我欲出甲概念之外以知乙概念与甲概念相连接，则我所依据者为何？综合之由以可能者，又为何？今以“一切发生之事物皆有其原因”一命题而言。在“发生之事物”之概念中，我实思维“有一时间在其前之一种存在”，以及等等，因而从此概念能得一分析的判断。但原因概念乃在此概念之外而指与此“所发生者”不同之某某事物而言，故绝不能包含于“所发生事物”之表象中。然我何以能以“与之完全不同者”为此“所发生事物”之宾词，且何以又知原因概念虽不包含其中而又隶属于此概念，且为必然隶属之者？当悟性信其能在甲概念以外，发现与此概念性质绝异而同时又视为与之相连接之乙宾词时，悟性所依恃之“不可知等于X者”果为何？此X绝非经验，盖因使第二表象与第一表象相连接，所提示之原理不仅具有经验以上之普遍性，且又具有必然性之性质，故完全为先天的，且以纯然概念为其基础者。所有一切吾人之先天的思辨知识最后之所依据，必为此综合的即扩大的原理；分析的判断固极重要而又必须，但仅在使此种确实而广大之综合（即对于固有之知识能增加真实之新知识者）所必须之概念明晰时，始重要而必须耳。〔2〕

〔1〕自经验判断至此段之末，皆为第二版所改易者，至第一版之原文则如下：

由以上所述显然如下：（一）吾人之知识由分析的判断绝不能扩大，仅我所已有之概念提示于前，而使我易于理解耳；（二）在综合的判断中，如欲知一实词不包含于此概念中而又隶属之者，则必须于主词概念之外，别有为悟性所依据之某某事物（X）。

在经验的判断即关于经验之判断之事例中，欲适合此种要求，绝无所谓困难。此X即我由甲概念所思维之“对象之完全经验”——甲概念乃构成此经验之一部分者。盖因我在普泛所谓物体之概念中虽不能包括“重量”一宾词，但此物体概念，乃由经验之一部分以指示此完全经验，所以我能将同一经验之其他部分加于此一部分作为隶属之者。先由分析，我能由延扩、不可入性、形体等等以理解此物体概念（所有此种属性已包含在物体概念中）。欲扩大我之知识，我还顾我所由以得此物体概念之经验，而见及“重量”常与以上云云之属性相连接。经验即甲概念以外之X，而为乙“重量”宾词与甲概念间之综合所以可能之所依据者。

〔2〕第一版此下尚有一段：

此处尚伏有一种神秘[1]，纯粹悟性所生知识之能进入于无制限之领域，端赖此神秘之解决，始能确实可恃。吾人今所必须从事者，乃在就先天的综合判断所固有之普遍性，以发现此种判断所以可能之根据，而得洞察所以使此类判断可能之条件，以及将此种自成一类之知识，按其来源、部类、范围、限界，组成一完备而足供一切使用之体系。关于综合判断之特点，今姑以此为限。

五　理性之一切理论的学问皆包含有先天的综合判断而以之为原理

（一）一切数学的判断绝无例外皆为综合的。此一事实虽确实不可动，其结果虽极重要，但向为从事分析人类理性之人所忽视，且彼等所有一切推断，亦正与此事实相反。彼等见及一切数学推理依据矛盾律进行（此为一切必然的正确性之性质所要求者），遂以为数学之基本命题，亦能由矛盾律知其真确。此实一谬见。盖综合的命题虽能依矛盾律认知之，然须在“别有一综合的命题为其前提，而视为自此别一命题所推论来者”之时始然

① 古人中设已提及此问题，则此问题本身即有充分力量以反对古来所有一切纯粹理性体系而使吾人得免种种无益之尝试，盖皆知其所必须从事者为何而贸然尝试者也。

耳，至综合的命题自身则绝不能由矛盾律认知之也。

首宜注意者，所严格称为数学的命题，常为先天的判断而非经验的，盖因其具有不能自经验得来之必然性。设此点为人所否认，则我之论述愿限于纯粹数学，盖即此纯粹数学之概念，已含有不包含经验的知识而纯为纯粹先天的知识之意义。

吾人最初能以 7 + 5=12 之命题视为纯然分析的命题，以为由矛盾律自“七与五之和”一概念中推演而来。但吾人若更详加审察，则将见及此“七与五之和”一概念中，只含有二数连接为一之一事实，其中并未思及连接此二数之单一数为何数。仅思七与五之连接，绝不能谓为已思及十二之概念；且即尽我之能以分析我所有此可能的和数之概念，亦绝不能在其中得十二之数。吾人须出此等概念之外而求助于“与二数中之一相应之直观”，例如吾人之五指，或（如昔格内尔之算术中所为）五点，即以此直观中所与之五单位，逐一加于七之概念上。盖吾人先取七数，又以“成为直观之五指”代五之概念，于是将我先所聚为五数之各单位，逐一加于七数上，借此手指形象之助，而后能成十二之数。至五之必须加于七上，我已在和数等于七加五之概念中思及之，但其中并不含有和数等于十二之意义。故算术的命题常为综合的。

吾人如采用较大数目，则此事当更明显。盖在较大数目时，愈见吾人任令如何穷究概念，若仅分析而不借助于直观，则绝不能发现和数之为何数。

纯粹几何学之基本命题，同一非分析的。“两点间之直线为最短线”一命题，乃综合的命题。盖因“直”之概念并不包含“量”，而只表示其“质”。此最短之概念，纯为所加增者，任令如何分析，亦不能自直线之概念中得之。故必须求之直观；唯由直观之助，综合始可能。使吾人通常信为“此种必然的判断之宾词已包含在概念中，因而此判断为分析的”云云者，其缘由全在所用名词之意义含混。在思维中，吾人必须加某一宾词于所与概念，此种必然性乃概念自身所固有者。但问题则不在吾人在思维中应以何者加之于所与概念，而在吾人实际在概念中所思维者为何（即令其意义不甚显著）；是以宾词虽必须系附于此概念，但系附之者，乃由于所必须除加于此概念之直观，而非在概念自身中思维而得，此固彰彰明甚者也。

几何学家之所以为前提者若干基本命题，实际固为分析的而依据矛盾律者。然此类命题有类同一律命题，仅用为方法上连锁之环节，而非作为原理；例如甲 = 甲，即全体等于其自身；又如（甲 + 乙）＞甲，即全体大于其部分，等等。即使此类命题，其有效乃本之纯粹概念，但其所以能在数学中容受者，则仅因其能在直观中表现之耳。

（二）自然科学（Physics）包含有作为其原理之先天的综合判断。我仅须引两种判断即“在物质界之一切变化中，物质之量仍留存不变”及“在运动之一切传达中，动与反动必常相等”。此两种命题显然不仅为必然的，因而其起源为先天的，且亦综合的。盖在物质概念中，我并不思及其永存性，而仅思维其在所占空间中之存在。我越出此物质概念以外在思维中，先天的加入所不包含在物质概念中之某某事物于物质概念。故此命题非分析的而为综合的，且为先天的所思维者；凡属于自然科学纯粹部分之其他命题，亦皆如是。

（三）玄学即令吾人视之为尚无所成就，但由于人类理性之本质，仍为必不可无之学，而应包含有先天的综合知识。盖玄学之任务，不仅在分析吾人关于事物先天的所自行构成之概念，以之分析的究明此类概念，而在扩大吾人之先天的知识。职是之故，吾人须用“以不包含在概念中之某某事物加于所与概念”之原理，且由先天的综合判断，越出所与概念，直至经验所不能追随之程度，例如在“世界必须有一最初之起始”等类命题中。故玄学——至少就其目的而言——纯由先天的综合命题而成者也。

六　纯粹理性之概要问题

吾人如能将许多研究，归纳在一单一问题之方式下，则所得已多。盖精密规定吾人之事业，不仅轻减吾人自身之工作，且使审察吾人事业之结果者，亦易于判断吾人之所从事者是否有成。今以纯粹理性之固有问题归摄于下一问题中：即先天的综合判断何以可能？

玄学之所以尚留存于虚浮及矛盾之动摇状态中者，全由于从未先行考虑此一问题，甚或分析的判断与综合的判断间之区别，亦从未考虑及之。故玄学之成败，实系于此一问题之解决，或充分证明实际上绝无此问题所欲说明之可能性。在哲学家中，休谟最为接近此问题，但远未以充分精确及普遍性考虑此问题。彼专致力于因果关联（principium causalitatis）之综合命题，自信已揭示此类先天的命题之完全不可能者。吾人今如容认其结论，则一切吾人所名为玄学者，纯为幻想，而吾人所自以为理性之所洞察者，实际仅得之经验，且在习惯力之下始有此貌似必然性之幻想。休谟如曾就问题所有普遍性以观察吾人之问题，则彼绝不致有此种毁弃一切纯粹哲学之言论。盖彼将见及以彼之所论证，则所视为确实包有先天的综合命题之纯粹数学亦将成为不可能；以休谟生平之卓识，自当无此种主张矣。

解决以上问题，同时吾人亦决定在建立及发展含有“对象之先天的理论知识”之一切学问中纯粹理性运用之可能性，因而须解答以下之问题：即

纯粹数学何以可能？

纯粹自然科学何以可能？

此类学问本实际存在，今究问其因何可能，实极适切；盖此类学问之必然可能，已由其存在事实而证明之矣①。但在玄学，则因其自来无所进步，且其所有体系，就玄学固有之目的而观，无一可以称为实际存在者，所以使人有充分根据怀疑玄学之可能性。

故在某种意义中，此类知识可以视为已有；盖即谓玄学已实际存在，即不视为学问，亦当视为自然倾向（metaphysica naturalis）。盖人类理性不仅为博学多识之虚荣所促动，且实为自身内部之要求所鞭策，热烈趋向“理性之经验的运用或由引申而来之原理所不能解答之问题”。是以无论何人当其理性成熟至可以思辨之时，即常有某种玄学存在，且常继续存在。

于是吾人即有以下一问题：

视为自然倾向之玄学何以可能？

盖即纯粹理性对于其自身所提呈，及为其自身之要求所驱

① 关于纯粹自然科学怀疑者仍多。但吾人只须考虑（经验的）物理学发端所有之种种命题，例如物质量之不灭、惰力性及动与反动平衡，等等，立即确信此等命题足以构成一纯粹（或合理的）自然科学（Physica pura），不问其范围广狭何如，总之就此等命题全部，足以单独论究而成为一种独立学问。

迫，而欲尽其所能以解答之问题，因何从普遍的人类理性之本质发生？

但因迄今所以解答此等自然的问题——例如世界是否有一起始，或无始以来永恒存在——之一切尝试，常遇不可避免之矛盾，故吾人不能以玄学之自然倾向为已足，即不能以纯粹理性自身之能力为已足，此一种能力乃某种玄学（不问其为何种）常由以发生者。理性必须能确定吾人能否知玄学之对象，即吾人能否决定所研究之对象，以及有无能力判断此等对象，因而吾人或一任纯粹理性之发展，或加以确定之制限。由以上概要问题所发生之最后一问题，应采以下方式：即

视为学问之玄学何以可能？

是以理性之批判，终极必引入于学问的知识；反之，理性之独断的运用，则使吾人陷入于独断的主张——常能有同一貌似真实之他种主张与之相反对立——因而陷入怀疑论。

此种学问绝不能繁复至令人却步，盖因其所论究者，非繁复无尽之理性对象，而只理性自身及纯由理性自身中所发生之问题，且此类问题乃由理性本性所加于理性，而非与理性相异之事物性质所加于理性者。理性一旦如已完全了解其关于对象（在经验中所能呈现于理性者）之自身能力，则对于理性超越一切经验限界之尝试行动，自易决定其范围及眼界至完备正确之程度。

于是吾人能（且必须）以历来独断的建立玄学之一切尝试，为无益之举。盖在此种所尝试之任何体系中，分析的部分——仅分析吾人理性先天的所固有之概念——绝非玄学之目的所在，而仅为扩大其先天的综合知识之真实玄学之一种准备。对于此扩大

先天的综合知识之目的，分析概念毫无用处，盖分析仅能示吾人以此等概念中所包含者为何，而不能示吾人如何先天的到达此等概念。故必须解决此如何先天的到达此类概念之问题，吾人始能决定此类概念对于“一切普泛所谓知识之对象”之有效应用。苟一见及此不可否定之理性自相矛盾（即在理性之独断过程中，亦不可避免者），久已将现今所有一切玄学体系之权威颠覆无余，则废弃此类玄学上之主张，正无须过自抑制而后能者。吾人如不为内部困难及外部反对所沮丧，则其努力须有坚韧不拔之心，运用与历来所用者全然不同之方法，使此人类理性所不可欠缺之学问，最后达到繁荣丰盛之发展——盖此一种学问，其支系即能割裂以尽，而其本干则绝不能消灭者也。[1]

〔1〕五、六两段乃第二版所增加者。

七 名为“纯粹理性批判”之一种特殊学问之理念及区分

由上所述，吾人到达可名为纯粹理性批判之一种特殊学问之理念。[1] 盖理性乃提供“先天的知识之原理”之能力。故纯粹理性含有吾人由以绝对先天的能知任何事物之原理。一种纯粹理性之机官（Organon），殆为一切纯粹先天的知识所依据之始能获得始能实际存在之一类原理之总汇。尽此种机官之用，殆能产生一种纯粹理性之体系。但因成立此种体系，所应研究者颇多，且在此处能否扩大吾人之知识，即能扩大，又在何种事例中，尚多可疑，故吾人能以纯为审察纯粹理性之源流及眼界之学问，视为纯粹理性体系之预备学问。是以此类学问应名之为纯粹理性批判，不应名之为纯粹理性学说。至其在思辨中之功用，应仅为消极的，盖非扩大吾人之理性，而仅在宪明吾人之理性，使之得免于误谬——即此一端，所获已极大。凡一切知识不与对象相关，而唯与吾人认知对象之方法相关，且此种认知方法又限于其先天的可能者，我名此种知识为**先验**的。此一类概念之体系，可以名为**先验哲学**。但即此类体系，在现今阶段，仍为过大之事业而力有所不足者。盖此种学问，必须完全包有分析的与综合的两种先天的知识，但就现今吾人所有之目的而言，则此实过于庞大。吾人所应分析之程度，仅以在其全范围中，因欲了解吾人所唯一须要论究之先天的综合原理所必须者为限。此种不应名为学说，而只能名为先验的批判之研究，正吾人现今所从事者。其目的不在扩大知识而在较正知识，以及对于一切先天的知识提供一检验其有无价值之标准。故此种批判，如机官可能，乃机官之准备；如或不可能，则至少乃纯粹理性之法规之准备，此种法规或机官乃纯粹理性哲学之完善体系在适当途程中（不问此体系在扩大理性知识中成立或在制限理性知识中成立）所由之而能实现者（分析的与综合的）。至此种体系之可能，以及其范围不能过大致使吾人有不能全部完成之感，则就以下之事实，已能推而知之，盖此处所成为吾人研究之主题者，非无尽之事物性质，而为判断事物性质之悟性；且此悟性又仅关于其先天的知识之部分。此类悟性之先天的所有，因其无须求之于外，故对于吾人终不能有所隐蔽，且其范围殆亦小至足容吾人详知悟性之先天的所有，从而判断其有无价值，因即加以正当之评衡者。唯读者于此不能期待有批判书籍及纯粹理性体系等事；吾人所批判者仅为纯粹理性自身之能力。盖吾人唯有建立于此种批判基础之上，始有一可恃之标准以评衡此一领域中古今著作之哲学价值。否则将如浅陋之史家、评论家，以其自身同一无根据之主张而评判他人之无根据主张矣。

先验哲学、仅为纯粹理性批判对之设立其全部建筑计划之一种学问之理念。盖即谓纯粹理性批判应本之原理，保障此种建筑物所有一切部分，皆完密而精确。此乃纯粹理性全部原理之体系。至此批判之所以不自名为先验哲学者，仅因欲成一完善体系，则自须亦包含全部先天的人类知识之详密分析。吾人之批判当然须详举一切所由以构成此类纯粹知识之基本概念。但固无须详密分析此等概念，且亦无须一一评衡由此等概念引申而来之概念。盖此类要求殆无理由，半因此种分析不合吾人之主要目的，盖在分析中，并无吾人在综合（吾人之全部批判唯为此综合而从事者）中所遇之不确定性，半因使吾人负分析、引申、务须完善之责，则将与吾人之一贯计划相背悖（此种责任，苟一念及吾人之目的，即有辞可以谢绝者）。至分析此等先天的概念（吾人以后所欲列举者），及由此等先天的概念以引申其他概念，则在一旦证实此等先天的概念实包括一切综合原理，且在其主要方面又无缺陷时，固易使之完善者也。

故纯粹理性批判，包含有先验哲学中所有之一切主要部分。唯纯粹理性批判虽为先验哲学之完善理念，但非即等于先验哲学；盖其所行分析，仅以详密审察先天的及综合的知识时所必须者为限。

在区分此种学问时，所首须深切注意者，即不穿其自身含有任何经验的要素之概念杂入其中，易言之，此种学问纯由先天的知识所成者也。因之，道德之最高原理及其基本概念，虽为先天的知识，但不属于先验哲学，盖因此类原理及概念，虽不以苦乐、愿欲、性向等等起自经验之概念为其教条之基础，但在构成一纯粹道德之体系时，则此等等经验的概念必然引入义务概念中，或以之为吾人所欲克制之障碍，或视为绝不容加入动机中之诱惑。

是以先验哲学乃纯粹的及全然思辨的理性之哲学。所有一切实践方面，在其包有动机之限度内与感情相关，而此等感情则属于知识之经验的起源者也。

吾人如对于现所从事之学问，欲成一体系的分类，则必须第一，为纯粹理性之原理论；第二，为纯粹理性之方法论。此主要之二大分类，又各有其细目，唯其分类之理由，今尚不能申说。姑置一言以为先导，则吾人仅须举此一点，即人类知识之两大分干为感性与悟性（此二者殆由共通而不能为吾人所知之根干所生）。由于前者（感性），有对象授予吾人；由于后者对象为吾人所思维。顾在感性能含有——构成对象所由以授予吾人之条件之——先天的表象之限度内，感性始属于先验哲学。且因“人类知识之对象”所由以授予之条件，必须先于对象所由以思维之条件，故先验感性论成为原理论之第一部分。

〔1〕在第一版中尚有以下两句：

知识如不杂有外来的任何事物，则名为纯粹的。知识若无任何经验或感觉杂入其中，且又为完全先天的可能者，则名之为绝对纯粹的。

一

先验原理论

第一部
先验感性论

Kritik
der
reinen
Vernunft

导言

一

知识不问其以何种式样何种方法与对象相关，其所由以直接与对象相关，及一切思维所由以得其质料者，为直观（Anschauung）。但直观仅限在对象授予吾人之限度内发生。对象授予吾人，又仅在心有所激动之限度内始可能，此点至少就人而言（译者按：意盖谓人之直观而外，尚有其他思维的存在者之直观，此点康德既不肯定亦不否定，以为吾人对之毫无概念所不能判断者）。"由吾人为对象所激动之形象以接受表象"之能力（感受性），名为感性。对象由感性授予吾人，仅有此感性使吾人产生直观；直观由悟性而被思维，且自悟性发生概念。但一切思维，不问其直接间接，由其性格最后必与直观相关，故在吾人人类，最后必与感性相关，盖因舍此以外别无其他方法能使对象授予吾人也。在吾人被对象激动之限度内，对象所及于"表象能力"之结果，为感觉（Empfindung）。由感觉与对象相关之直观，名为经验的直观。经验的直观之对象（未规定其内容者）泛称为现象。

在现象中与感觉相应者，我名之为现象之质料（Materie）；其所以规定现象中之杂多使之能在某种关系中整理者，我名之为现象之方式（Form）。感觉所唯一能由以设定，唯一能由以在某种关系中整理者，其自身绝不能亦为感觉；故一切现象之质料仅后天的授予吾人，而现象之方式则必先天的存于心中以备整理感觉，故必容许离一切感觉而考虑之也。

凡一切表象其中绝无属于感觉之成分者，我名之为纯粹的（此就先验的意义而言）。普泛所谓感性直观之纯粹方式（直观中之一切杂多皆以某种关系在此方式中被直观者）必须先天的存于心中。此种感性直观之纯粹方式，亦可名之为纯粹直观。今如在物体表象中，取去悟性关于物体所思维者，如实体、力、可分性，等等，又取去其属于感觉者，如不可入性、坚、色，等等，顾自此经验的直观尚有留存之事物，即延扩与形体。此延扩与形体二者属于纯粹直观，纯粹直观者即无感官或感觉之现实对象而先天的存于心中为感性之纯然方式者也。

一切先天的感性原理之学，我名之为先验感性论（transcendental aesthetic）。[①] 必须有此种学问成为先验原理论之第一部分，以与论究纯粹思维之原理名为先验逻辑者相对待。

是以在先验感性论中，吾人第一，须从感性中取去悟性由其概念所思维之一切事物，使感性单独孤立，于是除经验直观以外

---

① 仅有德人习用（Aesthetik）一字以名他国人之所称为趣味批判者。此种用法起于鲍姆嘉通（Baumgarten）之无谓尝试，彼为一卓越之分析思想家，欲以美之批判的论究归摄于理性原理之下，因而使美之规律进而成为一种学问。唯此种努力毫无成效。盖此类规律及标准，就其主要之源流而言，仅为经验的，因之不能用为吾人趣味判断所必须从属之确定的先天法则。反之，吾人之判断正为审察此等规律正确与否之固有标准。职是之故，或不以此名词用于趣味批判之意义，而保留为真实学问之感性论之用——此种用法庶近乎古人分知识为所感者与所思者（αιοэητα και νμοητα）二类之语意——又或用此名词与思辨哲学中所用之意义相同，半为先验的而半为心理学的。

无一物留存。第二，吾人又须从经验直观中取去属于感觉之一切事物，于是除感性所能先天的唯一提供之纯粹直观及现象之纯然方式以外，无一物存留。在此种研究途程中，将发现有两种感性直观之纯粹方式，用为先天的知识原理，即空间与时间。吾人今将进而考虑空间与时间。

第一节　空间

二　空间概念之玄学的阐明

吾人由外感（心之一种性质），表现对象为在吾人以外之事物，且一切对象绝无例外，皆在空间中表现。对象之形状、大小及其相互关系皆在空间中规定，或能在空间中规定者。至“心所由以直观其自身或其内部状态”之内感，则不能产生“所视为对象之心自身”之直观；但内感中尚有一种一定的方式（即时间），而心之内部状态之直观，则唯在此方式中始可能，故凡属于心之内部规定之一切事物，皆在时间关系中表现。时间之不能直观为外部的，亦犹空间之不能直观为在吾人内部中之事物。

于是空间与时间果为何物？此二者是否真实存在？或仅事物之规定或关系，且即不为吾人所直观，但仍属于事物者欤？抑或空间与时间仅属直观之方式，因而属于心之主观性质，离此主观性质则将无所归宿者欤？欲穷明此等问题，首宜阐明空间概念。至所谓**阐明**（expositio），乃指“使属于概念者，有一明显清晰之表象”（虽无须周密详尽）；其含有“展示概念为**先天的所与者**”，则为**玄学的阐明**。

（一）空间非由外的经验引来之经验的概念。盖某种感觉之与“在我以外之某某事物”（即占有“我自身所在之空间”中别一部分之某某事物）相关，及我之能表现某某事物之在外而又相互并存（即不仅相异而又在不同之位置），皆必须以空间表象为其前提。故空间表象非自外的现象关系由经验得来者。反之，此一外的经验自身，乃仅由空间表象而始可能者也。

（二）空间乃存于一切外的直观根底中之必然的先天表象。吾人固能思维空间为空无对象，然绝不能想象空间之不存在。故必须视空间为“所以使现象可能”之条件，而不视之为“依存于现象”之规定。空间乃必然的存于外的现象根底中之先天的表象。[1]

（三）空间非普泛所谓事物关系之论证的或吾人所谓普泛的概念，乃一种纯粹直观。盖因第一，吾人之所能表现于吾人自身者，仅有一空间；至若吾人所言及之种种空间，意盖指“同一之单一空间”之各部分。第二，部分空间绝不能先于包括一切之唯一空间而有类乎能构成此唯一空间之成分；反之，此等部分空间仅能在唯一之空间中思维之。空间本只有一；至空间中之杂多，以及种种空间之普泛概念，则唯依据其所加入之制限耳。由是言之，在一切空间概念之根底中，乃一种先天的而非经验的之直观。准此以推，例如“三角形中两边之和大于其第三者”之几何命题，绝不能从线及三角之普泛概念引来，乃仅自直观得来，至此种直观实为先天的，且具有必然的正确性者。

（四）[2]空间被表现为一种无限的所与量。今因一切概念必须思维为包含于“无数不同之可能的表象中”之一种表象（为此种种不同的表象之共同性质），故能将此种种不同表象包摄在此概念自身之下；但无一概念（就其自身而论）能思维为包有无限表象在其自身中者。唯空间表象则能思维为包含有无限表象在其自身中，盖空间之一切部分固能同时无限存在者也。故空间之本原的表象，乃先天的直观，而非概念。

〔1〕在第一版中此段下为：

（三）一切几何命题之必然的正确性，及此等命题所有先天的构成之可能性，皆根据此种空间之先天的必然性。故若空间表象为后天所得之概念，及由普泛所谓外的经验得来者，则数学的规定之第一原理，殆仅为知觉矣。于是此类第一原理将同具知觉所有之偶然性；“两点之间仅能有一直线”之命题，殆非必然的而仅为经验所常教示吾人者矣。凡自经验引来者，仅有比较的普遍性，即由归纳得来者。于是吾人仅能谓限于迄今观察所得，尚未见具有三向量以上之空间耳。

〔2〕在第一版中（四）下为以下一段：

（五）空间被表现为一种无限的所与量。在一尺及一埃尔中所共有之普泛空间概念，不能对量有任何规定。故在直观之进展中，若非有无限性存在，则空间关系之概念，无一能产生空间无限性之原理者也。

三　空间概念之先验的阐明

我之所谓先验的阐明，乃说明一概念为“其他先天的综合知识之可能性由此始能理解”之原理。为达此目的计，须（一）此类先天的综合知识，实由此所与概念来者，（二）此种知识仅在假定有一说明此概念之方法而后可能者。

几何学乃综合的且又先天的规定“空间性质”之学。于是为使此类空间知识可能，吾人所有之空间表象，应为何种表象？此种空间表象，其起源必为直观；盖由纯然概念绝不能得“超越概念以外之命题”——如在几何学中所见者（导言五）。且此直观必须为先天的，即必须在知觉任何对象以前预行存在吾人心中，故必须为纯粹的而非经验的之直观。盖因几何命题皆为必然的，即必联结有“关于此等命题之必然性之意识”；例如空间仅有三向量之命题。故此类命题绝不能为经验的，换言之，即不能为经验判断，且不能由任何经验判断引来者（导言二）。

顾先于对象自身且对象之概念又能先天的在其中规定之外的直观，何以能存在心中？显见，此直观仅在主观中而为主观之方式的性质，即以此故为对象所激动，始得对象之直接表象（即对象之直观）；故其存在，仅限于其为普泛所谓外感之方式。

是以吾人之说明，乃使人理解“纯为先天的综合知识之几何学”所以可能之唯一说明。任何说明方法，凡不能说明此点者，虽在其他方面与此说明方法相类似，但以此标准即能与之严为区别者也。

自以上概念所得之结论

（甲）空间并不表现物自身之性质，且不表现物自身之相互关系。盖即谓空间并不表现“属于对象自身，且即令抽去直观所有之主观的条件，依然留存”之规定。盖事物所有规定不问其为绝对的或相对的，绝不能先于其所属事物之存在而直观之，故不能先天的直观之者也。

（乙）空间实仅外感所有一切现象之方式。故空间乃感性之主观的条件，唯在此条件下，吾人始能有外的直观。盖主观感受性，即为对象所激动之主观能力，必须先于对此等对象之一切直观，故极易了解一切现象方式如何能先于现实知觉而先天的存于心中，以及一切对象所必须在其中规定之纯粹直观如何能先于一切经验而包含有规定对象关系之原理。

是以唯从人类立场，吾人始能言及空间，言及延扩的事物，等等。设吾人离外的直观之主观条件（唯在此条件下吾人始能有外的直观），即离此易为对象所激动之倾向，则所谓空间表象绝无表现之意义可言。盖此宾词之所以能归之事物者，仅在事物之能表现于吾人之限度内，即仅归之于感性之对象。此种感受性（吾人名为感性）之永恒方式，乃对象在其中始能被直观为在吾人以外之一切关系之必然条件；吾人设抽去此等对象，则此方式为纯粹直观而负有空间之名。唯以吾人不能将感性之特殊条件视为事物所以可能之条件，而仅能视为事物现象所以可能之条件，故吾人诚能谓空间包括一切对吾人表现为外物之事物，但非一切物自身——不问此等事物为何种主观所直观，或此等事物是否为其所直观。盖吾人关于其他思维的存在者之直观，其是否同一受"所以制限吾人直观及对吾人普遍有效"之条件之束缚，吾人固不能有所判断者也。吾人如以判断所受之制限加于判断中主词之概念，则此判断即为无条件的适用有效。例如"一切事物并存空间"之命题，乃限于将此等事物视为感性直观之对象，始能有效。故若以此制限条件加于概念而谓"所视为外的现象之一切事物并存空间中"，则此规律乃普遍的适用有效，且无制限矣。是以吾人之阐明，关于所能表现于吾人外部为对象者，在证明空间之实在性（即空间之客观的适用效力），同时关于事物，在理性就物自身考虑，即不顾及吾人之感性性质时，则证明空间之观念性。于是吾人关于一切可能之外的经验，则主张空间之经验的实在性；但同时又主张空间之先验的观念性——易言之吾人如撤去以上之条件，即撤去受制于可能的经验之制限，而视空间为存于物自身根底中之事物，则绝无所谓空间。

除空间而外，实无与外物相关之主观的表象能名之为客观的及先天的者。盖[1]其他之主观的表象，无一能由之引申先天的综合命题，一如吾人能从空间中直观之所为者（导言三）。故严密言之，其他之主观的表象，并无观念性，就其仅属于感性之主观的性质而言，例如在色、声、热感觉中之视、听、触等，虽与空间表象相符合，但因其仅为感觉而非直观，故其自身不能产生任何对象知识，至于先天的知识，则尤非其所能矣。

以上所言，意仅在防免有人臆断此处所主张之空间观念性，能以绝不充分之例证如色、味等说明之。盖此色、味等等不能正当视之为事物之性质，而仅为主观中之变化，且此变化实因人而异者。在此类色、味等例证中，例如蔷薇，其自身本仅现象，乃为经验的悟性视为物自身，但关于其色，则固以视者之异而所见不同。反之，空间中现象之先验的概念，乃批判的使人警觉凡空间中所直观者绝非物自身，空间非属于物自身为其内部的性质之一类方式，对象自身纯非吾人所能知，凡吾人所称为外的对象，只为吾人之感性表象，而空间即此感性表象之方式。至于感性相应之真实事物，即物自身，则不能由此种表象知之，且亦不能知之者；况在经验中从未有关于物自身之问题发生也。

〔1〕自此以至本段末，第一版之原文如下：

故此种一切外的表象之主观的条件，绝不能与其他任何事物相比较。盖酒味并不属于酒之客观的规定（即令吾人不以酒为对象而以之为现象），而属于饮者感官之特殊性质。色非物体直观中所属物体之性质，而仅为光在某种状态中所激动之视觉变状。反之，“为外的对象之条件”之空间，则必属于对象之现象，或对象之直观。味与色，非对象所唯一由之而能成为吾人感官对象之必然的条件。其与现象相联结者，仅为感官之特殊性质所偶然附加于其上之结果。因之，味、色等非先天的表象，乃根据于感觉者，且在味，乃根据于感觉结果之感情（苦乐）。且亦并无一人能具有色、味等之先天的表象；而空间则因其仅与直观之纯粹方式相关，故不包含有丝毫感觉，且绝无经验的成分，故若形象及空间关系之概念发生，则空间之一切种类及规定，皆能先天的表现，且必须先天的表现之者。事物对于吾人之为外的对象者，唯由空间而后可能者也。

第二节　时间

四　时间概念之玄学的阐明

（一）时间非自任何经验引来之经验的概念。盖若非先假定时间表象先天的存于知觉根底中，则同时或继起之事即永不能进入吾人之知觉中。唯在时间之前提下，吾人始能对于自身表现有一群事物在同一时间中（同时的）或在不同时间中（继起的）存在。

（二）时间乃存于一切直观根底中之必然的表象。吾人能思维时间为空无现象，但关于普泛所谓现象，则不能除去此时间本身。故时间乃先天的所授予者。现象之现实性唯在时间中始可能。现象虽可一切消灭；唯时间（为使现象可能之普遍的条件）本身则不能除去者也。

（三）关于时间关系或“普泛所谓时间公理”所有必然的原理之所以可能，亦唯根据于此先天的必然性。时间仅有一向量；种种时间非同时的乃继续的（正如种种空间非继续的而为同时的）。此等时间原理，绝不能自经验引来，盖因经验不能与以严密之普遍性及必然之正确性者。盖吾人仅能谓通常经验之所教示吾人者乃“如是”而非“必须如是”。至此等时间原理乃适用为经验所唯一由以可能之规律；此等规律非由经验而来，乃关于经验训示吾人者。

（四）时间非论证的概念即所谓普泛的概念，乃感性直观之纯粹方式。种种时间乃同一时间之部分；仅能由单一之对象所授予之表象，为直观。且“种种时间不能同时存在”之命题，非由普泛的概念引来。此命题乃综合的，其源流不能仅起于概念，故直接包含于时间直观及时间表象中者。

（五）时间之无限性，意义所在，仅指一切规定的时间量，唯由于其根底中所具之唯一时间有所制限而后可能者耳。故时间之本源的表象，必为无制限者。唯当对象授予时，其各部分及其一切量，仅能由“制限”确定表现之者，则其全体表象绝不能由此等概念授予，盖因此等概念仅包含部分的表象；反之，此等概念之自身，则必须依据直接的直观。

五　时间概念之先验的阐明

此处我参照以上一节之第三项，盖本有属之先验的阐明者已列入玄学的阐明中，为简便计，此处则从略。我今所增益者，乃变化概念及与之相联之运动概念（即位置变化）仅由时间表象及在时间表象中始能成立；且此时间表象若非先天的（内的）直观，则无一概念（不问其为何种概念），能使人理解变化之所以可能，即不能使人理解矛盾对立之宾词何以能在同一对象中联结，例如同一事物在同一处所之存在与不存在。唯在时间中，矛盾对立之宾词始能在同一对象中见及，即彼此继起。故说明运动通论中所提示之先天的综合知识之所以可能（此等知识绝非无用之物）者，即吾人之时间概念。

六　自此等概念所得之结论

（甲）时间非自身存在之事物，亦非属于事物为一客观的规定，故当抽去其直观之一切主观条件，则并无时间留存。设时间为独立自存者，则殆成为现实的事物而又非现实的对象矣。设时间为属于物自身之规定或顺序，则不能先于对象而为对象之条件，且不能由综合命题先天的知之而直观之矣。但若时间仅为直观所唯一由以能在吾人内部中发生之主观的条件，则即能先天的知之而直观之。盖唯如是，此种内的直观之方式，庶能表现在对象之先因而先天的表现之。

（乙）时间仅为内感之方式，即直观吾人自身及内的状态之方式。时间不能为外的现象之规定；盖与形体、位置等无关，而唯与吾人内的状态中所有“表象间之关系”相关。今因此种内的直观不产生形体，吾人今以类推弥此缺憾。试以一进展无限之线表现时间连续，在此线中，时间之杂多，构成“仅为一向量”之系列；吾人即从此线之性质，以推论时间之一切性质，但有一例外，即线之各部分乃同时存在者，而时间之各部分则常为继续的，此则不能比拟推论者。从一切时间关系亦容在外的直观中表现之事实现之，则此时间表象自身之为直观，益为明显矣。

（丙）时间乃一切现象之先天的方式条件。空间限于其为一切外的现象之纯粹方式，仅用为外的现象之先天的条件。但因一切表象，不问有无外的事物为其对象，其自身实为心之规定而属于吾人之内的状态；又因此内的状态从属内的直观之方式条件，因而属于时间，故时间为一切现象之先天的条件。盖时间为（吾人心之）内的现象之直接条件，因而为外的现象之间接条件。正如吾人先天的能谓一切外的现象皆在空间中，且先天的依据空间关系所规定者，吾人自内感之原理亦能谓一切现象，即感官之一切对象，皆在时间中，且必须在时间关系中。

吾人如抽去吾人所有“内部直观吾人自身之形象”（以直观形象之名称意义而言，吾人自亦能将一切外的直观列入吾人之表象能力中）而将对象视为其自身所应有之形象考虑之，则无时间矣。时间仅关于现象始有客观的效力，而现象则为吾人所视为“感官对象”之事物。吾人如抽去吾人直观之感性，即抽去吾人所特有之表象形象而言及普泛所谓事物，则时间已非客观的。故时间纯为吾人（人类）直观之主观的条件（吾人之直观常为感性的，即限于其为对象所激动），一离主观则时间自身即无矣。但关于一切现象，以及关于能入吾人经验中之一切事物，则时间必然为客观的。吾人不能谓一切事物皆在时间中，盖因在普泛所谓事物之概念中，吾人抽去事物之一切直观形象以及对象所唯一由之而能表现其在时间中之条件。但若以此条件加之于其概念，而谓所视为现象之一切事物，即为感性直观之对象者，皆在时间中，则此命题具有正当之客观的效力及先天的普遍性。

是以吾人所主张者，为时间之经验的实在性，即关于常容授之于吾人感官之一切对象，时间所有之客观的效力。且因吾人之直观常为感性的，凡不与时间条件相合之对象，绝不能在经验中授予吾人。在另一方面，吾人否定时间有绝对的实在性之一切主张；易言之，吾人否定“以时间为绝对的属于事物，为事物之条件或性质，而与吾人感性直观之方式毫不相关”之说；诚以此属于物自身之性质，绝不能由感官授予吾人者也。此即所以构成时间之先验的观念性者。吾人之所谓先验的观念性，意盖指吾人如抽去感性直观之主观的条件，则时间即无，不能以之为实质或属性而归之对象自身（离去对象与吾人直观之关系）。但此种时间之观念性与空间之观念性相同，绝不容以感觉之误谬类比说明之者[①]，盖斯时常假定感性的宾词（译者按：如色、味，等等）所属之现象，其自身有客观的实在性者。在时间之事例中则除其仅为经验的以外，即除吾人将对象自身仅视为现象以外，绝无此种客观的实在性。关于此一点，读者可参考前一节终结时之所论及者。

七　辩释

我尝闻明达之士尝同声反对此“容认时间之经验的实在性而否定其绝对的及先验的实在性”之说，因之我乃推想及凡不熟知此种思维方法之读者自亦反对此说。至其反对之理由则如下。“变化乃实在的，此盖以吾人自身所有表象之变化证明之者——就令一切外的现象以及现象之变化皆被否定。顾变化仅在时间中可能，故时间为实在的事物”。答复此种反对，并非难事。盖吾人固承认其全部论证。时间确为实在的事物，即内的直观之实在的方式。即时间关于内的经验具有主观的实在性；易言之我实有时间表象及“在时间中我所有规定”之表象。故时间之被视为实在的，实非视为对象，而只视为我自身（所视为对象之我自身）之表现形象。设无须此种感性条件，我即能直观我自身，或我自身为别一存在者所直观，则吾人今在自身中所表现为变化之一类规定，将产生一种不容时间表象因而不容变化表象加入之知识矣。故对于“为吾人所有一切经验之条件”之时间，应容许其有经验的实在性；在吾人理论中所拒斥者，仅为其绝对的实在性。

① 时间与空间之观念性，绝不容与“感觉之观念性”相混。

盖时间仅为吾人内的直观之方式[①]。吾人如从内的直观中取去吾人所有感性之特殊条件，则时间概念即消灭；诚以时间并不属于对象而仅在直观此等对象之主观中。

至此种反对之所以如是同声一致，且亦出于并不十分反对空间观念性学说之人者，其理由如是。彼等并不期望能绝无疑义证明空间之绝对的实在性；盖彼等已为观念论所困，以观念论之所教示者，谓外的对象之实在性，不容有严密的证明。顾在另一方面，吾人所有内感对象之实在性（我自身及我所有状态之实在性），则由意识所直接证明者（据彼等之所论证）。故外的对象或许仅为幻相，而内感之对象，则以彼等之见解，实为不能否定之实在的事物。唯彼等之所未见及者，则此内外二者地位实相等；盖二者就其为表象而言之实在性，固皆不容有所疑者，且二者皆仅属于现象，而现象则常有两方面：一则视对象为自身（不顾及直观此对象之形象——故此对象之性质，常为疑问的），一则考虑此对象之直观方式者。此种方式不能求之于对象自身，唯求之于显现此对象之主观中，但此方式仍真实的必然的属于此对象之现象。

是以时间空间为种种先天的综合知识所能自其中引来之二大知识源流（纯粹数学乃此类知识之光辉的例证，其中尤以关于空间及空间关系者为著）。时间与空间，合而言之，为一切感性直观之纯粹方式，而使先天的综合命题所以可能者。但此二类先天的知识源流，仅为吾人所有感性之条件，亦即以此点规定其自身所有之限界，即此二者之应用于对象，仅限于对象被视为现象而非表现事物为物自身。此一点乃时空二者适用效力之唯一领域；

① 我固能谓我之表现互相继起；但此仅谓吾人意识此等表象在时间继续中，即依据内感之方式耳。故时间非某某事物自身，亦非属于事物之客观的规定。

吾人如超越此点，则时空二者即不能有客观的效用。顾空间时间之观念性，则并不影响及于经验的知识之确实性，盖不问此两种方式必然的属于物自身，抑仅属于吾人所有“事物之直观”，吾人固同一保证此经验的知识之确实。反之，在主张空间时间之绝对的实在性者，则不问其以时空为实质或仅以之为属性，必然与经验本身所有之原理相抵触。盖若彼等采取以时空为实质之说（此为数学的研究自然者通常所采取之观点），则是彼等容认有（自身非实在的）包有一切实在的事物之永久、无限、独立自存之两种虚构物（空间与时间）矣。又若采取以时空为属性之说（此为某某玄学的研究自然者之所信奉），而视空间时间为互相并存或互相继续之现象关系——自经验抽象而来之关系，且在此种孤立状态中混杂表现者——则彼等不得不否定先天的数学理论关于实在的事物（例如在空间中）有任何适用效力，至少亦须否定其必然的正确性。盖因此类正确性非能求之于后天者。且由此种观点而言，空间与时间之先天的概念，仅为想象力之产物，其来源必须求之经验中，盖想象力以自经验抽象而来之关系，构成“包有此等关系中所有普泛性质”之事物，但离去自然所加于此等关系之制限，则此等事物即不能存在。凡主张前一说者，至少有使现象领域公开于数学命题之利益。顾当彼等欲以悟性超越现象领域时，则彼等即为此等等条件（空间与时间、永久、无限及独立自存等）所困矣。而主张后一说者，当其判断对象，不以之为现象，而欲就“对象与悟性之关系”判断之之时，空间与时间之表象，能不为之妨，此则为其所有之利益。但因彼等不能陈诉于真实的及客观的有效之先天的直观，故既不能说明先天的数学知说之可能，亦不能使经验命题必然与先天的数学知识相合。唯在吾人所有关于“感性之两种本源方式之真实性质”之理论中，此两种难点全免矣。

最后，先验的感性论，除空间时间二要素以外，不能再包有其他要素。此就“属于感性之一切其他概念”，甚至如联结空间时间二要素之运动概念，皆以经验的事物为前提者一事观之即明矣。盖运动以“关于某某运动事物之知觉”为前提。第就空间本身而言，则在空间中并无运动者其物；因之，此运动之事物必为仅由经验始在空间中发现之事物，故必为经验的质料。据此同一理由，先验感性论，不能将变化概念列入其先天的质料中。盖时间本身并不变化，所变化者仅为时间中之事物。故变化概念乃以某某事物之存在及其规定之继起等知觉为前提者；盖即谓变化概念以经验为前提者也。

八　先验感性论之全部要点

（一）欲避免一切误解，则必须说明（务极明晰）吾人关于“普泛所谓感性知识之根本性质”所有之见解。

吾人所欲主张者乃为：吾人之一切直观，仅为现象之表象；凡吾人所直观之事物，其自身绝非如吾人之所直观者，而物自身所有之关系亦与其所显现于吾人者不同，且若除去主观，或仅除去普泛所谓感官之主观的性质，则空间与时间中所有对象之全部性质及一切关系，乃至空间与时间本身，皆将因而消灭。盖为现象，则不能自身独立存在，唯存在吾人心中。至对象之自身为何，及离去吾人所有感性之一切感受性，则完全非吾人之所能知者。吾人所知，仅为吾人所有“知觉此等对象之形象”——吾人所特有之一种形象，一切人类虽确具有，但非一切存在者皆必然具有者也。吾人所与之有关者，唯此吾人所特有之形象。

空间与时间为此形象之纯粹方式，感觉则为其质料。仅此纯粹方式为吾人所能先天的知之者，即先于一切现实的知觉知之；故此类知识名为纯粹直观。至于质料则在吾人知识中，乃引达其名为后天的知识，即经验的直观者。纯粹方式，不问吾人感觉之为何种性质，其属于吾人之感性，乃具有绝对的必然性者，至质料则可在种种状态中存在。即令吾人能使吾人之直观极度明晰，吾人亦不能因而接近对象自身所有之性质。吾人因此所知者，仍仅吾人之直观形象，即仍仅吾人之感性。吾人自能详知此直观形象，但常须在空间与时间之条件下知之——此种条件乃根本属于主观者。故对象自身为何，即令于对象所唯一授予吾人者即现象有极其阐发详明之知识，亦绝不能使吾人知之者也。

吾人如以以下之见解为善，即以为吾人之全部感性，仅事物之杂驳表象，只包含属于物自身之事物，唯在“吾人意识上尚未区分之种种性质及部分的表象”之集合状态下所成之表象，则感性及现象之概念，将因之而成虚妄，且吾人关于此类概念之全部教说，亦将成为空虚而无意义矣。盖杂驳表象与明晰表象间之区别，仅为逻辑的，而非关于内容者。正义概念（就常识所习用之意义而言）确包含精密思辨能自此发展之一切事物，顾在通常实践的使用时，则吾人实未意识及此种思想中所含有之杂多表象。但吾人不能因而谓通常概念乃感性的，仅包含纯然现象。盖“正义”绝不能成为现象；此乃悟性中之概念，而表现属于行为自身之一种“行为性质”（道德的性质）。反之，直观中所有物体之表象，则绝不包含能属于对象自身之事物，而仅包含某某事物之现象，及吾人为此事物所激动之形象，吾人之知识能力所有此种感受性，名为感性。故即令此现象能完全为吾人知悉其底蕴，而此类知识与对象自身之知识，固依然有天渊之别者也。

莱布尼兹及沃尔夫（Leibnitz-Wolfitan）之哲学，以感性事物与悟性事物间之差别，仅为逻辑的差别，故对于一切研究知识之本质及起源者，与以极误谬之指导。盖感性事物与悟性事物间之差别，固极明显为先验的。此非只关于二者之逻辑的方式，明晰或杂驳。乃关于二者之起源及内容。故非吾人由感性所能知之物自身性质，仅有杂驳状态；乃吾人以任何方法绝不能知物自身。今如吾人之主观的性质被除去，则所表现之对象，及感性的直观所赋予此对象之性质，将无处存在，且亦不能存在矣。盖规定对象形式之为现象者，即此主观的性质。

吾人通常在现象中，区分为本质的属于其直观，且一切人类之感官，皆感其为如是者，及仅偶然属于其直观且其能表现不在其与普泛所谓感性相关，而仅在其与某一感官之特殊位置或其构造之物质相关。于是前一种类之知识，被称为表现对象自身，而后一种类，则称为仅表现其现象。但此种区别仅为经验的。吾人如即此而止（此为通常所习见者），不再前进（再进一步乃吾人所应为者），而将此经验的直观之本身视为现象（在现象中绝不能发现属于物自身者），则吾人之先验的区别因而丧失。故虽在感官世界中，吾人即深究感官之对象，仍仅与现象相涉，而斯时吾人则自信为知物自身。如乍雨乍晴时之虹可称为现象，而雨则称为物自身。此雨为物自身之概念，若仅在物理的意义言之则正当。盖斯时雨仅被视为在一切经验中，及一切与感官相关之位置中，皆规定其在吾人之直观中常如是而非别一形象者。但若吾人对于此经验的对象，第就其普泛的性质，不考虑一切人类之感官对此经验的事物，所感是否相同，而研讨此经验的事物是否表现对象自身（所谓对象自身不能指雨点而言，盖雨点已为经验的对象，乃现象），则此表象与对象相关之问题，立成为先验的。于是吾人知不仅雨点纯为现象，即雨点之圆形，乃至其所降落之空间，皆非物自身而仅为吾人感性直观之变状或其基本的方式，至先验的对象，则永为吾人所不能知者。

吾人之先验感性论之第二要点，则为此理论不应成一博人赞美貌似真实之臆说，乃应具有“凡用为机官之任何理论”所必须之正确性，且不容有怀疑之者。欲完全证明此种正确性，吾人当择一能使其所占地位之确实效力因而明显，及使第一节第三段中所言者，愈益彰明之事例。

今姑假定空间时间其本身为客观的，且为物自身所以可能之条件。第一，关于空时二者，有无数先天必然的综合命题，乃事之显然者。此关于空间尤为真确，故吾人在此研讨中首宜注意空间。今因几何学之命题为先天综合的，且以必然的正确性知之者，我特举一问题相质——公等自何处能得此类命题，且悟性在其努力以达此种绝对的必然及普遍的有效之真理时，其所依据者又为何？除由概念或直观以外，当无其他方法；而此概念及直观之授予吾人，则或为先天的，或为后天的。在后天的授予吾人时，则为经验的概念，及为此种概念所根据之经验的直观，而此类概念与此类直观之所产生者，除其自身亦为经验的以外（即经验命题），绝不能产生任何综合的命题，即以此故，此类命题绝不能具有必然性及绝对的普遍性，顾此二者乃一切几何命题之特征。至关于到达此类知识之唯一方法，即由概念或直观先天的以达此类知识，则仅由纯然概念之所得者，仅为分析的知识，而非综合的知识，此又事之显然者也。今举“两直线不能包围一空间且无一图形能成”之命题，公等试就直线及两数之概念以抽绎此命题。今又举“有三直线能成一图形”之命题，公等试以同一态度就此命题所包含之概念以引申此命题。公等之一切努力，皆为虚掷；乃见及不得不依恃直观，一如几何学中之所习为者矣。于是公等唯在直观中，授自身以对象。但此种直观，果为何种直观？其为纯粹先天的直观，抑为经验的直观？如为经验的直观，则普遍的有效之命题绝不能由之而生——更无必然的命题——盖经验绝不能产生此种命题者也。于是公等必须在直观中，先天的授自身以对象，而公等之综合命题亦即根据于此。故若无先天的直观能力存于公等内部；又若主观的条件就其方式言，同时非即外的直观之对象所唯一由以可能之先天的普遍的条件；又若对象（三角形）为某某物自身而与公等之主观无关，则公等如何能以必然的存于公等内部构成三角形之主观的条件，谓亦必然属于三角形自身？盖此对象（就此种见解言）乃先于公等之知识授予公等，非因公等之知识而得，故公等不能以任何新事物（图形）加于公等所有之概念（三直线）而以之为在对象中所必然见及者。是以空间（关于时间亦同一真实）若非纯为公等直观之方式而包含先天的条件——事物唯在此先天的条件下，始能成为公等之外的对象，若无此主观的条件，则外的对象之自身亦无——则公等关于外的对象，不能有任何先天的综合的规定。因之“为一切外的内的经验之必然条件”之空间时间，纯为吾人所有一切直观之主观的条件，一切对象皆与此种条件相关，故为纯然现象，而非其现存形象之物自身云云，不仅可能或大致如是，实为真确而不容疑者。职是之故，关于现象之方式，自能先天的多所陈述，至对于现象根底中之物自身，则绝不能有所主张者也。

（二）欲确证外感内感及感官所有一切对象（仅视为现象者）之观念性之理论，则尤宜详察以下之点，即在知识中属于直观之一切事物（若乐之感情及意志，非知识，故剔除）仅包含关系；即直观中之位置（延扩）、位置之变化（运动），及此变化所由以规定之法则（动力），等等之关系。凡存在各特殊位置中之事物为何、即与位置变化无关之“物自身”中之活动，非直观所能授予。盖“物自身”不能仅由关系知之；故吾人所可断言者，“以外感所能授予吾人者，仅有关系，是以在外感之表象中，仅包含对象与主观之关系，而非对象自身之内部性质”。此在内感，亦同一真实，盖不仅因**外感之表象**，构成吾人所以之占有我心之本有质料，乃因吾人设置此等表象于其中之时间——时间在经验中，先于“表象之意识”，且在表象之根底中，为吾人所由以设定表象在心中之一类形象之方式的条件——其自身仅包含继起、同在及与继起并存之延续，等等之关系。为表象而能先于“思维任何事物之一切活动”者，乃直观，直观而仅包含关系者，乃直观之方式。今因此种方式除有某某事物被设定于心以外，绝不表现任何事物，故仅能为“心由以经其自身所有活动所激动”（即由此种设定其表象之活动）之一类形象，亦即“心由以为其自身所激动”之一类形象，易言之，此不过就内感方式而言之内感耳。由感官所表现之一切事物，即以此故常为现象，因之吾人只有二途，或否认内感，或容认所视为感官对象之主观，其由内感所表现者，仅为现象而非判断其自身之主观（设其直观纯为自我活动即智性的直观，则当判断其自身）。此全部困难，实系于主观如何能内面直观其自身之一点；顾此种困难实为一切学说所同具。自我意识（统觉）乃“我”之单纯表象，凡主观中所有一切杂多，如由**自我活动**所授予，则此内的直观当为智性的。在人类则此种自我意识需要关于杂多（此为以先在主观中所授予者）之内部知觉，至此种杂多所由以在心中授予之形象，以其非自发的，则必须名之为感性的。意识一人自身之能力，如探求（认知）其所存在于心中者，则必激动此心，且亦唯由此途径始能发生心自身之直观。但先行存在心中所有此种直观方式，在时间表象中，规定杂多所由以集合心中之形象，盖彼时所直观之自身，非自我活动直接所表现之自身，而为由其自身所激动之状，即为其所显现之状，而非其如实之状。

（三）当我谓外的对象之直观及心之自身直观，在空间时间中同为表现“对象及心”如其所激动吾人感官之状，即如其所显现之状时，其意并非以此等对象为纯然幻相。盖在一现象中，对象乃至吾人所归之于对象之性质，常被视为现实所授予之事物。但因在所与对象与主观之关系中，此类性质有赖主观之直观形象，故视为现象之对象，与“所视为对象自身”之自身有区别。是以在我主张空间与时间之性质（我之设定物体及我心，皆依据空间时间，盖空时为物心存在之条件）存在吾人之直观形象中，而非存在对象自身中时，我非谓物体仅似所见在我以外，我心仅似所见在我所有自我意识中所授予。如以我所应视为现象者，而使之成为幻相，则诚我之过误。[①] 但此绝非由感性直观之观念性原理而来之结果——事正相反。仅在吾人以客观的实在性归于此两种表象方式（即空间时间），吾人始无术制止一切事物因而转为幻相。盖若吾人以空间时间为必在物自身中所有之性质，又若吾人反省吾人所陷入之荒诞悖理——即此二无限的事物，既非实体，又非实际属于实体之事物，而乃必须存在，且必须为一切事

① 现象之宾词，在与吾人感官之关系中，能归之对象自身例如红色或香之归之蔷薇。[但属幻相则绝不能以之为宾词而归之对象（盖因吾人乃以仅在与感官关系或普泛与主观关系中所属于对象之事物，归之对象自身），例如往日归之土星之二柄] 凡与对象之表象不可分离者，非对象自身所有，而常存于对象与主观之关系中，此即现象。空间时间之宾词，即属此类性质，故正应归之感官之对象，且其间并无幻相。反之，我若以红归之蔷薇自身 [以柄归之土星]，或以延扩归之外的对象自身，而不顾及对象与主观之一定关系，且不限定吾人之判断在此关系中，于是幻相始生。（译者按：两 [　　] 中之句原英译者史密斯以为与其主要谕旨不合，疑后来重版时误列入者，[　　] 即为彼所加。）

物存在之必然的条件，甚至一切存在事物虽皆除去，而比则必须连续存在者——则吾人当不能责巴克莱（Berkeley）之斥物体为幻相矣。不仅如是，甚至吾人自身之存在，在依据时间一类虚构物之独立自存之实在性时，则亦必随之化为纯然幻相——顾此种荒诞谬论尚未闻有人犯及。

（四）在自然神学中，思维一对象［神］，彼不仅绝不能对于吾人为直观之对象，即在彼自身亦不能成为感性直观之对象，吾人乃绵密从事，从彼［神］之直观中除去时间空间之条件——盖因彼（神）所有知识必为直观，而非常常含有制限之思维。但若吾人已先将时间空间为物自身之方式，且以此种方式为事物存在之先天的条件，即令物自身除去，而此方式尚须留存，则吾人果有何权利以除去彼（神）直观中之时间空间？时间空间若普泛为一切存在之条件，则自必亦为神之存在条件。又若吾人不以时间空间为一切事物之客观的方式，则自必以之为吾人内外直观之主观的方式，此种直观，名为感性的，亦即为此故，此直观非本源的，即非由其自身能与吾人以对象存在之直观——此一种能与吾人以对象存在之直观，就吾人之所能判断者，仅属于第一存在者所有。而吾人之直观形象则依赖对象之存在，故仅在主观之表象能力为对象所激动时，始可能。

此种在空间时间中之直观形象固无须仅限于人类感性。一切有限之具有思维存在者，关于此点，自必与人类相一致，（吾人虽不能判断其实际是否如是。）但此种感性形象任令其如何普遍，亦不能因而终止其为感性。故此种直观形象为由来的（intuitus derivativus）而非本源的（intuitus originarius）即非智性的直观。

据以上所述之理由，此种智性直观似仅属第一存在者。绝不能归之依存的存在者——在其存在中及在其直观中皆为依存者，且仅在与所与对象之关系中，始由此种直观规定其存在者也。唯此点必须仅视为感性论之注释而不可视为感性论之论证。

先验感性论之结论

关于解决——先天的综合判断何以可能？——之先验哲学问题所必须之关键，吾人今已有其一，即先天的纯粹直观（时间与空间）是。在先天的判断中，吾人欲超越所与概念以外时，唯有在先天的直观中，吾人始能到达——概念中所不能发现而确能在“与概念相应之直观”中先天的发现之，且又能综合的与概念相联结——之事物。但此类基于直观之判断，绝不能推广至感官对象以外；仅对于可能的经验之对象，始适用有效耳。

第二部
先验逻辑

Kritik
der
reinen
Vernunft

导言
先验逻辑之理念

一　泛论逻辑

吾人之知识，发自心之两种根本源流；第一，为容受表象之能力（对于印象之感受性），第二，为由此等表象以知对象之能力（产生概念之自发生）。由于前者，有对象授予吾人，由于后者，对象与所与表象（此为心之纯然规定）相关，而为吾人所思维。故直观及概念，乃构成吾人一切知识之要素，无直观与之相应之概念，或无概念之直观，皆不能产生知识。此直观与概念二者，又皆有纯粹的与经验的之分。当其包含感觉（感觉以对象之现实存在为前提）时，为经验的。当其无感觉杂入表象时，则为纯粹的。感觉可名为感性知识之质料。故纯粹直观仅包含“事物由之而被直观”之方式；纯粹概念仅包含普泛所谓对象之思维方式。唯纯粹直观与纯粹概念，乃先天的可能者，至于经验的直观及经验的概念，则仅后天的可能者。

心之感受性，即心在被激动时容受表象之能力，如名之为感性，则心由自身产生表象之能力（即知识之自发性），当名之为悟性。吾人之直观，绝不能为感性以外之物，此乃吾人之本性使然，即吾人之直观仅包含“吾人由之为对象所激动”之形象。在另一方面，使吾人能思维“感性直观之对象”之能力，为悟性。此两种能力实无优劣。无感性则无对象能授予吾人，无悟性则无对象能为吾人所思维。无内容之思维成为空虚，无概念之直观，则成为盲目。故使吾人之概念感性化，即在直观中以对象加于概念。及使吾人之直观智性化即以直观归摄于概念之下，皆为切要之事。此两种能力或性能，实不能互易其机能。悟性不能直观，感官不能思维。唯由二者联合，始能发生知识。但亦无理由使此二者混淆；实须慎为划分，互相区别。此吾人之所以区分为论感性规律之学（即感性论）与论悟性规律之学（即逻辑）二者也。

逻辑又可分为悟性普泛运用之逻辑与悟性特殊运用之逻辑两种。前者包含思维之绝对的必然规律，无此种规律则不能有任何悟性活动。故此种逻辑之论究悟性，绝不顾及悟性所指向之对象中所有之差别。而悟性特殊运用之逻辑，则包含“关于某种对象之正确思维”之规律。前者可名之为原理之逻辑，后者可名之为某某学问之机官。后者在学校中通常作为学问之准备课程讲授，但按人类理性之实际历程，则此实为最后之所得者，以其成为机官时，所研究之特殊学问，必已到达仅须略微修正即可完成之完备程度矣。盖在能制定“关于某种对象之学问”所由以成立之规律以前，必须已周密详知所论究之对象也。

普泛逻辑又分为纯粹与应用两种。在纯粹逻辑中，吾人抽去一切吾人悟性所由以行使之经验的条件，即将感官影响、想象作用、记忆法则、习惯力、倾向，等等以及一切偏见之来源，乃至特种知识所能从而发生（或视为由之发生）之一切原因，尽行除去。盖此种种之与悟性相关，仅限于悟性在某种情形下活动，而欲熟知此种情形，则须经验。故普泛的纯粹逻辑，仅论究先天的原理，且为悟性与理性之法规（Kanon），但仅就使用悟性与理性时所有方式的事物论究之，固不问其内容之为经验的或先验的也。当普泛逻辑论及在心理学所论究之主观经验条件下所“使用悟性之规律”时，则名为应用逻辑。故应用逻辑具有经验的原理，但此应用逻辑在其论究使用悟性不顾及对象中所有差别之限度内，仍不失其为普泛的。因之应用逻辑既非普泛所谓悟性之法规，亦非特殊学问之机官，仅为清滤常识之药剂。

故在普泛逻辑中，构成“理性之纯粹理论”之部分，必须与构成应用逻辑（虽仍为普泛的）之部分，完全分离。质言之，唯前者始成为学问，虽简约干枯，但此实为学术的阐明悟性原理论之所不得不如是者。故逻辑学者在其论究纯粹的普泛逻辑时，常须注意两种规律。

（一）以此为普泛的逻辑，故抽去一切悟性知识之内容及一切对象中所有之差别，而只论究思维之纯然方式。

（二）以此为纯粹的逻辑，故与经验的原理无关，而不借助于心理学（往往有人以为须借心理学之助者），因之心理学对于悟性之法规，绝无丝毫影响可言。盖纯粹逻辑乃论证之学，其中所有之一切事物，皆必须全然先天的确实者也。

至我之所谓应用逻辑（此与习用之意义相反，按习用之意义则应用逻辑应包含纯粹逻辑所与规律之某某实用命题）乃悟性及“具体的必然如是使用悟性”——在能妨阻或促进其应用之偶然的主观条件下（此等主观的条件皆纯为经验的所授予者）必然如是使用悟性——之规律等之表现。此种逻辑论究注意、注意之障碍及其结果、误谬之由来以及怀疑、迟疑、确信，等等之情状。纯粹的普泛逻辑与此种逻辑之关系，正犹仅包含“普泛所谓自由意志之必然的道德律”之纯粹道德学与德行论之关系——此种德行论乃在感情、倾向，及人所难免之情欲等之制限下考虑此等道德律者。此种德行论绝不能成为真实论证之学，盖其与应用逻辑相同，依据经验的及心理学的原理者也。

二　先验逻辑

如吾人所述，普泛逻辑抽去一切知识内容，即抽去一切知识与对象间之关系，而仅考虑知识间相互关系之逻辑方式，即普泛逻辑乃论究“普泛所谓思维之方式”。但如先验感性论所述，直观有纯粹的与经验的之分，关于对象之思维亦当同一有纯粹的与经验的之别。由是而言，吾人当有一并不抽去全部知识内容之逻辑。唯此另一种仅包含“关于对象之纯粹思维”一类规律之逻辑，则当唯一提斥一切具有经验的内容之知识。且此种逻辑又当论究吾人所由以认知对象之方法之源流，诚以此种源流不能归之于对象者。顾普泛逻辑则不问知识之源流，唯依据悟性在思维中所用以使表象相互关联之法则，以考虑表象——此等表象不问其先天的起源于吾人自身，抑仅经验的所与。故普泛逻辑之所论究，仅为“悟性所能赋予表象之方式”，至表象之从何种源流发生，则固非其所问也。

我今有一言，读者务须深为注意，盖以其影响远及于后之一切所论也。即非一切种类先天的知识皆能称为先验的，仅有吾人以之知某某表象（直观或概念）之能纯粹先天的使用或先天的可能，及其所以然之故者，始能称为先验的。盖此先验的名词，乃指与知识之先天的所以可能及其先天的使用有关之一类知识而言。故空间或“空间之先天的几何学上规定”，皆非先验的表象；

所能唯一称为先验的，乃“此等表象非自经验起源”云云之知识及此等表象能先天的与“经验对象”相关云云之可能性。空间之应用于普泛所谓对象者，亦为先验的，但若仅限于感官之对象，则为经验的。故先验的与经验的之区别，仅属于知识之批判范围内，与“知识与其对象之关系”，固无关也。

在期望有先天的与对象相关之概念，且此先天的与对象相关非由于纯粹的或感性的直观，而仅为纯粹思维之活动（即既非经验的又非感性的起源之概念），吾人乃预行构成“属于纯粹悟性及纯粹理性，吾人由之纯然先天的以思维对象之一类知识”之一种学问之理念。规定此类知识之起源、范围及客观的效力之学问，当名之为**先验的逻辑**，盖因其与论究理性之经验的及纯粹的两种知识之普泛逻辑不同，仅在悟性及理性之法则先天的与对象相关之限度内，论究悟性及理性之法则。

三 普泛逻辑区分为分析论与辩证论

古来宣传之问题所视为迫逻辑学者于穷地，使之或依恃可怜之伪辩，或自承其无知，因而自承其全部逻辑之为空虚者，即真理为何之问题。真理之名词上的定义，即真理乃知识与其对象一致，已假定为人所公认者，今所研讨之问题，乃一切知识之真理，其普泛及确实之标准为何耳。

凡知其应提何种问题为合理者，已足证其聪慧而具特见。盖若问题之自身悖理而要求无谓之解答者，此不仅设问者之耻，且可诱致盲从者之悖理解答，殆如古谚所云，一人取牧羊之乳，而别有一人以筛承其下之笑谈矣。

真理设成立在知识与对象之一致中，则此对象必因而与其他对象有别；盖若知识不与其相关之对象相一致，即令其包含有对于其他对象适用有效之点，此知识亦为虚伪。顾真理之普泛标准，则必须为对于知识之一切事例皆能适用有效者，固不问其对象之差别何如。而此种标准（为普泛的）之不能顾及知识之个别内容（知识与其特殊对象之关系），则又彰彰明甚。然因真理正唯与此种内容有关，今乃欲求此类内容之普泛的真理标准，则自不可能而为悖理矣。充实而又普泛二者兼全之真理标准，实为不能求得之事。盖吾人既名知识之内容为其质料，则吾人必预行承认关于知识之真理，在其与质料有关之限度内，实无普泛之标准可求。盖此种标准就其性质言殆属自相矛盾者也。

但在另一方面，就知识之纯然方式（除去一切内容）以论知识，则在逻辑参明悟性之普遍的及必然的规律之限度内，必须在此等规律中提供真理之标准，又事之极明显者也。凡与此等规律相悖者皆为虚伪。盖悟性将因而与其本身所有之普泛的思维规律相悖，即与其自身相矛盾。但此类标准仅与真理之方式相关，即仅与普泛所谓思维之方式相关；在此限度内，此类标准，固极正确，但其自身则不充实。诚以吾人之知识，虽能与逻辑要求完全相合，即不致有自相矛盾之事，但此知识固仍能与其对象相矛盾者也。故真理之纯然逻辑的标准，即知识与悟性理性之普泛的方式的法则相一致，乃一不可欠缺之条件（conditio sine qua non），因而为一切真理之消极的条件。越此限度，则非逻辑之所能矣。盖逻辑并无发现“不关方式而仅关其内容之误谬”之检验标准。

普泛逻辑将悟性及理性之全部方式的历程分解为悟性及理性之种种要素，而以之为吾人所有知识之一切逻辑的检讨之原理。故此一部分逻辑可名之为分析论，产生真理之消极的标准。在吾人进而决定知识内容是否包含有关于对象之积极真理以前，必须以此种逻辑之规律审察评衡一切知识之方式。但因知识之纯然方式，无论其与逻辑法则如何完全相合，亦远不足以决定知识之实质的（客观的）真理，故绝无一人敢于仅借逻辑之助，就对象加以判断或有所主张。吾人首须在逻辑之外得有可恃之报告，然后始能依据逻辑法则研讨此种报告之用法，及其在一贯之总体中之联结，盖即以此等逻辑法则审察之耳。顾以具有“使吾人所有一切知识具有悟性方式”（关于其内容任令吾人一无所教导）一类如是名贵之技术，实有令人别有所企图之处，即仅为“判断之法规”之普泛逻辑，被用为一若至少实际产生外表之客观的主张之机官，于是此种逻辑遂被误用。在以普泛逻辑如是用为机官时，此种逻辑名辩证法（Dialektik）。

古人以辩证法为学问技术名称之用者，其意义虽种种不一，吾人就彼等于此名词之实际用法所能断言者，则在古人，此名词绝不出乎“幻相逻辑”（Logik des Scheins）之外。此乃由于模拟逻辑所规定之严密方法，及以逻辑的论题掩藏其主张之空疏，而使其无知及伪辩具有真理外形之伪辩技术。今当注意下述一点引为安全而有益之警惕，即普泛逻辑若被视为机官则常为幻相逻辑，即辩证的。盖逻辑之所教示吾人者，绝不涉及知识内容，唯在设置与悟性相合之方式的条件；而此类条件之所教示吾人者，又绝与有关之对象无涉，故欲用此种逻辑为推广、扩大吾人知识之工具（机官），则结果终成为空谈而已——在此种空谈中吾人以某种貌似真实之辞旨，可坚持亦可攻击（倘愿如此为之）一切可能之主张。

此种教导实有损哲学之尊严。故辩证法之名词，当别有一用法，已列在逻辑中为批判“辩证的幻相”之一种逻辑。本书中所用之辩证论，即属此种意义。

四　先验逻辑区分为先验分析论及先验辩证论

在先验逻辑中，吾人使悟性孤立——此犹以上先验感性论之对于感性——将纯然起源于悟性之思维部分从吾人知识中析出。此种纯粹知识之使用，依赖一种条件，即此种知识所能应用之对象，乃在直观中授予吾人者。在无直观时则吾人之一切知识即无对象，因而完全空虚。论究悟性所产生之“纯粹知识之要素”及“吾人无之则不能思维对象”之原理者，此一部分之先验逻辑，名为先验分析论。此乃真理之逻辑。盖凡与此种逻辑相悖之知识，无不立失其一切内容，即失其与任何对象之一切关系，因而丧失一切真理。但因独立使用此等纯粹悟性知识及此等原理之诱惑甚强，甚至欲超越经验限界以外［仅有经验始能产生纯粹悟性概念所能应用之质料（对象）］，故悟性遂致敢于冒险，仅借合理性之幻影，以悟性之纯粹的方式的原理为实质使用，且对于对象不加辨别而加以判断——对于并未授予吾人实亦绝不能授予吾人之对象，亦加判断。盖此先验的分析论，固当仅用作判断“悟性之经验的使用”之法规，今若赖之为悟性之普泛的无限制的应用之机官，又若吾人因而敢于仅借纯粹悟性，对于普泛所谓对象，综合的判断之、肯定之、决定之者，则误用此逻辑矣。于是纯粹悟性之使用，乃成为辩证的。故先验逻辑之第二部分，必须为批判此种辩证的幻相，名为先验辩证论，顾此非独断的产生此种幻相之术（此种技术不幸为玄学术士所通行）乃就悟性及理性之超经验使用以批判悟性及理性者。

先验辩证论乃暴露无根据主张之虚伪荒诞，唯以纯粹悟性之批判的论究，易其仅借先验的原理以发现或扩大知识之夸大要求，而使悟性得免于伪辩的幻相者也。

第一编

先验分析论

Kritik
der
reinen
Vernunft

先验分析论乃将吾人所有之一切先天的知识分解为纯粹悟性自身所产生之种种要素。在分析时首应注意以下主要四点：①此类概念须纯粹的而非经验的；②此类概念须不属直观及感性而属于思维及悟性；③此类概念须基本的又须严密与引申的或复合的概念有别；④吾人之概念表须极完备，包括纯粹悟性之全部领域。当一种学问仅在尝试状态中由概念集合而存立者，则由任何种类之评价亦绝不能保障其有如是之完备程度。此种完备程度仅由悟性所产生之“先天知识之**总体理念**”而始可能者；盖此种理念能使组成此总体之各概念有一严密分类，以表现此类概念之为**组织成一体系**者。纯粹悟性不仅须与一切经验的有别，且亦须与一切感性截然不同。诚以纯粹悟性乃自存自足之统一体，非自外部有所增益者。故悟性知识之总和，组织成一体系，由一理念包括之而规定之。此种体系之完备及调整，同时即能产生“其所有一切分子之正确及真纯”之标准。此一部分之先验逻辑，为求完备计，须分二卷，一为包含纯粹悟性之概念，一为包含纯粹悟性之**原理**。

第一卷　概念分析论

我之所谓概念分析论，非分析概念，即非如哲学的研究中之通常程序，分析“研究中所当呈现之概念”之内容而使此等概念更有区别之谓；乃在分析悟性自身之能力（此事及今罕有为之者），盖欲仅在产生先天的概念之悟性中探求此等概念，及分析悟性能力之纯粹使用，以研讨先天的概念之所以可能耳。此为先验哲学之本有任务，余皆属普泛哲学中概念之逻辑的论究。故吾人将在人类悟性中溯求纯粹概念之原始种子及其最初倾向，此等纯粹概念本在悟性中备有，其后遇有经验机缘始行发展，且由此同一悟性将以后所附加其上之经验的条件解除，而显示其纯粹性者。

第一章
发现一切纯粹悟性概念之途径

当吾人促动一知识能力，视其所缘境遇之异，乃有种种概念之显现，且使其能力显示于吾人之前，此等概念又容许按观察时期之久暂及注意之敏捷，以较大或较小之完备程度集合之。但若在此种机械方法中进行其研究，则吾人绝不能确定其是否完成。且吾人仅随机遇所发现之概念，绝不呈现有秩序及体系的统一，终极仅就其类似之点，排列成偶，或就其内容之量，由简单以至复杂，列成系列——此一种排列在某限度中虽亦可视为以学术方法所创设者，但绝非有体系者。

先验哲学在探求其概念时，具有“依据一单一原理以进行之利便及义务”。盖此类概念，乃纯粹不杂，自绝对的统一体之悟性发生，故必依据一原理或一理念而互相联结。此一种联结，实提供吾人以一种规律，由此种规律，吾人始能使每一纯粹悟性概念各有其适当之位置，且亦以此规律，吾人乃得先天的决定其体系上之完备。否则，此类事情，将依据吾人之任意判断，或仅依据偶然之机缘矣。

第一节　悟性之逻辑的运用

以上仅消极地说明悟性为非感性的知识能力。今因无感性则吾人不能有直观，故悟性非直观能力。但除直观以外，仅有由概念而生之知识形象。故由悟性所产生之知识（至少由人类之悟性），必为由概念而生之知识，因而非直观的而为论证的。但一切直观，以其为感性，故依赖激动，而概念则依赖机能。至我之所谓“机能”，乃指归摄种种表象于一共同表象下之统一作用而言。概念本于思维之自发性，而感性的直观则本于印象之感受性。至悟性所能使用此类概念之唯一用途，则为由此类概念而行其判断。唯因表象除其为直观时以外，无一表象直接与对象相关，故无一概念曾直接与对象相关，仅与对象之其他某某表象相关——不问此其他表象为直观，抑其自身亦一概念。故判断乃对象之间接的知识，即“对象之表象”之表现。在一切判断中，皆有一适用于甚多表象之概念，在此等表象中，则有一所与表象乃直接与对象相关者。例如在“一切物体皆为可分的”之判断中，“可分的”之概念本适用于其他种种概念，唯在此处则特用之于物体概念，而此物体概念则又适用于所呈现于吾人之某种现象。故此类对象乃由“可分性”之概念间接表现者。因之一切判断乃吾人所有表象间之统一机能，不用直接表象而用“包含有直接表象及其他种种表象”之更高位置之表象以认知对象，由是甚多可能之知识集合于一知识中。今以吾人能将悟性之一切作用归之判断，故悟性可视为判断能力。盖如以上所述，悟性为思维能力。而思维则为由概念而生之知识。但为“可能的判断之宾词”之概念则与“尚未规定之对象”之某种表象相关。物体概念即指由此概念所能知之某事事物，例如金属。而概念之所以为概念，实因其包含有“由之能与对象相关之其他表象”。故概念为可能的判断之宾词，例如“一切金属皆为物体”。是以吾人若能将判断中之统一机能叙述详尽，自能发现悟性所有之全部机能。顾此极易为者，将于下节述之。

第二节　悟性在判断中之逻辑机能

九[1]

吾人如抽去判断之一切内容，而仅考虑悟性之纯然方式，则将见判断中之思维机能可归摄为四项，每一项又各包含三子目。如下：

（一）判断之量
- 全称的
- 特称的
- 单称的

（二）质
- 肯定的
- 否定的
- 无限的

（三）关系
- 断言的
- 假设的
- 抉择的

（四）形象
- 相当然的
- 实然的
- 必然的

因此种分类，与逻辑学者通常所公认之分类方法，显有不同之点（虽非其主要方面），今特为申说如下，以免有所误解。

（一）在三段推理中，判断之使用，逻辑学者以为单称判断能与全称判断统一处理，其说甚当。盖因单称判断绝无外延，其宾词不能仅与包含在主词概念中一部分之事物相关，而与其余部分不相涉。此宾词乃适用于主词概念全体，绝无除外，一若此主词概念为一普泛概念而具有宾词所适用于其全部之外延者。但若吾人纯然视之为知识，而就量之方面以单称判断与全称判断相比较，则单称与全称之关系，正如单一与无限之关系，本质上固自有异者也。故吾人评衡一单称判断（judicium singulars）若不仅就其本身所有之内部适用效力评衡之，而视为普泛所谓知识，就其量以与其他知识相比较，则单称判断固与全称判断（judicium commune）不同，在思维之完善子目表中，自应有一独立之位置——在限于判断作用相互间关系之逻辑，固无须乎此也。

（二）在通常逻辑中无限判断与肯定判断同归一类而不各占一独立地位，固属正当，但在先验逻辑中，则二者亦必须严为区别。盖通常逻辑抽去宾词（即令其为否定的）之一切内容，仅研讨此宾词之是否属于主词，抑或与之相反。但先验逻辑则对于仅由否定的宾词所成之逻辑肯定，尚须考求此肯定之价值即内容为何，及由之所增益于吾人之全体知识者为何。盖我对于灵魂谓“灵魂不灭”，则由此否定的判断，至少我应无误谬。顾由“灵魂乃不灭事物”之命题，则我实构成一肯定（在就逻辑之方式而言之限度内）。在此命题中我乃以灵魂列之不灭事物之无限领域中。盖可毁灭之事物，占可能的事物全部范围之一部，不灭事物则占其他部分，故“灵魂乃不灭事物”之命题，无异于以灵魂为除去一切可毁灭者以外所留存之无限事物中之一。由此，一切可能的事物之无限领域，仅限于自其中剔除可毁灭者，及以灵魂列入其留存部分中之领域。但就令有此种剔除，其范围仍为无限，且即尚有种种部分可以删除，亦不使灵魂概念因之稍有增益，或因而以肯定的态度规定之。此类判断，就其逻辑范围而言，虽为无限，但就其知识内容而言，则仍为有限，故在判断中思维所有一切子目之先验表中，此实为不能忽略者，盖其所表显之悟性机能，在其先天的纯粹知识之领域内，或亦视为重要者也。

（三）判断中之一切思维关系为（甲）宾词与主词,（乙）根据与结论,（丙）分列的知识及分列的知识中所有各分支（就其全部言）间之相互关系。在第一类判断中所考虑者为两概念间之关系，在第二类中则为两判断间之关系，在第三类中则为种种判断间相互之关系。例如“如有一完善之正义，则冥顽之恶事受罚矣”之假设命题，其中实包含两种命题之关系，即“如有一完善之正义”与“冥顽之恶事受罚矣”之两命题。至此两命题之自身，是否真实，则此处仍属未定之事。由此判断所思维者，仅为逻辑的结论而已。最后，抉择的判断包含两种或两种以上命题间相互之关系，顾此关系非逻辑的根据与结论之关系，而有二重关系，在一命题之范围排除其他命题之范围之限度内，为逻辑的相反对立关系，但同时在会合各命题以成全部知识之限度内，则为交互关系。故抉择判断乃展示此类知识范围所有各部分间之关系，盖每一部发之领域，对于其他部分皆为补充之者，总括之则产生此分列的知识之总体。例如“世界之存在，或由盲目的偶然性或由内部的必然性或由外部的原因”之判断。其中每一命题各占关于“普泛所谓世界存在”之可能的知识范围之一部；会合一切此类命题，始成此一知识之全部范围。将其一部分摈除于此知识之外，即等于将此知识置于其他部分中之一；将此知识置于其一部分，即等于将其余部分摈除于此知识之外。故在抉择的判断中，所知之各成分间，有某种之交互关系，即各部分固互相排挤，唯又由此以其全体规定真实之知识。盖会合为一，则此种种部分，即构成一所与知识之全部内容。在与以后所论有关之限度内，此处所必须考虑者在此。

（四）判断之形象全然为一特殊机能。其特质在一无贡献于判断之内容（盖除量、质、关系三者以外，别无构成判断内容之事物），而仅在与“普泛所谓思维有关之系辞”相关。想当然的判断乃以肯定或否定仅视为可能的（任意的）之判断。在实然的判断中，以肯定或否定视为实在的（真实的），在必然的判断中，则视为必然的[①]。两判断间之关系，构成假设的判断之两判断（antecedens et consequens 前项与后项），种种判断间之交互关系，构成抉择的判断之各判断（各分支），皆仅想当然的。在以上所举之例中，“有一完善的正义”之命题，非实然的陈述，乃仅视为可以假定之任意的判断；唯其逻辑的结论，则为实然的。故此类判断或竟显然误谬，但若视为想当然，则仍可为真实知识之条件。例如“世界之存在由于盲目的偶然性”之判断，在抉择的判断中，仅有想当然之意义，即此为暂可假定之命题。同时颇似指示在一切可以遵由之路径中所有一虚伪路径，以为发现真实命题之助。故想当然的命题仅展示逻辑的（非客观的）可能性——容认此一种命题与否，一任自由抉择，容纳之于悟性与否，亦唯任意为之。实然的命题则展示逻辑的实在性，即真理。例如在假设的三段推理中，前项在大前提中为想当然的，而在小前提中则为实然的，此三段推理之所展示者，即在其结论乃依据悟性法则所得者耳。至必然的命题，则思维实然的命题为由悟性法则所规定，因而为先天的所主张者，即以此展示其逻辑的必然性。盖一切事物乃逐渐与悟性忻合者——初则想当然的以判断某某事物，继则实然的主张其真实，终则主张其与悟性联结不可分离，即必然的及直证的——故吾人以形象之三机能为思维之三子目，实属

① 一若思维在想当然的判断中为悟性机能，在实然的判断中为判断机能，在必然的判断中为理性机能。此一点以后将申论之。

正当。

〔1〕由九至十二皆第二版中所加，九上接先验感性论中之八。

第三节　纯粹悟性概念即范畴

一〇

以上曾时时述及，普泛逻辑抽去知识之一切内容，其由分析过程所转型为概念之表象，则求之于其他来源（不问其为何种来源）。顾先验逻辑则不然，有先验感性论所提呈于其前之先天的感性杂多，为纯粹悟性概念之质料。如无此种质料，则此类概念即无内容，因而全然空虚。空间与时间包含纯粹先天的直观之杂多，但同时又为吾人心中所有感受性之条件——唯在此条件下心始能接受对象之表象，故此条件亦必常影响于此等对象之概念。但若此种杂多为吾人所知，则吾人思维之自发性，须以某种方法审察此杂多，容受之而联结之。此种作用我名之为综合。

我之所谓综合，就其最普泛之意义而言，即联结种种不同表象而将其中所有杂多包括于一知识活动中之作用。其杂多如非经验的所与而为先天的所与（如时间空间中之杂多），则此综合为纯粹的。在吾人能分析吾人之表象以前，必先有表象授予吾人，故就内容而言，无一概念能首由分析产生。杂多（不问其为经验的所与或先天的所与）之综合，乃首所以产生知识者。此种知识，在其初，当然粗朴驳杂，故须分析。顾集合知识之要素，联结之而使成为某种内容者，仍此综合。故若吾人欲决定知识之最初起源者，首必注意综合。

概言之，综合纯为想象力之结果（以后将论之），此想象力乃心之盲目的而又不可缺之机能，无想象力吾人即不能有知识，但吾人鲜能意识之。至以此种综合加之于概念者，则属于悟性之机能，由此种悟性机能，吾人始能得真之所谓知识也。

在其最普泛方面中所表现之纯粹综合，实与吾人以纯粹悟性概念。至我之所谓纯粹综合，乃指依据先天的综合统一之基础者而言。如计数（在大数目中，尤为易见）乃依据概念之综合，盖因其依据共同之统一概据如十进法等而行之者。由此种概念，杂多之综合统一乃成为必然的。

种种不同表象，由分析而设置于一概念之下——此为普泛逻辑中所处理之程序。反之，先验逻辑之所教示者，非如何以表象加之于概念，乃如何以表象之纯粹综合加之于概念。以一切对象之先天的知识而言，其所必须首先授予者，第一为纯粹直观之杂多；第二为此种杂多由于想象力之综合。但即如是，尚不能产生知识。“与此种纯粹综合以统一，且唯由此必然的综合统一之表象所成”之概念，乃提供一对象知识所须之第三要项；此类概念乃本于悟性者。

“与判断中所有种种表象以统一”之机能，亦即为“与直观中所有种种表象之综合以统一”之机能；此种统一，就最普泛之意义表述之，吾人名之为纯粹悟性概念。在概念中经其作用由分析的统一而产生“判断之逻辑方式”之悟性，亦由普泛所谓直观中杂多之综合统一，而输入先验的内容于其表象。以此吾人乃得名此类表象为纯粹悟性概念，且视之为先天的适用于对象者——此为普泛逻辑所不能建立之结论。

因此先天的适用于普泛所谓直观对象之纯粹悟性概念，其数正与前表中所有一切可能的判断之逻辑的机能之数相同。盖此类机能已将悟性列举详尽，且为悟性能力之详备目录。吾人今仿亚里士多德名此类概念为范畴（Kategorie），盖实施之方法，吾人虽与亚氏相去甚远，至其根本目的则固相同者也。

范 畴

（一）量
- 单一性
- 多数性
- 总体性

（二）质
- 实在性
- 否定性
- 制限性

（三）关系
- 偶有性及实体性（实体及属性）
- 原因性及依存性（原因及结果）
- 相互性（能动者及受动者间之交互作用）

（四）形象
- 可能性——不可能性
- 存在性——非存在性
- 必然性——偶然性

此为悟性先天的包含于其自身中，所有综合之一切基本的纯粹概念表。悟性正以其包含此类概念故名为纯粹悟性；盖唯由此类概念，悟性始能理解直观之杂多中所有之任何事物，即以此思维直观之对象。此种分类，乃自一共通原理，即判断能力，(此与思维能力相同）体系的发展而来。实非穷索冥搜纯粹概念之结果，支离灭裂所成，盖若如是，则此类概念之数目，仅得之归纳，绝不能保证其完备矣。且若如是，则吾人亦不能发现适为此等概念在纯粹悟性中而其他概念则否之所以然矣。收集此类基本概念，实为一足值锐敏思想家亚氏为之之事业。顾亚氏并未贯之以原理，触处检集，最初得其十，名之为范畴（宾位词）。其后彼自信又发现其五，追加其上而名之为后宾位词。但亚氏之表，仍留有缺陷。且其中有若干纯粹感性形象（时间、处所、状态及前时、同时）及一经验的概念（运动），皆不能悟性概念表中有任何地位者。此外亚氏又以若干引申的概念（能动受动）列入基本概念中，而若干基本概念则反完全遗漏。

此处所应注意者，“所视为纯粹悟性之真实基本概念”之范畴，亦具有其纯粹引申的概念。此在先验哲学之完善体系中，固不可忽略之，然在纯为批判之论文中，则一言及之即足矣。

我今姑名此纯粹的但为引申的之悟性概念，为悟性概念之**副宾位词**（predicables）——以与宾位词（即范畴）相区别。我若有基本的第一次概念，则附加引申的第二次概念而列成一纯粹悟性概念之详备系谱，固极易易。唯吾人今所欲从事者，非体系之完备，乃在构成体系时所遵循之原理，故此种补充事业留待其他机缘。盖此类事业，借本体论教本之助，即易成就者——例如置力、运动、受动之副宾位词于因果范畴下；存在、抵抗之副宾位词于相互性范畴下；生、灭、变化之副宾位词于形象范畴下，等等。当范畴与纯粹感性之形象联结，或范畴间之相互联结时，即可产生甚多之先天的引申概念。注意之，且就力之所能以列成此类概念之完备目录，固极有益而颇饶兴趣，唯吾人今则可省略之也。

范畴之定义，我固可有之，唯在此论文中，则从略。俟后述及方法论时，就其所须之程度，我再分析此类概念。在一纯粹理性之体系中，自当有范畴之定义，但在此论文中，定义足以紊乱研究之主要目的，而引致疑虑及驳击，此类疑虑及驳击虽无伤于吾人之主要目的，然固可留待其他机缘者。且就我简略所论及之点，亦可见一完备辞典而附有一切必须之说明者，不仅可能，且亦极易之事。盖分类已备；所须者仅充实其内容而已；而此处所列之体系的位置论（Topik）即足以为各概念得其固有位置之充分导引，同时又复指示此分类尚空虚而无内容也。

一一

此范畴表提示若干精美之点，对于由理性所得一切知识之学术方式，或有极重要之效果。盖此表在哲学之理论部分，为用极大，且在“本于先天的概念而又依据一定原理体系的分门别类之学问”，此表提供一全部学问之完备计划，实为不可缺少者，此就以下之点即知之，盖范畴表不特包含一切悟性之基本概念至极完备之程度，且复包有人类悟性中所有概念之“体系之方式”，因而提示所拟议中之思辨学问之一切节目以及此类节目之顺序，一如我在他处之所叙述者[①]。

由此表所提示之要点：第一，此表虽包含四类悟性概念，但可先分为两组；第一组与直观（纯粹的及经验的）之对象相关，第二组则与此等对象之存在（在对象间之相互关系中，或在对象与悟性之关系中）相关。

在第一组中之范畴，我名之为数学的，在第二组中之范畴，则名之为力学的。前一组之范畴，并无与之相应之事物；唯在后一组中有之。此种区别须在悟性之本质中有其根据。

第二，就概念之一切先天的分类必为两分法而观，则此每一类中所有范畴之数常同为三数之一事，实堪注意。其尤宜注意者，则每一类中之第三范畴，常由第二范畴与第一范畴联结而生。

故一切性即总体性实即视为单一性之多数性。制限性仅为与否定性联结之实在性；相互性为交互规定实体之因果性；最后必然性乃由可能性自身所授予之存在性。但不可因此即以第三范畴为仅引申的而非基本的悟性概念。盖联结第一概念与第二概念以

① 《自然科学之玄学的第一原理》一书中。

产生第三概念，实须悟性之特殊活动，此与悟性在第一概念及第二概念中之活动不同。故（属于总体范畴之）数之概念，并非常仅依据多数性及单一性之概念而可能者（例如在无限之表象中）；又若仅由原因概念与实体概念相联结，则我不能立即理解“其影响作用”，即不能理解一实体如何能为别一实体中某某事象之原因。在此类事例中，显见须有悟性之个别活动；在其他事例中，事正相同。

第三，范畴中属于第三组相互性之范畴，其与抉择的判断之方式（在逻辑机能表中与相互性范畴相应之方式）一致，不若其他范畴与其相应之判断机能一致之显著。

欲保证相互性范畴实际与抉择的判断相合，则吾人必须注意，在一切抉择的判断中，其范围（即包含在任何一判断中之全量）表现为“分成各部分（从属的概念）之一全体”，且因其中并无一概念能包摄于其他概念之下，故此等概念皆视为相互同等对立，而非相互从属，因而彼此非在一方向中规定，如在一系列中者然，乃交互规定，如在一集体中者然——如抉择中之一分支设定为知识，则其余分支尽皆摈除，其他分支被设定，亦如是。

在由种种事物所组成之一全体中，亦见其有与此类似之联结；盖一事物不从属于其他事物，如一为结果而一为其存在之原因者然，乃同时的交互的彼此同等对立，各为其他事物所有规定之原因（例如在一物体中，其各部分互相吸引、反拨）。此与因果关系（根据与归结）中所见之联结，全然不同，盖在因果关系中，归结并不交互的又复规定其根据，故不能与之共组成一全体——例如世界不与创造世界者共组成一全体。悟性在表现一分列的概念之范围于其自身时所遵循之程序，与其思维一事物为可分的之程序相同；正如在前一事例中，各分支互相排除，而又联接于一范围中，悟性表现可分的事物之各部分，各为独立存在（视为实体）而又联结在一全体中也。

一二

在古人之先验哲学中，尚有列——不列入范畴中，而以彼等之见解，则又必须列为对象之先天的概念之——纯粹悟性概念之一章者。但此殆等于增加范畴之数，故为不能实行之事。此类概念见之于僧院派哲学中有名之 quodlibet ens est unum，verum bonum（凡实在之事物为一、为真、为善）之命题中。此种原理之应用，虽已证明其毫无成绩而仅产生循环命题，且近时在玄学中所占之位置，亦不过依例叙述而已，但在另一方面，此原理尚表现一种见解，此见解虽极空虚，顾亦保持有悠久之历史者。故关于其起源，颇值吾人之研究，且吾人亦正有理由推断此种命题乃以某种悟性规律为其根据者，唯此种悟性规律为其所曲解耳（此为习见之事）。此类所假定为事物之先验的属性，实际不过一切事物知识之逻辑的必须条件与标准，及对于此类知识所规定之量之范畴，即单一性、多数性、总体性而已。但此类属于“物本身（经验的对象）所有可能性”之范畴（此种范畴本应视为质料的），在此更进一步之应用中，本仅以其方式的意义使用之，为一切知识之逻辑的必须条件之性质，乃同时一不经意，又由其为思维之标准者窃转变为物自身之性质。盖在一对象所有之一切知识中，第一，具有概念之统一，在吾人唯由之以思维“吾人所有知识杂多之联结”中之统一限度内，此可名为质的统一，例如戏剧、讲演、故事中主题之统一。第二，具有关于其结论之真实。自一所与概念所得之真实结论愈多，则其所有客观的实在性之标准亦愈多。此可名为性格之质的多数，此等性格乃属于一所视为共同根据之概念（但在此概念中，不能视之为量）。第三，具有完全性，此完全性成立在多数皆还至概念之统一，且完全与此概念一致，而不与其他概念相合。此可名为质的完全性（总体性）。由此可见普泛所谓知识所以可能之逻辑的标准，乃量之三种范畴，在此类范畴中，全然以“量之产生时所有之统一”为同质的；后由于“所视为联结原理”之知识性质，此类范畴乃转而为亦能在一意识中产生异质的知识之联结。故一概念（非对象之概念）所以可能之标准，在其定义，盖在定义中概念之统一、一切能直接从定义演绎而来之事物之真实，及从定义演绎而来之事物之完全性等三者产生“凡欲构成一全体概念所须之一切”。与此相同，一假设之标准成立在其所假定之说明根据之明晰，即一是假设之统一（无须任何补助的假设）；二是能从假设所演绎之结论之真实（结论与其自身及与经验之一致）；三是此类结论之说明根据之完全；至所谓完全，乃结论使吾人还至与假设中所假定者不增不减正相符合之谓，所以后天的分析还至以前先天的综合中所思维者，且与之一致。故统一性、真实性、完全性之概念，对于范畴之先验表，并未有所增益一若弥补其缺陷者然。吾人之所能为者，为使知识与其自身一致，唯在使此类概念在普泛的逻辑规律下使用耳——至此类概念与对象关系之问题，则绝不论究之也。

第二章
纯粹悟性概念之演绎

第一节　先验的演绎之原理

一三

法律学者论及权利与要求时，在法律行为中，分别权利问题（quid juris）与事实问题（quid facti）；且对于二者皆求证明。应陈述“权利或合法要求”之权利问题之证明，法律学者名为演绎（Deduction）。有甚多经验的概念，绝无有人疑问行使之。盖因经验常可用为此类经验的概念所有客观的实在性之证明，故即无演绎，吾人亦自信能有正当理由以一种意义（即所归属之意义）专用之于此类概念。但尚有如幸福、运命等之僭窃概念，此类概念，虽由近乎普遍的宽容，许其通用，然时时为“有何权利”之问题相逼迫。此种要求演绎，实陷吾人于困难之境，诚以从经验或从理性皆不能得明显之合法根据足以证明行使此类概念之为正当也。

在构成人类知识之极复杂组织之杂多概念中，有若干概念，全然离经验而独立，识别为纯粹先天的行使者；至此类概念所以能如是行使之权利，则常须演绎。盖因经验的证明，不足证明此种先天的行使为正当，故吾人须解答“此类概念如何能与其不自任何经验得来之对象相关”之问题。说明“概念所由以能先天的与对象相关之方法”，我名之为概念之先天的演绎；以之与经验的演绎相区别，此经验的演绎乃展示“由经验及由经验上之反省以取得概念之方法”，故与概念之合法性无关，而仅与概念事实上之发生形象相关。

吾人已有两种“不同种类，但在全然先天的与对象相关之一点，则相一致”之概念，此即“为感性方式”之空间与时间概念，及“为悟性概念”之范畴。就此等类型之概念，而求其经验的演绎，皆属劳而无益。盖此类概念之特点，即在其与对象相关，无须自经验中假借“任何能用以表现此等对象之事物”。故若此类概念之演绎必不可缺，则必为先验的。

但吾人对于此类概念，与对于一切知识相同，虽不能在经验中发现其可能性之原理，但至少亦能在经验中发现其产生之缘起原因。感官印象提供最先之刺激，全部知识能力向之活动，于是经验成立。故经验包含有两种不同之要素，即自感官所得之知识质料，及自纯粹直观纯粹思维（此二者遇有感官印象之机缘始活动而产生概念）之内的源流所得以整理此质料之方式。研求吾人所有知识能力自特殊的知觉进展至普遍的概念之最初活动，当然获益甚大。开始此新研究者，实为名望卓著之洛克（Locke）。但纯粹先天的概念之演绎，则绝不能以此种方法得之；诚以演绎不应在任何此种方向中求之也。盖就此类概念以后全然离经验而独立之运用言之，则自必能出示其与自经验来者完全不同之出生证。且因此种所尝试之生理学的由来论，乃关于事实问题，不能严格称之为演绎；故我将名之为“获有纯粹知识”之说明。关于此种知识所能有之唯一演绎，明为先验的而非经验的。盖关于先天的纯粹知识，经验的演绎实为劳而无益之事，仅为不能理解此类知识之特质之人所从事耳。

但即容认纯粹先天的知识所可能之唯一演绎为先天的演绎，亦不能立即明了此种演绎为绝对的必须。吾人前已由先验的演绎，推溯空间与时间之根源，而说明其先天的客观效力，且规定之矣。顾几何学安然在纯然先天的知识中进行，关于其所有之基本空间概念之纯粹的合法的由来，固无须乎乞求哲学之保证。但几何学中所用之概念，仅在其与外的感性世界相关（以空间为其纯粹方式之“直观之感性世界”），而在此感性世界中，一切几何学的知识，以其根据于先天的直观，故具有直接的证明。其对象（在与其方式相关之限度内）即由对象之知识先天的在直观中授予吾人。顾在纯粹悟性概念则大不然；盖在此种纯粹悟性概念，始发生无可趋避之先验的演绎之要求，此不仅关于此等概念之自身如是，即关于空间概念亦有此演绎之要求。盖纯粹悟性概念，并不以直观及感性之宾词叙述对象，乃以先天的思维之宾词叙述对象，故其与对象之关系，乃普遍的，即离一切感性之条件者。且纯粹悟性概念既不基于经验，又不能先于一切经验，在先天的直观中展示“可为其综合根据之任何对象”。以此等理由，纯粹悟性概念不仅关于其自身使用之客观效力及限界有以启人之疑，且因其行使空间概念超越感性的直观条件以上，以致使空间概念亦复晦昧难明；此吾人前之所以以空间之先验的演绎为必须者也。故读者在进入纯粹理性领域之前，必须坚信此类先验的演绎之绝对必须。否则盲目进行，经种种歧途以后，仍必还至前所出发之无知地点。但同时读者若不悲叹事物性质之隐晦难明，且对障碍之难移除，亦不易于失望，则吾人对于此种事业中所有不可避免之困难必须预有透辟之先见。盖吾人只有二途，或全然放弃“在超越一切经验限界，人所尊为最高领域中构成纯粹理性判断之一切主张”，或完成此种批判的研究。

吾人固已无甚困难，能说明“空间与时间之概念，虽为先天的知识，而必须与对象相关，以及此等概念离一切经验，使对象之综合的知识可能”之所以然之故矣。盖对象仅由此种感性之纯粹方式始能显现于吾人，而为经验的直观之对象，故空间时间乃——先天的包含“所视为现象之对象”所以可能之条件及在“所视为现象之对象”中发生具有客观的效力之综合——之纯粹直观。

顾悟性之范畴则不然，并不表现对象所由以在直观中授予之条件。故对象无须在其必与悟性机能相关之必然性下，即能显现于吾人；因而悟性无须包含对象之先天的条件。于是此处乃有感性领域中所不遇及之困难，即“思维之主观的条件如何能具有客观的效力”，易言之，如何能提供“使一切对象知识所以可能”之条件。

盖现象确能无须悟性机能在直观中授予吾人。今姑以原因概念为例，此乃指示一种特殊综合，由此种综合，依据规律，在甲事物上设定与之全然不同之乙事物。至现象何以应包含此种事物（经验不能引为其论证，盖所欲证明者乃先天的概念之客观的效力），则非先天的所能显示，故此一种概念是否纯然空虚，以及现象中在任何处所并无其对象，乃先天的可疑之事。感性直观之对象必与先天的存在心中之“感性方式条件”相合，事极明显，盖不如是，则此类对象将不能成为吾人之对象。但谓此类对象亦必须与“为使思维之综合的统一悟性所须之条件”相合，则为理由不明之结论矣。现象固可如是组成，即悟性不能发现其与其悟性所有统一之条件相合。现象中之一切事物固可如是混杂，即在现象之系列中，无一事物呈现其能产生综合规律而合于因果概念。于是此因果概念将全然空虚而无意义矣。但因直观无须任何思维机能，故现象仍呈现对象于吾人之直观。

吾人若思避免此等烦困之研究，而谓经验不断呈现现象间所有此类规律性之例证，因而提供“抽出原因概念及确证此种概念所有客观的效力”之无数机缘，则吾人殆未见及原因概念绝不能如是发生者也。原因概念只有二途，或全然先天的根据于悟性，或仅视为幻想摈除不用。盖原因概念严格要求甲事物必为“有其他某某乙事物必然的及依据绝对的普遍规律继之而起者”。现象固亦呈现种种事例，自此等事例能得“某某事物通常依以发生之一种规律”，但现象绝不证明其继起为必然的。而因与果之综合，实有一种尊严，非经验的所能表现之者，即结果非仅继原因以起而已，乃由原因所设定而自原因发生者也。此种规律之严格的普遍性，绝非经验的规律所有；经验的规律仅能由归纳获得比较的普遍性，即应用极广耳。故吾人若处理纯粹悟性概念一若纯为经验的所产，则吾人将全然变更其使用之途矣。

一四　转移至“范畴之先验的演绎”之途程

综合的表象与其对象之能联结，相互间获有必然的关系及所谓相互适合，仅有二途可能。或唯对象使表象可能，或唯表象使对象可能。在前一事例，此种关系仅为经验的，其表象绝非先天的可能。就现象中所有属于感觉之要素而言，现象正属此类。在后一事例，就对象之存在而言，则表象自身并不产生其所有之对象，盖吾人今非论及“表象由意志而有之原因性”也。但若在“仅由表象，始能知某某事物为一对象”之事例时，则表象仍为对象之先天的规定。顾对象之知识所唯一由以可能之条件共有两种，第一为直观，对象由直观授予吾人（此对象虽仅为现象）；第二为概念，与此直观相应之对象，由概念始为吾人所思维。由以上所述可见第一条件（即对象由此条件始能为吾人所直观）实际先天的存在心中，为对象之方式的根据。一切现象必须与此种感性之方式的条件相合，盖因现象仅由此条件始能显现，即经验的为吾人所直观而授予吾人。于是有问题发生，即先天的概念是否亦用作先在条件，任何事物唯在此条件下，即不为吾人所直观，亦仍能思维为普泛所谓对象。设令如是，则对象之一切经验的知识必须与此类概念一致，盖因仅以此类概念为前提，任何事物始能成为经验之对象。盖一切经验在事物所由以授予之感官直观以外，确曾包含“所视为由直观所授予即视为所显现之对象”之概念。因而普泛所谓对象之概念，实存在一切经验的知识之根底中，而为其先天的条件。故“视为先天的概念之范畴”之客观的效力就思维之方式而言，乃依据“经验由范畴而始可能”之事实。范畴由其必然性及先天的与经验之对象相关，盖因经验之任何对象，仅由范畴始能为吾人所思维也。

于是一切先天的概念之先验的演绎，今乃具有全部研究所必须依据之原理，即先天的概念必须认为使经验所以可能之先天的条件（不问其为经验中所有直观之先天的条件，抑思维之先天的条件）。产生“使经验可能之客观的根据”之概念，亦即以此理由而为必然的。但说明“此类概念在其中见及”之经验，则非此类概念之演绎而仅为其例证。盖在此种说明中，此类概念纯为偶然的。除由先天的概念与可能的经验（知识之一切对象皆在此经验中发现）之本源的关系以外，则凡先天的概念与任何对象之关系，皆为吾人所全然不能理解者也。

名[1]望素著之洛克未见及此，彼在经验中觅取纯粹悟性概念乃亦自经验演绎之，但其见解又不一贯，又欲借纯粹悟性概念之助，以得超越一切经验限界之知识。休谟则知欲得此超越经验之知识，此类概念之起源，必须为先天的。但因彼不能说明悟性何以能以“其自身既不在悟性中联结”之概念，思维为必然在对象中联结，且因彼未见及悟性自身殆由此类概念即成为——悟性之对象在其中发现之——经验之创造者，故彼不得不从经验——即从经验中重复联想所发生之而厥后误视为客观之主观的必然性（即从习惯）——推求悟性概念。但休谟由此等前提所论证者极为一贯。被谓借此类概念及其所发生之原理以超越经验限界，实为不可能之事。顾此二大哲学者所一致主张之经验的由来论，绝不能与吾人实际所有学问上先天的知识（即纯粹数学及普泛的自然科学）相容；故此一事实即足以推翻此种由来论也。

其中洛克广开狂热之门，盖若理性一度许其有此种权利，即不复为节制箴规所抑留于其境域内，休谟则全然陷入怀疑论，盖彼信为已发现昔之所视为理性者不过浸染吾人知识能力之一种最有势力之幻想耳。吾人今欲审察人类理性是否能安然度过此二重障壁，与以一定之限界，而又使理性能在其所特有活动之全部领域内活动。

但我对于范畴首先欲简略说明其意义。范畴乃普泛所谓对象之概念，由此类概念，对象之直观乃视为“就判断之逻辑机能之一所规定者”。盖断言的判断之机能，为主词与宾词关系之机能；例如“一切物体皆为可分的”。顾若以悟性之纯然逻辑的使用而言，则两概念之中，孰以主词机能归之，孰以宾词机能归之，仍为未定之事。盖吾人亦可云某某可分的事物为物体。但当以物体概念置于实体范畴之下，立即决定经验中所有物体之经验的直观必须常视为主词而绝不能视为纯然宾词。一切其他范畴，亦与此相同。

〔1〕以下三段为第二版之所修正者，其第一版之原文如下：

有三种基本的源流（心之性能或能力）包含“一切经验所以可能”之条件，且其自身亦不能从其他心之能力，即感官、想象力及统觉三者引来。根据此三者乃有（一）由于感官之“先天的概观（Synopsis）杂多”；（二）由于想象力之“综合（Synthesis）此杂多”；（三）由于本源的统觉之“统一（Einheit）此综合”。所有此类能力皆具有仅关于方式之先验的（亦复经验的）使用，且为先天的可能者。关于感官，吾人已在第一部中论之矣；今将致力以理解其他二者之性质。

第二节　纯粹悟性概念之先验的演绎

（此为第二版之修正文）

一五　普泛所谓联结之所以可能

表象之杂多能在纯为感性（即仅为感受性）之直观中授予；而此种直观之方式，则能先天的存在吾人之表象能力中，只为主观在其中被激动之形象。但“普泛所谓杂多”之联结，则绝不能由感官而来，故不能已包含在感性直观之纯粹方式中。盖联结乃表象能力所有自发性之活动；且因此种能力与感生相区别，必须名为悟性，故一切联结——不问吾人意识之与否，或为直观（经验的，或非经验的）杂多之联结，抑为种种概念之联结——皆为悟性之活动。对于此种活动，可以名为“综合”之普泛的名称归之，以指示吾人自身若不预行联结，则不能表现事物为在对象中联结，且在一切表象中，联结乃唯一不能由对象授予者。因其为主观自身活动之一种活动，故除主观自身以外，不能有此种活动。此种活动本只为一，而同一适用于一切联结，即与联结相反之分解，——分析——亦常预以联结为其前提，凡悟性所未预行联结者，即不能有分解，盖唯已为悟性所联结，始能有容许分析之某某事物授之于“表象能力”也。

但“联结之概念”所包括者，除杂多及其综合之概念以外，尚有“统一杂多”之概念。联结乃“杂多之综合的统一”之表象[①]。故此种统一之表象，不能自联结发生。反之，统一乃加其自身于“杂多之表象”，始使联结之概念可能者。先天的先于一切“联结之概念”之“统一”，非即统一之范畴（参观十）；盖一切范畴皆根据于判断之逻辑的机能，在此类机能中固已预思有联结及所与概念之统一者也。盖范畴预以联结为其前提者。故吾人必须在更高处探求此种统一（为质的，参观十二），即在其自身中包含“判断中各种概念之统一及悟性所以可能——乃至关于悟性之逻辑的使用——之根据”者求之。

一六　统觉之本源的综合统一

“我思”之伴随于我所有之一切表象，必为可能之事，盖不如是，则表现于我心中者乃绝不能思维之某某事物，此殆等于谓表象不可能，或至少表象在我等于无。凡能先于一切思维授予吾人之表象，名为直观。故一切直观之杂多，与此杂多所在之同一

① 表象自身是否同一，即一表象是否能由其他表象分析的思维之，非今所问之问题。当杂多被考虑时，一表象之意识，常与其他表象之意识有别，此（可能的）意识之综合，乃吾人现时所唯一欲论究者也。

主观中之“我思”，有必然的关系。但此种“我思”表象乃自发性之活动，即不能视为属于感性者。我名此表象为纯粹统觉，以与经验的统觉相区别，或又名之为本源的统觉，盖因此为产生“我思”表象（此表象必须能伴随一切其他表象，且在一切意识中，常为同一不变者）之自我意识，其自身不再能伴有更高之表象。此种统觉之统一，我又名之为自觉意识之先验的统一，盖欲指示自此统一发生先天的知识之可能性故耳。盖在一直观中所授予之杂多表象，若不属于一自觉意识，则此一切表象即不能皆为我之表象。如为我之表象（就令我未意识其如是），则此种种表象必须与“其所唯一由以在一普遍的自觉意识中联结”之条件相合，盖不如是则此种种表象殆不能绝无例外皆属于我矣。自此种本源的联结，有种种结果发生。

“杂多（在直观中所授予者）之统觉”之一贯的同一，包含表象之综合，且此同一亦仅由此种综合之意识而可能者。盖伴随种种不同表象之经验的意识，其自身乃分歧的且与主观之同一并无关系。此种与主观同一之关系，非仅由我所伴随各种表象之意识所成。乃纯由我使一表象与其他表象联结而意识此等表象之综合所成者。故唯在我能联结所与表象之杂多在一意识中之限度内，我始能表现此等表象中所有意识之同一于我自身。易言之，统觉之分析的统一，仅在综合的统一之前提下，始可能者[①]。

① 意识之分析的统一，属于一切普泛的概念。例如我思普泛所谓红色，由之我表现能在某某事物中见及或能与其他表象相联结之性质（视为一特征）于我自身，即仅由“以为前提之可能的综合”，始能表现此分析的统一于我自身。被思维为“种种不同表象中之共同表象”，乃视为属于“于共同之外尚具有异点”之表象。因之在我能在意识之分析的统一（此即使其成为共同概念者）中思维此共同表象以前，必须先在此表象与其他（虽此等表象仅为可能的）表象综合的统一中思维之。故统觉之综合的统一乃最高点，吾人必须将悟性之一切运用，乃至逻辑全部以及先验哲学皆须归属此点。此种统觉能力实即悟性自身。

故“直观中所授予之表象一切皆属于我”云云之思维，正与“我联结表象在一自觉意识中”（或至少能如是联结之）云云之思维为同一之思维；此种思维其自身虽非综合表象之意识，但以此种综合之可能性为其前提者。易言之，仅在我能总括表象之杂多在一意识中，我始名此等表象一切皆为我之表象。否则我将有形形色色之自我，一如我所意识之种种表象之数。故视为先天的所产生之“直观杂多之综合的统一”，乃“统觉自身之同一”之根据，此统觉乃先天的先于我所有一切确定之思维者。但联结非存于对象中，且不能得之对象，由知觉取入悟性中。反之，联结实为悟性独有之任务，盖悟性自身亦只“先天的联结所与表象之杂多而置之于统觉之统一下”之能力而已。故统觉之原理，乃人类知识全范围中最高之原理。

此种“统觉之必然的统一”之原理，其自身实为同一律的命题，因而为分析的命题；但此原理启示“在直观中所授予杂多”之综合之必然性，无此种综合，则自觉意识之一贯的同一，绝不能为吾人所思维。盖由单纯表象之“我”，绝无杂多授予吾人；仅在与此“我”不同之直观中，始能有杂多授予；且仅由于联结在一意识中，此杂多始能为吾人所思维。至于由于自觉意识，一切杂多即能在其自身中授予之一种悟性，殆为直观的；顾吾人所有之悟性则仅能思维，若求直观必须在感官中求之。我就直观中所授予我之杂多表象，意识此自我为同一的，盖因我称此等表象一切皆为我之表象，因而以此等表象为构成一直观。此等于谓我先天的意识此“表象之必然的综合”，此即名为统觉之本源的综合统一，凡所有授予我之一切表象，必须包摄在此本源的综合统一之下，但亦由一种综合，此等表象始能包括在此本源的综合统一之下也。

一七　综合的统一之原理为一切悟性运用之最高原理

一切直观所以可能之最高原理，在其与感性相关者，依据先验感性论，为“一切直观之杂多，应从属空间与时间之方式的条件”。此直观所以可能之最高原理，在其与悟性相关者，则为“一切直观之杂多，应从属统觉之本源的综合统一之条件”①。在直观之杂多表象授予吾人之限度内，从属前一原理；在其必须联结在一意识中之限度内，则从属后一原理。盖无此种联结，则无一事物能为吾人所思维，所认知，即因所与表象将不能共同具有“我思”统觉之活动，因而不能包括在一自觉意识中认知之。

泛言之，悟性为知识之能力。知识由“所与表象与对象之一定关系所成”；对象则为“所与直观之杂多在对象之概念中所联结之事物”。顾表象之一切统一，皆需表象综合中之意识统一。因之，构成表象与对象之关系因而构成其客观的效力，及使表象成为知识者，即唯此意识之统一；乃至悟性之所以可能，亦依据于此。

为其余一切悟性运用所根据，同时又全然脱离感性直观之一切条件之“原始的纯粹悟性知识”，乃统觉之本源的综合统一之原理。故外的感性直观之纯然方式之空间，其自身尚非知识；仅为提供先天的直观之杂多于“所可能之知识”者。欲知空间中之任何事物（例如线），我必须引长之于是综合的以成所与杂多之一定的联结，故此种活动之统一，同时即为意识之统一（如在线

① 空间时间及其各部分，皆为直观，故与其所包含之杂多同为单一的表象（参观先验感性论）。因之，空间时间并非由之发现“同一之意识包含在多数表象中”之纯然概念。反之，由空间时间乃发现多数表象包含在一表象及此表象之意识中；于是此等表象乃成为复合的。故此意识之统一为综合的而又本源的。此种直观之单一性实发现其具有重要之结果者（参观一五）。

之概念中）；由于此种意识之统一，对象（一限定的空间）始为吾人所知。故意识之综合的统一，为一切知识之客观的条件。此不仅为认知对象时我所必须之条件，乃一切直观在其成为我之对象时所必须从属之条件。否则，缺乏此种综合，杂多将不能联结在一意识中矣。

此种命题虽以综合的统一为一切思维之条件，但此命题自身则为分析的（如上所述）。盖此命题仅谓在任何直观中所授予我之一切表象，必须从属此种条件，即唯在此条件下我始能将此等表象归之同一的自我而以之为我之表象，因而能由"我思"之普泛名词包括此等表象综合的联结在一统觉中而了解之。

但此种原理不能视为可应用于一切可能的悟性，唯用之于此种悟性而已，即由其纯粹的统觉，即在"我在"之表象中毫无杂多授予者。由其自觉意识，能提供直观杂多于其自身之一种悟性——盖即谓此种悟性，由于其所有表象而表象之种种对象，应即同时存在者——关于意识之统一，自无须综合杂多之特殊活动。但人类之悟性，则仅思维而不直观，此所以必须此种活动也。此实为人类悟性之第一原理，且为不可缺者，故吾人对于其他可能的悟性，——或其自身为直观的，或则具有与空间时间种类不同之感性直观之基本方式者——皆不能形成丝毫概念者也。

一八　自觉意识之客观的统一

统觉之先验的统一，乃直观中所授予之一切杂多由之而联结在一"对象之概念"中之统一。故名之为客观的，且必须以之与意识之主观的统一相区别，此主观的统一乃内感之一种规定——由此主观的统一，客观的联结所须之直观杂多始经验的授予吾人。我是否能经验的意识此杂多为同时的或继续的，则一依情状或经验的条件。故由于表象联想之"意识之经验的统一"，其自身乃关于一现象者，且全然为偶然的。但时间中直观之纯粹方式，即纯为包含一所与杂多之普泛所谓直观，乃纯由直观之杂多与唯一之"我思"之必然的关系，即由——为经验的综合之先天的基本根据之——纯粹悟性综合，而从属意识之本源的统一。仅此本源的统一有客观的效力；至统觉之经验的统一（吾人今不欲详论之，且此乃在所与之具体的条件下纯由本源的统一得来者），则仅具有主观的效力。例如某语在某一人暗指某一事物，在别一人又暗指别一事物；在此种经验的事物中意识之统一，对于所与之事物并非必然的及普遍的有效。

一九　一切判断之逻辑方式由其所包含之概念所有"统觉之客观的统一"所成

我绝不能承受逻辑学者对于普泛所谓判断所与之说明。据彼等所言，判断乃两概念间之关系之表现。我今关于此种说明之缺点，并不欲与彼等有所争辩——盖此种说明在任何事例中亦仅能适用于断言的判断，而不能适用于假设的及抉择的判断（此后二者包含判断间之关系，非概念间之关系），见不及此，始有种种烦困之结果发生[①]。我仅须指示此种定义并不能说明其所主张之关系，究因何而成者。

但我若更精密审察判断中所授予知识之关系，以之为属于悟性，以与依据再生的想象之法则而仅有主观的效力之关系相区

① 关于三段推理所有四格之烦冗理论，实则仅关于断言的三段推理而已；此仅为由于窃置直接的结论（consequentiae immediatae）在纯粹三段推理之前提中，而得于第一格以外尚貌似有多种推理之诈术，但若其创作者不能以断言的判断置之绝对的权威之地，视为一切其他判断皆由此而生（此在九中已明示其误矣），则此种理论尚难得人之赞同也。

别，则我发现判断不过所授予知识由之到达“统觉之客观的统一”之方法。此即系词“为”意向之所在。系词“为”乃用以使所授予表象之客观的统一与主观的统一相区别者。盖系词“为”指示表象与本源的统觉之关系，及表象之必然的统一。就令判断自身为经验的，因而为偶然的，例如“物体为有重量者”之判断，亦复如是。在此处我非主张此等表象在经验的直观中有必然的相互关系，所主张者乃表象之相互关系，实由于直观综合中统觉之必然的统一，盖即依据一切表象所有客观的规定之原理（在知识能由此等表象获得之限度中）——此类原理皆由统觉之先验的统一之基本原理引申来者。仅有如是，始能由此种关系发生判断，盖此为客观的有效之关系，且因而能充分与仅有主观的效力之表象关系（当其依据联想律而联结时）相区别者。在后之事例中，我所能言者仅为“我若支承此物体，我感有重量之压迫”而不能谓“物体为有重量者”。盖所谓“物体有重量者”不仅陈述两表象常在我之知觉中联结而已（不问此知觉之重复程度如何）；乃在主张此等表象在对象中所联结者（不问其主观状态如何）。

二〇　一切感性直观皆从属范畴，范畴乃感性直观之杂多所唯一由之而能统摄在一意识中之条件

在一感性直观中所授予之杂多，必然的从属统觉之本源的综合统一，盖舍此以外，别无其他“直观统一”之方法可能（参观一七）。但所授予表象（不问其为直观或概念）之杂多由之而统摄在一统觉下之悟性活动，乃判断之逻辑机能（参观一九）。故一切杂多，在其在“单一之经验的直观中”授予之限度内，乃就判断之逻辑机能之一而规定之者，即由此机能而被统摄在一意识中。范畴则在其用以规定所与直观之杂多限度内（参观一三）正

为此类判断机能。故所与直观中之杂多，必然的从属范畴。

二一　注释

包含在“我名为我所有之直观”中之杂多，由悟性综合，表现为属于“自觉意识之必然的统一”；此事即由范畴而成者[①]。故此须有范畴之一点，实显示在一单一直观中所与杂多之经验的意识，乃从属纯粹先天的自觉意识，正与经验的直观从属先天的发生之纯粹感性直观相同。在以上之命题中，即开始纯粹悟性概念演绎；顾在此演绎中，以范畴唯源自悟性，而与感性无关，故必须抽去经验的直观之杂多所由以授予之形象，而专注意于以范畴之名由悟性所加入直观中之统一。以后（参观二六）将自“经验的直观在感性中授予之形象”以说明直观之统一，只为范畴（依据二〇）对于所与直观之杂多所规定之统一而已。唯在证明范畴关于吾人所有感官之一切对象，具有先天的效力，则演绎之目的全达矣。

但在以上之证明中，尚有一端不能略去者，即所直观之杂多，其授予必须先于悟性综合，且与悟性无关。至此事原由如何，今尚留待未决。盖吾人若思维一“其自身为直观的”之悟性（例如神之悟性绝不表现所与对象于其自身，乃由其表象对象应即授予即产生），则关于其所有知识，范畴绝无意义可言。范畴仅为“其全部能力由思维所成即由——使由直观所授予悟性之杂多所有综合由之统摄于统觉之统一下之——活动所成之悟性”之规律，此种悟性乃如是一种能力，即“由其自身，绝不能认知事

① 此一点之证明，乃依据所表现之“直观之统一”（对象即由此直观之统一而授予吾人者）。此种直观之统觉，在其自身中，常包含一直观中所与杂多之综合，因而其中已包有此杂多与统觉统一之关系。

物，而仅联结、整理知识之质料”（即直观，此直观必须由对象授之悟性者）。至吾人悟性所有此种特质，即唯由范畴始能产生统觉之先天的统一，且仅限于如此种类及数目之范畴，其不能更有所说明，正与吾人何以乃有此类判断机能而不能别有其他判断机能，以及空间时间何以为吾人所有可能的直观之唯一方式，同为不能更有所说明者也。

二二　范畴除对经验之对象以外，在知识中别无其他应用之途

思维一对象与认知一对象乃截然不同之事。知识包含有两种因素：第一为概念，普泛所谓对象概由概念始为吾人所思维（范畴）；第二为直观，对象由直观始授予吾人。盖若不能有与概念相应之直观授予吾人，则此概念就其方式而言，虽仍为一思维，但绝无对象，且无任何事物之知识能由此概念成立。以我所知，斯时殆无“我之思维”所能应用之事物，且亦不能有者。如先验感性论所述，吾人所可能之唯一直观乃感性的；因之，由于纯粹悟性概念所有“关于普泛所谓对象之思维”，仅在其概念与感官对象相关之限度内，始能成为吾人之知识。感性的直观，或为纯粹直观（空间与时间），或为由感觉在空间时间中直接表现为现实的事物之经验的直观。由纯粹直观之规定，吾人能得对象之先天的知识，如在数学中者，但此仅关于对象（所视为现象者）之方式；至能否有必须在此方式中所直观之事物，则尚留待未决。故除假定容有唯依据纯粹感性直观之方式以表现于吾人之事物以外，即数学的概念，其自身亦非知识。空间与时间中之事物，仅在其成为知觉之限度内，始授予吾人（即有感觉附随之表象）——故仅由经验的表象授予吾人。因之，纯粹悟性概念，即

在其应用于先天的直观时，如在数学中者，亦仅限于此类直观能应用于经验的直观（纯粹概念由此类先天的直观间接应用于经验的直观），始产生知识。故即以纯粹直观之助，范畴亦并不与吾人以事物之知识；至范畴之能与吾人以事物之知识，仅在其能应用于经验的直观耳。易言之，范畴仅用以使经验的知识可能者；此类经验的知识即吾人所名为经验者也。

吾人之结论如是：范畴，就产生“事物之知识”而言，除仅对于能为经验之对象者之事物以外，并无其应用之途。

二三

以上之命题极其重要；盖其规定纯粹悟性概念关于对象之使用限界，正与先验感性论规定感性直观之纯粹方式之使用限界相同。空间与时间，作为对象所唯一能由以授予吾人之条件，仅适用于感官之对象，因而仅适用于经验。在此等限界以外，空间时间绝不表现任何事物；盖空间时间仅在感官中，在感官以外，即无真实性。至纯粹悟性概念则无此种制限，且可推及于普泛所谓直观之对象，仅须此直观为感性的而非智性的，固不问此直观与吾人所有者相似与否也。但扩大概念之用途至吾人之感性直观以外，实于吾人无益。盖作为对象之概念，则此等概念空无内容，且不能使吾人判断其对象究否可能也。诚以斯时吾人并无统觉之综合统一（此为构成思维方式之全部内容者）所能应用之直观，并在其应用于直观时规定一对象，故此等概念仅为思维之方式而无客观的实在性。

故仅有吾人之感性的及经验的直观能与概念以实质及意义。

吾人如假定有一非感性的直观之对象授予吾人，自能由“所包含在此预有前提——无感性直观所固有之特质——中之一切宾词”以表现此对象；盖即此对象非延扩的即非在空间中者，其延续非时间，以及其中无变化（变化为时间中所有规定之继续），等等。但我若仅就“对象之直观”之所非者言之，而不能就其所包含在此直观中者言之，则实不能成为真之知识。盖斯时我并未明示我由纯粹概念所思维之对象之可能，即不能授予吾人与此概念相应之直观，所仅能言者则吾人所有之直观不能适用于此对象而已。但所应唯一注意者，即无一范畴能适用于此类普泛所谓之某某事物。例如吾人不能以实体概念适用于此种对象，而以之为“仅能作为主词存在而绝不作为宾词存在”之某某事物。盖除经验的直观能提供此概念所适用之事例以外，我实不知是否能有与此种思维方式相应之事物。但关于此点以后尚须论之。

二四　范畴适用于普泛所谓之感官对象

纯粹悟性概念由悟性与普泛所谓直观之对象相关，仅须此直观为感性的，固不问其为吾人之所有抑为任何其他直观。但即以此故，此等概念纯为思维之方式，仅由此思维方式，则无确定之对象能为吾人所知。此类概念中所有杂多之综合或联结，仅与统觉之统一相关，因而为“使先天的知识所以可能”之根据（在此类先天的知识依据悟性之限度内）。故此种综合，立即为先验的，且又纯为智性的。但因在吾人心中存有先天的感性直观之某种方式，此为依存于表象能力之感受性者（感性），故自发性之悟性，能依据统觉之综合统一，由所与表象之杂多以规定内感，因而思维先天的感性直观之杂多所有“统觉之综合统一”——此为吾人人类直观之一切对象所必须从属之条件。范畴（其自身纯为思维方式）以此种途径得其客观的实在性，即应用于能在直观中授予吾人之对象。但此等对象仅为现象，盖吾人仅能关于现象具有先天的直观也。

此种感性直观所有杂多之综合（乃先天的可能而必然者），可名之为形象的综合（synthesis speciosa），以与关于普泛所谓直观之杂多在范畴中所思维之综合相区别，此种综合名为由于悟性之联结（synthesis intellectulis）。二者皆先验的，此非仅以其先天的发生而云然，且以其为其他先天的知识可能性之条件故耳。

但此形象的综合，若仅就其与统觉之本源的综合统一之关系观之，即仅就其与在范畴中所思维之先验的统一之关系观之，则因与纯然智性的联结区别之故，应名之为想象力之先验的综合。想象力乃表现"当时并未存在之对象"于直观之能力。唯以吾人之一切直观皆为感性的，想象力由于"唯在其下想象力始能与悟性概念以相应的直观"之主观的条件，故亦属于感性。但因想象力之综合乃自发性之表现，为规定者，而非如感官之仅为被规定者，因而能依据统觉之统一，就感官之方式先天的规定感官，故在此范围内想象力乃先天的规定感性之能力；其所有"综合直观"之综合若与范畴相符合，自必为想象力之先验的综合。此种综合乃悟性对于感性之一种活动；且为悟性对于吾人所有"可能的直观之对象"之最初应用，因而为其他一切悟性应用之根据。以其为形象的综合，须与"仅由悟性所行使而无须想象力之助"之智性的综合相区别。在想象力为自发性之限度内，我又名之为产生的想象力，以与再生的想象力有别，此再生的想象力之综合乃全然从属经验的法则即所谓联想律者，故于说明先天的知识之所以可能，毫无所贡献。再生的综合属于心理学领域，实不属于先验哲学也。

***

今为说明在吾人说明内感方式时（参观六）令人感为怪诞者

最适当之处：即内感表现吾人自身于“我之意识”，亦仅如吾人所显现于吾人自身之相，而非吾人自体之说是也。盖吾人直观自身仅如吾人内部之所被激动者，此说颇觉矛盾，以斯时吾人对于自身应在被动之关系中矣。在心理学之体系中，欲避免此矛盾，通常乃视内感与统觉能力为同一之事物（吾人曾严密区别内感与统觉能力之不同）。

其规定内感者为悟性及悟性联结直观杂多之本源的能力，即使直观杂多统摄于统觉（悟性自身所以可能之所依据者）下之本源能力。在吾人人类中之悟性，其自身非直观能力，即令有直观授予感性，亦不能联结此等直观以之为悟性自身所有直观之杂多而收入于其自身中。故若仅就综合之自身而观，悟性之综合，不过活动之统一而已，所谓活动，乃即令无感性之助，悟性自身亦能意识及之者之一种活动，但悟性由此种活动则又能规定感性。盖即谓悟性关于“依据感性直观方式所能授之悟性之杂多”能内部规定感性。此盖悟性在想象力之先验的综合之名称下，施行此种活动于受动的主观（此种活动即此主观之能力）之上，因而吾人乃得谓为内感由之而被激动也。统觉及其综合的统一实与内感绝不相同。前者为一切联结之根源，应用于普泛所谓直观之杂多，且在改形为范畴时，先于一切感性直观应用于普泛所谓对象。反之，内感仅包含直观之纯然方式，其中之杂多并无联结，故不包含确定的直观，此确定的直观仅由我所名为形象的综合者想象力之先验的作用（悟性对于内感之综合作用）而生“杂多之规定”之意识而可能者也。

此点我常能在我自身中知觉之。盖若不在思维中引一直线，则我不能思维此直线，不作一圆，即不能思维此圆。吾人除自同一之点，设定三线，相互成为直角，即不能表现空间之三向量。

乃至时间，吾人除在引一直线时（直线用为时间之外部的形象表象），唯注意吾人所由以连续的规定内感之“综合杂多之活动”，以及因而注意内感中此种规定之连续以外，绝不能表现时间。视为主观活动，因而视为综合空间中杂多之综合（吾人如抽去此种杂多而唯注意于吾人所由以依据内感方式以规定内感之活动者）之运动（运动非视为对象之规定）[①]乃最初发生连续之概念者。故“悟性非在内感中发现此种杂多之联结”，乃激动内感以产生此种联结也。

何以思维之我能与直观自身之我相区别（盖我尚能表现至少视为可能之他种直观形象），且因其为同一主观，二者又能为同一之我；因而我何以能谓所视为智性及思维之主观认知所思维为对象之我自身，但在我亦在直观中授予我自身之限度内，我仅认知我自身与其他现象相同，唯为所显现于我自身之我，而非对于悟性存在之我——此等问题与“我如何能为我自身之对象”，尤其与“我如何能为直观及内的知觉之对象”等问题，其难易正自相等。至其何以必属如是，则吾人如容认空间纯为外感现象之纯粹方式，由以下之事实极易说明之，盖吾人除在吾人所引之直线心象下，不能获得非外的直观对象之“时间表象”，且仅由此种引一直线之表现方法，吾人始能知时间向量之单一性；且对于一切内的知觉，吾人必从外的事物中所展示于吾人之变化中，推得其时间长度或时间点之规定，因而内感之规定，应整理为时间中之现象，正与外感之规定吾人在空间中整理之者相同。故若关于外感，吾人容认仅在吾人外部被激动之限度内，始认知对象，则

① 空间中对象之运动，不属于纯粹之学问，故不属几何学。盖某某事物能移动，不能先天的知之，仅由经验知之。但视为记述空间之运动，乃由于产生的想象力，在普泛所谓外的直观中继续综合杂多之纯粹活动，此不仅属于几何学且属于先验哲学。

吾人亦必须容认关于内感，亦仅在吾人内部被吾人自身激动之限度内，始能由内感直观我自身；易言之，就内的直观而言，吾人仅认知吾人之主观为现象，而非其自身。[①]

二五

反之在“普泛所谓表象之杂多”之先验的综合中，以及在统觉之本源的综合统一中，我意识我自身既非所显现于我自身之相，亦非我自体，而仅为“我在”之一事。此种“我在”之表象，乃思维而非直观。欲知我之自身，则在“使一切可能的直观之杂多，统摄于统觉统一下”之思维活动以外，尚须杂多所由以授予吾人之一定直观形象；是以我之存在虽确非现象（更非幻相），而我之存在[②]之规定，则须与内感之方式一致，即依据我所联结之杂多由以在内的直观中授予我之特殊形象，始能发生。因之我关于我自体一无所知，所知者仅为所显现于自身之相。虽由联结杂多在一统觉中，一切范畴皆用为构成“关于普泛所谓对象之思维”顾此种自我之意识（统觉）尚远不能成为自我之知识。欲得“与我相异之对象”之知识，除关于普泛所谓对象之思

① 我实不解容认吾人之内感为吾人自身所激动，何以有如许困难。此种激动在一切注意活动中，皆可得其例证。盖在一切注意活动中，悟性依据其所思维之联结，规定内感使成为“与悟性综合中之杂多相应”之内的直观。至心通常由此所被激动之程度如何，则各人当能自觉之也。

② “我思”表现“规定我之存在”之活动。由“我思”我之存在固已授予矣，但我由以规定此存在之形象（即属于存在之杂多），则未由“我想”而授予也。欲得规定此存在之形象，则须自我直观；而此种直观乃以所与先天的方式即——感性的而属于“我中所有被规定者之感受性”之——时间为条件者。今因我并无其他自我直观，即并无在规定活动之前先以我内部所有规定一切者之主体（我仅意识其自发性）授予吾人之一类自我直观，与时间在被规定事物之事例中相类，故我不能规定我之存在为自我活动之存在，我之所能为者，唯在表现我之思维——即规定活动——之自发性于我自身而已；而我之存在仍仅为感性的被规定者，即为现象之存在。至我之所以名我自身为智性者，则以此自发性故耳。

维（在范畴中）以外，尚须我由以规定此普泛的概念之直观，故欲得关于我自身之知识，除意识（即关于我自身之思维）以外，尚须我由以规定此思维之直观（我内部中所有杂多之直观）。我为智性之存在，仅意识其联结之能力；但关于其所应联结之杂多，则我从属一制限之条件（名为内感），即此种联结仅有依据时间关系（严格言之此全然在悟性概念以外者）始能成为可直观者。故此类智性所能认知之自我，仅为与直观（非智性的且不能由悟性自身授予者）相关所显现之相，非在“其直观为智性时”所能认知之自体。（译者按：智性的直观上文已屡见之，殆为设想之一种直观例如神之直观一类是也。）

二六　纯粹悟性概念在经验中普遍的可能运用之先验的演绎

在玄学的演绎中，由范畴与思维之普泛的逻辑机能完全一致，已证明范畴之起源为先天的；在先验的演绎中，吾人亦已展示范畴为“关于普泛所谓直观对象”之先天的知识之所以可能（参观二〇、二一）。吾人今须说明“先天的由范畴以知凡所表现于吾人感官之对象”之所以可能，此实非就其直观之方式而言，乃就其联结之法则而言，因而可谓就其对于自然规定法则，甚而使自然成为可能而言。盖除范畴负此机能以外，绝不能说明所能表现于吾人感官之一切事物，何以必须从属“先天的仅起自悟性”之法则。

首先我应注意我之所谓感知之综合（Synthesis der Apprehension），乃指一经验的直观中杂多之联结而言，知觉即直观之经验的意识（此即所视为现象者），乃由之而始可能者。

在空间与时间之表象中，吾人具有外的及内的感性直观之先天的方式；现象所有杂多之感知综合，则必须常与此种方式相合，盖因舍此以外，别无综合可以发生之途也。但空间与时间所先天的表现者，不仅为感性直观之方式，且表现其自身为包有杂多（空间时间自身所有之杂多）之直观，因而以“此种杂多之统一之规定”表现之（参观先验感性论）[①]。是以在吾人以外或以内之杂多之综合统一，以及“所表现为在空间或时间中规定之事物必须与之相合”之联结，皆先天的授予吾人，为一切感知综合之条件——非在此等直观中授予，乃与此等直观同时授予者。此种综合的统一，在其“联结”应用于吾人感性直观之限度内，实不过依据范畴，在一本源的意识中普泛所谓所与直观之杂多所有联结之统一而已。故一切综合乃至使知觉可能之综合，皆从属范畴；且因经验为由联结知觉所成之知识，故范畴为使经验可能之条件，因而范畴先天的适用于经验之一切对象。

***

例如由于感知一居室之杂多，我使居室之经验的直观成为知觉时，空间及普泛所谓外的感性直观之必然的统一，实存在我之感知之根底中，即我依据空间中杂多之综合统一，以描写此居室之轮廓。但我若抽去空间之方式，则此同一之综合统一，实在悟性中，而为综合普泛所谓直观中同质的事物之范畴，即量的范畴。故感知之综合——所谓知觉——必须完全与此种范畴相

---

① 表现为对象之空间（如吾人在几何学中之所必须为之者）实包含直观方式以上之事物；其中又包有依据感性方式在直观的表象中所授予之杂多之联结，故直观之方式仅授予杂多，而方式的直观则授予表象之统一。在感性论中，我以此种统一为仅属于感性者，纯由注重其先于任何概念而言，但就事实言之，则此种统一实以——不属于感性而空间时间之一切概念由之而始成为可能者之——综合为其前提者也。唯因空间时间由此种统一（由于悟性规定感性）始成为直观授予吾人，故此种先天的直观之统一，属于空间时间，而不属于悟性概念（参观二四）。

合[①]也。

今再举一例言之，当我知觉水之冰冻时，我感知液体与固体之两种状态，此两种状态乃彼此相互在时间关系中者。但在——我所置于现象（在此现象为内的直观之限度内）根底中之——时间内，我必然表现杂多之综合的统一，无此种综合的统一，则此时间关系不能成为就时间继续所规定在一直观中授予。顾此种综合的统一，乃吾人所由以联结“普泛所谓直观之杂多”之先天的条件者，我如抽去我之内的直观之常恒方式（即时间），则为原因之范畴，当我应用此原因范畴于我之感性时，则我由此范畴以规定一切所发生之事物与此范畴所规定之关系相合，即我在普泛所谓时间中规定之，于是我关于此一类事件之感知，以及所视为可能的知觉之事件自身，乃从属因果关系之概念，关于其他事例，亦复如是。

范畴乃“对于现象以及对于一切现象总和之自然（natura materialiter spectata 自内容所观之自然）规定先天的法则”之概念。于是有问题发生，盖自然必须依据“非从自然引来且非以自然为范型而模仿之者之范畴”而进行，如何能为吾人所理解；即范畴既非从自然引来，如何能先天的规定自然所有杂多之联结。以下所论即为解决此谜者。

自然中所有现象之法则，必须与悟性及其先天的方式相合，即必须与“悟性联结普泛所谓杂多之能力”相合，实与现象自身必须与先天的感性直观之方式相合，其事相类，并不足令人更为惊异。盖法则不存在现象中，而仅与现象所属之主观相关而存在

---

① 如是已证明经验之感知综合必然与“智性的且完全先天的包含在范畴中”之统觉之综合相一致。在彼以想象力之名，在此以悟性之名，与直观之杂多以联结者，乃此同一之自发性耳。

（在主观具有悟性之限度内），正与现象不存在其自身中而仅与其所属之主观相关而存在（在其具有感性之限度内）其事固相同也。物自身自必离认知事物之悟性而与其自身本有之法则相合。但现象仅为事物之表象，至此等事物关于其自身为何，则为不可知者。以现象仅为表象，其所从属之联结法则，除联结能力所规定者以外，自无其他法则。联结感性直观之杂多者为想象力；想象力关于其智性的综合之统一，则依据悟性，关于其感知之杂多，则依据感性。于是一切可能的知觉，皆依据感知之综合，而此种经验的综合又复依据先验的综合，因而依据范畴。故一切可能的知觉，以及所能达于经验的意识之一切事物——自然之一切现象——就其联结而言，皆必须从属范畴。自然（仅以之为普泛所谓自然）依据“所视为其所有必然与法则相合之本源的根据”之范畴（Natura formalier spectata 自方式所观之自然）。但纯粹悟性除包含于普泛所谓自然中（即包含在空间时间中所有一切现象与法则相合之合法性中）之先天的法则以外，不能由范畴对于现象规定任何先天的法则。特殊的法则乃与经验的所规定之现象有关，虽皆从属范畴，但就其特殊性质而言，不能自范畴引来。欲得关于特殊法则之任何知识，必求之经验，但关于普泛所谓经验及“所能认知为经验之对象者之为何”，则仅有先天的法则能垂教吾人。

二七　此种悟性概念演绎之结果

吾人除由范畴以外不能思维对象；除由与此类概念相应之直观以外，不能认知所思维之对象。顾一切吾人之直观皆为感性的；在有知识之对象授予之限度内，此种知识皆为经验的。但经验的知识乃经验。故除关于可能的经验之对象以外，不能有先天的知识[①]。

此种知识虽限于经验之对象，然不能因而谓为一切知识皆来自经验。纯粹直观及纯粹悟性概念为知识中之要素，二者皆先天的在吾人内部中。吾人所能由以说明经验与其对象之概念必然一致者，仅有二途：或经验使此类概念可能，或此类概念使经验可能。前一假定不适用于范畴（亦不适用于纯粹感性直观）；盖范畴乃先天的概念，因而独立于经验之外，其以范畴为经验的起源者，殆一种自然发生说（generatio aeqivoca）。于是所留存者仅有第二假定——此殆纯粹理性之新生论（epigenesis）一种体系——即在悟性一方，范畴包有“使一切普泛所谓经验所以可能”之根据。至范畴如何使经验可能，及在范畴应用于现象时所提供“使经验所以可能”之原理为何，则将于下章论判断机能之先验的运用时详论之。

在上述二途之间尚可提议一中道，即范畴既非吾人知识之“思维自动所得之先天的第一原理”，亦非来自经验，乃由造物主在吾人存在之最初刹那间所移植于吾人内部之“思维之主观的倾向”，且为造物主所安置就绪使其运用完全与“经验所依据以进行之自然法则”和谐——此乃一种纯粹理性之预定和谐说（Praformations system）。但根据此假设，则吾人对于此种“属于未来判断之预定倾向”之假定漫无制限不能设定限界，今姑舍此难点不言，对于此提示之中道说，尚有一决定的难点，即属于范畴本质之必然性，将由此而牺牲是也。例如原因概念，乃表现一

① 读者欲避免由此说仓促推论所生之恶果，则宜注意范畴对于思维实不为感性直观之条件所限制，而有其无限之领域。仅在吾人所思维者之知识，即对象之规定，始需要直观。在无直观时，对象之思维，就主观之理性运用而言，仍有其真实有用之效果。盖理性之使用，并非常向对象之规定，即常对知识进行，亦使用于主观及其“意欲”之规定——此一种运用非今所能论究者。

事件在前提的条件下之必然性者，此原因概念如仅依赖所移植于吾人之——按因果关系之规律以联结某某经验的表象力——任意的主观必然性，则此原因概念殆为虚伪。盖我因此不能谓结果与原因在对象中结合，即不能谓其为必然的结合，而仅能谓我之性质不能在如是联结以外以思维表象耳。此正怀疑论者之所大欲也。盖若如是，则一切吾人之知识，依存于所假定为吾人判断之各观的效力者，至此乃全成幻影；且否认此种主观的必然性者亦实不乏其人，盖此为仅能感及之必然性耳。关于仅依据个人自身性质之事物，诚无人能与之争辩者也。

此演绎之要点

演绎乃说明纯粹悟性概念以及一切先天的理论知识为使经验所以可能之原理——此处乃以此类原理为规定普泛所谓空间时间中现象之规定，此种规定因其终极自统觉之本源的综合统一而来，又复为悟性在与空间时间（即感性之本源方式）相关时之悟性方式。

***

我因论究基本的概念，故必须分清段落（自一以至二七）。今将进论此类基本概念之运用，故不再分段落而连续论述之。

第二节　经验所以可能之先天的根据

（此为第一版之原文）

一概念，其自身既不包含于可能的经验之概念中，又非由可能的经验之要素所成，而应完全先天的产生，且必须与对象相关云云，此实极为矛盾而不可能者。盖因无“与此概念相应之直观”，则无内容；而对象所能由以授予吾人之普泛所谓直观，则为构成可能的经验之领域——可能的经验之全部对象。并不直接与经验相关之先天的概念，仅为概念之逻辑方式，并非由之以思维某某事物之概念自身。纯粹先天的概念如存在，自必不能包含经验的事物；但此类概念唯能用为可能的经验之先天的条件。其客观的实在性，亦唯根据此点。

故吾人如欲知纯粹悟性概念因何可能，则必须研究经验所以可能之所依据，及自现象抽去一切经验的事物后尚留存现象之根底中为其根据之先天的条件为何。普遍的充分的“表现此种经验之方式的客观的条件”之概念，当名之为纯粹悟性概念。我一度具有纯粹悟性概念，确能思维所视为不可能或“其自身虽或可能顾不能在任何经验中授予吾人”之对象。盖在联结此类概念时，可以除去其所必然属于“可能的经验条件”之某某事物（如在精神概念中）。又或能推展纯粹概念至经验所不能追随之地（如神之概念）。但一切先天的知识（即令其属于任意想象及不自一致之空想者）之要素，虽皆非自经验引来（因若自经验引来，则不成其为先天的知识），但必须常包有“可能的经验及经验的对象之纯粹先天的条件”。否则，将无“由此等概念所思维之事物”，且此等概念以其缺乏“资料”，其自身亦绝不能在思维中发生。

“先天的包含一切经验中所含有之纯粹思维”之概念，吾人在范畴中见之。吾人如能证明对象之能为吾人所思维，仅由于范畴，即此已足为范畴之演绎，且足证其客观的效力之为正当。但因在此种思维中，所被促使活动者不仅思维之能力（即悟性），又因此种能力之自身，若以之为“与对象相关之知识能力”，则关于此种关系之所以可能，尚须为之说明，故吾人首须考虑“构成经验所以可能之先天的根据”之主观的源流，此非在其经验的性质中考虑之，乃在其先验的性质中考虑之。

每一表象若与一切其他表象渺不相关，各自孤立，则当无“所谓知识之事”发生。盖知识本为一全体，表象在其中互相比较而互相联结。以感官在其直观中包有杂多，我即以感官为具有概观（Synopsis）。但对于此种概观，必须有常与之相应之综合；感受性之能使知识可能，仅在其与自发性相联结。此种自发性乃一切经验中所必然见及之三重综合之根据，即直观中“所视为心之变状之表象”之**感知**，想象力中之表象**再生**，及概念中之**认知**表象。此盖指知识之三种主观的源流，此三种主观的源流亦即使悟性自身可能者——因之使一切经验（所视为悟性之经验的所产者）可能。

论究前之预有注意

范畴之演绎，乃一异常困难之事，迫使吾人深入普泛所谓知识所以可能之最初根据，因之可避免一完备学说之经营烦劳，同时在此种研究中又一无所欠缺，故我以以下四项所论，宜为读者准备，非即训教读者。至以下之第三节，始系统的说明此类悟性之要素。读者务必不为此前数节中之晦昧难明所沮丧。在一从未尝试之事业中晦昧难明之点，实所难免。我信在以下一节，晦昧之点终将消失而完全洞彻矣。

一　直观中感知之综合

不问吾人所有表象之起源何如，是否由于外物之影响，或由内的原因所产生，是否自先天的发生，抑为“自经验发生之现象”。总之，一切表象皆为心之变状而属于内感。故吾人之一切知识终必从属时间（即内感之方式的条件）。一切表象必须在时间中整理、联结及使之相互成立关系。此为贯彻以后所论之共通要点，故必须切记在心，视为基础事项。

一切直观皆在其自身中包有杂多，至此杂多之能表现为杂多，仅在心于印象之相互继起中区别时间；盖每一表象，在其包含在单一刹那时，必为绝对的统一。欲自此种杂多发生直观之统一（如空间表象中所需要之统一），最初必须概观此杂多而联结之。此种活动我名之为感知之综合，盖因其向直观活动者，在直观固自提供杂多，但若无此种综合，则此杂多绝不能表现为杂多，更不能表现为包含在单一之表象中者。

此种感知之综合又必能先天的行之，即就非经验的一类表象行之。盖若无此种先天的感知综合，则吾人绝不能先天的具有空间或时间之表象。此种空间时间之先天的表象之所以能产生，仅由于感性在其本源的感受性中所呈现之“杂多之综合”。于是吾人乃有纯粹之感知综合。

二　想象力中再生之综合

时常互相追随或伴随之表象，终则成为联合，设立一种关系，由此即无对象时，此等表象之一，亦能依据一定规律使心转移至其他表象，唯此纯为经验的法则。但此种再生法则乃以二事为其前提者，即现象自身实际从属此种规律，以及在此等表象之杂多中，有依据某种规律之“共在或继起”发生。否则吾人之经验的想象力将永无机缘就其固有能力行使而永藏心中，等于已死且非吾人所知之能力。盖若朱砂时红时黑，时轻时重，人时成此状时成彼状，国土在一年中有时满覆果实，有时满蔽冰雪，则我之经验的想象力，永无机缘见红色而思及有重量之朱砂矣。又如一名，时以之称此物，时以之称彼物，或同一之物，时以此名称之，时以彼名称之，而绝无现象自身所从属之法则，则不能有再生之经验的综合。

故必有某某事物为现象之必然的综合统一之先天的根据者，使现象之再生可能。至此某某事物为何，则吾人苟一思及现象非物自身而为吾人所有表象之活动，终极则归之“内感之规定”，吾人即易发现此某某事物。盖吾人若能展示除直观包有“所以使再生之一贯的综合可能”之杂多联结以外，即吾人最纯粹之先天的直观，亦不产生知识，则此想象力之综合，自亦先于一切经验，根据于先天的原理；于是吾人必须假定一种想象力之纯粹先验的综合为“使一切经验所以可能”之条件。盖经验本身乃必然以现象之再现性为前提者。当我欲在思维中引一线或思维一画时之时间，又或表现某某特殊的数目，显然其中所包含之种种杂多表象，必由我在思维中逐一感知之。但若我在思维中常消失先在之表象（线之首段，时间之先在部分，或在所表现之数目顺序中之种种单位），当转移至以后之表象时，先有表象并不再现，则绝不能得一完全之表象；凡以上所举示之种种思维，乃至空间时间之最纯粹的最基本的表象，皆无一能发生矣。

故感知之综合与再生之综合实为固结而不可分者。又以感知之综合乃构成“使一切知识所以可能”之先验的根据——此不独关于经验的知识，关于先天的知识亦如是——故想象力之再生的综合，应列入心之先验的活动中。吾人因而名此种能力为想象力之先验的能力。

三　概念中认知之综合

吾人若非意识及吾人今之所思维者正与一刹那前所思维者相同，则在表象系列中之一切再生，殆为无益之事。盖若如是，则吾人今所思维者，在其现在状态中将为一新表象，而不属于此表象所由以逐渐产生之活动矣。于是表象之杂多，将永不能成为一全体，盖以其缺乏“唯有意识所能赋予此表象杂多之统一”。在计算中，我若忘所浮于心目之许多单位乃彼此继续逐一所增加者，则我绝不能知总数乃由单位逐一继续增加所产生，因而永为不知数之人。盖数之概念，实不过此种综合所有统一之意识而已。

此“概念”一名词，其自身即提示此种意义。盖此种统一的意识乃所以联结——继续的所直观所再生之——杂多在一表象中。此种意识往往极为微弱，故吾人并不与活动自身相联结，即并不直接与产生表象之事相联结，而仅与由此所表现之结果相联结。其程度虽有此种区别，但此种意识（虽不显著）则必须常在；如无此种意识，则概念以及对象之知识，皆不可能矣。

于此吾人必须说明吾人所谓“表象之对象”为何矣。以上吾人已论及现象自身实不过感性的表象，此感性的表象就其自身言绝不可以之为所能存在于吾人表象能力以外之对象。于是在吾人言及“与吾人知识相应而又与之有别”之对象时，究指何而言？此极显而易见，此对象必为“仅思维为等于 X 之普泛的某某事物”，盖在吾人知识以外，吾人实无能以之与此知识相应而与之对立之事物。

吾人今发现吾人所有“一切知识与其对象相关”之思维，实附有一种必然性之要素；对象乃视为所以防免吾人知识之荒诞无稽，而先天的以某种确定楷式规定知识者。盖在知识与对象相关之限度内，知识自必彼此必然的互相一致，即必须具有构成“对象之概念”者之统一。

但因吾人所处理者仅有表象之杂多，又因与表象相应之 x（对象）在吾人实等于无（此为应与吾人一切表象相异之某某事物），故“对象所使之成为必然的”之统一，实不过在表象之杂多综合中“意识之方式的统一”而已。仅当吾人在直观之杂多中产生综合的统一时，吾人始能谓吾人认知对象。但若直观不能由——所以使杂多之再生成为先天的必然，以及“使杂多在其中联结”之概念可能之——综合机能依据规律而产生，则此种统一实不可能。例如吾人思维一三角形为对象，实由于吾人意识三直线之联结乃依据——三角形之直观所常能由以表现之——规律。此种规律之统一实现定一切杂多，且制限杂多使从属“使统觉之统一可能”之条件。此种统一之概念乃“等于 x 之对象”之表象，此等于 x 之对象，我由以上所举示三角形之宾词而思维之。

一切知识皆需概念（此概念即极不完备或极晦昧）。但就概念之方式而言，概念常为用作规律之普遍的某某事物。例如物体概念乃由此概念所思维之杂多之统一，用为在吾人所有外的现象之知识中之规律。但概念之能成为直观之规律，仅限于其在任何所与现象中表现其所有杂多之必然的再生，因而表现在吾人所有“现象之意识”中之综合的统一。在“吾人以外之某某事物”之知觉中，物体概念，即所以使延扩表象及附随之不可入性、形状，等等表象成为必然者。

一切必然性，绝无例外，皆根据于先验的条件。故吾人所有一切直观之杂多以及普泛所谓对象之概念乃至一切经验之对象，等等综合中，皆必有一意识统一之先验的根据，无此种先验的根据，则欲思维吾人所有直观之任何对象，殆不可能；盖此种对象实不过“由其概念表现此种综合之必然性”之某某事物而已。

此种本源的及先验的条件，实仅先验的统觉。“依据内的知觉中吾人所有状态之种种规定”之自我意识，仅为经验的，且常变易不定的。在内的现象之流转中，实不能有常住不变之自我。此种意识通常名为内感，或经验的统觉。所必然表现为数的同一者（按即种种变易之我即同一之我）不能由经验的资料而思维其为如是。欲使此种先验的前提（按即常住不变之同一我）有效，则必须有一先于一切经验而使经验可能之条件。

如无——先于一切直观之资料及“与之相关，对象之表象始为可能”之——意识统一，则不能有知识，及知识互相间之联结或统一。此种纯粹本源的不变意识，我将名之为先验的统觉。至其所以堪称此名，则由以下一事即知之，盖最纯粹之客观的统一，即先天的概念（空间与时间）之客观的统一，亦仅由直观与此种意识统一相关而始可能者。故此种统觉之数的统一，为一切概念之先天的根据，正与空间时间之杂多性为感性直观之先天的根据相同。

此种统觉之先验的统一，自——所能共在一经验中之——一切可能的现象中，依据规律，构成一切此等表象之联结。盖若心在杂多之知识中，不能意识及——所由以综合的联结杂多在一知识中之——机能之同一，则此种意识统一，殆不可能。自我同一之本源的必然的意识，同时亦即一切现象依据概念——即依据不仅使现象必然的再生且亦因而规定“其直观之对象”（此对象，即现象必然在其中联结之“某某事物之概念”）之规律——之综合所有必然的统一之意识。盖心若不见及——所由以使一切感知（此为经验的）综合从属先验的统一，使其依据先天的规律互相联结因而可能之——心之活动之同一，则绝不能在其表象之杂多中思维心之同一，且先天的思维之。

吾人今又能更适切规定吾人所有普泛所谓对象之概念。一切表象，以其为表象而言，皆有其对象，且其自身又能成为其他表象之对象。所能直接授予吾人之唯一对象为现象，其中直接与对象相关者，名直观。但此等现象并非物自身；彼等仅为表象，故又复具有对象——此为非吾人所能直观之对象，故当名之为非经验的即等于 x 之先验的对象。

此先验的对象（此对象实际在吾人所有之一切知识中常为同一不变者）之纯粹概念，乃唯一能以“与对象相关”即客观的实在性授予吾人所有之一切普泛所谓经验的概念者。此种概念不能具有任何规定的直观，故仅与知识（与对象相关之知识）之杂多中所必须见及之统一相关。此种与对象之关系实不过意识之必然的统一，故亦为——由于联结杂多在一表象中之心之共通机能——杂多之必然的综合统一。以此种统一必须视为必然先天的（否则知识殆无对象），其与先验的对象之关系——即吾人经验的知识之客观的实在性——实依据先验的法则，故在对象由现象授予吾人之限度内，一切现象必须从属——在经验的直观中，现象间之关系，所唯一由以可能之——综合的统一之先天的规律。易言之，经验中之现象，必须从属统觉之必然的统一之条件，正与在纯然直观中，现象必须从属空间与时间之方式的条件相同。任何知识之能成为可能，唯系于是。

四　先简略说明“所视为先天的知识之范畴”之所以可能

只有一单一之经验，一切知觉皆在其中表现为一贯的规律的联结，正与仅有一空间一时间，现象之一切形象及存在或非存在之一切关系皆在其中显现相同。当吾人言及种种不同经验时仅能指种种知觉而言，盖一切知觉皆属于一“同一之普泛的经验”。此种知觉之一贯的综合统一，实即经验之方式；经验实不过现象依据概念之综合的统一。

依据经验的概念之“综合之统一”，此等概念若不依据统一之先验的根据，则此种综合之统一殆为偶然的。盖若无统一之先验的根据，则将有“现象纷集心中而又绝不容其成为经验”之事矣。盖以其缺乏依据普遍的必然的法则之联结，故知识与对象之一切关系，亦皆消失无余。现象诚能构成无思维之直观，但非知识，因之其在吾人实等于无。

普泛所谓可能的经验之先天的条件，同时即为“使经验之对象所以可能”之条件。我今主张以上所引之范畴，实不过可能的经验中之思维条件，正与空间时间为此同一经验之直观条件相同。范畴乃吾人“由之对于现象思维其普泛所谓对象”之根本概念，故具有先天的客观效力。此正吾人之所欲证明者。

但此等范畴之所以可能乃至其必然性，依存于“吾人全部感性及随感性而来之一切可能的现象与本源统觉之关系中”。在本源的统觉中，一切事物必与自我意识之一贯的统一之条件必然相合，即与综合——依据“唯在其中统觉始能先天的证明此事物所有完全的必然的同一性之概念”之综合——之普遍的机能相一致。故原因概念，实不过依据概念之综合（在时间系列中，所随之而起者与其他现象之综合）；如无此种“具有先天的规律而使现象从属其自身”一类之统一，则绝不能有知觉之杂多中所见及“意识之一贯的普遍的必然的统一”。于是此等知觉将不属于任何经验，因而无其对象，仅为表象之盲目活动，甚至与梦无异。

欲自经验引申此等纯粹悟性概念，即以悟性概念归之纯然经验的起源之一切尝试，皆属徒劳无益之举。例如原因概念实包含非经验所能产生之必然性特质，此一事实固无须我特为之主张者。盖经验所示，乃一现象通常继别一现象而起，并不展示此种继起为必然的，更不示知吾人能先天的完全普遍的自所视为条件之前件以推论其后件。但就经验的联想律而言——此联想律在吾人主张“事件系列中之一切事物皆从属规律”时（即除其普遍的所必须继之而起之某某事物先在，绝无事物发生），所必须一贯假定之为基本者——我将问此种规律为一自然法则，所依据者为何？此种联想自身因何可能？杂多之联想所以可能之根据，在其存于对象之限度内，被称为杂多之亲和性（Affinität）。于是我又将问，现象所由以从属及必然的从属不变法则之“现象之一贯的亲和性”吾人如何能使吾人自身理解？

根据我之原理，此实易解。一切可能的现象，以其为表象，皆属于一可能的自觉意识之全体。但以自觉意识乃先验的表象，故数的同一性（即同一不变性）与之不可分离，且为先天的确实者。盖除由此本源的统觉以外，无一事物能进入吾人之知识。今以此同一性实为必然的进入于现象所有一切杂多之综合中，故在此综合产生经验的知识之限度中，现象从属——现象之感知所有综合必须完全与之一致之——先天的条件。一普遍的条件之表象，某种杂多依据之始能以齐一形象设定者，称为规律，在此杂多必须如是设定时，则称法则。故一切现象乃依据必然的法则以成一贯的联结，即在先验的亲和性中（经验的亲和性仅为其结果）。

自然应依据吾人所有统觉之主观的根据以指导其自身，且就自然所有与法则相合之合法性言，亦唯依据此主观的根据，令人闻之不胜奇异荒诞之感。但当吾人思及此自然非物自身而仅为现象之集合，即心之种种表象，则吾人仅能在吾人所有一切知识之根本能力中发现之，即在先验的统觉中发现之，（自然即因在此种统一中始能被称为一切可能的经验之对象，即自然）云云，自不致惊以为异。正以此故，此种统一始能为吾人先天的所知而以之为必然的云云，自亦不足为异。设统一在吾人所有思维之第一源流以外，而在自然之自身中授予，则此种先天的必然的统一乃绝不可能矣。于是吾人乃不知吾人所能得此"主张自然之普遍的统一"之综合命题之源流何在。盖斯时唯有从自然自身之对象引申此等综合命题；但因此事仅能经验的为之，则所能获得者仅为偶然的统一，此种偶然的统一实远不足当吾人言及自然时所指之必然的联结也。

第三节　悟性与普泛所谓对象之关系，及先天的认知此等对象之所以可能

（此为第一版之原文）

前一节中吾人所个别说明者，今将在系统的联结中论述之。普泛所谓经验及"其对象之知识"之所以可能，依据于三种主观的知识源流——**感官**、**想象力**及**统觉**。此三者每一项皆可视为经验的，即就其应用于所与现象时言之。但三者又皆为"使经验的使用一事可能"之先天的要素，即先天的基础。**感官**在**知觉**中，**想象力**在**联想**（及再生）中，**统觉**在再生表象与现象（再生表象所由以授予吾人者）二者同一之经验的意识中，即认知中，经验的表现现象。

但一切知觉皆先天的根据于纯粹直观（时间，即“视为表象之知觉所有内的直观”之方式），联想则先天的根据于想象力之纯粹综合，经验的意识则先天的根据于纯粹统觉（此即在一切可能的表象中自我之一贯的同一不变性）。

吾人若欲推求此种表象联结之内的根据至表象所集注之点——盖表象于此始能获得可能的经验所必须之知识统一——则吾人必自纯粹统觉始。盖若直观不能收入于意识中——不问其为直接或间接——则直观之于吾人，实等于无，且绝与吾人无关。故任何知识之可能，一系于此。吾人关于“所能属于吾人所有知识”之一切表象，先天的意识“自我之完全同一不变”，乃一切表象所以可能之必然的条件。盖表象之能在我内部中表现某某事物者，仅在此等表象与其他一切表象同属一意识，且至少必须能在一意识中联结故耳。此一原理乃先天的确立者，可名之为吾人表象中（因而在直观中）所有一切杂多之统一之先验的原理。今因一主观中所有此种杂多之统一乃综合的，故纯粹统觉提供“一切可能的直观中所有杂多之综合统一之原理”①。

此种综合的统一乃以综合为前提，或包括综合，故若综合的

① 此一命题极为重要，须绵密考虑。一切表象对于可能之经验的意识，具有必然的关系。盖若此等表象不具有此种关系，又若吾人不能意识此等表象，则实际等于承认此等表象之不存在。但一切经验的意识，对于先于一切特殊经验之先验的意识（即视为本源的统觉之自然意识），具有必然的关系。故在吾人之知识中，一切意识必须属于一单一意识（即自觉意识），乃绝对的必然者。于是“意识之杂多”之综合的统一，为吾人所先天的所知，因而，为“关于纯粹思维之先天的综合命题”之根据，正与空间时间为“关于纯粹直观方式之命题”之根据相同。经验的意识所有一切繁杂内容必须联结在一单一之自觉意识中之综合命题，乃吾人所有普泛所谓思维之“绝对第一且为综合的原理”。但不可忽视者，此名为“我”之单纯表象，在其与一切其他表象相关时（此“我”之表象乃使其他表象之集合的统一可能者）即为先验的意识。至此一表象是否明晰（经验的意识）或晦昧，甚至是否实际存在，皆非吾人今所欲论究者也。唯一切知识之逻辑方式之所以可能，则必然以其与“视为能力之统觉”相关为条件。

统一为先天的必然，则综合自必亦为先天的。于是统觉之先验的统一乃与想象力之纯粹综合相关，此为一切杂多联结在一知识中所以可能之先天的条件。但仅想象力之产生的综合，始能先天的发生；其再生的综合则唯经验的条件是赖。故想象力之纯粹（产生的）综合（先于统觉者）之必然的统一原理，为一切知识所以可能之根据，尤为经验所以可能之根据。

想象力中之杂多之综合，若不问直观种类之区别专向杂多之先天的联结者，吾人名之为先验的，又若此综合之统一在其与统觉之本源的统一相关中表现为先天的必然者，吾人名此种统一为先验的。盖统觉之统一，为一切知识所以可能之基础，故想象力所有综合之先验的统一，乃一切可能的知识之纯粹方式；由此种先验的统一，可能的经验之一切对象，自必先天的表现之。

与想象力之综合相关之统觉统一，乃悟性；与想象力之先验的综合相关之统觉统一，则为纯粹悟性。是以在悟性中有纯粹先天的知识，此种先天的知识，包有关于一切可能的现象，想象力之纯粹综合之必然的统一。此等知识乃范畴，即纯粹悟性概念。故人类之经验的知识能力，必包有与感官对象相关之悟性——此种悟性与感官对象之关系，虽仅由直观及由于想象力之“直观之综合”间接所成。“所视为可能的经验之资料”之一切现象，皆从属悟性。此种现象与可能的经验之关系，实为必然的，盖不如是，则现象将不能产生知识，且绝不与吾人相关矣。故吾人应承认纯粹悟性由范畴而为一切经验之方式的及综合的原理以及现象具有与悟性之必然的关系。

吾人今将自经验的事象上溯，以图使悟性由范畴与现象之必然的联结明晰。最先授予吾人者为现象。当现象与意识相联结时，称为知觉。（现象除与意识——最少为可能的——相关以外，绝不能为吾人之知识对象，因而在吾人殆等于无；且因现象自身中并不具有客观的实在性，而仅存在于吾人之所知中，故殆等于无。）今因一切现象具有杂多，又因种种知觉因而个别与单一的发现于心中，故须要“感官自身中所不能具有”之知觉之联结。因之，在吾人内部中，必须存有综合此杂多之活动能力。我名此种能力为想象力。当想象力之活动直接及于知觉时，我名之为感知[①]。盖因想象力应使直观之杂多成为一心象，故必须预行收入印象于其活动中，即必须感知印象。

但即此杂多之感知，若不存有一主观的根据，俾心能使先行之知觉再生，与其所转移之“后继知觉”同时并在，而构成知觉之全部系列，则不能由此感知自身产生心象及联结印象，其事甚明。此主观的根据，即想象力之再生能力，纯为经验的。

但若表象在任何顺序中，皆可逐一再生，有类偶然的集合，则不能使之成为任何确定的联结，而仅为偶然的积聚；因而不能发生任何知识。故再生必须与一规律相合，依据规律，在想象力中，一表象与某某表象联结，而不与其他表象联结。依据规律而再生之主观的经验的根据，即吾人所名为表象之联想是也。

今若联想之统一，并不亦具有客观的根据——此客观的根据即所以使想象力在“感知之可能的综合统一之条件”以外，不能感知现象者——则现象之能契合于人类知识之联结的全体者，将完全为偶然之事矣。盖吾人即令具有联合知觉之能力，而知觉自身之是否可以联合，则仍至不确定而为偶然之事；设知觉而为不可联合之事物，则当有一群知觉乃至一感性全体存在，由之有无

① 及今心理学者尚不知想象力为知觉本身之必然的成分。此盖半由于人以此种能力限于再生，半由于信为感官不仅提供印象且亦联结之而产生对象之心象。以此之故，自当须要印象之感受性以上之某某事物，即综合印象之机能。

数经验的意识在我心中发生，但在个别状态中发生，而不属于一自我意识。顾此为不可能者。盖吾人对于一切知觉，能谓为意识之者，仅因我以一切知觉归之于一意识（本源的统觉）耳。故必须有一客观的根据（即先于“想象力之一切经验的法则”，能先天的包括之者），为“推及于一切现象之一类法则”之可能性乃至必然性之所依据者——即使吾人不得不视一切现象为其自身必可联合之感官资料且从属现象再生中所有一贯的联结之“普遍的规律者”之根据。一切“现象联想”所有此种客观的根据，我名之为现象之**亲和性**。但此客观的根据，就其属于我之一切知识而言，则除统觉之统一原理以外，实无处能发现之。依据此原理，一切现象，绝无例外，必须与统觉之统一相合以入我心中，或为我所感知。但若无现象联结中之综合的统一，则与统觉之统一相合殆为不可能之事；故此种综合的统一，其自身即为客观的必然者。

一切经验的意识在一意识（即本源的统觉之意识）中之客观的统一，乃一切可能的知觉之必然的条件。因之吾人能证明一切现象之亲和性（近或远）为——先天的根据于规律之——“想象力之综合”之必然的结果。

今因想象力自身为先天的综合之能力，故吾人与之以产生的想象力之名。在其目的唯在“现象所有杂多之综合中”之必然的统一限度内，可名之为想象力之先验的机能。谓现象之亲和性、与其所伴随之联想及由联想所成“依据法则之再生”，乃至包含种种因子之经验自身，皆仅由想象力之先验的机能而可能云云，骤闻之似觉奇异，但实以前所论之明显结论。盖若无此种先验的机能，则对象之概念殆不能集合而成一统一之经验也。

常住不变之“我”（纯粹统觉），在吾人能意识表象之限度中，为吾人所有一切表象之相依者。一切意识之属于一“包括一切之纯粹统觉”，正与一切感性直观（所视为表象者）之属于纯粹内的直观（即时间），同一真实。欲使想象力之机能成为智性的，其所必须加之于纯粹想象力者，即此统觉。盖因“想象力之综合”联结杂多仅如杂多之所显现于直观中者，例如三角形，虽为先天的所综合，但其自身则常为感性的。属于悟性之概念，虽由杂多与统觉之统一相关而发生作用，但其与感性直观相关，则仅由想象力。

故“为一切先天的知识之条件”之纯粹想象力，为人类心灵之根本能力之一。吾人由想象力始使一方直观之杂多与他方“纯粹统觉之必然的统一条件”相联结。感性与悟性之两极必须由想象力之先验的机能为媒介，互相必然的联结，盖不如是，则感性虽产生现象，但不能提供经验的知识之对象，因而不能提供经验。由感知、联想（再生）及现象之认知等所成之现实的经验，在认知中（即经验之经验的要素最后最高之综合）包含“使经验之方式的统一及经验的知识之一切客观的效力（真理）可能”之某种概念。此等认知杂多之根据，在其仅与普泛所谓经验之方式相关时，即范畴是也。此不仅想象力之先验的综合中所有一切方式的统一基于范畴，即在其由于此种综合与现象联结时所有想象力之经验的使用（在认知、再生、联想、感知中）亦皆基于范畴。盖仅由此类基本概念，现象始能属于知识，乃至属于吾人之意识，因而属于吾人自身。

“吾人所名为自然之现象”中所有之顺序及规律，乃吾人自身所输入者。若非吾人自身（即吾人心之本性）创始在自然中设立顺序及规律，则吾人绝不能在现象中见及之。盖此种自然之统一，应为必然的统一，即应为现象联结之先天的统一；但若无此种统一之主观的根据先天的包含于吾人心之本源的认知能力中，又若此等主观的条件——因其为认知经验中任何对象之所以可能之根据——非同时客观的有效，则此种综合的统一绝不能先天的建立。

吾人已对悟性加以种种定义：如知识之自发性（此为与感性之感受性相区别者）、思维之力、概念之能力、又或判断之能力，等等。凡此等定义，若真切理解之，意义实皆相同。吾人今可标识为**规律之能力**。此种识别特征，更有效用，且更近于悟性之本质。盖感性与吾人以方式（直观之方式）而悟性则与吾人以规律。悟性为欲在现象中发现某某规律，故常从事于研究现象。规律在其为客观的限度内即必然的依存于对象之知识之限度内，则名为法则。吾人虽由经验习知甚多法则，但此等法则仅为更高法则之特殊规定，至统摄其他一切法则之最高法则，则先天的自悟性自身发生。此等法则并不假借经验；反之，乃赋予现象以适合法则之性质，因而使经验可能者。故悟性乃仅由比较现象以构成规律之能力以上之事物；其自身实为自然之立法者。除由悟性以外，自然（即依据规律之“现象杂多之综合统一”）绝不能存在（盖现象本身不能在吾人以外存在，仅存在吾人之感性中）；此种自然（为经验中知识之对象者）及其所包含之一切，仅在统觉之统一中可能。故统觉之统一，乃一切现象在唯一经验中必然适合法则之先验的根据。统觉之此种统一，关于表象之杂多（在统一以外规定之），即为其规律，此等规律之能力，即悟性。是以视为可能的经验之一切现象，先天的存在悟性中，自悟性接受其方式的可能性，正与此等现象仅为在直观之限度内存在感性中，且仅为由感性而可能者（就其方式而言）相同。

谓悟性自身乃自然法则及自然之方式的统一之源流，骤闻之似觉过甚而不合理，但此说实极正确，且与其所相关之对象——即经验——亦极一致者也。经验的法则确不能自纯粹悟性发生。此与现象之无限丰富，仅以感性直观之纯粹方式不能完全理解之者，正自相同。但一切经验的法则，仅为悟性之纯粹法则之特殊规定，经验的法则唯从属此类纯粹法则及依据其规范，始成为可能。现象由此等纯粹法则，引受规律的性质，此正与现象之经验的方式虽各殊异，而现象必须常与感性之纯粹方式一致，固极相同者也。

故纯粹悟性，在范畴中，乃一切现象之综合的统一之法则，首唯由此始使经验（就其方式而言）可能者。吾人在范畴之先验的演绎中所必须证明者尽在于此，盖即使人能理解悟性与感性，及悟性由感性而与经验之一切对象之关系。先天的纯粹概念之客观的效力由是始能了然，其起源及真理亦因而决定之矣。

总述纯粹悟性概念所有此种演绎之正确，及其所以为唯一可能之演绎

吾人知识所应处理之对象，若为物自身，则吾人关于对象绝不能有先天的概念。盖吾人果从何种源流以得此等概念？吾人若自对象以得此等概念（对象如何能为吾人所知之问题，姑置不论），则吾人之概念将纯为经验的，而非先天的。又若吾人自自我以得此等概念，则此等概念仅在吾人内部中不能规定“与吾人表象相异之对象”之性质，盖即不能为“说明何以具有吾人在思维中所有性质之一类事物必须存在，及此种表象何以不完全空虚”之根据。但若吾人仅与现象相涉，则此必须先于“对象之经验的知识”之某种先天的概念，不特可能，且为必然者矣。盖因仅为吾人所有感性之变状，绝不能在吾人以外见之，故视为现

象之对象，实构成“纯在吾人内部中之对象”。今即以此主张一切此等现象以及吾人所能处理之一切对象，皆在我之内部中，盖皆我之同一的自我所有之种种规定，此等于谓现象之完全统一必须在同一之统觉中。但此可能的意识之统一，亦即构成“一切对象之知识”之方式；由此方式，杂多始被思维为属于一单一之对象。故感性的表象（直观）之杂多所由以属于一意识之“形象”，先于对象之一切知识而为此种知识之智性的方式，此智性的方式自身在对象被思维之限度内，即构成一切对象之方式的先天知识（范畴）。由于纯粹想象力之杂多之综合，即与本源的统觉相关之“一切表象之统一”，实先于一切经验的知识。因之纯粹悟性概念乃先天的可能者，在其与经验相关时，实为必然的；此盖以吾人所有知识仅与现象相涉，而现象之可能性则存在吾人内部中，其联结及统一（在一对象之表象中）亦仅在吾人自身中见之耳。故此种联结及统一必须先于一切经验，即为此经验所以可能（就其方式的方面而言）之所必须者。吾人之范畴演绎，实自此观点（此为唯一可能之观点）而进展者也。

第二卷　原理分析论

普泛逻辑乃根据一“完全与高等知识能力分类相合”之基本计划而构成者。此等知识能力即：悟性、判断力及理性。逻辑依据此等心力之机能及顺序（此等心力通常包括于悟性之广泛名称中），在其分析的部分中论究概念、判断及推理。

因此种形式逻辑乃抽去知识之一切内容（不问其为纯粹的或经验的），而仅论究普泛所谓思维之方式（即论证的知识之方式），故在其分析的部分中能包含理性之法规。盖理性之方式，具有其所设立之规律，此种规律纯由分析理性活动至其构成分子，即能先天的发现之，无须考虑其所包含之知识之特殊性质者也。

先验逻辑限于特定之内容，即限于纯粹的先天的知识之内容，自不能在此分析部分中追随普泛逻辑。盖理性之先验的使用，殆非客观的有效，因而不属于真理之逻辑，即不属于分析论。以其为幻相之逻辑，故须在学术的结构中占有特殊地位，而名之以先验的辩证论。

悟性及判断力则在先验逻辑中发现其客观的有效及正确运用之法规；故此二者属于先验逻辑之分析部分。理性则反是，努力以求关于对象先天的有所规定，因而扩大知识于可能的经验之限界以外，故全为辩证的。其幻相的主张，绝不能在分析论所欲包含之法规中，占有地位。

故原理分析论纯为判断力之法规，乃教导判断力如何应用——包有先天的规律之条件之——悟性概念于现象者。职是之故，在以悟性原理为我之论题时，我将用判断力学说之名，以此较适于指示吾人所有事业之性质也。

导言
泛论先验的判断力

如以普泛所谓悟性为规律之能力，则判断力乃归摄事例于规律下之能力，即辨别某某事物是否从属于一所与规律（casus dataelegis所与规律之事例）之能力。普泛逻辑并不（且不能）包含判断之规律。盖以普泛逻辑抽去知识之一切内容，其所留存之唯一事业，乃在分析的说明概念中、判断中及推理中所表现之知识方式，因而能得一切悟性使用之方式的规律。普泛逻辑若意在与吾人以普泛的教导，使吾人知如何归摄事例于此等规律之下，即如何辨别某某事物是否从属此等规律，则有待于其他的规律而始能者。但此其他的规律，正以其为一规律之故，在适用时又须判断力之指导。于此可见悟性虽为能以规律教导之充足之者，而判断力则为一特殊才能，仅能练习之而不能教导之者。判断力乃吾人所称为天禀之特殊性质；缺此能力，则非学校教育所能补救之者。盖虽有无数规律可假自有特识之人以授之低劣悟性（即所谓注入），但正当使用此等规律之能力，则仍必属之学习者其人；缺此天赋，则凡"对于被"所已规定正当用途之规律，无一能防免其误用①。医师、法官、政治家或能洞晓病理学、法律学、政治学之优越规律无算，以至足为此类学问之优秀教师，但在规律之应用上，则每易失挫。盖其悟性虽堪赞称，唯彼缺乏天赋之判断能力。彼能理解抽象之普遍规律，但不能辨别具体的一事例是否属此规律。此种过误或由于彼未经由例证及实务以训练其判断力之特殊活动。实例实为增强判断力具有极大之效用者。反之，在智性洞察之正确及精密上，实例形常为之妨。盖实例罕有严密一如规律之所要求者（as casus in terminis 术语之事例）。且实例又常减弱悟性“离经验之特殊状况按规律之普遍性正当理解规律”之努力，因而使吾人习于以规律为公式而罕以之为原理用之。实例乃训练判断之工具；为缺乏此天赋才能之人所万不可欠缺者也。

但普泛逻辑，虽不能以规律授之判断力，而先验逻辑则大异于是。先验逻辑殆以“其在使用纯粹悟性时，对于判断力，以一定之规律辅导之巩固之等事”，为其特有之事业。盖若以之为一学说，即企图扩大悟性在纯粹先天的知识之范围，则哲学绝非所必须，且实不适于此种目的，盖及今所有一切尝试，实一无所获。然若志在批判，以防免使用吾人所有甚少之纯粹悟性概念时判断力之误谬（lapsus judicii 判断之误谬），则此事业（其利益虽仅消极的）正须哲学尽其锐利洞彻之全力以从事者也。

先验哲学具有一种特质，即在纯粹悟性概念中所授予之规律（或宁谓之为规律之普遍的条件）以外，尚能先天的举示规律所

① 缺乏判断力乃通常所称之愚昧，实无术补救此缺陷。至天资迟钝之人，若其所缺乏者，仅为适当程度之悟性及悟性特有之概念，则勤勉好学自能助长之，且有成为博学多识之士者。但此类人士通常所缺乏者仍为判断力（secunda Petri），故常遇有博学之士在应用其科学知识时，显露其原有之缺点。此实绝不能补救之者也。

应用之事例。先验哲学在此一点所以具有优越其他学问（除数学外）之便益，由于其所论究之概念，乃先天的与对象相关者，故其客观的效力不能后天的论证之，盖若如是则属蔑视其特殊之尊严矣。故先验哲学必须以普遍的而充足的特征，构成“对象能由以与概念相合而授予”之条件。否则，概念将空无内容，因而仅为逻辑的方式而非纯粹悟性概念矣。

此种先验判断论分为两章。第一，论究“纯粹悟性概念唯在其下始能使用”之感性条件即论究纯粹悟性图形说。第二，论究“在此等感性条件下，先天的自纯粹悟性概念所生，及先天的存在其他一切知识之基础中”之综合的判断——论究纯粹悟性之原理。

第一章
纯粹悟性概念之图形说

在对象包摄于概念之下时，对象之表象必须与概念为同质；易言之，概念必包有对象（包摄于此概念下者）中所表现之某某事物。此即所谓“对象包摄于概念下”之实际意义所在。故“盘”之经验的概念与“圆”之纯粹几何学的概念为同质之事物。盖后者中所思维之圆形，能在前者中直观之也。

但纯粹悟性概念与经验的直观（实与一切感性直观），全然异质，绝不能在任何直观中见及之。盖无一人谓范畴（例如因果范畴）可由感官直观之，且其自身乃包含在现象中者。然则直观如何能包摄于纯粹概念下，即范畴如何能应用于现象？其所以必须有此先验判断论者，正因此极自然而又极重大之问题。诚以吾人必须能说明纯粹概念如何能应用于现象。至其他学问则实无一有须此种说明者。盖在其他学问中，所由以就对象之普泛方面以思维对象之概念，与具体表现此对象一如所与之状者，并不如是悬殊，品类亦不如是相异，故前者之所以能应用于后者，实无须特殊之论究也。

此必有第三者，一方与范畴同质，一方又与现象无殊，使前者能应用于后者明矣。此中间媒介之表象，必须为纯粹的，即无一切经验的内容，同时又必须在一方为智性的，在他方为感性的。此一种表象即先验的图形。

悟性概念包含“普泛所谓杂多之纯粹综合的统一”。时间为内感所有杂多之方式的条件，因而为一切表象联结之方式的条件，包有纯粹直观中所有之先天的杂多。至时间之先验的规定，以其为普遍的而依据于先天的规律，故与构成时间统一之范畴同质。但在另一方面，因时间乃包含于“杂多之一切经验的表象”中，故又与现象无殊。是以范畴之应用于现象，乃由时间之先验的规定而成为可能者，此种时间之先验的规定乃悟性概念之图形为现象包摄于范畴下之媒介。

在范畴之演绎中所有证明之后，关于纯粹悟性概念是否仅有经验的使用抑亦有先验的使用之问题；即此等概念是否为可能的经验之条件先天的仅与现象相关，或为使普泛事物所以可能之条件能推及于对象自身，不受感性之制限，我信当无一人再踌躇不决者矣。盖吾人已见及，若无对象授之概念（或至少授之构成概念之要素），则此等概念全然不可能且不能具有任何意义。故概念不能视为应用于物自身者（不问此等事物是否或如何授予吾人）。且吾人亦已证明对象所由以授予吾人之唯一方法，乃由于感性之变状；最后吾人又证明纯粹先天的概念在其所表现于范畴中之悟性机能以外，尚必须包含某种先天的方式的感性条件（即内感之条件）。此等感性条件，构成范畴唯在其下始能应用于任何对象之普遍的条件。制限“悟性概念使用”之方式的纯粹的条件，吾人将名之为概念之图形（Schema）。在此类图形中悟性之进程，吾人将名之为纯粹悟性之图形说（Schematismus）。

图形自身常为想象力之所产。但因想象力之综合，其目的不在特殊之直观，而仅在感性规定中之统一，故图形应与心象有别。今如逐一设立五点，如……形，则我得有五数之心象。但我若仅思维普泛所谓数目，不问其为五为百，则此种思维，实乃"一数量（例如千）依据某一概念在心象中表现"之方法之表象，非即心象自身。盖如此种千数之心象殆不能检验而与概念相比较。在以心象提供于概念之"想象力之普遍进程之表象"，我名之为此概念之图形。

为吾人纯粹感性概念之基础者，实图形而非对象之心象。盖无一心象曾能适合于普泛所谓三角形之概念。心象绝不能到达对于一切三角——不问其为直角、钝角或锐角——皆能有效之"概念之普遍性"；而常限于为此种种三角形中之一形。三角之图形，仅能存在思维中。此乃关于空间中之纯粹图形，想象力之一种综合规律。经验之对象，或对象之心象，从不与经验的概念相适合；盖经验的概念常依据某某特定之普遍概念，与想象力之图形（此为直观所有规定之规律）有直接之关系。犬之概念，即指示一种规律，我之想象力依据之即能普泛描画一四足兽之形态，而不限于经验实际所呈现或"我所能具体的表现之任何可能的心象"实际所呈现之任何个别特定形态。此种悟性之图形说，在其应用于现象及现象所有之纯然方式时，乃潜藏于人心深处之一种技术，自然似难容吾人发现之窥测之者。吾人至多所能言者仅为：心象乃再生的想象力之经验的能力之所产；而感性概念之图形（如空间中之图形）则为先天的纯粹想象力之所产，有若一种略图，心象自身则由此图形且依据之始成为可能者也。此等心象仅由于其所隶属之图形，始能与概念相联结。至心象自身，绝不能与概念完全相合。而纯粹悟性概念之图形，则亦绝不能还原至任何心象。盖纯粹悟性概念之图形纯为依据"由范畴所表现之概念”之一类统一规律所规定之纯粹综合。此为想象力之先验的所产，盖就一切表象而言——在此等表象应依据统觉之统一先天的联结在一概念中之限度内——此乃依据内感方式（时间）之条件综合“普泛所谓内感之规定”之一种产物。

吾人不必对于纯粹悟性概念之先验的图形所需要之条件，再作沉闷之分析，今将依范畴之顺序且与范畴联结以说明此等图形。

外感所有一切量（quantorum）之纯粹心象为空间；普泛所谓感官之一切对象之纯粹心象为时间。但“量（quantitatis）之纯粹图形”视为悟性概念者则为数，数乃包含“同质单位继续增加”之表象。故数纳为“普泛所谓同质直观所有杂多之综合”之统一，此一种统一乃由感知直观时，我所产生之时间自身而成者也。

纯粹悟性概念中之实在，乃与普泛所谓感觉相应之事物；故所谓实在其概念自身乃指示“存在”（在时间中）。否定，其概念乃表现非存在（在时间中）者。此二者之相反，乃依据同一时间或充实或空虚之不同。唯以时间仅为直观之方式，亦即“视为现象之一切对象”之方式，故在“与感觉相应之对象”中之事物非“视为物自身（事物、实在）之一切对象”之先验的质料。顾一切感觉皆有其度或量，因之就一对象之感觉的表象而言（除感觉的一点以外余仍相同）感觉能由种种不同之度或量充实同一之时间，即以种种不同之程度充实内感递减以至于无（零或否定）。故实在与否定之间，存有一种关系及联结，或宁谓之自实在移至否定之一种阶梯，此种阶梯所以使一切实在皆能表现为一量者。实在之图形（在其充实时间之限度内，所视为某某事物之量者），实即时间中之实在——如吾人自具有某度之感觉递降以至于消灭点，又或自感觉之否定点上升以至其某量——之连续的齐一的产生行动。

实体之图形，乃时间中实在者之持久性，即——视为普泛所谓时间之经验的规定之基体，亦即在一切其他事象变易时为其常住不变者之——实在者之表象。（所有转变无常者之存在在时间中消灭，非时间自身消灭。在时间，其自身非转变无常，且为常住者，故与现象领域中非转变无常之事物即实体相应。唯与实体相关，现象之继起及共存，始能在时间中规定。）

原因及普泛所谓事物之因果作用之图形乃实在者，当其设定时，常有某某事物随之而起。故此图形由杂多之继起所成——在此继起从属规律之限度内。

相互关系或交互作用，即在实体所有属性方面，实体间互为因果之图形，乃一实体之种种规定与他一实体之种种规定，依据普遍的规律共在。

可能性之图形，乃种种不同表象之综合与普泛所谓时间条件一致。例如相反对立者不能在同一时间存在同一事物中，而仅能相互继起。故此图形乃一事物不论在任何时间所有之表象之规定。

现实性之图形，乃在某一定时间中之存在。

必然性之图形，乃一对象在一切时间中之存在。

由是吾人乃知各范畴之图形，仅包含一时间规定及仅能表现此时间规定。量之图形，乃在一对象之继续的感知中时间本身之产生（综合）。质之图形，乃感觉或知觉与时间表象之综合；即时间之充实者。关系之图形，乃知觉依据时间规定之规律，在一切时间之相互联结。最后形象及其范畴之图形，乃“视为规定对象是否及如何属于时间之所依者”之时间自身。故图形不过依据规律之“时间之先天的规定”而已。此等规律，就一切可能的对象，按范畴之顺序，与时间系列、时间内容、时间顺序及时间范围相关。

故显然，由想象力之先验的综合，悟性图形说所产生之结果，只为直观之一切杂多在内感中之统一，间接亦即为——视为与内感感受性相应之一种机能之——统觉之统一。于是纯粹悟性概念之图形，乃此等概念“在其下始得与对象相关及具有意义”之真实而唯一的条件。总之，范畴除经验的使用以外，并无其他可能的使用。盖因范畴为先天的必然统一之根据（此种先天的必然统一自“一切意识必然联结在一本源的统觉中”之源流而来），故仅用为使现象从属“综合之普遍的规律”，因之使现象适于一贯的联结在一经验中。

吾人所有之一切知识，皆在可能的经验之范围内，故“先于一切经验的真理而使之可能”之先验的真理，即由此种“与可能的经验之普遍的关系”所成。

感性之图形，最初虽为使范畴成为现实者，但同时又制限范畴，即以“在悟性以外而由于感性”之条件限制范畴，此又极为明显者也。图形，即在其与范畴一致，实亦仅属现象，即对象之感性概念。（*Numerus* est quantitas phaenomenon，*sensatio* realitas phaenomenon，*constans* et perdurabile rerum substantia phaenomenon *aeternitas necessitas* phaenomenon，etc. 数为现象之量，感觉为现象之实在性，物之常住及连续乃现象之实体性，永恒性乃现象之必然性，等等。）吾人如除去制限条件，则似能扩大以前所限制之概念之范围。就此假定之事实而论，吾人结论可谓为范畴在其纯粹之意义中，乃离去一切感性条件，应用于普泛所谓事物，一如此等事物实有之相应用之，非如图形仅表现其所现之相者。

因而吾人推断范畴应在一切图形以外具有一种意义，且更有广大之应用。顾在除去一切感性条件以后，纯粹悟性概念中，固留存一种意义，但此意义纯为逻辑的，仅表示表象之单纯统一而已。纯粹概念不能发现对象，因而不能获得“可以产生某某对象之概念”之意义。例如实体，当除去持久性之感性条件时，则其意义仅指“仅能思维为主词而绝不能以之为其他事物之宾词”之某某事物而已。此一种表象，于我绝无所用，盖其关于此所视为基本的主词之性质，对我一无所示知。故范畴而无图形，仅为悟性对于概念之机能；并不表现对象。此种客观的意义，范畴自感性得之，感性在制限悟性之过程中，乃使悟性成为现实者。

第二章
纯粹悟性之原理体系

在前章中，吾人仅就“先验判断力在其下始能正当使用纯粹悟性概念于综合判断”之普遍的条件，以论究先验的判断力。今将在体系的联结中，展示悟性（在此批判的准备下）实际先天的所成就之判断。在此种论究中，吾人之范畴表，足为其自然而又安全之指导，固不容有所疑者也。盖因一切纯粹先天的悟性知识，应由范畴与可能的经验之关系所构成，故范畴与普泛所谓感性之关系，自当完备的体系的展示悟性所以使用之一切先验的原理。

原理之所以称为先天者，不仅因其包有其他判断之根据，且亦因其不再根据于更高更普遍之知识。但此特征并不足使先天的原理置身于论证之外。唯以此类原理，非依据客观的考虑，乃“一切对象之知识”之基础，故其证明实不能以客观的方法行之。顾此不足以阻吾人自“普泛所谓对象之知识”所以可能之主观的源流中求取证明。故若命题不欲为人疑为论证不足之僭窃主张，则此种证明实不可欠缺者也。

其次吾人所论究，将限于与范畴相关之原理。先验感性论之原理［据此原理，空间时间为一切事物（所视为现象者）所以可能之条件］及此类原理之制限（即此类原理不能适用于物自身）皆不在吾人今所论究之范围中。以此同一理由，数学原理亦不属此体系。盖数学原理，唯得之直观，而非得之纯粹悟性概念者。但因数学原理，亦为先天的综合判断，故其可能性应在本章论证之。诚以数学原理之正确及其必然的确实性，固无须为之证明，但其可能性则以其为明显之先天的知识之事例，故必须说明之而论证之也。

吾人在分析判断与吾人所专行论究之综合判断对比之限度中，亦将论究分析判断之原理。盖由于二者之对比，吾人始能使综合判断之理论得免除一切误解，且使其特有之性质呈现于吾人之前也。

第一节　一切分析判断之最高原理

一切普泛所谓判断之普遍的（虽仅消极的）条件,（不问吾人所有知识之内容如何，及与对象之关系如何）为不自相矛盾；盖若自相矛盾，则此等判断之自身，即不就其与对象之关系而言，亦为空虚不实者。但即令吾人之判断不包含矛盾，而其联结概念之方法不与对象相合，或无“先天的或后天的根据”足证此判断之正当，则即无一切内部之矛盾，此判断仍为虚伪或无根据者。

“凡与事物矛盾之宾词，绝不能属于此事物”之命题，名为矛盾律，乃一切真理之普遍的（虽仅消极的）标准。以此之故，此原理仅属于逻辑。其所适用之知识，仅普泛所谓之知识，与其内容无关，其所主张即：矛盾乃完全取消知识及使之无效者。

但矛盾律亦容有积极的使用，即不仅排除虚伪及误谬（此等虚伪及误谬，限于由矛盾而来者），且亦以之认知真理。盖若此判断为分析的，则不问其为否定或肯定，其真理固常能依据矛盾律真切认知之。凡与“包含在对象之知识中及在其中所思维”之概念相反者，当然常为吾人所摈除。但因与此概念相反者，当与对象矛盾，故此概念自身自当必然为对象所肯定。

故于矛盾律必须认为一切分析的知识之“普遍的而又完全充足的原理”；但在分析的知识之范围以外，此矛盾律就其为真理之充足标准而言，实无其使用之权威及领域。凡与矛盾律相背之知识，绝不能免于自己否定之事实，乃使矛盾律成为不可欠缺之条件（conditio sine qua non），但非吾人所有“非分析的知识之真理”之决定根据。顾在吾人之批判的研究中，所论究者仅为吾人所有知识之综合部分；关于此种知识之真理，吾人固须时常注意不与矛盾律相悖（因矛盾律为不可悖者），但绝不能自矛盾律求取任何积极之指导。

此著名之原理，虽无内容而仅为方式的，但有时由于疏忽，以含有极不需要之综合要素之杂糅成分之方法形成公式。其公式为：某某事物同时属有属无乃不可能者。此公式，姑不论以“不可能”一词所表现之必然的确实性为辞费——因命题之性质已足明其为必然的确实者，且此命题乃受时间条件之影响者。故可改为：甲等于乙，同时即不能为非乙，但在时间继续中固能兼为乙与非乙二者。例如某人为青年，同时不能又为老人，但在某一时期中为青年，在别一时期中为非青年（老人）固自可能也。但矛盾律纯为逻辑的原理，其主张不容受时间关系之制限。故以上公式，完全与矛盾律之原意相悖。其误解乃起于吾人先将事物之一宾词与此事物之概念脱离，以后又以此宾词与其相反之宾词联结故耳——此一进程，绝不发生与主词之矛盾，仅与“已与主词综合的联结之宾词”相矛盾，即令如是亦仅在两宾词同时肯定时始发生矛盾。今如谓不学之某人为无学问者，则必须加以“同时”之条件；盖此人一时虽为不学之人，而在其他时期则固可成为有学问之人。但若谓凡不学之人皆非有学问者，则此命题为分析的，盖不学之属性今已成为主词之概念，而此消极的判断之真理，亦已明显其为矛盾律之直接的结论，无须“同时”云云之补充条件。此即我以上改变其公式之理由，盖可使分析的命题之性质由之显然呈露也。

第二节　一切综合判断之最高原理

说明综合判断之所以可能，非普泛逻辑所论究之问题。甚或并此问题之名，亦无须知之。但在先验逻辑中，此为一切问题中之最重要者；且在其论究先天的综合判断之所以可能时，吾人又须顾及其效力之条件及范围，故此实为先验逻辑所论究之唯一问题。盖唯完成此种研究，先验逻辑始能完全达其决定纯粹悟性之范围、限界之最后目的。

在分析判断中吾人唯限于所与概念，求自其中抽绎某某事物而已。设此分析判断为肯定的，则我仅以其中所已含有者归属之。又若其为否定的，则我仅排除其所相反者。但在综合判断中，则我必须超越所与概念以外，以完全与其中所含有者相异之某某事物视为与此概念具有关系。因之，此种关系绝非同一或矛盾之关系；且其关系之真伪，亦绝不能就判断自身发现之也。

今姑假定为欲以所与概念与其他概念综合的比较，吾人必须超越所与概念以外，须有一第三者，以唯在此第三者中，两概念之综合，始能成就。然则为一切综合判断媒介之第三者，又为何物？仅有一唯一之全体，吾人之一切表象皆包含其中，此即内感及其先天的方式、时间。表象之综合依据想象力；其为判断所必须之“表象之综合的统一”，则依据统觉之统一。故综合判断之所以可能，吾人必须在内感、想象力及统觉中求之；且因此三者包有先天的表象之源泉，故纯粹之综合判断之所以可能，亦必以此三者说明之。以此之故，此三者实为完全依据表象综合而成之任何对象知识所绝对必须者也。

知识如具有客观的实在性，即与对象相关而获有关于对象之意义及价值，则其对象必能以某种方法授予吾人。否则此等概念空无内容；吾人虽由之有所思维，但在此思维中实际一无所知；仅以表象为游戏而已。所谓授予一对象云云（此语若非指某某间接的纯然进程，而指直观中之直接表象而言），意义所在，纯指“所由以思维对象者”之表象，与现实的或可能的经验之相关而言。即如空间时间，其概念绝不含有任何经验的事物，其完全先天的表现于心中亦极确实，但若不证明其必然应用于经验之对象，则空间时间亦不能有客观的效力，而无意义价值之可言。空间时间之表象，乃常与“引起——及集合——经验对象”之再生想象力相关之纯然图形。一离经验之对象，空间时间即失其意义。至关于其他一切种类之概念，亦复如是。

是以经验之可能性乃对于吾人所有一切先天的知识授以客观的实在性者。但经验凭借现象之综合的统一，即凭借“依据普泛所谓现象之对象概念以综合杂多之一种综合”。一离此种综合，经验即不能成为知识而仅为知觉断片，不适于依据“完全互相联结的（可能的）意识”之规律之任何联结，故亦不合于统觉之先验的必然的统一。故经验依存于经验的方式所有之先天的原理，即依存于现象综合中所有统一之普遍的规律。至此类规律之客观的实在性，为经验及经验所以可能之必然的条件者，则常能在经验中举示。一离此种关系，则先天的综合原理绝不可能。盖斯时先天的综合原理，并无某某第三者事物即并无综合的统一所能由以表现其概念之客观的实在性之对象。

吾人在综合判断中，关于普泛所谓空间及产生的想象力在空间中所描画之图形，虽能先天的知之甚多，且实际无须任何经验即能获得此类判断，但若不以空间为——构成外的经验质料之——现象之条件，则此种知识亦仅以幻想为戏而已。故此等纯粹综合判断与可能的经验或宁谓与经验之可能性相关（虽仅间接的），且此等判断之综合之客观的效力，亦唯建立于此。

盖因所视为经验的综合之经验，在此种经验可能之限度内，乃其能以实在性赋予任何非经验的综合之唯一种类之知识，故视为先天的知识之非经验的综合，在其仅包含“普泛所谓经验之综合统一所必须者”之限度内，始能具有真理，即与对象相合。

故一切综合判断之最高原理为：一切对象从属“可能的经验中所有直观杂多之综合统一之必然的条件”。

是以在吾人使先天的直观之方式条件、想象力之综合及“此种综合在先验的统觉中之必然的统一”，与普泛所谓可能的经验知识相关时，先天的综合判断始成为可能。于是吾人主张一切普泛所谓经验所以可能之条件亦即经验之对象所以可能之条件，且此等条件，亦即以此故，在先天的综合判断中具有客观的效力。

第三节　纯粹悟性所有一切综合原理之体系的叙述

凡成为原理者，皆由于纯粹悟性。纯粹悟性不仅为“关于所发生事象之规律能力”，且其自身为原理之源泉，依据此等原理凡一切事物对于吾人呈现为对象者必须与规律相合。盖若无此类规律，则现象绝不能产生“与之相应之对象”之知识。即如自然法则，所视为悟性之经验的使用之原理者，负有必然性之名，故至少包含预示有自其先天的有效而先于一切经验之根据而来之一种规定。自然法则绝无例外，一切皆从属悟性之更高原理。盖自然法则不过应用悟性之更高原理于现象领域中之特殊事例而已。唯有此类更高原理能提供其包含普泛所谓规律之条件者（即其解释）之一类概念。经验所授予吾人者，仅为从属规律之事例耳。

其误以纯粹悟性原理为经验的原理，或误以经验的原理为纯粹悟性原理之危险，则固不能有者。盖依据概念而来之必然性，乃纯粹悟性原理所特有，在一切经验的命题中，则不问其应用如何广泛，显见其无此种必然性，此足以防二者之混淆也。但尚有先天的纯粹原理为吾人所不能适切归之于其为概念能力之纯粹悟性者。盖此类纯粹原理虽由悟性所媒介，但非来自纯粹概念，乃来自纯粹直观。此类原理，吾人在数学中见及之。但关于此类原理应用于经验——即其客观的效力——之问题，乃至此等先天的综合知识所以可能之演绎，则必须使吾人常还溯之于纯粹悟性。

故我虽不以数学原理列入我之体系中，但数学之先天的客观效力及其可能性所根据之更为根本的原理，则仍归入我之体系中。此更为根本的原理，必须视为一切数学原理之基础。此类原理乃自概念以达直观，非自直观以达概念者也。

在纯粹悟性概念应用于可能的经验时，其使用悟性之综合或为**数学的**或为**力学的**；盖综合，一部分与普泛所谓现象之**直观**相关，一部分则与现象之**存在**相关。直观之先天的条件，乃任何可能的经验之绝对必然的条件；而“可能的经验直观之对象”之存在条件，则其自身仅为偶然的。故数学的使用之原理，乃无条件的必然者，即自明的。至力学的使用之原理，固亦具有先天的必然性之性格，但仅在某某经验中所有“经验的思维之条件”下而成为必然者，故仅为间接的。故后者虽具有遍一切经验毫无疑义之正确性，但无前者所特有之直接自明性。但关于此点，在原理体系之结论中当更能批判之。

在构造原理表时，范畴表天然适合为吾人之指导。盖原理纯为范畴之客观的应用之规律。故一切纯粹悟性原理为：

（一）直观之公理

（二）知觉之预测

（三）经验之类推

（四）普泛所谓经验的思维之公准

我之所以选用此等等名称者，盖欲使人特注意于原理之证明及应用之有所不同耳。在依据量与质之范畴（仅就量与质之方式方面言之）所有现象之先天的规定中所包含之原理，就其证明能力及先天的应用于现象二者而言，皆容有直观的确实性。因之此类原理与其他二组之原理有别，盖其他二组之原理仅能有论证的确实性。即令吾人承认两方之确实性皆极完备，亦能适用此种区别。故吾人名前一类原理为数学的，后一类为力学的[①]。但所应

① 一切结合（Conjunctio）或为合成（Compositio）或为联结（Nexus）。第一之结合方法为其构成分子并无相互之必然的关系之一类杂多之综合。例如正方形由对角线分为两三角形，此两三角形并无相互之必然的关系。凡能数学的处理之一切事物中之同质的综合，亦即此种综合。此种综合，其自身又能分为集合（Aggregation）及凝合（Coalition）二者，前者用之于延扩的（Extensive）量，后者用之于增强的（Intensive）量。至第二之结合方法（Nexus）乃在其构成分子互相有必然的关系之限度内杂多之综合，如属性之于实体，结果之于原因，等等。故此种事物之综合虽为异质的，但亦表现为先天的结合。此种结合以其非任意的，且为关于杂多存在之联结，故我名之为力学的。此种联结其自身又能分为现象相互之物理的联结，及其在“知识之先天的能力”中之玄学的联结。（此注乃第二版所增加者）

注意者，在一方既与数学之原理无关，在他方亦与普通物理学的力学之原理无涉。吾人所论究者仅为与内感（所与表象中之一切差异皆置之不问）相关之纯粹悟性原理。盖数学及力学之特殊原理，乃由此等纯粹悟性原理而始成为可能者。故我之以数学的力学的名之者，非就其内容而言，乃就其应用而言耳。今将就上列表中之顺序进论此类原理。

一　直观之公理[1]（Axiome der Anschauung）

其原理为：一切直观皆为延扩的量。

证明

现象在其方式方面，包含先天的为一切现象之条件之“空间时间中之直观”。除由“一定的空间时间表象所由以产生”之杂多综合以外——由同质的杂多之联结及其综合的统一之意识以外——现象绝不能为吾人所感知，即不能收入经验的意识中。普泛所谓直观中所有杂多及同质的事物之综合统一之意识，在对象之表象由此意识始成为可能之限度中，即量（quantum）之概念。乃至对象（所视为现象者）之知觉，亦仅由“所与感性直观之杂多”之综合的统一而可能，此种综合的统一，即“杂多及同质的事物之联结之统一由之始能在量之概念中思维之综合的统一”。易言之，现象绝无例外，一切皆量，且实为延扩的量。又以其为空间时间中之直观，故现象必须由“普泛所谓空间时间所由以规定”之同一综合而表现之也[2]。

在其部分之表象使其全体表象可能因而部分之表象必然先于全体之时，我名量为延扩的。盖我欲表现一直线，若不在思维中引长之，即由一点逐次产生其一切部分，则无论其如何短小，我亦不能表现之。仅有此种方法，始能得此直观。关于一切时间，不问其如何微小，其事亦正相同。盖在此等时间中，我仅思维自一刹那至别一刹那之继续的进展，由之经由其一切之时间部分及其所增加者，始产生一定之时间量。以一切现象中所有纯粹直观之要素为空间时间二者，故一切现象（视为直观者）皆为延扩的量；仅由直观之感知进程中，部分至部分之继续的综合，此现象始能为吾人所知。因而一切现象皆被直观为集合体，即被直观为以前所与部分之复合体。但并非一切量皆属如是仅吾人在**延扩的**方法中所表现所感知之量，乃如是耳。

空间之数学（几何学）乃根据于产生的想象力在产生形象中所有此种继续的综合。此为形成先天的感性直观条件（外的现象之纯粹概念之图形，仅在此条件下始能发生）之公理之基础——例如“两点之间仅能作一直线”，“两直线不能包围一空间”，等等。凡此两点之间云云，严格言之，皆仅与量（quanta）本身相关之公理。

至关于量（quantitas）即关于答复“某物之量若干”之问题者，则虽有许多命题乃综合的且为直接的确实者（indemonstrabilia 不可证者），但并无严格意义所谓之公理。如以等数加于等数，其和数亦皆相等，又如以等数减等数，则其余数亦皆相等一类之命题，皆分析的命题；盖我直接意识一方之数量与他方之数量正相同也。故此等命题非公理，盖公理应为**先天的综合**命题。在另一方面，数的关系之自明的命题，则实为综合的，但不若几何命题之普泛，故不能称之为公理，而仅能名之为算式。如七加五等于十二之命题，非分析的命题。盖在七之表象中，或五之表象中，以及两数联结之表象中，我皆未思及十二之数。（至二数之和中我必思及十二之一事，则非论点所在，盖在分析命题中，问题所在，仅为是否我在主词表象中实际思及宾词耳）。但此命题虽为综合的，亦仅单独的。盖以吾人今所注意者，仅为同质单位之综合，故此等数目虽能普泛的使用，但其综合，则仅能有一种方法行之。如我谓“由二者相加大于第三者之三直线，能成一三角形”，则我所言者，仅为产生的想象力之机能，由此机能，能将直线引之较大或较小，而使之适于任何可能的角形。反之，七数仅能在一种方法中成立。由七与五综合而生之十二数目，亦复如是。故此等命题不可称之为公理（否则将有无量数之公理矣），而仅能称之为算式。

现象所有此种数学之先验的原理，扩大吾人之先天的知识甚广。盖唯有此种原理，始能使纯粹数学以其极精确之度，应用于经验之对象。如无此种原理，则其应用必不能如是之自明；且关于其应用思维当极混乱。盖现象非即物自身。经验的直观则仅由空间时间之纯粹直观而可能者。故几何学对于纯粹直观所主张者，对于经验的直观，能绝对的有效。谓感官之对象不适于空间中形象构成之规律（如线或角之无限可分性之规律等）之无聊反对论，应即摈除。盖若此种反对论有效，则吾人否认空间及一切数学之客观的效力，而将不明数学何以能应用于现象及其应用之程度矣。空间时间之综合，以其为一切直观之本质的方式之综合，乃所以使现象之感知可能，因而使一切外部的经验，及此种经验对象之一切知识可能者。凡纯粹数学关于“感知方式之综合”所证明者，亦必对于所感知之对象有效。一切反对论仅为陷于虚伪之理性之伪辩，此种伪辩妄称使感官之对象自吾人感性之方式条件脱离，在其本纯为现象者，乃以之为授予悟性之对象自身。在此种假定上，关于对象自无任何种类之综合知识能先天的得之；因而即由空间之纯粹概念，关于对象亦不能综合的有所知也。于是规定此等概念之几何学，其自身亦将不可能矣。

〔1〕在第一版之原文如下：

直观之公理

纯粹悟性之原理：一切现象，在其直观中，皆为延扩的量。

〔2〕此第一段乃第二版所增加者。

二 知觉之预测（Anticipationen der Wahrnehmung）

其原理为：在一切现象中，其为感觉对象之实在者，皆具有强弱的量，即具有强弱之度。〔1〕

证明

知觉乃经验的意识，即感觉所在之意识。为知觉对象之现象，与空间时间不同，非纯粹的,（纯为方式的）直观。盖空间时间之自身，乃不能为吾人所知觉者。现象在包含直观以外，尚包含普泛所谓某某对象之质料（空间时间中存在之某某事物，由此质料而表现）；盖即谓现象包含仅为主观的表象感觉之实在者，此实在者仅与吾人以主观被激动之意识，及使吾人与普泛所谓某某对象相关者。顾自经验的意识至纯粹意识，其间能逐渐转移，以至经验的意识中之实在者完全消失，仅留存“空间时间中所有杂多之纯然方式的先天意识”。故产生感觉量，“自其初等于零之纯粹直观，上达至任何所须要之量”之进程中所有之综合，亦属可能之事。但因感觉自身非客观的表象，且空间或时间之直观不应在其中见及之，故其量非延扩的，而为强弱的。此种量乃在感知之活动中所产生者，因之此种量之经验的意识，由感知活动能在某一时间中自等于零之无，增进至所与之尺度。故与感觉所有此种强弱性相应，必须有一强弱之量——影响于感官之程度（即其所含之特殊感官）——归之于知觉之一切对象（在知觉包含感觉之限度中）[2]。

一切知识凭借之我能先天的认知及先天的规定属于经验的知识之事物者，可名之为预测，此为伊壁鸠鲁斯（Epicurus）所用 προληψις 名词之意义，固无疑也。但以现象中有一要素（即感觉亦即知觉之质料）纯不能为吾人先天的知之，且为构成经验的知识与先天的知识间之截然区别者，故可谓感觉乃此种不能预测之要素。顾在另一方面吾人因能名“空间时间中之纯粹规定”（就其形乃至量而言）为现象之“所预知者”，盖因此等纯粹规定先天的表现常能在经验中后天的授予之事物。但若在普泛所谓感觉之一切感觉中（即离特殊之感觉而言），有某某事物能为吾人先天的知之者，则此某某事物在特殊意义中，自足当预测之名。吾人适在此关于仅由经验所得之事物（即经验之质料），乃能先于经验预测之，骤闻之似足惊人。但实际则如是。

纯借感觉之感知，仅占一刹那（盖若我不计及种种感觉之继续）。以感觉在现象领域中，其感知非含有自部分以达表象全体之继续的综合之一类要素，故感觉并无延扩量。一刹那缺乏感觉，则此刹那之表象，即表现为空虚，因而表现为等于零。故在经验的直观中，与感觉相应者，为实在（Realitas phaenomenon），与缺乏感觉相应者，为等于零之否定。但一切感觉皆能消减，故感觉能递减逐渐消失。在现象领域中实在与否定之间，有种种可能的中间感觉之一种连续，中间感觉中所有二者间之差异，较小于所与感觉与零（即完全否定）之间之差异。易言之，现象领域中之实在者常有一量。但因纯借感觉之“量之感知”，在刹那中行之，而非经由种种感觉之继续的综合，即非自部分以进至全体者，因而其量仅在感知中见及之。故实在者皆有量，但非延扩量。

一种量吾人感知其仅为单一性者，在此量中仅由所与量渐近等于零之否定而始能表现其量之增多者，我名之为**强弱量**。故现象领域中之一切实在皆有强弱量，即度。如以此实在视为感觉或现象领域中某某其他实在之原因，例如变化，则所视为原因之实在者之度，当名之为力率（Moment），即如重力之力率。其所以如是名之者，盖因“度”仅指示此一种量，即其感知非继续的而为刹那的。但关于此点，我仅一言及之而已，盖以此处尚非论究因果作用之时也。

故一切感觉以及现象领域中之一切实在，不问其如何微小皆有其度，即皆有一常能消减之强弱量。在实在与否定之间，有可能的种种实在及可能的种种更小知觉之一种连续。一切色（例如红）皆有其度，不问其度之如何微小亦绝非最小者；此外关于热、“重力之力率”，等等，亦皆如是。

其中无一部分能为最小者，即无一部分为单纯者，此一种之量之性质，名为量之连续性。空间时间皆为连续的量（Quanta continua），盖因空间时间除其视为包围于限界（点或刹那）内者以外，不能得其部分，因而仅以此种情形得之即所得之部分，其自身仍为一空间一时间。故空间唯由无数空间所成，时间由无数时间所成。点与刹那，仅为限界，即纯为限制空间与时间者之位置而已。但位置常预想有其所限制或其所欲限制之直观；纯由位置视之，为能先于空间时间授予吾人之成分，则绝无空间时间能构成者也。此种量亦可名之为**流转的**（Fliessende），盖在量之产生中所包含之“产生的想象力之综合”，乃时间中之一种进展，而时间之连续性，通常皆以流转（Fliessen）或流逝（Verfliessen）名之也。

故一切现象在其直观中为延扩的，在其单纯知觉中（感觉及其随伴之实在性）为强弱的，要皆为连续的量。若现象杂多之综合中断，则吾人所得者乃为种种不同现象之集合体，而非“所视为一真纯量”之现象。此一种集合体，非由连续不断某种产生的综合所产生，乃由中断的综合重复行之所发生。我如称十三“塔拉”为金钱之量，我意苟指纯银一马克容量之价值而言，则其义甚当。盖此为一连续量，其中无一部分可视为最小者，且其中一切部分皆可成为货币之一片，此一片常含有分为种种更小片之材料。但若我以此十三塔拉之名，称十三枚货币，不问银量如何，则所用“塔拉量”之名，实不适当。此应名之为集合体，即金钱枚数之数目。但以一切数目中皆须预想有其统一，故“视为统一之现象”为一量，为量者则常为连续体。

因一切现象不问在其延扩方面及强弱方面，皆为连续量，故以数学的确定，证明一切变化（一事物自一状态转移至别一状态）之为连续的云云之命题似极易事。但普泛所谓变化之因果作用，实皆以经验的原理为前提，此完全在先验哲学之范围以外者。盖在“一原因是否能变更一事物之状态，即是否能规定此事物成为某某所与状态之相反状态”云云问题，先天的悟性实未尝有所启示；此不仅因先天的悟性不能洞察事物变化之所以可能，（在先天的知识所有其他种种事例中，吾人实缺乏此种洞察），实因变化仅在现象之某某规定状态中见及之，且因此等规定状态之原因，虽存在“不变者”中，但唯经验始能教示此等规定状态为何。在吾人现今之研究中，以吾人除一切可能的经验之纯粹基本的概念（其中绝无经验的要素）以外，别无可以使用之资料，故非破坏吾人体系之统一，即不能预测根据于某某基本的经验之泛论的自然科学。

顾同时吾人所有原理———在其使吾人能预测种种知觉，且在某种程度内阻止自离绝知觉以推论之虚伪推理以修正离知觉而有实在之说——并未缺乏伟大价值之证明。

如知觉中之一切实在皆有其度，在其度与否定之间，存有度量常递减为更小度量之无限阶段，又若一切感官亦必具有感觉所有感受性之特殊度量，则无一知觉因而无一经验能直接或间接证明（不问其推理之如何纡远）现象领域中之一切实在完全消失。易言之，一虚空空间或一虚空时间之证明，绝不能自经验得之也。盖第一，一完全缺乏实在，其缺乏云云之自身绝不能为自感性直观知觉之；第二，绝无任何现象，及任何现象所有实在之度量差异，能借以推论实在之完全缺乏。且即为说明任何差别，亦不容假设此完全缺乏实在之一点。盖即某某一限定空间或一限定时间之全部直观，为彻底实在者（即无一部分为虚空者），但以一切实在皆有其度，度则能经由无限阶段递减至无（空隙），而绝不变更现象之延扩量，故必有无限相异之度量以充实空间时间。故直观之延扩量虽同一不变，而其强弱量则固能在种种现象中或大或小也。

吾人今举一例言之。一切自然哲学者类皆见及——半由重力之力率或重量，半由对于其他“运动之物质”抵抗之力率——具有同一容积之物体，以其种类之殊而量乃大异，故一致断言此种构成现象延扩量之容积，其在一切物体内必有种种程度相异之虚空。此等自然研究者（其大部分乃专心研究数学及力学之问题者），完全以其推理根据玄学的预想之上（此为彼等竭力申言所欲避免者），孰能梦想及之乎？彼等假定空间中之实在者（此处我之不以不可入性或重量名之者，以此等等皆为经验的概念故耳），触处相同，其相异者仅其延扩量，即仅数量不同耳。此种预想，以其不能为经验所支持，故为纯粹玄学的，我今以先验的证明反对之，此种先验的证明并不在说明充实空间之种种差异，唯在完全破坏以上预想——此种预想即以为此种差异应在虚空的空间之假定下始能说明之者——所设想之必然性。我之证明，至少有使悟性自由之效果，盖若发现有需要其他假设以说明自然现象之时，悟性自能自由以其他方法思维此种差异之理由。盖吾人因此乃能知相等之二空间，虽完全能以不同种类之物质充实之，因而两方皆无一点无物质存在，但一切实在，就其性质言，皆有其特殊度量（抵抗或重量之度），此种度量并不减弱其延扩量即数量，而能在其转入空隙及消灭以前，无限成为更小更小之度。故充实一空间之膨胀物（例如热及现象领域中之一切其他实在），能无限递减其度量，而不使此空间之最小一部分丝毫有成为虚空之处。其充实空间，完全以此等更小度量充实之者，正与其他现象以较大之度量充实之者相等。我绝无意主张此即物体所有特殊重量相异之实际情形，所欲主张者仅为自纯粹悟性原理证明，吾人知觉之性质容许如是说明，以及吾人不能假定“现象之一切实在者度量同一，所异者仅为其集合及延扩量”，以及吾人如以此种度量同延扩量相异之说明为能根据于悟性之先天的知识，则尤为误谬等等耳。

但知觉之预测，在习于先验的思索之人及由此种教示而习于慎重周密之自然研究者闻之，必常觉其奇异。主张悟性预知此种综合的原理，对于现象中之一切实在者，皆归之于度，即主张感觉自身中有内的区别之可能性者（抽去感觉之经验的性质），将引致疑虑及难点。故悟性如何能先天的对于现象综合的有所主张，以及悟性如何能预测其自身纯为经验的而仅与感觉相关之事物，此诚足值吾人解决之一问题也。

感觉之性质，例如色、味，等等，常为经验的不能先天的表现之。但与普泛所谓感觉相应之实在者（所视为与"等于零之否定"相反对立者），仅表现为"其概念包括存在"之某某事物，且仅指普泛所谓经验的意识中之综合而已。经验的意识在内感中能自零升至任何更高之度，故直观之某一延扩量，例如发光之表面，其所引起感觉量之大小，正与同一大小许多不甚发光者所引起之感觉集合量相等（今以现象之延扩量大小相异与强弱量无关）。故吾人完全抽去延扩量，仍能在任何一刹那之纯然感觉中表现一种综合，此种综合乃自"零"齐一的进展至所与之经验的意识。故一切感觉本身虽仅后天的授予吾人，而其具有度量之性质，则能先天的知之。今应注意之点，普泛就量而言，吾人所能先天的知之者，仅为一单一性质，即连续性；在一切性质中（现象中之实在者），吾人所能先天的知之者，仅为其强弱量，即彼等皆有度量。至此外一切事物则皆委之经验矣。

〔1〕第一版之原文如下：

知觉之预测

预测一切知觉本身之原理如下：在一切现象中，感觉及"在对象中与感觉相应之实在者"（Realitas phaenomenon）皆有一强弱量，即度量。

〔2〕此为第二版所增加者。

三　经验之类推（Analogie der Erfahrung）

类推之原理为：经验仅由"知觉之必然的联结之表象"而可能者。[1]

证明

经验为经验的知识，即由知觉规定一对象之知识。故经验乃知觉之综合，并不包含在知觉中，其自身在一意识中包含知觉所有杂多之综合的统一。此种综合的统一，构成感官对象之任何知识之本质事物，即在经验中与纯然直观或感官之感觉有区别者。顾在经验中，知觉仅在偶然之顺序中集合，故在知觉自身中，并不——且不能——启示其有规定知觉联结之必然性。盖感知，仅集合经验的直观之杂多而已；吾人在其中不能发现“规定所联结之现象应具有在空间时间中联结的存在”之任何必然性表象。但因经验乃经由知觉之对象知识，故“杂多之存在”中所包含之关系，应在经验中表现为非适在时间中所构成之关系，乃客观的存在时间中之关系。然因时间自身不能为吾人所知觉，故对象在时间中存在之规定，仅能由对象在普泛所谓时间中所有之关系而成，因而仅由“先天的联结对象”之概念而成。因此等概念常带有必然性，故经验仅由知觉之必然的联结之表象而可能者也。〔2〕

时间之三种形象为延续、继续及同时存在。故时间中所有现象之一切关系，亦当有三种规律，且此等规律自应先于一切经验而使经验可能者。一切现象之存在，由此等规律始能就一切时间之统一形象规定之。

三种类推之普泛的原理，依据——就一切经验的意识，即就一切知觉在时间之一切刹那——统觉之必然的统一。以此种统一先天的为经验的意识之基础，故以上之原理依据一切现象——就其时间中之关系而言——之综合的统一。盖本源的统觉与内感（一切表象之总和）相关，且先天的与内感之方式相关，即与

“杂多之经验的意识之时间顺序”相关。一切此种杂多，就其时间关系而言，必须联结在本源的统觉中。此为统觉之先天的先验统一所要求者，凡属于我之知识（即属于我之统一的知识者）之一切事物即能为我之对象者，皆须与此要求相合。一切知觉在时间关系中所有此种综合统一（以其为先天的所规定者），乃一种法则，即“一切经验的时间规定，必须从属普遍的时间规定”。故吾人今所论究之经验之类推，必须为如是叙述之规律。

此类原理具有此种特质，即并不关涉现象及其经验的直观之综合，乃仅与现象之存在及与其存在相关“现象相互间之关系”有涉。顾某某事物在现象中所由以被吾人感知之方法，固能先天的规定之，即其综合之规律能立时授予吾人，盖即谓能在一切呈现吾人目前之经验的事例中，展示此种先天的直观之要素。但现象之存在，则不能先天的知之；且即容吾人以任何此种方法设法推断某某事物存在，吾人亦不能确定的知之，盖即不能预测“其经验直观与其他直观所由以区别之形状”。

以前两种原理乃所以使数学能应用于现象者，我名之为数学的原理，此等原理与现象之所以可能有关，且教示吾人现象（就现象之直观及其知觉中之实在者二者而言）如何能依据数学的综合之规律产生。此两种原理皆所以使吾人使用数量，以及能规定“现象为量”。例如我能先天的规定（即能构成）太阳光之感觉度量，由二十万倍月光之发光度量结合而成。故此类第一原理可名之为构成的原理（konstitutive）。

但在欲使现象之存在，从属先天的规律之原理，则大异于是。盖因存在不能为吾人所构成，故此类原理仅能应用于存在之关系，且仅能产生规整的原理（regulative）。是以吾人不能期望其有公理或预测。但若一知觉在“与其他知觉相关之时间关系”

中授予吾人时，则即此其他知觉并不确定，因而吾人不能断定此其他知觉为何及其量如何，但吾人仍能主张在此其他知觉之存在中，必然与此一知觉在此种时间形象中联结。在哲学中之类推，与在数学中所表现之类推，异常不同。在数学中类推乃表显两种量的关系相等之公式，而常为构成的；故在比例式中，若已得其三项，则第四项即可由之而得，盖即能构成之者也。但在哲学中，其类推非两种量的关系之相等，乃两种质的关系之相等；故自已知之三项，吾人所能先天的获得之知识，仅为其与第四项之关系，而非第四项自身。但此关系能产生“使吾人在经验中寻求第四项”之规律，及“由之而能探索第四项”之标识。故经验之类推，仅为依据之则经验统一能自知觉发生之一类规律。并不教示吾人纯然知觉或普泛所谓经验的直观之自身如何发生。故此经验之类推，非对象（即现象）之构成的原理，而仅为规整的原理。关涉纯然直观之综合（即现象之方式之综合），知觉之综合（即知觉之质料之综合）及经验之综合（即此类知觉之关系之综合）等等之“普泛所谓经验的思维之公准”，亦能适用此同一之主张。盖此类公准纯为规整的原理，至其与数学的（构成的）原理区别之点，则不在确实性——盖两方皆具有先天的确实性者——而在其证明之性质，即因直观的性质（以及直观的证明之性质），乃后者所特有者也。

就今所论之点，凡关于综合的原理所言者，尤宜特别注重之，即此等类推之有意义及效力，仅以其为悟性之经验的使用之原理，而非以其为先验的使用之原理；而此等原理之能被证明者亦仅在其经验的使用；故现象非只应包摄在范畴下，乃应包摄在范畴之图形下。盖若此等原理所应与之相关之对象而为物自身，则对于对象欲先天的综合的有所知，殆完全不可能。但此等对象仅为现象；且关于对象之完全知识——先天的原理之唯一机能，最后必须在促进此类知识——纯为吾人关于对象之可能的经验。故此等原理除为现象综合中经验的知识之统一条件以外，不能有其他目的。但此种统一，仅能在纯粹悟性概念之图形中思维之。至范畴则表现其不为感性条件所限制之一种机能，且包含此种图形之统一（在此种图形仅为普泛所谓综合之图形之限度内）。由此等原理吾人始有正当理由仅依据——不过与概念之逻辑的普遍的统一相比附之——一种类推以联结表象。在原理自身中，吾人固使用范畴，但在应用范畴于现象时，吾人则以范畴之图形代范畴，以之为范畴运用之关键，或宁使图形与范畴并立，为范畴之制限条件，一若成为可称之为范畴之公式者。

〔1〕第一版

经验之类推

类推之普泛的原理为：一切现象，就其存在而言，皆先天的从属"规定现象在一时间中彼此间相互关系"之规律。

〔2〕第二版所增加者。

甲、第一类推

实体永恒性之原理

在现象之一切变易中，实体乃永恒者；其在自然中之量，绝无增减。[1]

证明[2]

一切现象皆在时间中；唯在视为基体（Substrate）之时间中

（为内的直观之永恒方式），始能表现同时存在或继续。故“现象之一切变化皆应在其中思维”之时间，留存不变。盖时间乃“继续或同时存在”唯在其中或以之为其规定始能表现于吾人。顾时间自身为吾人所不能知觉者。因之，在知觉之对象中，即在现象中，必须有表现普泛所谓时间之基体；一切变易或同时存在，在其被感知时，必须在此种基体中，及由现象与此基体之关系而知觉之。但一切实在者之基体，即“一切属于事物存在者”之基体，为实体；而一切属于存在之事物，仅能思维为实体之一种规定。故永恒者——现象之一切时间关系唯与此永恒者相关始能规定之——乃现象领域中之实体，即现象中之实在者，且为一切变易之基体，永为同一而不变者。以实体在其存在中为不变者，故其在自然中之量，绝不能有所增减。

吾人对于现象所有杂多之感知常为继续的，故常为变易的。故若仅由感知，则吾人绝不能规定此种杂多（视为经验之对象者）是否同时存在，抑或继续的。盖欲规定同时或继续，吾人须有存在一切时间之基本的根据，即须有常住而永恒者之某某事物，一切变易及同时存在，则仅为此永恒者存在之种种方法（时间之形象）而已。同时及继续，乃时间中之唯一关系，故时间关系仅在此永恒者中始成为可能。易言之，永恒者乃“时间自身之经验的表象”之基体；时间之任何规定，唯在此基体中始成为可能。永恒性为现象之一切存在、一切变易，及一切并存之“常住不变之所依者”，表现普泛所谓之时间。盖变易并不影响时间自身，仅影响时间中之现象。（同时存在并非时间自身之形象；盖时间无一部分为同时存在者；一切时间皆互相继起者）。吾人若以继续归之于时间自身，则吾人必须思维尚有使继起在其中成为可能之别一时间。在时间系列种种不同部分中之存在，仅由永恒者始获得，可名为延续之一种量。盖在仅仅继续中，存在常生灭无已，绝不具有丝毫之量。故无此永恒者则无时间关系。顾时间为不能知觉其自身者；故现象中之永恒者乃时间所有一切规定之基体，因而又为“使知觉即经验之一切综合的统一所以可能”之条件。于是时间中之一切存在及一切变易，应纯然视为持久永存事物之存在形象。在一切现象中，永恒者乃对象自身，即视为现象之实体；反之，变易或能变易之一切事物，则仅属于实体或种种实体之存在途径，即属于此等实体之规定。

以我所见，一切时代中，不仅哲学家即常识亦皆承认此永恒性为现象所有一切变易之基体，且常以此为不容疑者。关于此点，哲学家与常识间之不同，仅在哲学家申说更为明确，谓通贯世界之一切变易中，实体永存，所变者仅其属性耳。但我实未见有企图证明此明显之综合命题者。且实罕有以此命题列在此等纯粹的完全先天的自然法则之首列者（此为此命题所应属之位置）。实体乃永恒者之命题，诚为意义重复之命题。盖此永恒性为吾人应用实体范畴于现象之唯一根据；吾人首应证明现象中有某某永恒者之事物，以及转变仅为此永恒者存在之规定。但此种证明因其与先天的综合命题有关，故不能独断的发展，即不能自概念发展。然以绝未有人见及“此类命题唯与可能的经验相关，始有效力，因而仅由经验所以可能之演绎始能证明之者”，故以上之原理虽常假设为经验之基础（盖在经验的知识中始感有此基础之必要），而其自身乃绝未证明，诚不足以为怪矣。

一哲学家在人询以烟重若干时，答以：“自所焚材木之重量中减去所留存残灰之重量，即得烟之重量”。如是彼实以“物质（实体）在火中亦不灭，仅其形式受有变化”为不可否定之前提。至不能自无生有之命题，亦仅永恒性原理之别一结论，或宁谓为现象中“固有主体”之持久存在之原理之别一结论。盖若现象领域中吾人之所名为实体者，应为一切时间规定所固有之基体，则一切存在不问其在过去或未来，自必唯由实体及在实体中始能规定之。故吾人之能以实体名词名一现象者，正因吾人以其存在通贯一切时间为前提故耳，且因永恒性之名，尚不能适切显示其义，盖此名词乃专用之未来时间者。但因永久之内的必然性与常存在之必然性，乃固结而不可分者，故用永恒性原理之名，亦自无妨。Gigni denihilo nihil，in nihilum nil posse reverti（无绝不能生有，有绝不能成无）之二命题，在古人常联结不分，顾今日则有误为分离之者矣，盖由于其误信此二命题为应用于物自身者，且以第一命题为有悖于世界——即令就其实体而言——依存于最高原因之说。但此种疑惧，实为无须有者。盖吾人今所论究者，仅为经验领域中之现象；且若吾人容认新事物——即新**实体**——可以发生，则经验之统一，将绝不可能矣。此盖因吾人将失去唯一能表现时间统一之事物，即将失去基体之同一性耳，一切变易唯在此基体之同一性中始具有一贯之统一。但此永恒性纯为吾人由之表现现象领域中事物存在之形象。

一实体所有之种种规定——此不过实体存在之种种特殊形象——名为**属性**。属性常为实在的，盖因其与实体之存在有关（否定仅为断言实体中某某事物不存在之规定）。吾人若以特殊种类之存在，归之于此实体中之实者在（例如为物体属性之运动）则此存在名为偶有性，以与名为实体性之实体存在相区别。但此足引起种种误解；不如以属性纯视为实体存在在其中积极被规定之形象较为精密而正确。但由于吾人悟性之逻辑的使用之条件，自将“实体存在中之能变易者”分离，同时实体仍常住不变，以及自变易者与“真实永恒及为根本者”之关系，以观察此可变之分子，实为不可避免之事，故此实体范畴应列入于关系之范畴中，但与其视为实体自身中包含关系，则毋宁视实体为关系之条件。

正确理解变化之概念，亦唯根据于此永恒性。生灭并非生灭者之变化。变化乃继同一对象之某种存在形象而起之存在形象。一切变化者皆常住，仅其状态变易而已。唯以此变易仅与能生灭之种种规定相关，故吾人亦可谓（用此有类反说之语）仅永恒者（实体）受有变化、转变者（das Wanderbare）不受变化（Veränderung）而仅有变易（Wechsel），盖因某某规定灭而有其他规定生耳。

故变化仅能在实体中知觉之。“非纯为永恒者之规定而为绝对的”之生灭，绝不能成为可能的知觉。盖此永恒者乃唯一所以使“自一状态转移至别一状态及自无转移至有之表象”可能者。至此等转移，经验上仅能知其为永恒者所有种种变易的规定耳。吾人今如假定某某事物绝对的开始存在，则吾人必须有一此事物尚未在其中发生之时间点。但此时间点若非与先已存在之事物连属，则将与何物连属？盖在先之虚空时间乃不能成为知觉之对象者。然若吾人以此新发生之事物与“先已存在而存留至新发生一刹那”之事物相联结，则此新发生之事物必纯为先于此者之事物中所有永恒者之规定。关于消灭亦复如是；盖消灭以“某一现象已不存在之时间”之经验的表象为前提者。

实体在现象领域中，乃时间所有一切规定之基体。盖在此等实体中，有某某实体能生，某某实体能灭，则时间之经验的统一之唯一条件消失矣。于是现象将与两种不同之时间相关，存在将在两种平行流中流转——此乃极误谬者。盖仅有一时间，一切不同之时间皆必须位置在其中，其位置情形则非同时存在，乃互相继续者。

是以永恒性乃现象唯在其下始能在可能的经验中能被规定为事物或对象之必然的条件。至关于此必然的永恒性之经验的标准——即现象之实体性之标准——则俟以后遇有机缘再加以所视为必须论及之种种注释。

〔1〕第一版

一切现象包有视为对象自身之永恒者（实体），及视为对象之纯然规定——即视为对象在其中存在之形象——之转变者。

〔2〕第一版

第一类推之证明

一切现象皆在时间中。时间能规定现象存在两种方法中，或为互相继续或为同时存在。就前者而言，时间被视为时间系列；就后者而言，时间被视为时间容量。

乙、第二类推

依据因果律，时间中继续之原理

一切变化皆依据因果联结之法则发生。〔1〕

证明

（前一原理已证明时间中继续之一切现象，皆仅变化，即常住之实体所有种种规定之继续的存在及不存在；故实体继其不存在而起之存在，或继其存在而起之不存在，皆为不能容许者——易言之，实体自身并无生灭。顾尚别有表现此原理之方法，即现象之一切变易（继续）皆仅变化。而实体之生灭，则非实体之变化，盖因变化之概念，以具有两种相反规定而存在——因而视为常住的——之同一主体为前提者。吾人即预行提示此点，即以此种见解进入于此第二类推之证明。）

我知觉现象相互继起，易言之，知觉某一时间之事物状态，其相反状态在前一时间中。如是我实联结两种知觉在时间中。顾联结非纯然感官及直观之功用，乃想象力之综合能力之所产，此想象力乃就时间关系以规定内感者。但想象力能以两种方法联结此两种状态，即在时间中或甲在乙先，或乙在甲先。盖时间自身乃不能知觉之者，故孰在先孰在后，不能由其与时间相关经验的规定之于对象中。我仅意识我之想象力设置一状态在先，别一状态在后，并非对象中一状态先于别一状态也。易言之，互相继起之“现象之客观的关系”，不能由纯然知觉决定之。欲使此种关系使人知为确定不易，则两状态间之关系，何者必在先，何者必在后，不能置之于相反关系中云云，必须思维为由此必然确定其如是者。但伴随有“综合的统一之必然性”之概念，仅能为存于悟性中之纯粹概念，而非在知觉中者；在此事例中，此概念乃因果关系之概念，前者决定后者在时间中为其结果——非仅在想象力中所能见及（或绝不能知觉之者）之继续。是以经验自身——易言之现象之经验的知识——仅在吾人使现象之继续以及一切变化从属因果律之限度内而可能者；因而视为经验对象之现象，其自身亦仅依据法则而可能者。〔2〕

“现象杂多”之感知，常为继续的。部分之表象，相互继起。在对象中其部分是否亦相互继起，此须更为深思之点，非以上所述能决定之者也。一切事物，乃至一切表象，凡吾人意识及之者，皆可名为对象。但当此等现象不在其为（所视为表象者）对象之限度内视之，而仅在其表现对象之限度内视之，则此对象之名词，就现象而论，应指何而言，此为更须深究之问题。现象在纯以其为表象之故而成为意识对象之限度内，则绝不与其感知——即在想象力之综合中所受容者——有所区别；故吾人必须承认现象之杂多，乃常继续在心中所产生者。顾若现象为物自身，则因吾人所处理者仅为吾人所有之表象，故吾人绝不能自表象之继续，以决定现象之杂多如何能在对象中联结。至物之自身为何——与“事物由以激动吾人”之表象无关——完全在吾人之知识范围以外。然现象虽非物自身，但为唯一能授予吾人使知之者，感知中所有现象之表象，虽常为继续的，但我应说明现象自身中之杂多，属于时间中之何种联结。例如在我目前之房屋现象，其中所有杂多之感知，乃继续的。于是即有疑问，此房屋之杂多，其自身是否亦继续的。顾此则无人能容认之者也。在我阐明我之对象概念之先验的意义时，我立即认知房屋并非物自身而仅为一现象，即仅为一表象，至其先验的对象，则为不可知者。然则“杂多如何能在现象自身（顾此又非物自身）中联结”之问题，其意义果安在？存在继续的感知中之事物，在此处被视为表象，同时所授予我之现象虽不过此等表象之总和，则视为此等表象所有之对象，而我自感知之表象中所得之概念，则与此对象相一致。因真理存在“知识与对象之一致”中，故立即见及吾人今所能研究者，仅关于经验的真理之方式的条件，而现象在其与感知之表象相反对立能表现为“与表象不同之对象”者，则仅在现象从属——所以使现象与一切其他感知不同，且使杂多之某种特殊联结形象成为必然的之——一种规律耳。故对象，乃现象中包含“此种感知之必然的规律之条件”者。

今请进论吾人之问题。某某事物发生——即以前并未存在之某某事物或某某状态之发生——除有一其自身中并未包含此种状态之现象在其前，不能知觉之。盖继一虚空时间而起之“事件”——即“并无事物之状态在其前”之发生——其不能为吾人所感知，与虚空时间自身之不能为吾人所感知正相同。故一“事件”之一切感知，乃继别一知觉而起之一种知觉。但因此种继续亦在感知之一切综合中发生，一如我上举房屋现象所说明者，故一“事件”之感知，并不能因此而与其他之感知相区别。顾在一包含“发生”之现象中（知觉之前一状态吾人可名之为甲，后一状态名之为乙），乙仅能感知为继甲而起者；而甲知觉则不能继乙而起，仅能在其前，此亦我所注意及之者。例如我见一下驶之舟。我关于舟在下流位置之知觉，乃继其上流位置之知觉而起，在此种现象之感知中，先知觉舟在下流位置而后及其在上流位置，实事之不可能者。感知中所有知觉在其中互相继起之顺序，在此种事例中乃确定者，感知即为此种顺序所束缚。顾在以上房屋之事例中，则我之知觉既能自屋顶之感知始，而终于地基，亦能自下部始而终于上部；且我感知“经验的直观之杂多”，自右而左，或自左而右，皆无不可。盖在此等知觉之系列中，为欲经验的联结杂多，并无一定顺序指示我所必须开始之点。但在一“事件”之知觉中，则常有“使知觉（在此种现象之感知中）在其中互相继起之顺序成为必然的顺序”之规律。

故在此种事例中，感知之主观的继续，必自现象之客观的继续而来。否则感知之顺序，全不确定，一现象不能与其他现象相区别矣。盖因主观的继续，全然任意向为之，故由其自身对于杂多在对象中所由以联结之方法，绝无所证明。因之客观的继续，由现象杂多之此种顺序所成，即依此顺序所发生事物之感知，乃依据规律继先一事物之感知而起者。唯有如是，我始有正当理由不仅对于我之感知，乃对于现象自身主张其中应见有继续之事。

此仅等于谓除在此种继续中以外，我不能排列我之感知耳。

依据此种规律，在事件前之先一事物中，必存有“此事件必然继之而起所依据之规律”之条件。我不能反此顺序，自“事件”后退，由感知以规定在其先之事物。盖现象虽确与以前之某某时间点相关，但绝不能自后继之时间点，退行至以前之时间点。反之，自所与之时间点前进至继起之一定时间点，乃必然的进行之道。故因确有继起之某某事物（即所感知为继起者），我必以此继起事物必然与在其前之其他某某相关且为“依据规律继之而起”即有必然性者。是以为条件所规制之“事件”对于某某条件与以可信赖之证明，此种条件即所以规定此事件者。

吾人今姑假定一“事件”之前，并无此“事件”所必须依据规律继之而起之先在事物。是则知觉之一切继续，将仅在感知中，即仅为主观的，绝不能使吾人客观地决定某某知觉实在先，某某知觉为继起矣。于是吾人仅有与对象无关之表象游戏；易言之，即不能由吾人之知觉就时间关系使一现象与其他现象相区别。盖吾人感知中之继续，常为同一的，因而在现象中殆无规定现象使其后继之事成为客观的必然之事矣。于是我不能谓现象领域中有两种状态相互继起，仅能谓一种感知继其他感知而起耳。此则纯为主观的事物，并不规定任何对象；故不能视为任何对象之知识，甚至不能视为现象领域中之对象之知识。

是以吾人若经验某某事物发生在如是经验时，常以在其先之某某事为前提，发生之事物，乃依据规律继以先之事物而起者。否则我将不能对于对象，谓其为继起矣。盖纯然在吾感知中之继续，如无规律以规定此继续与“在其先之某某事物”相关，则我实无正当理由主张对象中有任何继续。我使感知中所有我之主观的综合成为客观的，仅由其与规律相关耳，依据此规律，则现象在其继起中——即视为此等现象发生——乃为前一状态所规定者。一“事件”之经验（即所视为发生之任何事物之经验），其自身仅在此假定上始成为可能。

此似与迄今关于悟性进程所教示者相反。迄今所共同接受之见解乃仅由屡以齐一方法继先一现象而起之“事件”之知觉及比较，吾人始能发现一种某某事件常继某某现象而起所依据之规律，以及此为吾人由之最初引达构成原因概念之途径。顾此概念若如是构成则纯为经验的，其所提供之规律“凡发生之事物皆有一原因”云云，将一如其所依据之经验，同为偶然者矣。盖因此规律之普遍性及必然性，非根据于先天的而仅根据于归纳，故纯为空想的而非有真实之普遍的效力。此种情形与其他纯粹先天的表象之情形象同——例如空间时间。盖吾人能自经验中抽引此等表象之明晰概念，仅因吾人将此等表象置之经验中，又因经验其自身乃仅由此等表象而成者。规定“事件系列”之规律，其表象之逻辑的明晰，固唯在吾人使用之于经验中以后而始可能。但此种规律（为时间中所有现象之综合的统一之条件者）之认知，实为经验自身之根据，故先天的先于经验。

吾人在所考虑之事例中，应指示除其时有一基本的规律迫使吾人在一切知觉顺序中务遵从知觉之此种顺序而不遵从其他顺序以外，即令在经验中，吾人亦绝不能以继续（即以前并未存在之某某事件之发生）归之于对象，而使此种继续与在吾人感知中之主观的继起相区别；且不仅如是，此种强迫实为最初使对象中继续之表象可能者。

吾人具有在吾人内部中之表象，且能意识之。但不论此意识所及范围如何之广，且不问其如何精密及敏锐，其为纯然之表象则如故，盖此为在某一时间关系中，吾人“心”之种种内的规定耳。顾吾人何以能对于此等表象设定一对象，即在其所视为“心之状态”之主观的实在性以外，何以能以某某神秘一类之客观的实在性归之。客观的意义，不能由其与（吾人所欲名之为对象者事物之）别一表象之关系而成，盖在此种事例中仍有问题发生，即此别一表象如何能超越自身，于其主观的意义——此乃视为心的状态之规定属于此表象之意义——以外，获得客观的意义。吾人如研讨“**与对象相关**所赋予吾人表象之新性质为何，表象由此所获得之尊严为何”，则吾人发现其结果仅在使表象从属规律以及使吾人必然以某一种特殊方法联结此等表象；反言之，仅在吾人所有表象必然在此等表象所有时间关系之某种顺序中之限度内，此等表象始获得客观的意义。

在现象之综合中，表象之杂多常为继续的。顾并无对象能由此表现，盖此种继续为一切感知所通有，由此种继续，任何事象不能与其他事象有所区别。但我知觉（或假定）在此种继续中尚有“对于以前状态之一种关系”，此表象乃依据规律继前状态而起者，则我立即表现某某事物为一“事件”，即表现之为发生之事物；盖即谓我感知一“我必以时间中某一确定位置归之”之对象——此一种位置，自先在之状态言之，乃固定而不可移者。故当我知觉某某事物发生时，此种表象首应包含有某某事物在其先之意识，盖仅由与“在其先者”相关，现象始能获得其时间关系，即获得存在于“其自身并未在其中之前一时间”后之时间关系。但现象之能在时间关系中获得此种确定的位置，仅在其预行假定有某某事在以先状态中为此现象所必然继之而起即依据规律继之而起之限度内始然。由此得两种结果。第一，我不能反乎系列，将所发生者列于其所继起之者之前。第二，先在之状态如一旦设定，则此确定之事件必然继之而起。于是其情形如是：在吾人之表象中有一种顺序，在此顺序中现在之状态（在其为所发生者之限度内）使吾人与某某先在之状态相关，一若此所与事件之相依者；此相依者固未确定为何，但与“视为其结果之事件”则有确定之关系，使此事件以必然的关系在时间系列中与其自身相联结。

故若“先在时间必然的规定后继时间”（盖因我不能不由先在时间进入后继时间）为吾人感性之必然的法则，因而为一切知觉之方式条件，则“过去时间之现象规定后继时间中之一切存在”以及此等后继时间中之存在，所视为事件者，仅在过去时间之现象规定其在时间中之存在，即依据规律规定之限度内始能发生云云，自亦为时间系列之经验的表象所不可欠缺之法则。盖仅在现象中吾人始能经验的感知“时间联结中所有此种连续性”。

一切经验及其所以可能，皆须有悟性。悟性之主要贡献，并不在使对象之表象明晰，而在使对象之表象可能。悟性之使对象可能，则由于其输入时间顺序于现象及其存在中。盖悟性对于所视为结果之每一现象，由其与先在现象之关系，各与以先天的在时间中所规定之位置。否则，现象将不能与时间自身一致，盖时间乃先天的规定其所有一切部分之位置者。今因绝对的时间不能为知觉之对象，故此种位置之规定，不能由现象与时间之关系而来。反之，现象必须互相规定彼等在时间中之位置，而使彼等之时间顺序成为必然的顺序。易言之，所继起者——即发生之事物——必须依据普遍的规律继所包含在前一状态中者之事物而起。于是有现象之系列发生，此种系列以悟性之助，在可能的知觉之系列中，产生与先天的在时间中所见及者同一之顺序及连续的联结，且使之成为必然的——时间为一切知觉必然在其中占有位置之内的直观之方式。

故所谓某某事物发生，乃属于一可能的经验之一知觉。当吾人视现象为已规定其在时间中之位置，因而视为一对象常能依据规律，在知觉之联结中发现之时，则此经验即成为现实的。此种规律吾人由之依据时间继续以规定某某事物者，乃“一事件在其下绝对必然继起者之条件，应在先在状态中发现之”云云。故充足理由之原理，乃可能的经验之根据，即就现象在时间继续中所有之关系而言，乃现象之客观的知识之根据。

此种原理之证明，依据以下之点。一切经验的知识，皆包含由于想象力之“杂多之综合”。此种综合，常为继续的，即其中之表象常互相继起。在想象力中，此种继起关于孰必须在先，孰必须在后，其顺序绝不确定，且继起的表象之系列，或前进或后溯，皆能行之无别者。但若此综合而为“所与现象之杂多”之感知之综合，则其顺序乃在对象中规定者，或更适切言之，此顺序乃“规定一对象者所有继续的综合之顺序”。依据此种顺序，则某某事物自必在先，且当先在事物设定时，别一某某事物自必继之而起。我之知觉，如包含一事件之知识，即包含所视为实际发生之某某事物之知识，则此知觉必为经验的判断，在此判断中吾人思维其继起为已确定者；即以时间中别一现象为前提，此知觉乃依据规律必然继之而起。设不如是，设我设定先在事物，而事件并非必然继之而起，则我应视此继续纯为幻想之主观的游戏，设我对于我自身仍表现之为客观的事物，则我应名之为梦。故现象（所视为可能的知觉者）之关系——依据之后继事件，即所发生之事物，就其存在而言，乃必然为先在事物依据规律规定其在时间中之存在者——易言之，即因与果之关系，就知觉之系列而言，乃吾人所有经验的判断之客观的效力之条件，亦即此等知觉所有经验的真理之条件，盖即谓此乃经验之条件耳。故在现象继起中所有因果关系之原理，对于经验之一切对象（在此等对象在继续之条件下之限度内）亦适用有效，盖因此原理自身，即为此种经验所以可能之根据耳。

在此点，有一吾人必须立即处理之困难发生。盖现象中因果联结之原理，在吾人之公式中，本限于现象之系列的继续，但当因与果同时存在时，则亦应用之于同时存在。例如室内甚暖，同时户外则甚寒。我寻究其原因，乃见一暖炉。顾此为其原因之暖炉与其结果之室内温暖，同时存在。此处因与果之间，实无时间上之系列的继续。因果同时，但其法则仍能适用有效。有效果之自然原因，其大部分与其结果同时并在，至结果之所以在时间中继起者，仅由于其原因不能在刹那间完成其全部结果耳。但在结果最初发生之一刹那间，常与其原因之原因作用同时并在。设原因在一刹那前终止，则其结果绝不能发生。吾人今所必不可忽视者，吾人应顾及之点乃时间之**顺序**，非时间之**经过**；盖即无时间经过，其因果关系依然存在。原因之原因作用与其直接结果间之时间，殆间不容发，为一消灭量，且因果可如是同时并在；但一方与他方之关系，则依然常在时间中规定者。我若以压迫垫褥成为凹形之铅球为原因，则原因与结果同时并在。但我仍能由因果之力学的联结之时间关系，以区别此因果二者。盖我若置球于垫褥上，凹形自能继以前之平坦形状而起，但若（以任何理由）垫褥上先有凹形，则铅球固不能继之而起者也。

故时间中之继起，乃结果在其与先在原因所有原因作用之关系中之唯一经验的标准。盛水之杯乃使水上升至水平线以上之原因，此两种现象固同时并在者。盖我自较大器皿注水杯中，立见有继起之某某事象，即水自以前所有之水平位置，变形而成杯中所占之凹形。

因果作用引达运动之概念，运动概念又复引达力之概念，力之概念又复引达实体之概念。顾以我之批判的计划，唯在论究先天的综合知识之源流，务不掺入——目的仅在概念之明晰而不在扩大之——分析以紊乱此计划，故我将概念之细密说明留于将来之纯粹理性体系。且此种分析，在现存之教本中，固已发展极为详密。概念之说明固可期之将来，但我必不将实体之经验的标准亦置之不问——在实体似不由现象之永恒性表现其自身，唯由运动乃更较为适切较易表现之限度内。

凡有运动之处——因而有活动及力——即亦有实体，而现象之富有效果的源流之所在，则唯在实体中求之。此固持之有故，言之成理；但若吾人寻究实体应作何解，且在说明时务须避免循环论之误谬，则发现其答案诚非易事。吾人如何直接自运动以推断运动作者之**永恒性**？盖永恒性乃实体（所视为现象者）之本质的完全特有的特征。在依据“其以纯粹分析的方法论究概念”之通常进程，此问题固为完全不能解决者，但自吾人所形成之立足点而言，则未见其有如是之困难。运动即指示“原因作用之主体”与其结果之关系。今因一切结果皆由所发生之事物所成，因而在转变中（转变乃指示其有继续性质之时间）其所有终极的主体所视为一切变易之基体者，乃永恒者即实体。盖依据因果作用之原理，运动常为“现象所有一切变易”之第一根据，故不能在其自身有变易之主体中见之，盖在此种事例中欲规定此变易，则又须另一运动及别一主体。以此理由，证明主体之实体性运动乃充分之经验的标准，毋须吾人首先由比较知觉以探求主体之永恒性。况以此种比较方法，吾人不能到达对于量所需要之完全性及概念之严格普遍性。故“一切生灭原因之第一主体，在现象领域中其自身不能有生灭”云云，乃引达经验的必然性及存在中永恒性之概念，因而引达实体（视为现象者）之概念等等之一种保障的论断。

当某某事物发生时，姑不问关于此所发生者为何之一切问题，即此发生一事，其自身已成为一研究问题。自一状态之未存在转移至此状态，即令假定此状态当其在现象领域中显现并不展示任何性质，其自身亦实须研究。如以上第一类推中所已说明者，此发生并不关于实体（盖实体并不发生），唯关于其状态耳。故发生仅为变化，而非自无生有。盖若自无生有视为一异类原因之结果，则当名为创造，而不能容认为现象中之一事件，盖即此自无生有之可能性，已足破坏经验之统一。顾当我视一切事物非现象而为物自身，且为纯然悟性之对象时，则此等事物虽为实体，但就其存在而言，固能视为依存于一异类原因者。但吾人所用之名词，斯时则将因之而附有完全相异之意义，不能应用于“视为经验之可能的对象”之现象矣。

任何事物何以能变化，一所与时点中之一状态，其相反状态能在次一时点中继之而起云云，如何必属可能之事——关于此点，吾人先天的并无丝毫概念。对于此点吾人需要现实的力之知识，此仅能经验的授予吾人，例如动力之知识，或与此相等者某某继续的现象（即视为指示此等力之存在之运动）之知识。但置变化之内容为何——即所变之状态为何——之一切问题不问，一切变化之方式，即变化——视为别一状态之发生——唯在其下始能发生之条件，以及此等状态自身之继续（发生），固仍能依据因果律及时间条件先天的考虑之也[①]。

① 此应严密注意，即我非就普泛所谓关系之变化而言，乃就状态之变化而言。故当一物体以齐一速度运动时，绝不变更其（运动之）状态；仅在运动有增减时其状态始有变化。

一实体如自一甲状态转移至一乙状态，则第二状态之时点与第一状态之时点有别，且继之而起。是以所视为现象领域中之实在者之第二状态与“此实在并未存在其中之第一状态”之相异，殆如乙与零之相异。盖即谓乙状态与甲状态之相异，即令仅在其量，其变化当为乙—甲之发生，此为并未存在以前状态中者，就此新发生者而言，则前状态等于零。

于是一事物如何能自等于甲之一状态转移至等于乙之一状态之问题发生。在两刹那间常有一时间，在两刹那中之任何两状态间，常有具有量之差异。盖现象之一切部分，其自身常为量。故一切自一状态转移至别一状态之转变皆在“包含于两刹那间之时间中”显现其中第一刹那规定事物自此而生之状态，第二刹那则规定事物所转变之状态。于是此两刹那乃一变易所有之时间限界，亦即两状态间之中间状态之限界，故此两刹那之本身各形成全体变化之一部分。顾一切变化皆有一原因，此原因乃在变化所发生之全部时间中展示其因果作用。故此原因并非突然（立即或在一刹那间）产生变化，乃在一时间中产生者；因之实在（乙—甲）之量，与时间自发端之刹那甲增进至其完成之刹那乙相同，经由“包含于最初及最后者之间一切更小度量”而产生者。是以一切变化仅由因果作用之连续的运动而可能者，此种运动在其齐一速度之限度内名为力率。但变化非由力率所成，乃力率所产生而为其结果者也。

此为一切变化之连续性法则。此法则之根据为：时间或时间中之现象，皆非由其所谓最小可能者之部分所成，但一事物之状态，在其变化中，则经由“为其要素之一切此等部分”而达其第二状态者。在现象领域中，并无其为最小者之实在者之差别，此正与在时间量中并无其为最小者之时间相同；因之实在之新状态，自此种实在并未在其中之第一状态进展经由所有一切无限度量，至此等中间度量相互间之差异常较零与甲间之差异为小。

此种原理在研究自然上有何效用，非吾人所欲研讨之问题，所迫使吾人必须研讨者乃此种颇似扩大吾人所有自然知识之原理如何能完全先天的可能耳。虽由直接检点即能明示此原理之真实以及在经验上之实际有效，因而此原理如何可能之问题，将见其为多余之事，但此种研讨，仍绝不可废。盖因有许多主张由纯粹理性以扩大吾人知识之无根据主张，故吾人必须以以下之点为一普遍的原则，即此种主张其自身即常为不可信赖之理由，且在无严密的演绎提供证据时，则不问其**独断的**证明外观如何明晰，吾人固不能信任及假定其主张之正当。

经验的知识之一切增进，知觉之一切进展——不问其对象为何或现象或纯粹直观——皆不过内感规定之扩大，即时间中之进展。此时间中之进展，规定一切事物，其自身不再为任何事物所规定。盖即谓此进展之各部分，仅在时间中，且仅由时间之综合而授予吾人者；非在综合之前授予者也。以此理由，知觉中转移至在时间中继起事物之一切转变，乃经由产生此知觉所有之时间规定，又因时间及其所有各部分常为量，此种转变亦即产生所视为量之知觉，经由其中无一最小者之一切度量自零以上达其所有一定度量。此乃启示先天的认知变化法则（就其方式而言）之所以可能者。吾人仅预测吾人自身所有之感知，其方式的条件，因其先于一切所与之现象在吾人内部中，故必能先天的知之。

故正与时间包含“自存在者进展至继起者连续的进展所以可能之先天的感性条件情形象同，悟性由于统觉之统一，乃经由因果系列规定现象在此时间中之一切位置”之连续的规定所以可能之先天的条件，此因果系列中之因，必然的引达果之存在，因而使时间关系之经验的知识，普遍的对于一切时间适用有效，因而客观的有效。

〔1〕第一版

产生之原理

所发生之一切事物——即开始存在之一切事物——皆以其所依据规律继之而起之（先在的）某某事物为前提。

〔2〕第二版所增加者。

丙、第三类推

依据交相作用或共同相处之法则之共在原理

一切实体，在其能被知觉为在空间中共在者，皆在一贯的交相作用中。[1]

证明

在经验的直观中，当事物之知觉能彼此交相继起时——按第二原理之证明中所说明者，此为现象之继续中所不能见及者——此等事物乃同时共在者。例如我之知觉，固能首向月，次及于地，亦能反之，首向地，次及于月；因此等对象之知觉能彼此交相继起，故我谓彼等乃同时共在者。顾同时共在，乃杂多在同一时间中之存在。但时间自身不能为吾人所知觉，故吾人不能纯由设定在同一时间中之事物以推断此等事物之知觉能彼此交相继起。感知中想象力之综合，仅启示一知觉在主观时，其他知觉即不在其中（反之亦然），而非启示对象之同时共在，即非启示在同一时间中如一方存在他方亦存在以及仅因对象之如是共在，知觉乃能彼此交相继起云云。故在事物彼此外部共在之事例中，吾人如欲断言知觉之交相继起乃根据于对象，因而表现其共在为客观的，则必须有一关于事物规定之交相继起之纯粹概念。但“一方所有种种规定，其根据乃在他方中者”之实体关系，乃势力影响之关系；各实体交相包含他方实体中所有种种规定之根据者，此种关系方为共同相处或交相作用之关系。故空间中实体之同时共在，除根据此等实体交相作用之假定以外，不能在经验中认知之。此即“所视为经验对象之事物自身”所以可能之条件〔2〕。

事物在其存在同一时间中之限度内为同时共在。但吾人何以知其在同一时间中？在感知杂多之综合中所有顺序，不关重要时，即自甲经乙、丙、丁以达戊固可，而自戊以达甲亦可之时，吾人即知其在同一时间中。盖事物若在时间中互相继续时即在始于甲而终于戊之顺序中之时，则吾人欲知觉中之感知，始自戊而还溯于甲，实为不可能者，盖甲属于过去之时间已不能为感知之对象矣。

今姑假定杂多之实体（所视为现象者）中各实体皆完全孤立，即无一实体能在任何其他实体上活动亦不返受其交相作用之影响，则彼等之同时共在，殆不能成为可能的知觉之一对象，而一实体之存在，亦不能由经验的综合之任何步骤，引达其他实体之存在。盖若吾人以为此等实体为一完全虚空的空间所隔离，则在时间中自一实体进向别一实体之知觉，由于继续的知觉，固能规定后一实体之存在，但不能辨别其是否客观的继前一实体而起，抑或此乃与前一实体同时共在者。

故除甲与乙纯然之存在以外，必须有甲对于乙及乙又对于甲所由以规定其在时间中位置之某某事物，盖唯在此种条件下，此等实体始能经验的表现为同时共在。顾此唯一能规定任何其他事物在时间中之位置者，即为此事物——或其所有种种规定——之原因。故各实体（盖因实体仅就其所有规定而言，始能成为结果）必须在其自身中包含其他实体中所有规定之原因作用，同时又须包含其他实体所有原因作用之结果；即实体之同时共在，若在任何可能的经验中为吾人所知时，则此等实体直接或间接必在力学的共同相处之关系中。顾在与经验之对象有关时，则凡此等对象之经验无之而其自身即不可能之事物，实为所必须者。故现象领域中之一切实体，在其同时共在之限度中，应在彼此交相作用之彻底的共同相处之关系中云云，实为所必须者。

共同相处之一字，在德语中意义颇晦昧。解之为相互关系（Communio）固可，解之为交相作用（Commercium）亦可。吾人今则以后一意义用之，指力学的共同相处而言，盖无此力学的共同相处，则即位置的共同相处（Communio spatii），亦绝不能经验的为吾人所知。吾人可自吾人之经验容易认知：仅有在空间一切部分中之连续的影响，始能引吾人之感官自一对象以达其他对象。在吾人之目与天体间照耀之光，产生吾人与天体间之间接的共同相处，因之使吾人知此等天体同时共在。除在空间一切部分中之物质使“吾人所有位置之知觉”可能以外，吾人绝不能经验的变更吾人之位置，及知觉此变更。盖仅由此等物质之交相影响，物质之各部分始能证明其为同时存在，因之即最远之对象亦能证明（虽仅间接的）其为同时共在。无此共同相处之关系，则空间中一现象之每一知觉，将与一切其他知觉隔断，而经验的表象之连锁——即经验——每逢新对象，即将完全重行开始，与先前之表象无丝毫联结，且无任何之时间关系矣。但我并不以此论据否定虚空空间，盖虚空空间当能存在于知觉所不能到达因而无

“同时共在之经验的知识”之处。但此种空间，在吾人实不能成为任何可能的经验之对象者也。

关于我之论据，以下之点颇有补于更进一步之说明。在吾人心中，一切现象因其包含在一可能的经验中，故必须在统觉所有之共同相处关系中（Communio），且在对象表现为共同存在互相联结中之限度内，对象必须交相规定其在“一时间”中所有之位置，因而构成一全体。此主观的共同相处关系如为依据一客观的根据，即适用之于所视为实体之现象，则一实体之知觉必为使其他实体之知觉可能之根据，反之亦然——盖因常在知觉（所视为感知者）中所见之继续，不能归之于对象，又因此等对象与知觉相反，固可表现为同时共在者。但此乃交相影响，即实体之实际共同相处关系（Commercium 交相作用），若无此种交相作用，则同时共在之经验的关系即不能在经验中见及矣。由此种交相作用，种种现象在其各在其他现象之外而又互相联结之限度内，构成一复合体（Compositum reale），此种复合体可以种种不同方法构成之。故有三种之力学的关系——一切其他关系皆由此发生——即属性、结果、合成是也。

***

此三种关系即经验之三种类推。此三种类推为依据时间所有三种形象，规定现象在时间中存在之单纯原理，此三种形象即与时间自身之关系所视为量（存在之量，即延续）者、在时间中之关系所视为继续的系列者，及最后在时间中之关系所视为一切同时共在之总和者。此种时间规定之统一，全为力学的。盖时间不能视为经验在其中直接规定“一切存在之位置”者。此种规定，实不可能，诚以绝对时间不能成为知觉（现象能与之对立）之对象。对于每一现象规定其在时间中之位置者，乃悟性之规律，唯由此种规律，现象之存在始能获得关于时间关系之综合的统一；因之此种规律，实以一种先天的方法规定位置，且对于一切时间皆有效者也。

所谓“自然”，就其经验的意义言，吾人指为依据必然的规律，即依据法则之现象联结（就现象之存在而言）。故有最初使自然可能之某种法则，且此等法则皆为先天的。经验的法则仅由经验始能存在，亦唯由经验始能发现之，此实“经验自身由之始成为可能之基本的法则”之结果。故吾人之各种类推实为——在仅表示时间（在时间包括一切存在之限度内）与统觉统一（此种统一仅在依据规律之综合中可能者）之关系之某种典型下——描写在一切现象联结中所有之自然之统一。要而言之，类推之所宣示者乃一切现象皆在——且必须在——一自然中，盖若无此种先天的统一，则经验之统一，以及经验中对象之规定，皆将不可能矣。

至吾人在此等先验的自然法则中所用之证明方法，以及此类法则所有之特殊性质，应有一注释，此注释以其提供欲先天的证明智性的同时又为综合的命题之一切企图所应遵从之规律，自必亦极为重要。吾人如企图独断的证明此等类推；盖即谓吾人如企图自概念以说明以下之点——即一切存在之事物仅在永恒之事物中见之，一切“事件”皆以其依据规律继之而起之前一状态中之某某事物为前提，以及在同时共在之杂多中所有种种状态皆依据规律，同时存在“相互之关系”中，因而在共同相处关系中——则吾人之一切劳力殆为虚掷。诚以纯由此等事物之概念，则吾人即竭其全力以分析之，亦绝不能自一对象及其存在以进展至别一对象之存在或其存在之形象。但此外有一所可采择之方法，即研讨——所视为“一切对象（此等对象之表象，对于吾人如有客观的实在性）最后必能在其中授予吾人”之知识，即——经验之所以可能。在此第三者之媒介物中（按即经验）——其本质方式由“一切现象之统觉之综合的统合”所成——吾人先天的发现现象领域中一切存在之“完全的必然的时间规定”之先天的条件，无此先天的条件，则即时间之经验的规定，亦不可能。吾人又在其中发现先天的综合统一之规律，由此等规律吾人始能预测经验。盖因缺乏此种方法，且由妄信“悟性之经验的使用所推为其原理之综合命题”，可以独断地证明之，故时时企图（虽常无效）欲得一“充足理由之原理”之证明。又因范畴之指导线索——此为唯一能启示悟性中所有之一切间隙（就概念及原理二者而言）且使人能注意及之——迄今犹付阙如，故无一人亦曾思及其他之两种类推（此两种类推虽常习用之而不自觉）①。

〔1〕第一版

共同相处关系之原理

一切实体，在其同时共在之限度中，皆在彻底的共同相处之关系中，即在彼此交相作用中。

〔2〕此为第二版所增加者。

四　普泛所谓经验的思维之公准

（一）在直观中及在概念中，凡与经验之方式的条件相合者，为**可能的**。

（二）凡与经验之质料的条件——即与感觉——相结合者，

① 一切现象应在其中联结之“世界全体”之统一，其为所默认之“同时共在之一切实体所有共同相处关系之原理”之结果明甚。盖若实体皆成孤立，则此等实体殆不能成为构成全体之各部分。且实体之联结（杂多之交互作用）若非因其同时并在而已成为所必需者，则吾人绝不能自同时共在（此仅为理论的关系）以推论实体之联结（此为实在的关系）。但吾人已在本文说明共同相处关系实为使同时存在之经验的知识所以可能之根据，且纯由此经验的知识以推论“为其条件之共同相处之关系”。

为现实的。

（三）在其与现实的事物联结中，凡依据经验之普遍的条件规定之者，为必然的（即其存在为必然的）。

证明

形象之范畴具有此种特质，即规定一对象时，并不丝毫扩大——此等范畴作为宾词与之系属之——概念。此等范畴仅表现概念与知识能力之关系。乃至当一事物之概念已极完备时，我仍能研问此对象仅为可能的，抑或又为现实的，如为现实的，是否又为必然的。由此在对象自身中，并无新增之规定为吾人所思及；其问题所在，仅为对象及其所有一切规定如何与悟性及悟性之经验的使用、经验的判断力以及在应用于经验时之理性等等相关系耳。

正以此故，形象之原理，亦不过可能性、现实性、必然性等等概念在其经验的使用中之说明耳；同时此等原理，又限制一切范畴于其纯然经验的使用，而不容许其先验的使用。盖此等范畴若非具有纯粹逻辑的意义，分析的以表现"思维之方式"，而与事物之可能性、现实性、必然性等相关联，则必与——知识之对象唯在其中始能授予吾人之——可能的经验及其综合的统一有关。

事物之可能性之公准要求事物之概念应与普泛所谓经验之方式的条件相一致。但此公准——即普泛所谓经验之客观的方式——包含对象之知识所必须之一切综合。包含综合之一概念，其综合如不属于经验，即或为来自经验者（在此种事例中为经验的概念）或为普泛所谓经验在其方式方面所依据之先天的条件（在此种事例中则为纯粹概念），则此概念应视为空洞而与任何对象无关者。在后一事例中（即为经验所依据之先天的条件者），其概念仍属于经验，以其对象仅能在经验中见之。盖由先天的综合概念所思维之对象，其可能性之性格，如不在其构成“对象之经验的知识之方式”之综合中求之，试问吾人将从何处求得之？可能的事物之概念，须不包有任何矛盾，固为一必需之逻辑条件；但此绝不足以规定概念之客观的实在性，即绝不足以规定“由概念所思维此一对象”之可能性。例如二直线包围一图形之概念，其中并无矛盾，盖因二直线之概念及此二线连接之概念，皆不包含否定图形之意义。故二直线包围一图形之不可能性，并不起于概念自身，而与空间中图形之构成有关，即其不可能乃起于空间及其规定所有之条件耳。但此等条件，具有其自身所有之客观的实在性，即应用于可能的事物者，盖因此等条件，其自身中先天的包含普泛所谓经验之方式。

吾人今将进而说明此“可能性之公准”之广大效用及影响。我若表现一为永恒之事物，因而其中一切变易之事物皆属于其状态，顾我绝不能自此种概念以知此一种类之事物为可能的。我又或表现某某事物之性质如是，即此事物设定，则常有其他之某某事物必然继之而起，此确思维之而无矛盾者；但此种思维，并无方法使吾人能判断此种性质（因果作用）是否应在任何可能的事物中见之。最后我能表现如是性质之繁异事物（实体），即一事物之状态常负有其他事物状态中之某某结果，且此种情形交相如是；但我绝不能自此等概念（仅含有任意的综合者）以规定此一种类之关系是否能属于任何可能的事物。仅由此种事实即此等概念先天的表现一切经验中所有之知觉关系，吾人始知此等概念所有之客观的实在性，即其先验的真理，此真理虽不能脱离“普泛所谓经验之方式，及——对象唯在其中始能经验的为吾人所知之——综合的统一”之一切关系，但实离经验而独立者也。

但吾人若欲自所呈现于吾人之知觉质料，以构成实体、力、交互作用等之全然新概念，而无经验自身所产生之联结范例，则吾人殆陷于空想，绝不见其有丝毫可能性之征候，盖吾人既非直接自经验获得此等概念，在构成此等概念时，又不以经验为吾人之训导。此等空想的概念与范畴不同，其能获得可能性之性格并不视为一切经验所依据之条件，以先天的方法得之，乃仅后天的得之，即视为由经验自身所授予之概念。故其可能性或为后天的经验的所知者，或绝不能知之者。一实体当永恒在空间中而不占有空间（如某某等所欲倡议之物质与思维体间之中间物），直观的预知未来（非仅推论）之特殊最高心力，及与他人交换思想（不问其隔离如何之远）之心力云云，皆为“其可能性全无根据”之概念，盖此等概念不能依据经验及经验中所已知之法则；无此种经验的证实，此等概念乃思维之任意联结，虽无矛盾，实不能主张其有客观的实在性之权利，即对于吾人宣称所思维之一类对象并无主张其可能性之权利。至关于实在，吾人不借经验之助，显然不能具体地思维之。盖实在与感觉即经验之质料相结合，而非与吾人对之能一如所欲诉之任意空想之一类关系方式相结合。

但我此处姑置其可能性仅能自经验中之现实性而来，一切事物不问唯就由先天的概念而来之事物可能性言之；我仍主张此等事物之可能性，绝不能自此种概念之自身证明之，而仅在此等概念被视为普泛所谓经验之方式的客观的条件时证明之。

一三角形之可能性似能自其概念自身（其概念确为独立于经验之外者）知之，盖实际吾人固能完全先天的与此概念以对象，即能构成此三角形。但以此仅对象之方式，故仍为纯然想象力之所产，其对象之可能性，仍属可疑。欲规定其可能性，须有较此以上之某某事物，即此种图形除经验之一切对象所依据之条件以外，绝不能在任何条件下思维之。空间乃外的经验之先天的方式条件，以及吾人由之在想象力中构成三角形之方式的综合，正与吾人自现象在一现象感知中在构成其经验的概念中所行使之综合相同云云，此等意见乃唯一使吾人能以事物可能性之表象与事物之概念相联结者。事与此相同以连续量之概念乃至普泛所谓量之概念皆为综合的，故此种量之可能性绝不能自概念自身明之，而仅在此等概念被视为普泛所谓经验中对象所有规定之方式的条件时始能明之。诚以吾人如欲求与此等概念相应之对象，不在——对象所唯一由之授予吾人之——经验中求之，则将在何处求之？吾人固能先于经验自身，纯由参照经验中任何事物由之始被规定为对象之方式的条件，认知事物之可能性而识别之，故能完全先天的知之。但即如是，亦仅与经验相关及在经验之限界中而可能者也。

与视为现实的事物之知识有关之公准，并不要求——其存在应属已知之——对象之直接的知觉（因而并不要求吾人所意识之感觉）。唯吾人所必需者，乃依据经验之类推（此为设定普泛所谓经验中所有一切实在的联结之范围者）“对象与某某现实的知觉之联结”之感知耳。

在事物之纯然概念中，并无其应发现之存在标识。盖概念虽完备至“以之思维事物在其所有一切内的规定，并无一欠缺不再别有”所需，但存在则与此一切无关，与存在有关者仅在此种事物是否如是授予吾人，即其知觉能先于概念（如须如是时）之问题耳。盖概念先于知觉，指示概念之纯然可能性；“其提供内容于概念”之知觉，实为现实性之唯一标识。但若概念依据其经验的联结（类推）之原理，与某某知觉相结合，则吾人亦能先于此事物之知觉，即在比较的所谓先天的方法，认知事物之存在。诚以事物之存在与一可能的经验中吾人所有知觉相结合，吾人自能在可能的知觉之系列中及在类推之指导下，使自吾人现实之知觉转移至所探究之事物。是以自被吸铁粉之知觉，吾人知贯彻一切物体之磁质之存在，此虽吾人所有机官之组织阻止吾人对于此种磁质媒介体之一切直接知识。吾人之感官如更精美，则依据感性之原理及吾人所有知觉之联结，自亦能在经验中到达关于此物质之直接经验的直观。今以吾人所有感官之粗杂，绝无术决定普泛所谓可能的经验之方式。是以吾人关于事物存在之知识所及者，仅在知觉及其依据经验的法则进展所能及之范围。吾人如不自经验出发，或不依据“现象之经验的联结之法则”进行，则吾人所推度所探究任何事物之存在，仅为浮夸不实之事而已。但观念论则竭力反对此等间接证明存在之规律；故此为驳斥观念论最适当之处。

***

驳斥观念论

观念论——此处指实质的观念论而言——乃宣称在吾人以外空间中所有对象之存在，或为可疑及不能证明者，或为虚伪及不可能者云云之理论是也。前者为笛卡尔（Descartes）之疑问的观念论，以为仅有“我在”之唯一经验的主张，为确实不可疑者。后者为白克莱（Berkeley）之独断的观念论。白克莱以为空间及“以空间为其不可分离之条件”之一切事物，乃其自身即为不可能之事物；故视空间中之事物，纯为空想之物。如以空间解释为必须属于物自身之一种属性，则独断的观念论，自为不可避者。盖若如是，则空间及以空间为其条件之一切事物，乃成虚构之物。顾此种观念论所依据之根据，在先验感性论中，已为吾人所倾覆矣。至疑问的观念论则并无如是主张，仅力谓除吾人自身之存在以外，无能力由直接的经验证明任何存在，此种观念论在其未发现充分证据以前，不容有决定的判断之限度内，固极为合理而合于“思维之一贯的哲学的方法”。故所须之证明，必须明示吾人对于外的事物，不仅想象，实具有经验；但除由证明“笛卡尔以为不可疑之内的经验，亦仅在假定有外的经验而可能者”以外，则此种证明殆不能成就者也。

定理

我自身存在之单纯意识（但经验的所规定者），证明在我以外空间中对象之存在。

证明

我意识我自身之存在，为在时间中所规定者。顾时间之一切规定，皆以知觉中某某永恒事物为前提。但此永恒者不能为在我内部之某某事物，盖我在时间中存在，此事自身之能被规定，仅由此永恒者①。故此永恒者之知觉，仅由在我以外之事物而可能，非由在我以外事物之表象而可能者；因之我在时间中存在之规定，仅由我知觉其在我以外现实的事物之存在而可能者。今以我在时间中存在之意识，必然与“此时间规定所以可能之条件”之意识相结合；故此意识必然与其为时间规定之条件者在我以外事物之存在相联结。易言之，我之存在之意识同时即为在我以外其他事物存在之直接的意识。

① 按康德在第二版序文中所述，此句应改易如下：但此永恒者不能为我内部中之直观。盖应在我内部中见及我之存在规定之一切根据，皆为表象；表象自身则须有一与其有区别之永恒者，表象所有变易以及我在——表象在其变易之——时间中之存在，皆与此永恒者相关而始可规定者也，此为史密斯英译本所附注。

注一，在以上之证明中，可见观念论之所戏弄者，返报之于其自身，且其食报亦极为公平。盖观念论主张唯一之直接的经验为内的经验，吾人仅能由此内的经验以推论外的事物——且此种推论与吾人自所与结果以推论其确定之原因之事例相同，仅在不确实之方法中推论而已。在此特殊之事例中，吾人所误归之外的事物之“表象之原因”，或存在吾人自身之内部中。但在以上之证明中，已说明外的经验实为直接的[①]，以及内的经验——此非吾人自身存在之意识而为吾人在时间中存在之规定——仅由此外的经验而可能者，“我在”之表象——此为表现能伴随一切思维之意识——确在其自身中直接包括一主观之存在，但此表象并不包括关于此主观之任何知识，故亦不包括任何经验的知识，即不包括此主观之经验。盖在经验，则除某某事物存在之思维以外，吾人尚须有直观，在此“我在”之事例中，则尚须有内的直观，此主观必须就内的直观——即时间——规定之也。唯其如是，故欲规定此主观，则外的对象绝不可缺；因而谓内的经验自身之可能，仅为间接的，即仅由外的经验而可能者。

注二，吾人认知能力在经验中即在时间规定中之一切使用，完全与此定理相合。不仅吾人除由其与空间中之永恒者相关之“外的关系中之变易”（运动，例如与地球上之对象相关之太阳运动）以外，不能知觉时间中之任何规定，且吾人所能以实体概念根据其上之永恒者（所视为直观者）亦除物质以外，别无所谓

① 外的事物存在之直接的意识，在以上之定理中，非以之为假定之前提，乃视为已证明者，固不同此意识之可能性为吾人所理解与否也。至关于此意识之可能性之问题则如是：吾人是否仅具有一内感，无外感，而只为外的想象。但即欲想象某某事物为外的——即呈现之于直观中之感官——吾人必须先已有一外感，且必须由之直接的使外的直观之感受性与“为想象力所有特质”之自发性相区别，其事甚明。盖若吾人仅应想象一外感，则应为想象能力所规定之直观能力，其自身将被否定矣。

永恒者；且此永恒性，亦非由外的经验得来，乃先天的预行设定之为时间规定之必然的条件，亦即先天的预行设定之为——就其由外的事物之存在以规定吾人自身之存在——内感之规定。在“我”之表象中，关于我自身之意识并非直观，纯为一思维的主观自发性之智性的表象。故此“我”并不具有丝毫直观之宾词，此种宾词所视为永恒者，能用之为内感中时间规定之所依者。正与不可入性用为物质之经验的直观之所依者之方法相类。

注三，关于自我具有一定内容之意识其所以可能，须有外的事物之存在一事，并不自此事实即能推断外的事物之一切直观的表象，即包含此等事物之存在，盖外物之表象，颇能纯为想象力之所产（如在梦中及幻想中）。此种表象纯为以前所有外的知觉之再生，至此外的知觉，则如以上所说明，仅由外的对象之实在而可能者。吾人此处所欲证明者，乃普泛所谓内的经验仅由普泛所谓外的经验而可能之一点耳。至某一经验是否纯为想象的，则必自其特殊之规定及由其与一切实在的经验之标准相合而辨知之者也。[1]

〔1〕此一段结论乃第二版所增加者。

***

最后关于第三公准，其所关涉者乃存在中之实质的必然性，而非概念联结中之纯然方式的逻辑的必然性。盖因感官之任何对象之存在，不能完全先天的知之，而仅比较为先天的，与其他先已授予之存在相关而认知之；且即如是，又因吾人仅能到达所视为“必须包含在经验之前后联结中某一部分内”（此所与知觉即经验之一部分）之一类存在，故存在之必然性，绝不能自概念知之，而仅由依据经验之普遍的法则与已知觉者相联结而认知之。顾除依据因果律自所与原因而有结果之存在以外，无一存在能知其为必然在其他所与现象之条件下而存在。故吾人所能知其必然存在者，非事物（实体）之存在，仅此等事物所有状态之存在；而事物状态之存在所有此种必然性，吾人仅能自知觉中所与之其他状态，依据因果之经验的法则认知之。因之可谓为必然性之标准，唯存在可能的经验之法则中，此即“一切发生之事物，由其在现象领域中所有之原因，先天的规定之”云云之法则。于是吾人所知之必然性，仅为自然中其原因已授予吾人所有此等结果之必然性，而“存在”中所有之必然性性质，不能推广至可能的经验领域以外，且即在此领域中，亦不能适用于“所视为实体之事物”之存在，盖实体绝不能视之为经验的结果——即不能视之为出现及发生者也。故必然性仅与合于“因果之力学的法则”之现象关系，及根据此法则能先天的自一所与存在（因）推论至其他存在（果）之可能性等相关。“一切发生之事物，假设为必然的”云云，乃使世界一切变化从属一法则——即从属必然的存在之规律——之原理，无此法则，则世界将不能有名为自然者矣。故“无一事物由盲目的偶然性发生”（in mundo non datur casus）云云之命题，乃自然之先天的法则。“自然中之必然性，无一为盲目的，常为条件所规制，故为可以理解之必然性”（non datur fatum）云云之命题，亦同一为自然之先天的法则。二者皆为由之使变化之进行、从属于“**事物之本质**”（即视为现象之事物之本质），盖即从属于悟性之统一之法则，盖唯在悟性之统一中，事物始能属于一经验，即属于现象之综合的统一。二者又皆属于力学的原理。前者实为因果性原理之归结，即属于经验之类推者。后者乃形象之原理；但此形象当其增加必然性之概念于因果规定之上时，其自身从属悟性之规律。连续性之原理，禁止在现象系列中有任何突飞，即禁止有突变（in mundo non datur saltus）；且就空间中一切经验的直观之总和，又禁止在两现象之间有任何间隙或裂痕（non datur hiatus）；因而吾人可表现此命题为：凡证明空隙，乃至容认空隙为经验的综合之一部等事，皆不能入经验中。盖就空隙而言，可视为存在于可能的经验范围以外，即存在世界以外者，故此种问题不属纯然悟性之裁决范围以内——悟性仅裁决使用所与现象以得经验的知识之问题。此为对于——出可能的经验之范围以外以求判决围绕经验及限制经验之事物之——“理想的理性”之问题；故应在先验的辩证论中考虑之。至以上四命题（in mundo non datur hiatus，non datur saltus，non datur casus，non datur fatum）与具有先验的起源之一切原理相同，吾人极易按其顺序展示之，即依据范畴之顺序，各予以适当之位置。但今读者已充分熟练，当能自为之，即当能极易发现如是处理之指导原理。此四命题在以下一点，则完全一致，即在经验的综合中，凡能破坏或阻碍悟性及“一切现象之连续的联结者”——即破坏阻碍悟性概念之统一者——皆在所不容。盖一切知觉必须在其中占有位置之经验之统一，唯在悟性中始可能者也。

研讨可能性之范围是否大于包含一切现实性之范围，包含一切现实性之范围，是否大于其为必然的事物之总数，实引起需要综合的解决颇为微妙之问题，但此等问题，唯属于理性之裁决范围内。盖此等问题实等于探究“视为现象之事物”，是否一切皆属于一“唯一的经验”之总和及其衔接联结，一切所与的知觉皆为其一部分，此一部分，不能与任何其他现象系列相联结，抑或我之知觉在其普泛的联结中能属于“一以上之可能的经验”。悟性依据感性及统觉之主观的方式的条件，对于普泛所谓经验先天的制定“唯一使经验可能”之规律。空间时间以外之其他直观方式，思维（即经由概念而来之知识）之论证的方式以外之其他悟性方式，即令可能，吾人亦绝不能使其能为吾人自身所考虑所理解；

且即假定吾人能考虑之而理解之，此等方式仍不能属于经验——经验为对象所由以授予吾人之唯一种类之知识。至属于吾人全部可能的经验之知觉以外之其他知觉，以及全然相异之物质界能否存在，则非悟性所能决断之者。悟性仅能处理所授予吾人之事物之综合。加之，通常所由以开辟可能性之极大疆域——一切现实的事物（经验之对象）仅为其一小部分——之推论，其枯窘无力，彰彰明甚。“一切现实的事物为可能的”；自此命题依据逻辑之换位法，当然随之而有“某某可能的事物为现实的”之特殊命题；顾此命题颇似含有“更有许多非现实之可能的事物”之意义。此根据于“欲构成现实的事物必须增加某某事物于可能的事物之上”，其外观颇似吾人有正当理由扩大可能的事物之数目在现实的事物以外。但此种增加于可能的事物上之进程，我绝不容许。盖所应增加于可能的事物者，即超越可能的事物，殆属不可能。其所能增加者，仅为与“我所有悟性”之关系，即在与经验之方式的条件一致之上，应增加与某某知觉之联结。但依据经验的法则与知觉相联结者（即令非直接的知觉之者），皆为现实的。尚有其他现象系列彻底与知觉中所与者相联结，因而有一以上之“包括一切”之经验可能云云，绝不能自所与者推论而来；更不能离一切所与者而有此种推论——盖无一切所与者之质料则无所能思维之事物。凡在“某自身亦不过一可能的”之条件下可能者，则此事物非在**一切方面**皆为可能者也。当研讨事物之可能性是否超越经验所能及之范围时，此种绝对的可能性即成为问题矣。

我举此等问题仅在不欲省略通常所列在悟性概念中之事物耳。但绝对的可能性——即在一切方面皆有可能效力者——实际并非纯然之悟性概念，且绝不能经验的使用之。此专属于——超越悟性之一切可能的经验使用之——理性。故吾人自应以此等等批判为即已满足，非至其更进一步论究之适当机缘，应暂为搁置。

在终结此第四项以及纯粹悟性之一切原理体系以前，我必须说明所以名形象原理为公准之故。我解说此名词与近时某某哲学著作者所用之意义不同，彼等曲解其固有之数学的意义，即以为设准，其意义乃指以一命题为直接正确，而无须以理由使之成为正当或证明。盖处理综合的命题，吾人若应承认其为具有无条件之效力，仅以“其自身所有主张”之明显自明为证明，而无须演绎，则不问此等命题如何明显自明，而悟性之一切批判则已放弃矣。且因不乏狂妄之主张，而此等主张又为共信所支持（虽无保障其为真理者），故悟性易为一切妄想所侵入，对于“虽不正当但以同一确信之口调迫令吾人承认其为现实的公理”之主张，每无术拒绝赞同。是以凡在“先天的规定”综合的加于事物之概念时，即不提供证明，至少亦应提供此种主张所以合法之演绎，此实为绝不可欠缺者。

但形象之原理，并非具有客观性之综合的原理。盖可能性、现实性、必然性之宾词，并不丝毫扩大其所肯定之概念，即对于对象之表象，并不丝毫有所增益。但因此等宾词仍为综合的，唯仅为主观的综合而已，即此等宾词以——概念所自来及其所在处之——认知能力加于（某某实在的）事物之概念，否则此等宾词对于事物概念不能有所陈述。故若一事物概念仅与经验之方式的条件相联结，即纯在悟性中者，其对象名为可能的。事物概念若与知觉相联结——即与感官所提供为质料之感觉相联结——经由知觉而为悟性所规定者，则其对象为现实的。又若事物概念由依据概念之知觉联结所规定者，则其对象名为必然的。是以形象之原理对于一概念绝无所陈述，唯以——概念所由以生之——知识能力之活动系属于概念。顾在数学中之公准，其意义实为只包含

“吾人由之始能授予吾人对象及产生其概念”之综合一类实践的命题，例如以一所与线自所与点在平面上作一圆形等是也。此种命题实不能证明者，盖因其所需之程序正为吾人由之始能产生此一圆形概念之程序。以此同一权利，吾人以形象之原理为公准，盖以形象原理对于吾人事物之概念①并不有所增益，而仅在展示概念与知识能力相联结之方法而已。

***

原理体系之全部要点[1]

一事物之可能性，不能仅自范畴规定之，以及欲展示纯粹悟性概念之客观的实在性，吾人必须常具有直观云云，此为最值得注意之事实。今以关系之范畴为例。①某某事物如何能只为主体存在，而不为其他事物之纯然规定，即一事物如何能为实体；②如何因有某一事物存在，别一事物必须存在，即一事物如何能为原因；③当种种事物存在时，如何因有其中之一存在，某某事物乃与其他事物有关，继之而起，反之亦然，即彼此交相继起，且如何以此种方法能有实体之共同相处关系，此皆不能仅自概念规定之者也。此亦同一适用于其他范畴；例如一事物如何能等于事物集合之数，即如何能成为量。在缺乏直观时，吾人并不知是否吾人由范畴思维对象，是否在任何处所实有对象适合此等范畴。由此等等观之，吾人所能确定者，范畴自身并非知识，而纯为自所与直观以构成知识之“思维方式”。

据此同一理由可推断，自纯然范畴不能构成任何综合的命

① 由事物之现实性，我确设定其在可能性以上者，但不在事物中耳。盖包含在事物之现实性中者，绝不能较之包含在其完全之可能性者以上。但在可能性，纯为设定事物与悟性相关（在其经验的使用中），而在现实性，则事物同时又与知觉相联结。

题。例如吾人不能谓在一切存在中有实体（即其仅能为主体存在而不能为宾词之某某事物）；或一切事物为量等等。盖若缺乏直观，则无“能使吾人出所与概念以外，而使此概念与其他概念相联结”之事物。故纯自纯粹概念以证明综合的命题——例如一切偶然存在之事物皆有一原因云云——曾无一人能有所成者也。盖吾人仅能证明无此种关系（按即因果关系），吾人即不能理解偶然性之存在，即不能先天的由悟性以知此种事物之存在，舍此不能更进一步——但由此证明，并不能推断此种关系亦即物自身所以可能之条件。读者如反思吾人关于因果原理之证明——凡发生之一切事物，即“事件”皆预想有一原因云云——彼即见及吾人仅能就可能的经验之对象，证明此原理；且即如是，亦非自纯粹概念证明之，仅以之为经验所以可能之原理，因而以之为在经验的直观中所与对象之知识之原理。吾人当然不能否认“一切偶然之事物必有原因”之命题，一切人许其纯自概念证明之。但斯时，偶然事物之概念已被解作非包含形象之范畴（即能思维其不存在之某某事物），而为包含关系之范畴（即“其能存在仅为其他某某事物之结果”之某某事物）；此命题斯时当然为——“其仅能为结果存在之事物皆有一原因”——之自同命题矣[①]。就实际言，当吾人须举引偶然的存在之例证时，必常求之于变化，非纯然求之于“能思维其相反方面”之可能性。顾变化乃一种“事件”，就其本身言，仅由原因而可能者；故其不存在，在其自身

① 吾人能极易思维物质之不存在。但古人并不自此而推论其偶然性。且即自一事物所与状态之存在转移至不存在之变易——此为一切变化所由之而成者——亦并不根据其相反者之实在性而证明此一状态之为偶然性。例如一物体在运动以后之必为静止，并不因与静止状态相反而证明运动之为偶然性。盖此种相反，仅逻辑的与其他事物相反，而非实在的相反。欲证明其运动之为偶然性，吾人应证明在前运动时点中物体在其时即已有不运动而静止之可能，并非运动后之静止；盖在运动后之静止之事例中，二相反者彼此间固绝无矛盾也。

乃可能之事。易言之，吾人由“某某事物其能存在仅为一原因之结果”云云之事实，以认知偶然性；故若一事物已假定为偶然的，则谓其有原因，实为一分析命题。

为欲理解事物之可能性与范畴相一致，因而证明范畴之客观的实在性，则吾人不仅需要直观，且常需外的直观，此为更堪注意之事。例如吾人就关系之纯粹概念言，吾人发现①为欲得与实体概念相应之直观中所有永恒的某某事物，因而证明此实体概念之客观的实在性，吾人需要空间中（物质之）直观。盖唯空间被规定为永恒的，而时间以及在内感中之一切事物，则在永久流转中。②为欲展示变化为“与因果概念相应”之直观，吾人必须以运动——即在空间中之变化——为吾人之例证。仅以此种方法，吾人始能得变化之直观，盖变化之可能性，绝不能由任何纯粹悟性领悟之者也。盖变化乃矛盾对立之规定，联结在同一事物之存在中。顾自事物之一所与状态有其相反状态应随之而起云云，此不仅无例证不能为理性所考虑，且若无直观，实为理性所不能理解者。其所需要之直观，则为空间中点之运动之直观。点在种种不同位置中之存在（视为相反规定之继起），乃唯此始对于吾人产生一变化之直观者。盖吾人为欲以后使内的变化同一可以思维，则吾人必须譬喻的表现时间为一直线，及经由引长此直线（运动）之内的变化，于是以此种方法，由外的直观，使吾人自身在种种状态中之继续的存在，可以理解。至其理由，则为一切变化如应知觉其为变化，皆以直观中永恒的某某事物为前提，以及在内感中则并无永恒的直观可以见及。最后，共同相处关系之范畴之可能性，唯由理性不能理解之；因而其客观的实在性，仅应由直观——实仅由空间中之外的直观——规定之。当种种实体存在时，自一实体之存在，某某事物（所视为结果者），乃能与其他实体之存在有关随之而起，且各实体皆交相如是；易言之，因在一实体中有某某事物，在其他实体中亦必须有——纯由此等其他实体之存在所不能理解之——某某事物，凡此吾人果如何思维其为可能？盖此即共同相处关系之所必需者；共同相处关系不能考虑为保有在其每一事物由其实体性各完全孤立之事物间。莱布尼兹在其以共同相处关系归之视为唯由悟性所思维之“世界之实体”，故不得不乞求神在其间媒介调处。盖正如莱氏之所见及者，实体之共同相处关系完全不能考虑为纯自实体之存在发生。但若吾人在空间中——即在外的直观中——表现此等实体，则吾人即能使——视为现象之实体之——共同相处关系之可能性，完全可以理解。盖表现之空间则在其自身中已先天的包含——为“活动及反动之实在的关系所以可能”之条件，因而为“共同相处关系所以可能”之条件——之方式的外部关系。

所视为量之事物之可能性，及量之客观的实在性，仅能在外的直观中展示，以及仅由外的直观之媒介，始能亦应用之于内感云云，此亦同一易于说明者也。但为避免烦冗计，我不得不任读者自觅其例证耳。

凡此，等等所述极其重要，不仅证实吾人以前驳斥观念论之说，且当吾人由纯然内的意识，即由“吾人所有本性之规定”而不借外部经验的直观之助以论自我知识时，尤其重要——盖以此等等所述乃指示吾人以此种知识可能性之限界者也。

于是本节全部之最后结论如是：纯粹悟性之一切原理，仅为经验所以可能之先天的原理，而一切先天的综合命题，亦唯与经验相关——此等命题之可能性，其自身实完全依据于此种关系（按即与经验之关系）。

〔1〕此一节乃第二版之所增加者。

第三章
一切普泛所谓对象区分为现象与本体之根据

吾人今不仅探检纯粹悟性之疆土，审慎检查其一切部分，且亦测量其广狭大小，而与其中之一切事物以正当之位置。此领土实为一岛，为自然自身所包围，在其不可变动之眼界中。此为真理之乡——惑人之名词！——为广阔险恶之海洋所围绕，此海洋实为幻相之出处，其中海市蜃楼幻为远岸惑人，使冒险航海者永抱空愿，从事于其既不能罢，而又不能达之创业。在吾人冒险航海以探检海洋之一切方向及获得此种期望是否有任何根据之保证以前，应先一览所欲离去之乡土之地图，以研讨第一，吾人是否在任何事例，皆不能满足于此土之所有者——是否因无吾所能住居其他地域而不得不满足于此土；第二，乃至此种领土吾人以何种资格保有之且能安全抵拒一切相反之权利要求。对于此等问题，吾人在分析论之论究途程中虽已充分解答，但集注关于目前所有此等问题之种种意见，总合其答案而概论之，颇有助于增强吾人之信念。

吾人已见及悟性自其自身得来之一切事物，虽不假之经验，而在悟性之处理下亦仅用之于经验。纯粹悟性之原理，不问其为先天的构成的，如数学的原理，或纯为规整的，如力学的原理，仅包含所可名为可能的经验之纯粹图形。盖经验仅自——悟性在想象力之综合与统觉之关系中创始的自发的授之“想象力之综合”之——综合统一而得其统一；现象（视为可能的知识之资料），必须先天的与此种综合统一相关而与之一致。但此等悟性规律不仅先天的真实，且实为一切真理之源泉（即吾人知识与对象一致之源泉），盖因此等规律在其自身中包含——所视为一切知识之总和，唯在其中对象始能授予吾人之——经验所以可能之根据，故吾人不以仅说明真实之事理为满足，且亦要求说明吾人之所欲知者。是以自此种批判的研究，吾人若仅习知不过在悟性之纯然经验的使用中所有之事物，吾人固无须此种精密研究，在任何事例中即能实行之，则自批判的研究所得之利益，颇似不足偿其劳。其能确实答复此点者则为：在努力扩大吾人之知识中，好事之好奇心，实较之在研究以前常预求其效用之事前证明一类习惯为害小多矣——此为一种误谬要求，盖在研究未完成以前，效用即在目前，吾人对于此种效用亦不能有丝毫概念。顾此种研究具有一种利益，即最钝感之习学者亦能理解而感其兴趣，其利益即在悟性专注于经验的使用而不反省其所有知识之源泉时，其所从事者，虽即圆满成就，但尚有一极重大之事业为其所不能成就，即规定悟性使用之限界，及认知何者属于其所固有之范围内，何者属于其范围外是也。此正需要吾人所创立之深邃研究。悟性在其经验的使用中，如不能辨别某某问题是否在其水平线以内，则悟性绝不能保障其所有权利主张，即保障其所有，且必须在其超越固有之领域而汩没其自身于无根据及误谬之意见中时（此为必不可免而常发生者），准备时有消沉之幻灭感想。

“悟性仅能以经验的方法使用其种种原理及种种概念，而不能先验的使用之”云云之主张，如为所能确知之命题，则将产生重大之效果。在任何原理中，概念之先验的使用，乃概念应用于普泛所谓事物及物自身；经验的使用，则为概念仅应用于现象，即应用于可能的经验之对象。故概念之后一使用为唯一能实行之事云云，自以下之论究明显证明之。盖吾人在一切概念中所要求者：第一，普泛所谓（思维之）概念之逻辑的方式；第二，“与概念以其所能应用之对象”之可能性。在缺乏对象时，则概念虽仍包含——“自呈现之资料以构成概念”所需要之——逻辑机能，但并无意义而完全缺乏内容。顾除直观以外，不能以对象授予概念；盖虽纯粹直观能先天的先于对象，但此种直观之能得其对象以及其客观的效力，亦仅由“纯粹直观为其方式之经验的直观”。故一切概念及一切原理，即令其为先天的可能者，亦与经验的直观——即为可能的经验之资料者——相关。概念一离此种关系，即无客观的效力，就其表象而言，则纯为想象力或悟性之游戏而已。例如数学之概念，首应在其纯粹直观中考虑之。如空间有三向量；两点之间仅能有一直线，等等。一切此类原理及数学所论究之一类对象之表象，虽皆完全先天的心中所产生，但吾人若不能常在现象中——即在经验的对象中——呈现其意义，则此等原理及表象即毫无意义。故吾人要求仅仅的概念成为可感知者，即在直观中呈现有一对象与之相应。否则概念将如吾人所谓之无意思，即毫无意义矣。数学家以构成图形适合此种要求，此种图形虽先天的产生，实为呈现于感官之现象。数学中所有量之概念，在数目中求其支持及其感性的意义，而数目又在所能呈现于目前之手指、算珠、条及点中，求其支持及感性的意义。概念自身，其起源常为先天的，故自概念引来之综合的原理及方式，亦皆为先天的；但其使用及其与“所称为其对象”之关系，终极仅能在经验中求之至经验之所以可能，则概念实包含其方式的条件。

一切范畴及自范畴而来之原理，其情形亦复如是，此自以下之论究见之。吾人如不立即推求之于感性之条件及现象之方式——现象为范畴之唯一对象，因而必须受其限制者——则绝不能以实在形象规定任何范畴，即不能使其对象之可能性为吾人所理解。盖若除去此条件，则一切意义——即与对象之关系——皆消失；吾人由任何例证亦不能理解此概念究指何种事物而言也。〔1〕

普泛所谓量之概念，除谓之为吾人由之能思维其中所设定者为若干倍单位之“事物之规定”以外，绝不能说明之。但此若干倍乃基于继续的重复，因而基于时间及“时间中之同质者之综合”。与否定相反之实在，仅在吾人思维时间（视为包含一切存在）或为存在所充实或视为空虚时，始能说明之者也。我若除去永恒性（此为在一切时间中之存在），则所存留于实体之概念中者，仅有一主体之逻辑的表象——此一种表象，由于吾人表现某某事物仅能为主体存在，绝不能为宾词，而努力使之现实化者。但不仅我不知此种逻辑上优越一切之事物（按即实体）由之能归属任何事物之“任何条件”；且我亦不能以此概念有任何用处，更不能自此概念有丝毫推论。盖在此等情形下，实无对于此概念之使用所规定之对象，因而吾人不知此概念是否指示任何事物。又若我在原因概念中除去——某某事物在其中依据规律继其他某某事物而起之——时间，则我在纯粹范畴中所见及者，仅有此乃“吾人由之能推断其他某某事物之存在”之某某事物而已。在此种事例中，不仅吾人不能辨别因果，且因作此推论之能力其所需要之条件为吾人所不知，故此概念关于如何应用于对象一点，实不能有所指示者也。所谓“一切偶然的事物皆有一原因”云云之原理，貌似尊大，一若自有其至高之尊严者。但若我叩其所谓偶然者意义究何所指，公等必以“其不存在乃属可能之事”云云相答，我极愿知公等如不表现现象系列中之继续及其中继不存在而起之存在（或继存在而起之不存在），即变易，则公等何以能规定其不存在之可能性。盖若谓事物之不存在，并不自相矛盾，实乃妄引——虽为概念所必需而远不足用之于实在的可能性之——逻辑的条件。我能在思维中除去一切存在之实体而不自相矛盾，但我不能自此点以推实体在存在中所有之客观的偶然性，即不能推论实体之不存在乃属可能之事。至关于共同相处关系之概念，则极易见及因实体及因果之纯粹范畴不容有“规定对象”之说明，故关于实体相互之关系中（Commercium）所有互为因果之事，亦不容有任何此种说明之可能。在可能性、存在性及必然性之定义仅在纯粹悟性中寻求时，则除同义异语重复说明以外，绝不能说明之者也。盖以概念之逻辑的可能性（即概念不自相矛盾）代事物之先验的可能性（即有对象与概念相应），仅能欺思想简单之人而使之满足耳。①〔2〕

自以上所论之一切，必然有以下之结论，即纯粹悟性概念绝不容许有先验的使用，而常限于经验的使用，以及纯粹悟性之原理，仅能在可能的经验之普遍的条件下适用于感官之对象，绝不能适用于——与吾人所能由之直观彼等之形象无关之——普泛所谓事物。

因之，先验的分析论引达以下之重要结论，即悟性之所能先

① 一言以蔽之，如除去一切感性的直观——此为吾人所有唯一种类之直观——则此等概念以任何方法亦无一能证实其自身，即不能证明其实在的可能性。斯时所留存者，仅有逻辑的可能性，即仅此概念，或思维可能耳。但吾人之所论究者并不在此，而在概念是否与对象相关，因而指示某某事物与否也。

天的成就者，至多亦仅预知普泛所谓可能的经验之方式。且因非现象之事物不能成为经验之对象，故悟性绝不能超越此等“对象唯在其中始能授予吾人”之感性限界。悟性之原理，纯为说明现象之规律；其妄以为以系统的学说之形式提供普泛所谓事物之先天的综合知识（例如因果律）之本体论夸耀名称，必须代以纯粹悟性分析论之谦抑名称。

思维为使所与直观与一对象相关之活动。此种直观形象如绝不能授予吾人时，则其对象纯为先验的，而悟性概念亦仅有先验的使用，即仅为“关于普泛所谓杂多之思维之统一”。故由“其中抽去感性直观一切条件——此为吾人所可能之唯一种类之直观——之纯粹范畴”，绝无对象为其所规定。斯时仅按种种形象，表现“关于普泛所谓对象”之思维而已。顾概念之使用包括——对象由之包摄于概念下之——判断作用，因而至少包括——某某事物在其下始能在直观中授予之——方式的条件。如缺乏此种判断条件（图形），则一切包摄之事皆成为不可能矣。盖若如是，则绝无能包摄于此概念下之事物授予吾人。故范畴之纯然先验的使用，实际绝无使用，且亦无确定的对象，乃至在其纯然方式中所能规定之对象亦无之。是以有以下之结论，即纯粹范畴不足为先天的综合原理，以及纯粹悟性之原理仅有经验的使用，绝不能有先验的使用，以及在可能的经验范围以外，不能有先天的综合原理等等是也。

故如以下所言，实最适切。纯粹范畴一离感性之方式的条件，则仅有先验的意义；但又不能先验的使用，以此种使用，其自身即为不可能者，盖在判断中所使用之一切条件，皆为此等范畴所无，即绝无包摄“任何所可称为对象者”在此等概念下之方式的条件。盖因斯时以其纯为纯粹范畴，不应经验的使用，且又不能先验的使用，故当离去一切感性时，此等范畴即绝无使用之处，即不能应用之于任何所可称为对象者。此等范畴乃关于普泛所谓对象之“悟性使用——即思维——之纯粹方式”；但因范畴仅为悟性之方式。故仅由范畴绝无对象能为所思维或为所规定也[3]。

但吾人在此处将陷于所难避免之幻想中矣。盖就范畴之起源而言，范畴与直观之方式空间时间不同，并不根据于感性；故范畴似容许有推及感官所有一切对象以外之应用。但就实际言，则范畴仅为思维之方式，包含“先天的联结直观中所与杂多在一意识中”之纯然逻辑的能力；故一离吾人所可能之唯一直观，则范畴之意义尚不如纯粹感性的方式所有之意义。盖由此等感性的方式，至少有一对象授予吾人，而联结杂多之形象（此为吾人悟性所特有之形象）则在缺乏——杂多在其中始能授予吾人之——直观时，竟绝无意义可言者也。同时，吾人如名所视为现象之某某对象为感性存在体（现象），则因斯时吾人辨别“吾人由之直观对象之形象”与属于物自身之性质不同，在此区别中含有吾人将后者——就其自身所有之性质考虑吾人虽并不如是直观之——与前者（感性体）对立，即吾人以“非吾人感官之对象，仅由悟性思维其为对象者之其他可能的事物与前者（感性体）相对立，吾人因名后者为悟性存在体（本体）。”于是问题起矣，吾人之纯粹悟性概念是否关于后者具有意义，因而能成为认知后者之途径。

但在此问题开始之时，即到达足以引起异常误解之晦昧之点。悟性在某关系中名对象为现象，同时离去此种关系，又形成一对象自身之表象，因而表现其自身亦能构成“此种对象之概念”。且因悟性在范畴以外不再有本源的概念，故复假定对象自身至少必须由此等纯粹概念思维之，因而误以悟性存在体之完全不确定概念（即在吾人之感性以外普泛所谓某某事物之不确定概念）为由悟性以某种纯粹直悟的方法可以认知之一类存在体之确定概念。

吾人如指一事物在其非吾人感性的直观对象，因而抽去吾人直观此事物之形象之限度内，名为本体，则此为消极的意义之本体。但若吾人以本体为非感性直观之对象，因而预想一特种之直观形象，即智性的直观，此非吾人所具有，且即其可能性吾人亦不能理解之者，则此殆为积极的意义之本体。

感性论，亦即为消极的意义之本体论，即"悟性必须不与吾人之直观形象相关而思维之，因而以之为物自身而不以之为现象之一类事物"之学说。同时悟性亦深知以此种方法，即离去吾人所有直观形象以观察事物，则悟性绝不能使范畴有任何用处。盖范畴之具有意义仅在与空间时间中直观之统一相关；乃至范围能由先天的普泛的联结之概念以规定此种统一，亦仅因空间时间之纯然观念性。在时间统一所不能见及之处，即在本体之事例中，范畴之一切使用——即范畴之全部意义——皆完全消失；盖斯时吾人无术规定"与范畴一致之事物"是否可能。关于此一点，我仅需读者参考前章所附录之全部要点之开始部分我所论述者。一事物之可能性，绝不能纯由其概念不自相矛盾云云证明之，唯由其为某某相应之直观所支持，始得证明之。故吾人若企图适用范畴于"所不视为现象之对象"，则吾人须假设一种感性以外之其他直观，于是其对象将为积极的意义之本体。但因此种形态之直观——即智性的直观——不属于吾人之知识能力，故范畴之使用，绝不能推及经验之对象以外。有与感性体相应之悟性体自无疑义，且亦能有与吾人所有感性之直观能力毫无关系之悟性体，但吾人所有之悟性概念，纯为吾人所有感性的直观之思维方式，故绝不能适用于此种悟性体。是以吾人之所名为本体者，必须以之为此种仅属消极意义之事物。

我若从经验的知识中除去（由范畴之）一切思维，则无任何对象之知识存留。盖仅由直观，则绝无为吾人所思维之事物，且此感性之激动在我内部中一事，并不就此即等于此等表象与对象之关系。反之，我若除去一切直观，则尚留存思维之方式——即对于可能的直观之杂多，规定其对象者之形象尚留存。因之范畴能扩大及于感性的直观以外，盖范畴乃思维普泛所谓之对象而不顾及“对象所由以授予之特殊形象（感性）”。但范畴并不因之规定更大之对象范围。盖吾人若不先假定感性以外其他种类之直观之可能性，则吾人绝不能主张此种对象能授予吾人；顾吾人又绝无资格以假定此种直观。

一概念之客观的实在性，如绝不能为吾人所知，但此概念并不包含矛盾，且同时又与——包含此概念所限制之所与概念之——其他知识相联结，则我名此概念为“想当然”者。本体之概念——即由纯粹悟性所不应思维为感官之对象而思维为物自身之概念——绝不矛盾。盖吾人不能主张感性为唯一种类可能之直观。加之，欲防阻感性的直观扩大及于物自身，即制限感性的知识之客观的效力，本体概念实所必需。此留存之事物为感性的知识所不能适用者，即名为本体，盖在展示此种感性的知识不能扩大其领域及于悟性所思维之一切事物耳。但吾人仍不能因之理解本体之何以能成为可能，且现象范围以外之领域，在吾人实等于空虚。盖即谓吾人虽具有或能推展及于感性领域外之悟性，但并无——对象由之能在感性领域外授予吾人及悟性由之能在此领域外现实的运用——之直观，且此概念亦无之。是以本体概念纯为一限界概念（Grenzbegriff），其作用在抑止感性之僭妄；故仅有消极的使用。同时，此本体概念并非任意空想之所产；虽在感性领域以外不能积极的有所肯定，但与感性之限界，实固结而不可分离者也。

故以概念别为感性的与悟性的，虽极确当，但若以对象区分为现象与本体，世界区分为感官世界与悟性世界，就其积极的意义言，则全然不能容认者也。盖对于本体及悟性世界之概念，并无对象能为所规定，因而不能主张其成为客观的有效。吾人若离去感官，则如何能使吾人理解吾人所有之范畴——此为对于本体所唯一留存之概念——仍复指示某某事物，盖因范畴与任何对象之关系，在纯然思维之统一以外，尚须有其他之某某事物授予吾人，即尚须有范畴所能适用之可能的直观。但若本体之概念仅用之于想当然之意义，则不仅可以容许，且为限制感性计，亦为万不可缺者。顾在此种事例中，本体实非吾人所有悟性之特种对象——即一**直悟的对象**；且此种对象所应属之悟性种类，其自身即为问题。盖吾人丝毫不能想象“能知其对象——非由范畴论证的知之，乃以非感性的直观，直观的知之——之一种悟性”之可能性。吾人所有悟性由此种本体概念之所得者，乃消极的扩大；盖即谓悟性不为感性所制限；且适得其反，由其应用本体之名称于物自身（所不视为现象之事物），悟性反制限感性。但在悟性制限感性时，同时亦制限其自身，认为悟性由任何范畴亦不能认知此等本体，故必须仅在“不可知者”之名称下思维之也。

在近代哲学家之著作中，我发现感性世界（mundi sensibilis）与悟性世界（mundi intelligibilis）之名词，其所用之意完全与古人不同——其意义固极易理解，但其结果纯为空费辞说，无当于事者也。据其用法，有若干哲学家以为宜以现象之总和，在其为吾人直观之限度内，名之为感官世界，在其为吾人依据悟性法则以思维之之限度内，名之为悟性世界。教授观察星空之观察的天文学，当说明前者（感性世界）；其依据哥白尼学说体系或牛顿之重力法则所教授之理论天文学，当说明后者（悟性世界）。[①]但此种曲解之辞，纯为伪辩的遁词；盖此乃由变更其意义适合吾人之方便、以期避免烦困之问题耳。悟性与理性二者固用之于处理现象；但所应解答之问题，则在对象不为现象（即为本体）时，悟性与理性二者是否尚有其他使用；而当对象被思维为直悟的，盖即谓思维为仅授予悟性而不授予感官之时，则对象实作本体解。故问题乃在悟性之经验的使用以外——乃至在牛顿之世界构成说中之悟性使用以外——是否尚有先验的使用之可能，此种先验使用乃用之于"视为对象之本体"者。吾人对于此一问题，则以否定答复之。

故当吾人谓感官表现对象如其所现之相，悟性则表现对象如其所有之相，后者所有之相云云，不应以此名词之先验的意义解之，仅应以其经验的意义解之，盖指对象必须被表现为经验之对象而言，即对象应表现为在彼此互相彻底联结中之现象，而不应表现为此等对象能离其与可能的经验（及与任何感官）之关系而为纯粹悟性之对象。此种纯粹悟性之对象，永为吾人所不能知者；乃至此种先验的或异常的知识，是否在任何条件下可能，亦绝不能为吾人所知——至少此种知识与属于吾人所有通常范畴之知识，是否同为一类，非吾人所能知。悟性与感性之在吾人，仅在此二者联合行使时，始能规定对象。吾人如分离此二者，则有直观而无概念，或有概念而无直观——在此两种情形中，所有表

① 吾人绝不可用德国著作沿用之"智的世界"以代悟性世界（Mundus intelligibilis）之名词。盖唯知识始有智的或感觉的。所能成为某一种直观之对象者，则必须名之（虽不顺耳）悟性的或感性的。[4]

象，吾人皆不能以之应用于任何确定的对象者也。

在所有一切此种说明以后，如尚有人不愿废弃范畴之先验的使用者，则一任彼尝试自范畴以得综合命题。盖分析命题不能使悟性有所前进；诚以分析命题仅与“已包含在概念中者”相关，至此概念自身是否与任何对象有关，或仅指示普泛所谓思维之统一（完全抽去对象所由以授予吾人之形象），皆留待未决。悟性在其分析的使用中，仅在欲知所已存在概念中者；对于概念所能应用之对象，则非其所问。故其尝试必须以综合的及宣明的先验的原理行之，例如“凡一切存在之事物，或为实体而存在，或为属于实体之一规定而存在”，又如“一切偶然的存在之事物，皆为其他某某事物——即为其原因——之结果而存在”云云。顾此等概念不在其与可能的经验之关系中应用而应用之于物自身（本体）时，试问悟性能从何处获得此等综合命题？综合命题，常需第三者之某某事物为媒介，借以使彼此无逻辑的（分析的）类似之概念能互相联结，今试问在此处所有事例中，此第三者之某某事物果在何处？若不诉之于悟性之经验的使用，借此与纯粹的及非感性的之判断完全脱离，则此命题绝不能建立，且即此种纯粹主张之可能性，亦不能说明之。故“纯粹的及纯然悟性的对象”之概念，完全缺乏所以使其应用可能之一切原理。盖吾人不能思维此种直悟的对象所能由以授予吾人之任何方法。对于此等对象留有余地之想当然之思维，与虚空的空间相同，仅用为经验的原理之眼界，其自身并不含有——或启示——经验的原理范围以外之任何其他知识对象。

〔1〕在第一版此段及下段间尚有一段：

在以上论述范畴表时，吾人曾省免对于各范畴定义之责务，盖因吾人之目的仅在范畴之综合的使用，故无须此种定义；且吾人无须对于所能省免者负不必负之责任。在吾人以概念之若干属性，即能达其目的而无须详密列举所以构成完全概念之全部属性时，不从事定义，努力（或宣称）以求规定概念之完备精审，此非有所规避，实为一重要之智巧原则。但吾人今又感知此种审慎态度尚有其更为深远之根据。诚以吾人见及即欲为范畴定义，亦非吾人之所能。[①] 盖若吾人除去——所以标识范畴为可能经验的使用之概念者——感性之一切条件，而视范畴为普泛所谓事物之概念，即先验的使用之概念，则吾人之所能为者，仅有将判断中之逻辑机能视为物自身所以可能之条件，丝毫不能说明范畴如何能应用于对象，即范畴离去感性，在纯粹悟性中，如何能具有意义及客观的效力。

〔2〕在第一版以下尚有一段：

谓应有一种概念具有意义而又不能说明之者，其说颇奇，且不合理。但范畴则具有此种特殊情况，即仅借感性之普泛条件，范畴始能具有一定意义而与任何对象相关。顾在此种条件自纯粹范畴中除去时，则范畴所能包有者，仅为使杂多归摄于概念下之逻辑机能而已。仅由此种机能即概念之方式，吾人绝不能知及辨别何种对象属此概念方式，盖因吾人已抽去“对象由之始能归属此概念方式”之感性条件矣。因之，范畴在纯粹悟性概念以外，尚须有应用于普泛所谓感性之种种规定（图形）。一离此种应用，则范畴即非“对象由之而为吾人所知及与其他概念相区别之概念”，而仅为——思维“可能的直观所有之对象”，及依据悟性之某种机能（在所要求之更进一步之条件下），与对象以意义，即加对象以定义之——如是多形象。但范畴自身乃吾人所不能加以定义者。普泛所谓判断之逻辑机能——单一及多数、肯定及

① 此处乃指实在的定义而言，实在的定义并非仅用其他较易理解之语以代一事物之名称，乃包含——所定义之对象常能由之为吾人正确认知及使所说明之概念能实际应用——之明晰性质。故实在的说明，不仅使概念明晰，且亦使其客观的实在性明晰者也。如依据概念在直观中呈现其对象之数学的说明，即属此一种类之说明。

否定、主词及宾词——除陷于循环定义以外，皆不能加以定义者，盖因定义自身必为一判断，故必先已包含此等机能。是以纯粹范畴，在直观所有之杂多必须由此等逻辑机能之一思维之之限度中，不过普泛所谓事物之表象而已。量为仅能由“具有量之判断”（judiciicommune）思维之之规定；实在为仅能由肯定的判断思维之之规定；实体在其与直观相关中，必为一切其他规定之“终极主体”之事物。但“须此等机能之一而不须其他机能”之事物，果为何种事物，则完全悬而未决。故范畴一离感性直观之条件——范畴关于此等条件具有综合力——则与任何确定之对象无关系，因而不能加任何对象以定义，其身亦并不具有客观的概念之效力。

〔3〕以下四段自“吾人在此处将陷于难避之幻想”至“必须以之为此种仅属消极意义之事物”为止，在第一版中则为以下数段：

事象在依据范畴之统一思维其为对象之限度内，名为现象。但若我假设“其纯为悟性之对象，且能授之于‘非感性的一种直观’［即作为智性的直观之对象（coram intuitu intellectuali）而授予者］之事物”，则此等事物当名之为本体。

顾吾人必须切记以下之点，现象之概念为先验的感性论所制限，已由其自身证明本体之客观的实在性，而证实分对象为现象与本体，分世界为感性世界与悟性世界（mundus sensibilis et intelligibilis）之为正当，且其相异之处不仅在“关于同一事物吾人所有知识明晰不明晰之逻辑的方式”，乃在“两种世界由之始能在吾人知识中授予吾人”之方法不同，由于此种不同，二者自身乃有彼此种类之不同。盖若感官所表现于吾人之某某事物，纯为其所显现者，则此某某事物之自身亦必为一事物，且为非感性的直观——即悟性——之对象。易言之，其中并无感性，且唯一具有绝对客观的实在性之一种知识，必为可能之事。而对象则由此种知识表现为其所有之相，反之，吾人所有悟性之经验的使用中，事物之为吾人所知者，仅为其显现之相。设果如是，则吾人颇似不能保持吾人以前所有之主张，即不能谓由吾人悟性所生之纯粹知识，除为说明现象之原理以外，绝无他用，亦不能谓其即在先天的使用中，亦仅与经验之方式的可能性相关。反之，吾人应承认在范畴之经验的使用——此为感性的条件所制限者——以外，尚有纯粹的而又客观的有效之使用。盖有一完全与感官世界不同之世界展示于吾人之前，此乃“思维其为在精神中者（甚或直观之），因而为悟性所默想之最高贵对象之世界”。

吾人所有之一切表象确由悟性使之与某某对象相关；且因现象不过表象，故悟性使此等表象与“所视为感性直观所有对象之**某某事物**”相关。但此某某事物（如是所思维者）仅为先验的对象；所谓先验的对象乃指等于X之某某事物而言，关于此等于X之某某事物吾人绝无所知，且以吾人现今所有悟性之性质而言，亦绝不能有所知者，但以其为统觉统一之所依者，仅能为感性直观中杂多统一之用。由于此种统一，悟性联结杂多在一对象之概念中。唯此种先验的对象，不能与感官之资料分离，盖若分离，则无“由以思维此种对象”之事物矣。因之先验的对象其自身并非知识之对象，仅为在普泛所谓对象之概念下现象之表象而已——此一种概念能由此等现象之杂多规定之者。

正以此故，范畴并不表现“唯能授予悟性之特殊对象”，而仅——由感性中所授予之事物——用以规定先验的对象，此先验的对象乃普泛所谓某某事物之概念，盖欲因而在对象之概念下，经验的认知现象也。

吾人不满足感性基体，因而欲以“唯纯粹悟性能思维”之本体加之现象之上之原因，只如以下所述。感性（及其领域即现象界）自身为悟性所制限有一定限界，即并不与物自身相涉，而仅与——由于吾人之主观的性质——事物所显现之形象相关。此为先验的感性论全部所引达之结论；由普泛所谓现象之概念当然亦能到达此同一结论，即“其自身非现象之某某事物”必须与现象相应。盖现象一离吾人之表象，就其自身言，绝不能成为何物。故除吾人永久陷于循环论以外，现象一语必须认为已指示与某某事物有关，此某某事物之直接表象，自为感性的，但此某某事物即令离去吾人所有感性之性质（吾人直观之方式即依据于此者），亦必为某某事物自身，即独立于感性以外之对象。

于是产生本体之概念。但此本体概念绝非积极的，且亦非任何事物之确定的知识，而仅指关于普泛所谓某某事物之思维，在此思维中我抽去属于“感性直观方式”之一切事物。但欲本体能与一切现象区别，指示一真实之对象，则仅使我之思维解脱感性直观之一切条件，尚嫌不足；必须具有主张——与感性直观不同，此一种对象能在其中授予吾人之——别一种类直观之根据。否则我之思维固无矛盾，但仍属空虚。且吾人从未能证明感性直感为唯一可能之直观，所证明者，仅感性直观之在吾人，则为唯一可能者耳。但吾人亦从未能证明别一种类直观之可能。因之，吾人之思维，虽能抽去一切感性，至本体之概念，是否纯为一概念之方式，抑或在脱离感性以后，尚有任何对象留存，此尚成为一公开之问题。

我所使普泛所谓现象与之相关之对象，乃先验的对象，即关于普泛所谓某某事物完全未规定其内容之思维。但此不能名为本体；盖我关于此事物之自身为何，绝无所知，且除视为普泛所谓感性直观之对象——即对于一切现象其自身常为同一之事物——以外，绝无关于此普泛所谓事物之概念。我不能由任何范畴思维之；盖范畴仅对于经验的直观有效，以范畴使经验的直观归属于普泛所谓对象之概念下故耳。范畴之纯粹的使用，在逻辑上当然可能，即无矛盾，但此并无客观的效力，因范畴在斯时已非应用于任何直观，即非以对象之统一与之直观。盖范畴纯为思维之机能，由此实无对象授予我者，我仅借之以思维“在直观中可授予吾人”之事物耳。

〔4〕第二版之所增加者。

附录
反省概念之歧义

自悟性之经验的使用与先验的使用混淆而起者

反省（reflexio）并非为欲直接自对象引取概念而与对象自身相涉者，乃吾人在其中开始发现“吾人由之始能到达概念之主观的条件”之心理状态。此为所与表象与吾人所有种种不同知识源流间所有关系之意识；且仅由此种意识始能正当规定种种知识源流之相互关系。在一切进论吾人所有之表象以前，首应质询之问题为：吾人所有之表象，究在何种认知能力中联结？表象所由以联结而比较者，为悟性抑为感官？有无数判断或由习惯而承受之者，或根据于个人倾向而发生者；但因无反省在其前，或至少无批判的反省在其后，乃以此种判断为起自悟性。一切判断固非皆需检验者（即注意于此一判断成为真理之根据），盖若判断为直接正确（例如两点之间仅能作一直线之判断），则证明此判断之具有真理者，殆莫过于判断自身矣。但一切判断，乃至一切比较，皆须反省，即皆须辨别所与概念所属之认知能力。我由以“使表象比较与表象所属之认知能力对立以及我由以辨别所互相比较之表象属于纯粹悟性抑或属于感性直观”之活动，我名之为先验的反省。概念在内心状态中所能发生之相互关系，为同一与差别、一致与相反、内部与外部以及被规定者与规定者（质料与方式）等等之关系。欲规定此种关系适当无误，全依于此一问题之解答，即此等概念主观的完全属于何种知识能力——属于感性抑属于悟性。盖知识能力之彼此相异，实使吾人由以思维此等关系之形象有大不同者也。

在构成任何客观的判断以前，吾人先行比较概念，欲求全称判断者，在其中寻觅（在一概念下数多表象之）同一点；欲求特称判断者，则寻觅差别点；欲求肯定判断者，则寻觅一致点；欲求否定判断者则寻觅相反点，等等。以此之故，吾人似应名以上所举之概念为比较之概念（conceptus comparationis）。但若问题不在逻辑的方式而在概念之内容——即事物本身是否同一或差别、一致或相反，等等——则因事物与知识能力能有二重关系，即与感性及悟性皆可有关系，故事物所属之位置（即属悟性抑属感性）实决定“事物由之彼此相属”之形象。因之，所与表象相互间之关系，仅由先验的反省——即由表象与两种知识能力（感性及悟性）之何种能力相关之意识——始能决定之。事物是否同一或差别、一致或相反等等，不能纯由比较（comparatio）立即自概念自身决定之，唯借先验的反省（reflexio），由辨别事物所属之认知能力始能决定之。吾人今可谓逻辑的反省纯为比较作用；盖因吾人绝不顾及所与表象所属之知识能力，故其种种表象限于其在心中占有位置，皆应以之为同一等级之事物。先验的反省则异是，盖因其与对象本身有关，包含“表象互相客观的比较”所以可能之根据，故与前一类型之反省完全不同。乃至此两种反省不属于同一之知识能力。此种先验的考虑实为凡对于事物欲构成先天的判断者所绝不能规避之义务。吾人今将从事于此，其关于规定悟性之实际任务，所得实非浅鲜也。

（一）同一与差别。一对象如常以同一之内的规定（质及量 quanlitas et quantitas）在种种机缘表现于吾人，斯时如以之为纯粹悟性之对象，则此对象常为同一之事物，即仅为一物（numerica identitas），而非多数之事物。但若此为现象，则吾人无须比较概念；盖即关于概念，绝无差异，而在同一时间中所有空间位置之差异，即足为对象——即感官之对象——之数的差别之根据。例如雨滴水，吾人能抽去其一切（质及量之）内的差异，仅由此雨滴水同时在不同之空间位置中为吾人所直观之事实，即有充分理由以之为两点而非一点之数的差异。莱布尼兹以现象为物自身，因而视为直悟体，即纯粹悟性之对象（虽因吾人关于此等事物所有之表象、性质混杂、莱氏仍名之为现象），在此种假定上，彼之无差别之同一律（principium identitatis indiscernibilium）确不能反对。但因现象为感性之对象，与之相关之悟性使用，非纯粹的而仅为经验的，故多数及数的差别由空间自身即外的现象之条件已授予吾人矣。盖空间之一部分，虽完全与其他部分相似相等，但仍在其他部分以外，即以此在外之故，为相异之部分，当此相异之部分与其他部分相加时，即构成一较大之空间。此关于同一时间在种种不同空间位置中之一切事物——虽其他之点皆相似相等——皆能以以上所述适用之。

（二）一致与相反。实在如仅由纯粹悟性所表现（realitas noumenon），则实在之间绝不能思及其有相反之事，即绝无“实在联结在同一主体时彼此相消其结果，而采取如 3-3=0 之形式。反之，现象中之实在者（realitas phaenomenon），则确能容许相反。当此种实在者联结在同一主体时，一方即可全体或一部分消灭他方之结果，例如在同一直线上之两种动力，在各自相反方向之一点或引或拒，又如快乐与苦痛之对消平衡。

（三）内部与外部。在纯粹悟性之对象中，凡与其自身相异之事物绝无关系者（限于就此对象之存在而言），纯为内的。但空间中之现象的实体（substantia phaenomenon）则大异于是；其内的规定只有关系，且其自身完全由关系所成。空间中实体之所以为吾人所知者，仅由于其在空间中某部分活动之力，或使其他对象接近之（引力），或制止其他对象透入之（拒力及不可入性）。除此以外，吾人实不知构成实体（显现在空间吾人所名为物质者）概念之任何其他性质。反之，若为纯粹悟性之对象，则一切实体必须具有内的规定及“属于其内的实在性”之能力。但除我之内感所能呈现于我者之外，尚有何种内的属性能为吾人在思维中容纳之？此等内的属性，必其自身为思维或类似思维之事物。以此之故，莱布尼兹以实体为本体，按彼所思维实体之方法，在实体中将凡可指示外的关系因而亦包括合成之一类事物，一律除去，因而使实体乃至物质之成分，皆成为具有表象能力之单纯主体——一言以蔽之，为单子（Monads）。

（四）质料与方式。此两种概念为一切其他反省之基础，与一切悟性之使用密结而不可分离者。其一（质料）指普泛所谓能被规定者，其他（方式）则指其规定者——二者皆为先验的意义，抽去所与事物中所有一切差别及其所由以被规定之形象。逻辑学者以前曾名普遍者为质料，特殊的差别为方式。在任何判断中，吾人皆可名所与概念为逻辑的质料（即判断之质料），概念间所有之关系（由于系辞）为判断之方式。在一切存在中，其构成的要素（essentialia）为质料，构成的要素所由以联结在一事物中之形象为基本方式。就普泛所谓之事物而言，亦复如是，未被制限之实在，被视为一切可能性之质料，其制限（否定）则被视为——一事物依据先验的概念所由以与其他事物相区别之——方式。悟性为使其能以一定形象规定任何事物，要求首先应有某某事物授予（至少在概念中）。因之在纯粹悟性之概念中，质料先于方式；以此之故，莱布尼兹首先假定事物（Monads）及事物中具有表象能力，使以后事物之外的关系及事物状态（即表象）之共同相处关系皆根据于此。在此种观点上，空间时间——前者由实体间之关系，后者由实体自身中所有规定之联结——有类因与果之关系而可能者。纯粹悟性若能直接与对象相关，空间时间若为物自身所有之规定，则实际必如以上所云云。但空间时间若仅为感性直观，吾人在其中规定一切对象纯为现象，则直观之方式（为感性之主观的性质）先于质料（感觉）；空间时间先于一切现象，先于经验所有之一切资料，且实为所以使现象（经验）可能者。以方式为先于事物本身，且为规定事物之可能性者，实为主智派哲学者所不能容受——在其以吾人直观事物（虽在混杂之表象中）如其实在之相之假定上，主智派之反对此说，自极正当。但因感性直观全然为一特殊之主观的条件，先天的存在一切知觉之根底中，为其本源的方式，故方式乃由其自身所授予，质料（即所显现之事物本身）远不能为方式之基础（吾人如仅从概念推论，则必判断质料为基础）；反之，质料自身之可能性，乃以“视为先已授予之方式的直观（时间空间）”为前提者也。

关于反省概念之歧义附注

我今姑名吾人所赋予概念之位置——或在感性中或在纯粹悟性中——为**先验的位置**。按概念用法之不同，判定一切概念所属之位置，及依据规律指导所以规定一切概念所处之特定位置者，则名为**先验的位置论**（die transscendentale Topik）。此种理论，在其就每一事例辨别概念正当应属之认知能力，实足提供一“制止纯粹悟性之僭窃使用及由之而起之幻想”之安全保障。吾人可名一切概念、一切论题（许多知识项目包括于其下者），为**逻辑的位置**。亚里士多德之**逻辑的位置论**，即根据于此，教师及讲演者皆能利用此逻辑的位置论，为使在所与之思维论题下，以求目前所有材料中之最适合者，于是貌似一贯，论述之雄辩之。

反之，先验的位置论，仅包含以上所举一切比较及区别所有之四项目。此等项目之所以异于范畴者，乃由于其并不依据所以构成对象之概念者（量、实在性）以呈现对象，乃仅用以在对象所有之一切杂多中，叙述表象（此为先于事物概念者）之比较耳。但此种比较，首先需要反省，易言之，需要规定“所比较之事物表象”所属之位置，即此等表象是否为纯粹悟性所思维者，抑为感性在现象中所授予者。

吾人能在逻辑上比较概念，无须顾虑其对象所属之能力，即无须顾虑其对象为属于悟性之本体，抑或为属于感性之现象。但若吾人欲以此等概念进达其对象，则吾人首必求助于先验的反省，以决定此等对象为何种能力之对象，为悟性之对象，抑为感性之对象。缺乏此种反省，则此等概念之用法，极不安全，发生所误想之综合原理，此等原理为批判的理性所不能承认，且纯为根据于先验的意义含混而来者，即以纯粹悟性之对象与现象相混是也。

以无此种先验的位置论，因而为反省概念之歧义所欺，莱布尼兹乃建立一**世界之智性的体系**，即彼信为纯由悟性及其思维之特殊的方式概念，以比较一切对象，即能获得事物内部性质之知识。吾人之反省概念表（按即同一与差别等等）实与吾人以所未期待之利益，即使莱氏体系所有一切部分中之特征，同时使其特有之思维方法之主要根据（此实根据于误解而来者）皆显现于吾人之目前。莱氏仅由概念以比较一切事物，所见及者当然除由悟性所由以区别其纯粹概念彼此间所有之差别以外，别无差别。感性直观之条件负有其自身所有之差别者，莱氏并不视之为本源的差别，盖在莱氏，感性仅为表象之混杂状态，而非表象之特殊源流。故就彼之见解而言，现象为物自身之表象。此种表象在逻辑的方式中实与悟性之知识大异，此为彼所承认者，盖由此等表象通常缺乏分析，以致混杂所附随之表象在事物之概念中，此种混杂，悟性知如何自概念中清除之者也。一言以蔽之，莱布尼兹使现象智性化，正与洛克按其悟性论（noogony）（如容我用此名称）之体系，使一切悟性之概念感性化——即将一切悟性概念说明为仅属经验的概念或反省所得之抽象的概念——相类。此两大哲学家并不以悟性及感性为两种不同之表象源流，唯二者联合始能提供事物之客观的有效判断，乃各执其一，视为与物自身直接相关者。至其他一能力则视为仅混乱此种特选能力所产生之表象，或则视之为整理此等表象者。

故莱布尼兹纯就悟性以比较感官对象而以之为普泛所谓之事物。第一，莱氏仅在对象应由悟性判断为同一或差别之限度内比较之。且因彼所见及者，仅为对象之概念，而非对象在直观中（对象仅在其中始能授予吾人）之位置，乃完全置此等概念之先验的位置于不顾（对象是否应列在现象中或为物自身），故彼自必以其无差别之同一律（此仅对于普泛所谓事物之概念有效者）推及于感官之对象（mundus phaenomenon），且彼信为由此大为增进吾人所有之自然知识。我如知一滴之水——在其所有一切内的规定中——为物自身，又如任何一滴水之全部概念与一切其他一滴水之概念统一，则我自不能容许任何一滴水与任何其他一滴水有所差别。但若此滴水为空间中之现象，则此滴水不仅在悟性中有其位置（在概念下），且在感性之外的直观中（在空间中）亦有其位置，而物理的位置则与事物之内的规定，固绝不相关者也。乙之一位置能包有"与甲位置中之某事物完全相类相等"之事物，此事之易于令人承受，正与事物内部一若彼此间永久如是相异之易于令人承受相同。位置之相异——无须更有条件——不仅使对象（视为现象者一）之多数及差别可能，且又使之成为必然者。故以上所称之法则（按即无差别之同一律）并非自然之法则。仅为"纯由概念以比较事物"之分析的规律耳。

第二，实在（视为纯粹的肯定）在逻辑上彼此绝无抵触之原理，若就概念之关系而言，固全然为一真实命题，但就自然或任何物自身而言，则绝无意义者也。盖其间实际的抵触，确曾发生；例如甲-乙=0之事例，即二实在联结在同一之主体中互相消除其效果。此由自然中所有一切障碍及反动之进程不绝呈现于吾人之目前者，因其依据于力，故必名之为实在的现象（realitatis phaenomena）。力学通论实能以先天的规律指示此种抵触之经验的条件，盖力学通论乃就力之方向之相反以说明之，而此种条件全然为"实在之先验的概念"所忽略者也。莱布尼兹虽未曾以以上之命题（按：即实在在逻辑上彼此绝无抵触）为新法则，但实用之为新主张，而其后继者则明显采入其莱布尼兹、沃尔夫学说之体系中矣。依据此种原理，一切害恶纯为"造物"所有制限之结果，即不过否定性而已，盖因与实在抵触者，仅有否定。（此就普泛所谓事物之纯然概念而言，固极真确，但就所视为现象之事物而言，则不然）。莱氏学徒又以联结一切实在在一存在体中而不惧其有任何抵触，不仅视为可能，且视为极自然者。盖彼等所唯一承认之抵触，仅为矛盾之抵触，诚以一事物之概念其自身将因此而消灭者也。彼等并不容认有交相侵害之抵触，在此种抵触中，两实在的根据各破坏其他实在的根据所有之效果——此一种抵触，仅在感性中所呈现于吾人之条件范围内，始能表现于吾人者也。

第三，莱布尼兹之单子论（die Monadologie）除其纯在与悟性之关系中表现“内部及外部之区别”所有彼之表现形象以外，绝无任何根据。普泛所谓实体必有其某种内部性质，故此内部性质解脱一切外部关系，因而亦非他物所合成者。故单纯性为物自身中内部所有事物之基础。但实体之状态中内部所有事物，绝不能由位置、形状、接触或运动所成（以此等规定，一切皆为外部关系），故吾人所能赋予实体之内的状态，除吾人所由以内向规定吾人之感官者——即表象之状态——以外，绝无任何内部状态。故此乃完成单子之概念者，盖单子虽用为构成全宇宙之基本原质，但除仅由表象所成之活动能力以外，并无其他活动动力，严格言之，此等活动力之效能，仅限于其自身中。

以此之故，莱氏之可能的交相作用之实体间共同相处关系之原理，自当为预定调和，而不能为物理的影响作用矣。盖因一切事物纯为局限于内部之事物，即其活动仅限于其自身所有之表象，故一实体之表象状态不能与其他实体之表象状态有任何有效之联结。故必须有第三者原因规定一切实体，因而使其状态彼此相应，且此非在各特殊事例中由偶然之特殊干预为之（systema assistentiae），乃由于——对于一切实体皆有效力——一原因理念之统一，此等实体自必同一在此原因理念之统一中，获得其存在及永恒性，因而亦必依据普遍的法则在此理念中获得其交相作用之相应性。

第四，莱布尼兹之空间时间说，使此等感性方式智性化，此全由于此先验的反省之同一谬见而来也。盖我若纯由悟性表现事物之外部关系，则此仅能由事物交相作用之概念表现之；又若我欲联结同一事物之两种状态，则此仅能在因果之秩序中为之。因之，莱布尼兹以空间为实体共同相处关系中之某种秩序，以时间为实体所有状态之力学的继起。空间时间之所视为具有其自身固有之性质而与事物无关者，莱氏则归之于其概念之混淆，因其混淆，使吾人以纯为力学的关系之方式，视为特殊的直观，独立自存而先于物自身者。故在莱氏，空间时间乃“物（实体及其状态）自身之联结”所有之直悟的方式；事物则为直悟的实体（substantiae noumena）。且因莱氏不容感性有其特有之直观形象，而将对象之一切表象——甚至并经验的表象——皆求之于悟性中，所留存于感官者，仅为紊乱“悟性之表象”而使之畸形等等可鄙之事业而已，故除以智性化之概念对于现象亦有效力以外，莱氏并无其他可遵由之途径。

但即吾人由纯粹悟性对于物自身能综合的有所言说（但此为不可能者），亦仍不能适用于现象，盖现象非表现物自身者。在论究现象时——根据先验的反省——我常不得不在感性之条件下比较我之概念；因之空间时间非物自身所有之规定，乃现象所有之规定。至物自身为何，非我所知，且我亦无须知之者，盖因事物除现象以外，绝不能呈现吾人之目前者也。

至其他之反省概念，亦应以同一之方法论究之。物质为现象的实体（substantia phaenomenon）。其内属物质之事物，我在物质所占据空间之所有一切部分中及物质所发挥之一切效果中求之，至此等事物之为外感现象，固无论也。故我绝不能有绝对的内部性质，而仅有相对的内部性质，且其自身亦为外部关系所构成者。至物质之绝对的内部性质，视为应由纯粹悟性所思维者，实不过幻影而已；盖物质非纯粹悟性之对象，至其能为吾人所名为物质现象之根据之先验的对象，则纯为吾人所不能理解（即令有人能教示吾人）之某某事物。盖吾人之所能理解者，仅为在直观中附随有与吾人言语相应之某种情状之事物。以吾人绝不能洞知事物内的性质为憾者，其意义如为吾人由纯粹悟性不能理解所表现于吾人之事物其自身为何，则此等抱憾极不合理。盖其所要求者，乃在吾人无须感官即能认知事物，直观事物，因而吾人须有与人类所有全然不同之知识能力，且其相异并非程度之差，就直观而言，实为种类之异——易言之，吾人应非人间而为“吾人并其是否可能亦不能言，至关于其性质尤非所知”之存在物。由现象之观察及分析，吾人深入自然之内部隐秘，绝无一人能言此种知识在时间中能推展至何种程度为止。但即以所有一切此种知识，且即令自然全部皆为吾人所知，吾人仍绝不能解答此等越出自然以外之先验问题。其理由则以并未授予吾人内感以外之直观，以观察吾人自身之心，而感性来源之秘密，则正在此心中也。感性与对象之关系，及此客观的统一之先验的根据为何，其为甚深隐秘之事绝不容疑，故吾人（关于吾人自身亦仅由内感知之，因而视为现象）绝不能以感性为发现现象以外某某事物之最适合之探讨工具——但吾人固渴望探讨此非感性之原因者也。

纯基于反省活动对于种种论断之批判，其所以有极大效用者，实在显露凡对于“仅在悟性中互相比较之对象”所有论断之绝无意义，同时又证实吾人之主要论点——即现象虽不视为物自身而包括在悟性之对象中，但现象为吾人所有知识对之能具有客观的实在性之唯一对象，易言之，关于现象实具有与其概念相应之直观者也。

吾人如在纯然逻辑形态中反省时，则吾人仅在悟性中比较概念，以观二者是否具有同一内容，二者是否矛盾，某某事物是否包含在概念中者抑或自外部所附加者，二者之中孰为“所与者”，孰仅用为思维“所与者”之形象。但我若应用此等概念于普泛所谓对象（先验的意义）而不规定此对象是否为感性的直观之对象，抑为智性的直观之对象，则在此——禁止其概念之有任何非经验的使用——所谓对象之观念中，立即启示其所有制限，且即由此事实证明“所视为普泛所谓事物之一种对象”之表象，不仅不充分，且当其无感性的规定而脱离任何经验的条件时，实为自相矛盾者。故结论只有二途，或必须抽去一切对象（如在逻辑中）；若容有对象，则必须在感性直观之条件下思维之。盖直悟的对象需要“吾人并未具有之全然特殊直观”，在缺乏此种直观时，则此种对象之在吾人实等于无，且现象之不能为对象自身，则又极为明显者也。顾我若仅思维普泛所谓之事物，则此等事物所有外部关系中之差别，自不能构成物自身之差别；反之，事物所有外部关系之差别，实以物自身之差别为前提者。又若一方之概念与他方之概念间并无内的差别，则我仅在不同之关系中，设定同一之事物。更进一步言之，增加一纯然肯定（实在性）于其他肯定上，实积极的增加肯定；绝不因此而有所消除或妨阻；故事物中之实在者，绝不能自相矛盾——以及等等。

***

就以上吾人之所说明者言之，反省概念由于某种误解，在悟性之使用上实有极大影响，甚至使一切哲学家中最优越者之一人陷入于虚妄之智性的知识体系，此种体系乃无须感官之助即欲规定其对象者。正唯此故，说明此等概念之歧义中所以惑人——引起此等误谬的原理——之原因，实有极大效用，可以之为规定悟性限界而使之安固之最可依恃之方法。

凡与一概念普遍的一致或相矛盾者，则亦必与包含于此概念下之一切特别事物一致或相矛盾（dictum de omni et nullo），此命题固极真实；但若变更此逻辑的原理而为：凡不包含在普遍的概念中者，亦不包含于在此概念下之特殊的概念中，则悖谬矣。盖此等概念之所以为特殊概念者，正因其自身中包有"普遍的概念中所含有者"以上之事物。但莱布尼兹之全部智性体系皆根据于此后一原理；故其体系实与此原理及由此原理所发生之一切歧义（在悟性之使用中）同时倾覆。

无差别之同一律实根据于此种假定前提，即凡某种差别在普泛所谓事物之概念中所未见及者，在物自身中亦不见及之，故一切事物在其概念中彼此无分别者（质或量），全然为同一之事物（numoro eadem）。盖因在普泛所谓事物之纯然概念中，吾人抽去其直观之种种必需条件，今乃以吾人所抽去之条件——以奇异的假定——视为绝不存在之事物，除在其概念中所含有者以外，绝不承认为事物之所有。

空间一立方尺之概念，不问在任何处所及任何度数思维之，其自身始终同一。但两立方尺则纯由其位置不同（num ro diversa）在空间中有所区别；此等位置为——此概念之对象在其中授予之——直观之条件；但并不属于概念而全然属于感性。故在事物之概念中除否定的陈述与肯定的陈述相联结以外，绝无矛盾；纯然肯定的概念在其联结时，绝不能产生任何彼此相消之事。但在——实在（例如运动）在其中授予之——感性的直观中，则尚有在普泛所谓运动之概念中所已除去之条件（相反之方向），此等条件乃使抵触可能者（虽非逻辑的抵触），即如自完全积极的事物产生一零（=0）之抵触。故吾人不能因实在之概念中不见有抵触，即谓一切实在皆自相一致者也[①]。

依据纯然概念而言，内部的事物乃一切关系——即外部规定——之基体。故我若抽去直观之一切条件，而仅限于普泛所谓事物之概念，则我自能抽去一切外部关系，而尚存留有“其绝不指示关系而仅指示内部规定”之某某事物之概念。自此点而言，则似可谓不问事物（实体）在任何状态中皆有绝对内的而先于一切外的规定之某某事物，盖因此乃最初“所以使外的规定可能”者；因之，此种基体以其自身中已不包有任何外的关系，而为单纯的。（物体除关系以外，绝不含有任何其他事物，至少亦为其并存之各部分间之关系。）又因除由吾人之内感所授予之内部规定以外，吾人绝不知其为绝对内部的之规定，故此种基体不仅单纯的，且亦为（以吾人之内感类推之）由表象所规定者；易言之，一切事物实为单子，即为具有表象之单纯的存在物。如在普泛所谓事物之概念以外，别无“外的直观之对象唯在其下始能授予吾人”之其他条件——纯粹概念事实上为已抽去此等条件者——则此种论辩，或全然正当。盖在此等条件下，以吾人所见空间中之常住的现象（不可入的延扩），仅能包含关系，绝无其为绝对内的之事物，但此仍为一切外的知觉之基本基体。纯由概念，若不思维其为内部的之某某事物，我实不能思维其为外部的之事物；此即关系之概念以绝对的（即独立的）所授予之事物为前提，无绝对所授予之事物，关系即不可能云云之充分理

---

① 吾人此处关于实在的本体，如欲借口通常之遁词，主张此等实体至少彼此间无相反活动，则须举示此种纯粹而非感性的实在之例证，俾可察知此种概念是否表现某某事物。但除引自经验以外，绝无例证可得，而此种自经验所得者，则除现象以外绝不提供其他事物。故此种命题其意义所在，不过凡仅包有肯定之事物，即不包有否定而已——此一种命题吾人固从不怀疑之者也。

由。但在直观中，则包有为事物之纯然概念中所不能见及之某某事物；此某某事物产生“由纯然概念所绝不能知之基体”，即空间、空间及其所包含之一切，皆纯由——方式的或亦实在的——关系所成。因其无绝对内部的要素，事物绝不能由纯然概念表现之，故我不能主张“其包摄在此等概念下之物自身”中及其直观中，亦无“绝不根据于全然内部的事物”之某某外部的事物。吾人一度抽去直观之一切条件，所留存于纯然之概念中者，我承认仅有——外部的事物所唯一由以可能之——普泛所谓内部的事物及其相互间之关系。但此种仅建立于抽象上之必然性，在直观中所授予——具有仅表现关系之规定而无任何内部的事物为其基础——之事物之事例中，绝不发生；盖此种事物非物自身而纯为现象也。举凡吾人就物质所知者，纯为关系（吾人之所名为“物质之内部规定”者，仅为比较的意义之内的），但在此等关系中，有若干为独立自存而永恒者，由此等独立自存而永恒者始能与吾人以确定之对象。我若抽去此等关系，则绝无事物留存为我所思维云云，并不排除所视为现象之事物之概念，亦不排除抽象的对象之概念。所除去者乃“由纯然概念所能规定之对象”之一切可能性，即本体之可能性。以事物为应全由关系所成，闻之固令人惊奇。但此种事物纯为现象，不能由纯粹范畴思维之；其自身即纯为“普泛所谓某某事物与感官间之关系”所成。故若吾人以纯然概念开始，则除视一事物为别一事物中所有规定之原因以外，绝不能以任何其他方法思维抽象的事物之关系，盖此即为吾人悟性所以思维关系之方法。但因吾人在此种事例中忽视一切直观，故吾人将“杂多之相异分子所由以决定其相互位置”之特殊形象——即在一切经验的因果作用中以为前提之感性（空间）方式——排除不顾。

纯然直悟的对象，吾人如指此等无须感性图形由纯粹范畴所思维之事物而言，则此种对象乃不可能者。盖吾人所有一切悟性概念之客观的使用之条件，纯为吾人所有感性的直观之形象，对象即由之授予吾人者；吾人如抽去此等对象，则概念与任何对象皆无关系矣。即令吾人欲假定一种感性的直观以外之直观，而吾人所有思维之机能，关于此种直观，固依然毫无意义也。但若吾人仅以直悟的对象为“非感性的直观”之对象，为吾人所有范畴所不能适用，因而吾人绝不能有关于此种对象之任何知识（不问直观或概念），则此种纯粹消极的意义之本体，自当容许。盖此不过谓吾人所有之直观并不推及于一切事物，而仅限于吾人所有感官之对象，故其客观的效力有所限制，而留有其他种类直观之余地，即留有“为此种直观之对象之事物”之余地。但在此种事例中，本体之概念乃想当然者，即本体乃吾人既不能谓其可能又不能谓其不可能之事物之表象；盖吾人所知者，除吾人所有之感性的直观以外，不知有其他种类之直观；范畴以外，不知有其他种类之概念，而此二者皆不能适合于非感性的表象者也。故吾人不能积极地推广吾人思维所有对象之范畴在感性条件以外，而主张于现象之外别有纯粹思维之对象（即**本体**），盖因此种对象实无“其可指示之积极的意义”。诚以就范畴而言，吾人必须承认其不适于物自身之知识，且若无感性之资料，则范畴仅为悟性统一之主观的方式，并不具有对象。至思维自身，固非感官之所产，就此点而言，自亦不为感官所制限；但并不因而即谓思维具有其自身所有之纯粹使用而无须感性之助，盖若如是则思维即无对象矣。吾人不能以本体为此种对象，盖因本体乃指“其与吾人所有之直观悟性完全不同之直观悟性”所有想当然之对象概念，其自身实一问题。故本体之概念，非对象之概念，而为与吾人感性之限界所不可避免必然联结之问题——此即能否有完全在吾人直观以外之对象之问题。此为仅能以不定态度答复之问题，即谓因感性直观不能无差别推及于一切事物，故留有其他不同种类之对象之余地；因之此种对象自不能绝对的否定，但因吾人并无关于此等对象之确定的概念（盖因无范畴能作此种目的之用），亦不能主张其为吾人所有悟性之对象。

故悟性由此限制感性，但并不因而推广其自身所有之范围。在警告感性不可僭妄主张其能适用于物自身而仅限于现象之过程中，悟性固思维及“为其自身所有之对象自身”，但仅视之为先验的对象，此种对象乃现象之原因，因而其自身非现象，且不能思维之为量、为实在、为实体等等者（盖因此等概念常需“其所由以规定一对象”之感性的方式）。至此种对象是否在吾人内部中见之，抑在吾人以外见之，是否在无感性时，亦立即消灭，抑或在无感性时，尚能留存：凡此种种，皆完全非吾人所知者也。吾人如以其表象为非感性之理由，而欲名此种对象为本体，吾人固可任意为之。但因吾人绝不能应用吾人所有之悟性概念于此种对象，此种表象之在吾人，仍属空虚，除以之标识吾人感性知识之限界而留有吾人所不能以可能的经验或纯粹悟性填充之之余地以外，实无任何其他用处。

故此种纯粹悟性之批判，并不容许吾人在能呈现为现象之对象以外，创造对象之新领域，而趋入直悟的世界之迷途；不仅如是，且即此等对象之概念，亦不容吾人有之者也。其误谬——其明显为此种错误的尝试之原因，以及虽不能证明其尝试为是，但实辩解此等尝试者——实在背反悟性之职分，先验的使用悟性，以及使对象即可能的直观合于概念，而不使概念合于可能的直观，顾对象之客观的效力，实唯依据概念合于可能的直观之一点。至此种误谬，则由统觉及思维先于“表象之一切可能的确定顺序”之事实而来。故吾人之所应为者，在思维普泛所谓之某某事物；同时一方以感性的形态规定之，他方则使直观此事物之形象与抽象所表现之普遍的对象相区别。吾人所应留置不可为者，乃“仅由思维以规定对象”之一类形象——此纯为无内容之逻辑的方式，但在吾人视之，亦可为“与感官所限制之直观无关之对象自身存在（本体）之形象”。

在终结先验分析论以前，吾人尚须附加数语，虽未见特殊重要，但为体系完备计，实可视为所必需者也。先验哲学所通常以之开始之最高概念，乃可能与不可能之区分。但因一切区分皆以一被区分之概念为前提，故尚须一更高之概念，此即普泛所谓对象之概念，但此乃以相当然之意义用之，并未决定其为有为无者。以范畴为与普泛所谓对象相关之唯一概念，故辨别对象之为有为无，将依据范畴之顺序及在其指导下而进行。

（一）与总、多、一之概念相反，为抹杀一切事物之概念，即绝无之概念。故无任何可指之直观与之相应之概念，其对象为等于无。此如本体为“无对象之概念”（ens rationis 推论的实在）不能列入可能性中，但亦不能即以此故而断言其为不可能；又如某种新基本力，在思维中容受之虽不自相矛盾，但在吾人之思维亦不为自经验而来之任何例证支持之，故不能以之为可能者。

（二）实在为有；否定为无，即“缺乏对象之概念”，如影、寒等（nihil privativum 缺乏的无）。

（三）“直观之纯然方式”并无实体，其自身非对象而纯为对象（所视为现象者）之方式的条件，如纯粹空间与纯粹时间（ens imaginarium 想象的实在）。此二者乃直观之方式，固为某某事物，但其自身非所直观之对象。

（四）“自相矛盾而不能成立之概念”之对象，因其概念不能成立，故其对象乃不可能者，例如两直线所作之图形（nihil negativum 否定的无）。

故此种“无之概念”之区分表，应如下所列。（与之相应之有之区分，因此自明，毋待多述。）

无，为：

（一）无对象之空虚概念（ens rationis）

（二）概念之空虚对象（nihil privativum）

（三）无对象之空虚直观（ens imaginarium）

（四）无概念之空虚对象（nihil negativum）

吾人观（一）推论的实在与（四）否定的无之区别，盖因前者不列入可能性中，以其纯为空想故（虽不自相矛盾），而后者之与可能性相反，则以其概念即取消其自身故。但二者皆为空虚概念。反之，（二）缺乏的无及（三）想象的实在，则为概念之空虚资料。设无光线授予感官，则吾人不能表现黑暗，又若无延扩体为吾人所知觉，则吾人不能表现空间。故否定及直观之纯然方式，在其缺乏实在的某某事物时，皆非对象。

第二编

先验辩证论

Kritik
der
reinen
Vernunft

导言

一　先验的幻相

吾人曾泛称辩证法为幻想之逻辑。此非指概括性理论而言；盖概括性乃真理，但以不充分之根据知之耳，且其知识虽不完备，亦不以此而谓为虚伪；故此种理论不能与逻辑之分析部分相分离。吾人更不能有正当理由视现象与幻相为同一之事物。盖真理或幻相不在对象中（在此对象为吾人所直观之限度内），而在吾人关于对象之判断中（在此对象为吾人所思维之限度内）。故谓感官无误谬实极正当——此非因感官常能判断正确，实因感官绝无判断故耳。是以真理与误谬以及引入误谬之幻相，唯在判断中发现之，即唯在对象与悟性之关系中发现之。在完全与悟性法则相合之知识中，并无误谬。在感官之对象中——以其绝不含有判断——亦无误谬。无一自然力由其自身能背反其自身所有之法则。故悟性（不受其他原因之影响），感官皆不能由其自身陷入误谬。悟性之不陷入误谬，盖因悟性若仅依据其自身所有之法则活动，则其结果（判断）自必与此等法则相合；与悟性之法则相合，乃一切真理中之方式的要素。至若感官则其中绝无判断，既无真实之判断，亦无虚伪之判断。今因吾人在悟性、感官二者以外，并无知识源流，故误谬纯由感性于不识不知中影响及于悟性而起，由此种影响乃致判断之主观的根据与其客观的根据混合，而使悟性违反其真实之机能[1]——适如运动中之物体其自身常继续就同一方向之直线进行，但若受别一方向中活动之其他力量之影响，则顿成曲线运动矣。欲使悟性之特殊活动与杂入悟性活动中之力量相分别，则必须视误谬判断为二力间之对角线——二力在两种不同方向规定判断，一若各包有一角——而分解此种复合活动为悟性及感性两种单纯活动。在纯粹先天的判断之事例中，此为先验的反省所应尽之职务，由此种反省，一如吾人以上所述，对于各表象皆使之归属其在各自相应之知识能力中所有之位置，因之一方及于他方之影响，亦从而辨别之矣。

吾人今非论究经验的（例如视觉的）幻相，此种幻相在"本为极正确之悟性规律"之经验的使用时所发生，由此种幻相，判断能力遂为想象力之影响所误；吾人所欲论究者仅在先验的幻相，此乃影响于"绝无在经验中行使意向之原理"，故在此种事例中吾人至少应有一种"原理所以正确"之标准，以其缺乏一切批判之警戒，此种先验的幻相遂引吾人完全越出范畴之经验的使用以外，而以纯粹悟性之纯然虚伪扩大，蒙蔽吾人。吾人今名"其应用全然限于可能的经验限界内"之原理为内在的，而名宣称超越此等限界者为超验的。所谓超验的，我并非指范畴之先验的使用或误用而言，盖此种先验的使用或误用，乃判断能力未受批判之正当制抑因而未充分注意纯粹悟性所能唯一容许其自由活动之境遇限界所生之误谬。我所指者乃鼓励吾人破弃一切境界范

① 感性当其从属悟性而为悟性行使其机能之对象时，实为真实知识之源泉。但此同一感性在其影响于悟性之作用而规定悟性构成判断之限度内，则为误谬之根据。

篱，夺获——不承认有所谓划境限界之全然新领域之现实原理。故先验的与超验的非可通用之名词。吾人以上所述纯粹悟性之原理，仅容有经验的使用，而不容有先验的使用，即不容有推及经验限界以外之使用。反之，一原理撤废此等限界甚或实际指挥吾人超越此等限界者，则名之为超验的。吾人之批判如能显露以上所指一类原理中之幻相，则仅限于经验的使用之原理，与此等超验的相对立，可名之为纯粹悟性之内在的原理。

由纯然模拟推理方式所成之逻辑的幻相（方式的误谬推理之幻相）。全由不注意于逻辑的规律而起。苟一旦注意吾人目前之事例，则此幻相立即完全消失。反之，先验的幻相则即在已发现其为幻相及由先验的批判明知其无实效以后，亦不终止（例如"世界必须有一时间上之起始"云云命题中之幻相）。其原因则在吾人所有理性（主观的所视为人类知识之能力）之使用，本有基本的规律及格率，以及此等规律及格率皆具有客观的原理之外形。于是吾人乃以吾人所有概念互相联结之主观的必然性（此乃胜于悟性者），视为物自身之规定中所有客观的必然性。此为不能避免之幻相，亦犹吾人观海终不免视天际水平高于海岸（此因由较高光线视天际水平耳）；更引一较适之例，则天文学家亦不能免视月初升时较大于常时，彼固不为此幻相所欺者。

故先验辩证论以能显露超验的判断之幻相即已足，而同时又注意不为其所欺。至此幻相应如逻辑的幻相，实际消失而终止其为幻相云云，则绝非先验辩证论之所能成就者也。盖今所论究者乃自然的而不可避免之幻相，此种幻相本依据主观的原理，而欺蔽吾人貌似客观的；至逻辑的辩证论，则在其摘发虚妄推理时，仅论究其应用原理时之误谬，或论究其模拟此种推理时所有人造之幻相。故实有一种纯粹理性之自然的不可避免的辩证法——此非愚者因缺乏知识而惑乱其自身之辩证法，亦非伪辩之士欲惑乱有思虑之民众特意发明之辩证法，乃与人类理性不可分离之辩证法，且即显露其为欺妄，亦不能终止其惑乱理性而仍继续陷理性于一时迷茫，时时须更正之者也。

二　纯粹理性为先验的幻相之所在处

甲、论理性

吾人一切知识始自感官进达悟性而终于理性，理性以外则无“整理直观之质料而使之隶属于思维之最高统一”之更高能力矣。顾我欲说明此种知识之最高能力，颇感困难。盖理性与悟性相同，能用之于纯然方式的方面（即逻辑的形态），理性在其中抽去知识之一切内容。但理性又能有实际的使用，盖因理性在其自身中具有某种概念及某种原理之源泉，而此种概念及原理，理性皆非自感官或悟性假借来者。前一能力（按即方式的使用）久为逻辑学者所规定为间接推理之能力（以与直接推理 consequentiis immediatis 相区别）；但后一能力（即其自身产生概念之能力）之性质，则就此定义不能理解之。今因吾人分理性为逻辑的能力与先验的能力，故吾人不得不推求关于此“包含此两种概念若隶属于其下者之知识源流”之一种更高概念。由悟性之概念类推，吾人固可期待逻辑的概念能为先验的概念之关键，而逻辑概念之机能表，能立即与吾人以理性概念之系谱者也。

在先验逻辑之第一卷中，吾人以悟性为规律之能力；今名理性为原理之能力以之与悟性相区别。

“原理”一名词，意义甚含混，通常指凡能用为原理之任何知识而言（即令此种知识就其自身及就其本来之起源言，本非原理）。一切普遍命题，乃至由归纳自经验得来之普遍命题，皆能在三段推理中用为大前提；但其自身并不因此而为原理。数学公理（例如两点之间仅能作一直线）乃先天的普遍知识之例证，故对于所能包摄于其下之事例，自当名为原理。但我不能因此谓我自原理以知普泛所谓直线之性质及此直线之自身，盖此直线我仅能在直观中感知之也。

故由原理所得之知识，仅为我由概念以知“普遍中之特殊”之一类知识。因之，一切三段推理皆为“由原理演绎知识”之形象。盖大前提常授予一概念，凡包摄于此概念下——一若包摄于一条件下——之一切事物，皆依据原理而自此概念知之。今因任何普遍的知识皆能用为三段推理中之大前提，且因悟性以此种普遍的先天命题提示吾人，故此等命题就其可能之使用而言，亦能名之为原理。

但若吾人就此等命题之由来以考虑命题之自身，则纯粹悟性所有之基本命题，殆非根据概念而来之知识。盖若吾人不为纯粹直观（在数学中）或“普泛所谓可能的经验之条件”所支持，则此等命题即非先天的所可能。“一切发生之事物皆有一原因”云云之命题，不能仅自“普泛所谓发生之概念”推论而得；事正与之相反，此种命题乃指示——关于所发生之事物，吾人如何能在经验中获得任何实际确定之概念——之基本命题。

是以悟性绝不能提供“自概念而来之任何综合知识”；此种自概念而来之综合知识应毫无制限，当然名之为原理者。但一切普遍的命题亦能以比较的意义称之为原理。

此为久所期望之事——在某时期（谁知其为何时！）或能实现——即吾人应能返溯之民法所有之普泛原理以免民法之无限增

加。盖唯在此等原理中，吾人始能期望发现吾人所欲称为立法简易化之秘密。在此领域中，法律仅为“欲使自由能完全与其自身调和”（按即不自相抵触）所加于吾人所有自由之制限；盖因法律之目的在——完全吾人自身所建立，且由此等概念吾人自身即能为其源因之——某某事物（按即完全自律之道德）。但对象自身即事物之本性应从属原理，且应依据纯然概念规定之云云，此一种要求即非不可能，至少亦与常识大相违反。顾不问其如何（此为吾人仍应研讨之问题）自原理引来之知识，与仅由悟性所得之知识，其绝不相同，至少今已明证之矣。悟性知识自亦能采取原理之形式而先于其他某某知识，但就其自身言，在其为综合的知识之限度内，悟性知识并不仅依据思维，且在自身中亦不包有自概念所得之普遍事物。

悟性可视为由规律以保持现象统一之能力，理性可视为在原理下保持悟性规律之统一之能力。故理性绝不直接应用于经验或任何对象，而仅应用于悟性，盖欲借概念与“悟性之杂多知识”以先天的统一，此种统一可名之为理性之统一，与悟性所能成就之统一，种类绝不相同也。

此为完全不用例证即能使人明晓关于理性能力之普遍概念。至此等例证，则待论究进展时提示之。

乙、理性之逻辑的使用

通常在直接所知与间接推论所得之二者间，设有区别。三直线所包围之图形，其中有三角，此为直接所知者；但此等三角之和等于二直角，则纯自推论得之者。唯因吾人常用推论，积久成习，不再注意此种区别，此如在所谓感官之错觉中，履行实际仅自推论所得者视为直接所知觉之事物。在一切推理之进程中，皆先有一基本命题，其次有一其他命题，即自基本命题引得之结论，以及最后复有“结论之真理所由以与基本命题之真理不可分离的”联结之推理法（逻辑的归结）。推论所得之判断如已如是包含于先在之判断中，即此判断可无须第三表象之媒介而自“先在判断”中引得之，此种推理法名为直接的推理（consequentia immediata）——我则宁名之为悟性推理。但若除基本命题中所包有之知识以外，尚需其他判断以产生其结论者，此种推理法应名为理性推理（Vernunftschluss）。在“人皆有死”之命题中，已包含“若干人必有死”“若干必有死者为人”“绝无不死之道者为人”等等之命题；故此等命题乃自“人皆有死”命题之直接结论。反之，“一切有学问者必有死”之命题，并不包含在基本命题中（盖有学问者之概念绝不在此基本命题中发现），仅能由一间接判断自基本命题推论得之也。

在一切三段推理中，我最初由悟性思维一规律（大前提）。其次我由判断力包摄所知之某某事物于规律之条件下（小前提）。最后，由规律之宾词，即先天的由理性以断定由此所知者（结论）。敌视为规律之大前提，在所知者与其条件之间所表现之关系，乃各种不同三段推理之根据。因之，三段推理与判断相同，依据判断在悟性中所由以表现“所知者之关系”之不同方法共有三种，即断言的、假设的、抉择的三者是也。

一如通常所习见，构成结论之判断如成为问题——审察其是否由已授予之判断推论而来，以及是否由之思维一绝不相同之对象——则我在悟性中探求此结论之所主张，以发现其是否依据普遍规律从属某某条件。我若发现此一种条件，又若结论之对象能包摄在所与之条件下，则其结论乃自对于知识之其他对象亦能有效之规律演绎而来者。由此观之，理性在推理中努力使由悟性所得之种种杂多知识，规约至最小数目之原理（普遍的条件），由是以达其中之最高可能的统一。

丙、理性之纯粹使用

吾人能否使理性孤立，如视之为孤立则理性是否为“纯自理性发生且理性由之与对象相关之概念及判断”之独特源流；抑或理性仅为以“所谓逻辑的之某种方式”加于所与知识之一种附属的能力——此一种能力乃由以规定“由悟性所知者之相互关系”，在其能由比较以完成此事之限度中，使低级规律包摄于高级之规律下者（即此等规律其条件乃包括低级之条件在其所有之范围内者）？此为吾人今所准备论究之问题。就事实言，规律之增多及原理之统一，乃理性之要求，其目的在使悟性彻底自相一致，正与悟性使直观之杂多从属概念，由是而联结杂多相同。但此一种原理对于对象并不规定任何法则，且不包含认知或规定对象本身所以可能之任何普泛的根据；仅为有条理的整理吾人悟性所有之主观的法则，即由悟性概念之比较，此种原理能规约此等概念至最少可能的数目；且此种原理并不能使吾人有正当理由要求对象具有适于悟性之方便及开展悟性等类之齐一性；故吾人不能以任何客观的效力归之于其格率。一言以蔽之，其问题为：理性自身——即纯粹理性——是否先天的包有综合的原理及规律，且此等原理以何而成？

关于“纯粹理性在其综合知识中所有之先验原理”所依据之根据，理性在三段推理中之方式的逻辑的进程，实与吾人以充分之指导。

第一，理性在三段推理中并不“为欲使直观从属规律”而与直观相关，唯与概念及判断相关。因之，即令纯粹理性与对象有关，亦非与对象及对象之直观有直接关系，仅与悟性及悟性之判断有关耳——悟性及悟性之判断最初直接处理感官及其所有直观，目的在规定其对象。故理性之统一非可能的经验之统一，根本与此种统一不同，盖此种统一乃悟性之统一。“凡一切发生之事物皆有一原因”之命题，非由理性所知亦非由理性所规定之原理。此种原理乃使经验统一可能者，绝不借助于理性，理性则以其脱离此种与可能的经验之关系，纯自概念绝不能设置任何此种综合的统一者也。

第二，理性在其逻辑的使用中，唯在发现其判断（结论）之普遍的条件，而三段推理之自身亦不过由“包摄其条件于普遍的规律（大前提）下”所成之判断而已。今因此种规律之自身亦复从属理性之同一要求，故凡在实行可能时必须推求条件之条件［由上溯推理（Prosyllogismus）推求之］，因此普泛所谓理性所特有之原理在其逻辑的使用中明为——对于“由悟性所得受条件制限之一类知识”推求其不受条件之制限者，由此使受条件制限者之统一完成。

但此种逻辑的格率仅能由吾人假定以下之点而成为纯粹理性之原理，即若有受条件制限之事物授予时，则其互相从属所有条件之全部系列——此一种系列因其为互相从属之全部系列，故其自身为不受条件之制限者——亦同一授予，即此等条件系列包含在对象及其联结中。

此一种纯粹理性之原理明为综合的；盖受条件制限之事物分析的仅与某种条件相关而不与“不受条件制限者”相关。由此种原理自必亦随而发生种种综合命题，关于此等命题，纯粹悟性——盖因悟性仅与可能的经验之对象相关，此种对象之知识及综合则常为受条件制限者——绝无所知。此不受条件制限者如容认其现实性，则应就其与一切受条件制限者相区别之一切规定中特别考虑之，由此自必产生许多先天的综合命题之质料。

但自此种纯粹理性之最高原理所发生之原理，其与一切现象相关，殆为超验的；即此种原理绝不能有任何适切之经验的使用。故此种原理与一切悟性原理全然不同，悟性原理之使用纯为内在的，盖因悟性原理所有之主题，仅为经验之所以可能。今试就“条件系列（不问其在现象之综合中或在普泛所谓事物之思维中）推及于不受条件制限者”之原理而言。此种原理是否具有客观的应用性？关于悟性之经验的使用，此种原理所包含之意义如何？抑或并无此种客观的有效之理性原理，而仅为一逻辑的教条，由其上溯层层更高条件以趋向完成，因而与吾人知识以最大可能之理性统一？其殆误以理性此种必然要求视为纯粹理性之先验原理，以及吾人过于草率从事，在对象本身中设定完成无止境之条件系列欤？在此种情形中，是否有其他误解及幻想潜入三段推理中，盖其大前提（与其谓之假设，毋宁视为主张）自纯粹理性而来，顾乃自经验以上溯其条件？解答此种问题实为吾人在先验辩证论中之事业，此种辩证性质，吾人今将努力自其在人类理性中所深密隐藏之源流以阐明之。今分辨证论为两章，首章论究纯粹理性之超验的概念，次章论究其超验的及辩证的三段推理。

第一卷　纯粹理性之概念

不问吾人对于自纯粹理性而来之概念其所以可能应如何决定，至少此种概念之非由反省得来而仅由推理得来则甚确。悟性概念亦为吾人在经验之先，“且为经验故”而先天的思维之者，但悟性概念仅包含“对于现象所有反省之统一”而已（在此等现象必然属于可能之经验的意识之限度内）。对象之知识及规定，唯由悟性概念而可能者。悟性概念乃最初提供推理所必需之质料者，且无对象之任何先天的概念——悟性概念能自其推得——在其前。在另一方面，则悟性概念之客观的实在性，唯建立在以下之事实上，即因悟性概念构成一切经验之智性的方式，自必常能展示其在经验中之应用。

“理性概念”之名称已预行指示吾人之所论究者，不容局限于经验之某某事物，盖因理性概念所与之有关之知识，乃任何经验的知识（乃至“可能的经验或知识之经验的综合”之全体）仅为其一部分之一类知识。无一现实经验曾完全与之适合，但一切现实经验皆隶属之。理性概念能使吾人思考（Begreifen），悟性概念则使吾人领悟（Verstehen）（用以与知觉相关时）。理性概念如包有不受条件制限者，则与一切经验所隶属但其自身绝不为经验对象之某某事物相关——此某某事物乃理性在其推理中自经验以引达之者，且依据之以评量衡度其经验的使用之程度，但其自身则绝不成为经验的综合之一连锁。顾若此等概念具有客观的效力，可名之为推理所得之概念（conceptus ratiocinati 正当推理所得之概念）；设无此种效力，以其貌似推理所得而窃得承认者，则可名之为推论之概念（conceptus ratiocinantes 伪辩的概念）。但因此事仅能在纯粹理性之辩证的推理一章中证明之，故吾人今尚不能论究之。同时，正与吾人名纯粹悟性概念为范畴相同，吾人对于纯粹理性概念应与以一新名称，而名之为先验的理念。吾人今将说明此名称而申述其所以正当之理由。

第一节　泛论理念

吾人之言语虽极丰富，但思索者常觉其自身缺乏严格适合其概念之名词而致惶惑，且因缺乏名词故，彼不能实际使他人——甚或其自身——理解其概念。制造新名词乃在言语中立法，其事鲜能有成；且在吾人求助于此最后方策以前，不如在古语陈言中检讨，审察其中是否已备有此概念及其适切之名词。即令一名词之旧日用法，由引用此名词者之疏忽以致意义晦昧，但固执此名词之特有意义（是否与本来所用之意义相同，虽仍可疑）较之因不能使他人理解吾人之概念而致摧毁吾人之目的者，固远胜多矣。

以此之故，如仅有一名词，其设定之意义完全与某一概念相合，则因使此概念与其类似之概念相区别，乃极重要之事，故应善用此名词，不可仅为辞藻富赡计，用为其他名词之类同语，而应严密保持其自身固有之意义。否则此名词极易令人不注意其唯一特有之意义，而湮没于意义相远之其他一群名词中，且唯此一名词所能保持之思想亦因而丧失矣。

柏拉图所用理念（Idee）一名词，其意义所在，异常明显，不仅绝不能自感官得之，且远超（亚里士多德所论究之）悟性概念，诚以在经验中从未见及与此理念相应之事物。盖在柏拉图，理念乃事物本身之原型，非以范畴之型态仅为可能的经验之枢纽者。以柏拉图之见解言之，理念乃自最高理性发生，自此最高源流成为人类理性所分有，人类理性今虽已非其本有之状态，但由还忆之进程（此即名为哲学）刻苦努力以还忆今已晦昧之旧日理念。我今不欲在文字上论究柏拉图所系属于此名词之意义。我仅须提示以下一点，即比较一著作者在日常谈话中或在著作中，关于其论题所表现之思想而发现吾人理解其思想实远过于彼自身，此为屡所见及之事。如柏拉图因并未充分确定其概念，故有时彼之言说甚或思维，与其自身之志向相反。

柏拉图极知吾人之知识能力，在“仅依据综合的统一以缀合现象，俾吾人能领悟此等现象为经验”以外，尚感有遥为深远之需要。彼知吾人之理性自然崇高其自身以形成远超经验领域，即并无一所与之经验对象能与之相应，但仍须认为具有其自身之实在性，而绝非空想之知识。

柏拉图在实践的[①]领域，即在依据于自由——自由又复依据于理性所特产之知识——之领域中，发现其理念之主要例证。凡欲自经验引申德行之概念，而使（如多数人实际之所为者）至多仅能用为极不完全一类说明之例证者，成为由此以引申知识之范型，则将使德行成为依时代环境而变迁之事物，此乃一种不容构成任何规律意义晦昧之怪物。反之，吾人皆知如以某人为德行之

① 柏拉图实亦扩大其概念以包括思辨的知识——仅规定此种思辨的知识为纯粹的及完全先天的所与者。甚至推及于数学——虽数学之对象除可能的经验以外无处可见及之者。在此点我实不能追随彼矣，盖除此等理念之神秘的演绎及彼由之使理念实体化之夸大以外，别无他事可言——但吾人所必须承认者，彼在此领域中所使用之崇高名词，实能加以中庸之解释而与事物之本质相合者也。

范型，则“吾人所以之与所指为范型者相比较而唯一由之以判断其价值之真实原型”，仅在吾人心中发现之。此真实原型乃德行之理念，至经验之可能的对象对于此理念则仅用为例证（证明理性概念之所命令者，在某程度内能实行之）而非视作原型。谓世无一人其行动曾切合于所包含在德行之纯粹理念中者云云，亦绝不足以证明此种思想之为空想。盖对于“道德价值或违反道德”之任何判断，其所以可能，亦仅由此理念；故理念实用为一切行为趋向道德完成所不可欠缺之基础——人类性质中所不可测知之障碍，虽使吾人离道德之完成甚远。

柏拉图之共和国已成为谚语，视为仅能存于无聊思想家脑中之幻想的完成之显著例证，白罗克（Brucker）曾以此哲学家所云“君主唯在参与此等理念始能统治完善”为笑谈。但吾人则与其措辞于不能实行（此为最无聊而最有害之借口）视为无益而置之不顾，不如追求此种思想，至此大哲学家所不能领导吾人之处，则当更益努力阐发其原有意义。容许——依据“使各人之自由与一切他人之自由相调和之法则”——最大可能的人类自由之宪法（我之所以不言最大幸福者因幸福自必追随自由而来耳）实为一必须有之理念，不仅在初次制定宪法时且在一切法律中皆必奉为根本原理者也。盖在制定宪法及法律之始，吾人务须将现实存在之一切障碍置之不顾，盖此等障碍并非不可避免自人类之本性发生，乃起于一种极可矫正之原因，即在制定法律时忽视此等纯粹理念故耳。世实无较之庸俗陈诉于所谓与理想相反之经验云云，在哲学家更为有害更为无价值者。盖若此等制度在适当时期已依据理念建立，且若此等理念不由消除一切善意之粗朴概念（正因其自经验引来）所更替，则此种与理想相反之经验绝不存在。立法行政愈与以上所举之理念相调和，则刑罚愈希，故主张

（如柏拉图所主张者）在一完善之国家绝不需要刑罚，实为至理名言。此种完善国家固绝不能实现；但无碍于此理念之为正当，理念欲使人类之法律制度日近于最大可能的完成，乃提此极限为其范型耳。盖人类所能到达之最高境域为何，理念与实现之间所有间隙之程度若何，乃无人能答——或应答——之问题。盖其结果一以自由为断；且超越一切特殊之制限者，即在此自由之权能中。

但此不仅在人类理性展示真实因果作用之处，在理念成为（行为及其对象之）主动的原因之处，即在道德领域中，即就自然自身而言，柏拉图亦正确见有“自理念起源”之明显证据。一植物、一动物以及宇宙之整然有序——乃至全自然界——皆明显展示彼等唯依据理念而可能者，且虽无一生物在其个体存在之情形中与此一种类中之最完全之理念相合，正如任何人不能与其心中所有视为其行动模范之“人性理念”相合，但此等理念仍完全在**最高**悟性中规定每一理念为一个体、为一不变之事物以及为种种事物之根本原因。仅有事物之总体——在其构成宇宙之交相联结中——完全适合于理念。吾人若就柏拉图之表现方法，去其已甚，则此哲学家之精神自反省“物质的世界秩序”之模写方法飞至依据目的——即依据理念——之世界秩序之有计划有体系的布置，实为足值尊敬及师法之一种创业。但唯关于道德、立法、宗教等之原理——此处经验自身（在关于善之事例中）乃由理念而可能者，（至理念之经验的表现，自必常为不完全者）——柏拉图之教导始展示其异常特殊之功绩。此功绩之所以不得人之承认者，正由依据经验的规律以判断之耳，顾所视为原理之经验的规律，其无效力已由其自身证明之矣。盖在与自然有关之范围内，经验固提供规律而为真理之源泉，但关于道德法则，则经验不幸为幻相之母矣！世无较之自“所已为者”引申规定“所应为者”之法则，或以局限“所已为者”之制限加于“所应为者”之上，更为可责难者也。

但追求此种种意见，虽所以与哲学以特殊尊严，但吾人同时必须从事于平淡无奇而有实绩之事业，即平整地基使其足以支持此等宏壮无比之道德殿宇是也。盖此地基已为理性——在其自信而无效果之搜寻秘藏中——在各方实施之地下工作所腐蚀，而危及上层建筑之安固矣。故吾人现今之任务，在得洞察纯粹理性（其原理及理念）之先验的使用，俾吾人能规定——及评衡——纯粹理性之势力所及，及其真实的价值。但在此等导言终结以前，我恳求有哲学兴趣者（此较通常多数人所谓有哲学兴趣者意义更为深远）如信任我所论述，则当严密保持“意典”（Idee 理念）一名词之本有意义，庶不致成为通常杂乱无章用以指示各种表象之名词之一，而使学问有所损失。至关于各种表象，并不缺乏其可适合之名词，吾人固无须侵犯其中任何名词之领域。今举示其“系列的排列”如下。纲乃普泛所谓之表象（repraesentatio）。隶属于纲者为具有意识之表象（知觉 perceptio）。仅与主观相关视为“主观状态之变状”之知觉为感觉（sensatio），客观的知觉为知识（cognitio）。知识则或为直观，或为概念（intuitus vel conceptus）。前者直接与对象相关乃单一的，后者以种种事物所共有之形态间接与对象相关。概念或为经验的概念，或为纯粹的概念。纯粹概念在其纯然原始于悟性之限度内（并非感性之纯粹心象），名为悟性概念。“自悟性概念所成而超越经验可能性”之概念，为理念（Idee），即理性概念。凡熟知此等区别者，如闻将赤色之表象称为“意典”（Idee），必不能忍受。盖此赤色表象即名之为悟性概念，亦所不许者也。

第二节　先验的理念

先验分析论已明示吾人，知识之纯然逻辑的方式，其自身中如何能包有本源的纯粹的先天概念，此种概念能先于一切经验表现对象，更切实言之，即指示“唯此能使对象之经验的知识可能”之综合的统一。判断之方式（转变为“综合直观”之概念）产生“指导悟性在经验中一切使用”之范畴。吾人自亦能假定：三段推理之方式，当其应用于在范畴指导下直观之综合统一时，自含有产生特殊的先天概念之根源，此特殊的先天概念吾人可名之为纯粹理性概念，或先验的理念，此等理念依据原理以规定“悟性在处理经验全体时应如何使用之道”。

理性在其推理中之机能，乃理性依据概念所产生之“知识之普遍性”所成，三段推理之自身即为一种判断，此种判断乃在其所有条件之全部范围内先天的所规定者。“卡乌斯必有死”之命题，我固能仅由悟性自经验得之。但我则推求包含“判断之宾词（普泛立言）所由以授予之条件”之一类概念（在以上之例中则为人之概念）；且在我归摄宾词于此条件下（此条件乃就其全部范围言之，例如人皆有死）以后，我依据之，进而规定我所有对象之知识（卡乌斯必有死）。

因之，先在一所与条件之下，就大前提之全部范围思维其宾词以后，在三段推理之结论中，即限制此宾词属于某一对象。与此一类条件之关系，其完全外延量，名为普遍性（universalitas）。在直观之综合中，吾人具有与此相应之总体性（universitas）即条件全体。故理性之先验的概念实不过——对于任何所与之受条件制限者之——条件全体之概念。今因唯不受条件制限者始能使条件全体可能，反言之，条件全体其自身常为不受条件制限者，故纯粹理性概念吾人能普泛以不受条件制限者之概念说明之，而视为包有综合受条件制限者之根据。

纯粹理性概念之数，殆等于悟性由范畴所表现之“关系种类”之数。故吾人第一应推求一主词中所有断言的综合之不受条件制限者；第二，应推求一系列中所有各项之假设的综合之不受条件制限者；第三，应推求一体系中所有各部分之抉择的综合之不受条件制限者。

于是适有同一数目之三段推理种类，每一种类之三段推理由上溯推理以推演至不受条件制限者：第一，推演至其自身绝不能作为宾词之主词；第二，推演至其自身不再有任何前提之前提；第三，推演至完成其分类不再需要任何事物之“分类所有项目之集团”。纯粹理性概念（条件综合中所有全体性之概念）至少在其以“扩大悟性之统一（苟为可能者）至不受条件制限者”之任务加之吾人时，乃必须有之概念，且为根据于人类理性之本质者。但此等先验的概念并无与之适合之具体的使用，故除以“虽推穷至极限，同时亦完全自相一致”云云指导悟性以外，实无其他效用。

但当吾人言及条件全体及“不受条件制限者”视为一切理性概念之通用名称时，吾人又遇及一不能废去之名词，且此名词亦由于长期误用，以致意义晦昧，而不能安全使用之者。绝对的（Absolut）之名词即为此种——就其本有之意义言乃适用于一概念，此一概念在同一国语中绝无其他名词能正确适合之者——少数名词之一。故若丧失此名词，或随意使用此名词（此等于丧失），则必随而丧失此概念自身。且因在此种事例中其概念为理性所最注意之概念，丧失此概念自必大有害于一切先验哲学。绝对的之名词今屡用以指示“某某事物之为真实乃就其自身即就其内部的性质考虑之者”。以此种意义言之，则绝对的可能乃指其自身（Interne）可能而言——实际，自身可能乃对于一对象所能言及之最小限度。在另一方面，此一名词有时又用以指示“某某事物在一切方面皆有效，毫无制限”，例如绝对的独裁政治，以此种意义言之，则绝对的可能乃指在一切关系中（一切方面）可能而言——此为关于事物可能性所能言及之最大限度。吾人常见此两种意义联合为一。例如凡内部不可能者乃在任何关系中之不可能者，即绝对不可能者。但在大多数之事例中，此两种意义相去甚远，我绝不能断言因某某事物自身可能，故在一切关系中亦可能，即绝对可能者。如我以后所欲说明者，绝对的必然性绝不能常依据内的必然性，故不能以此二者为同义异名之事。设某某事物之相反方面，就其内部之性质言，为不可能者，则此相反之事物自亦在一切方面中不可能，因而此事物自身为绝对的必然。但我不能反用此推理，而断为某某事物如绝对的必然，则其相反方面为内部的不可能，即以事物之绝对的必然性为内部的必然性。盖此内部的必然性在某某事例中乃一异常空虚之名词，吾人绝不能以任何概念系属之者，而一事物在一切关系中（对于一切可能的事物）之必然性概念，则包有某种十分特殊之规定。今因丧失在思辨学问为最重要之概念，绝非哲学家所漠不关心之事，故我信确定概念所依存之名词而谨密保存之，当亦哲学家所不能等闲视之者也。

我就广义用此“绝对的”之名词，以与仅比较的——即在某种关系内——适用有效者相对立。盖后者为条件所制限而前者则无制限适用有效者也。

顾理性之先验的概念，唯在指向条件综合中之绝对的全体，除到达绝对的——即在一切关系中——不受条件制限者以外，绝不中止。盖纯粹理性以一切事委之悟性——仅有悟性直接应用于直观之对象，或宁谓为应用于想象力所综合之对象。理性自身则专与悟性概念使用中之绝对的全体相关，而努力使在范畴中所思维之综合统一到达完全不受条件制限者。吾人可名此种“现象之统一”为理性之统一；由范畴所表现之统一，则名之为悟性之统一。因而理性仅与“悟性之使用”相关，但此并非在悟性包有可能的经验根据之限度内（盖条件之绝对的全体之概念，不能应用于任何经验，诚以无一经验为不受条件制限者），乃仅欲规定悟性趋向——悟性自身关于此种统一并无概念之——某种统一之方向，以及联结“悟性关于一切对象之种种活动”成为一绝对的全体耳。故纯粹理性概念之客观的使用，常为超验的，而纯粹悟性概念之使用，则依据其性质且因其仅应用于可能的经验，自必常为内在的。

我所谓理念乃指理性之必然的概念，对于此概念，无相应之对象能在感官之经验中授予者。故今所研讨之纯粹理性概念，乃先验的理念。此等理念乃纯粹理性之概念，盖因其视经验中所得之一切知识为由条件之绝对的全体所规定者。但此等理念非任意所制造者，乃由理性自身之本质所设置，故与悟性之全体使用有必然的关系。最后，理念乃超验的且超越一切经验之限界；无一适合于先验的理念之对象，能在经验中见及。我若言及理念，顾就其对象而言，则又视为纯粹悟性之对象，则我言之过大，即超越对象之范围，但就其与主观之关系而言，即就其在经验的条件下之现实性而言，则以同一理由我又言之过狭，即其实现性甚小，盖因理念乃一“最大限度之概念”，绝不能具体的与之符合以授予吾人者也。今因在理性之纯然思辨的使用中，后者（即在经验的条件下规定理念之现实性者），方为吾人之全部目的，且因接近于绝不能实际到达之概念，即令接近亦使吾人所处之地位无异于此种概念之全然无效，故吾人谈及此种概念，谓——此仅一理念耳。一切现象之绝对的全体——吾人亦可谓为——仅为一理念，盖因吾人绝不能表现之于心象，故此永为一不能解决之问题。但因另一方面，在悟性之实践的使用中，吾人之唯一任务在实行规律，故实践理性之理念常能具体的实际授予吾人（虽仅部分的）；此实一切理性之实践的使用所不可欠缺之条件。理念之实现，固常有制限及缺陷，但并无一定范围以限制理念，即常在“绝对的完成之概念”之影响下实现之。敢实践的理念常有绝大的效果，且因其与吾人现实行为相关，实为绝对所必需者。理性在此处确行使“其为事物原因”之力，以实现其概念中之所包含者；故对于此种智慧，吾人不能轻视之而谓此仅一理念而已。反之，正因其为“必然统一一切可能的目的”之理念，故必视为根本的——最少为制限一切事物之——条件，而用作一切实践行为之标准。

吾人对于先验的理性概念，虽谓此等概念仅为理念，但此绝不能视为其意义乃指此等概念为多余而空虚。盖即此等概念不能规定任何对象，但在一根本的及不为人所觉察之形象中，仍能对于悟性尽其职务而为悟性之扩大使用及一贯使用之法规。悟性并不因此较之由其自身之概念所当有之对象知识，获得更多任何对象之知识，但为获得此种知识计，悟性实因此而得更良好更广大之指导耳。加之——吾人在此处仅须提及而已——理性概念或能使自然概念转移至实践概念，且在此种途径中能维护道德理念而使道德理念与理性之思辨的知识相联结。凡此种种，吾人必俟之以后之说明。

依据吾人之计划，姑置实践的理念不问，而仅在其思辨的方面考虑理性，或更限制吾人自身，仅在先验的使用方面考虑之。就此点而言，吾人必须遵由吾人在范畴演绎中所采取之步骤；必须由考虑“自理性而来之知识”之逻辑的方式，以审察理性是否因此或亦能为——使吾人能视对象自身为“与理性机能之一相关”而先天的综合的所规定者之——概念之源泉。

若以理性为知识之某种逻辑的方式之能力，则理性实为推理之能力，即间接判断（由于包摄可能的判断之条件于所与判断之条件下）之能力。所与判断乃普遍的规律（大前提）。包摄其他可能的判断之条件于规律之条件下者为小前提。“应用规律之主张于**所包摄之事例**”之实际判断为结论。规律从属某种条件，普遍的有所立言。规律之条件乃见其在实际的事例中实现之。凡在此条件下所主张为普遍的有效者，在包含此条件之实际的事例中应亦视为有效。故理性由“构成一条件系列之悟性活动”以到达知识，极为明显。如是我到达“一切物体皆为可变者”之命题，仅由较远之知识（其中未见有物体之概念，但固包含此概念之条件者），即由“凡复合之一切事物皆为可变者”开始；我由此进达较近而包摄在第一命题之条件下之命题，即“物体为复合者”之命题；最后我由此命题转移至联结较远知识（可变者）与实际在吾人目前之知识之第三命题，因而结论为“物体乃可变者”——以此种进程，我由一条件系列（前提）到达知识（结论）。凡其例证已授予吾人（在断言的或假设的判断中）之一切系列，皆能连续进行；因之此种理性之同一活动成为复合推理（ratiocinatio polysyllogistica），此为在条件方面（per prosyllogismos 上溯推理）或在受条件制限者方面（per episyllogismos 前进推理）能延长至不知所止之推理系列。

但吾人立即觉知上溯推理（即在所与知识之根据或条件方

面所推得之知识，易言之，三段推理之上升系列）之连锁或系列，其与理性能力之关系，与下降系列（即理性由前进推理在受条件制限者之方向中进展）之连锁或系列与理性能力之关系，大有不同者也。盖因在前一事例中，其所与之知识（结论）仅为受条件制限者，故吾人除假定其在条件方面所有系列中之一切项目（前提系列中之全体）皆授予吾人以外，不能由理性到达此种知识（结论）；仅在此种假定上吾人目前所有之判断乃先天的可能者；反之，在受条件制限者一方面，吾人关于其结果，仅能思维其在转化进程中之一系列，无一结果为吾人所曾预想者或已完全授予者，故纯为具有潜在力量之进展。是以若以知识为受条件制限者，则理性不得不视上升方向中之条件系列为已完成，为已全体授予者。但若同一知识以之为其他知识之条件，而此知识又为构成下降方向之结果系列者，则理性对于此种进展在下降方面（a parte posteriori）应进至何种程度，以及其系列全体是否可能，皆可完全置之不问者也。盖此种知识为推得结论计，实为需此种系列，由其上升方面之根据已充分决定其结论而确保之矣。至条件方面之前提系列，则或能有第一项目为其最高之条件，或者无此种项目（在此种事例中，其条件系列在上升方面乃无制限者）。但不问如何，乃至即承认吾人绝不能总揽条件之总体，顾系列则仍必包有此种总体，且若以“所视为自条件系列所得结果”之受条件制限者为真实，则全部系列亦必无条件真实。此实为理性之必然要求，理性宣告其知识为先天的所规定且为必然的，或以知识自身为先天的必然的，在此种事例中，知识无须根据，又若此知识为引申而来之知识，则以之为根据系列之一项目，至此种根据系列之自身，就其为系列而言，乃无条件真实者也。

第三节　先验的理念之体系

吾人现今并不论究逻辑的辩证（此乃抽去一切知识内容，限于显露在三段推理之方式中所隐藏之误谬者），唯论究先验的辩证，此应完全先天的包含“自纯粹理性而来之某种知识以及推理所得之某种概念”之起源所在者，此种知识及概念之对象绝不能经验地授予吾人，因而完全在纯粹悟性能力之范围以外。自吾人所有知识之先验的使用在推理中及在判断中必与其逻辑的使用有关之自然关系观之，吾人推定仅能有三种辩证的推理，与理性所能由之以原理到达知识之三种推理相应，且在一切辩证的推理中，理性之任务，乃自“悟性永为所局限”之受条件制限者之综合，上达悟性所绝不能到达之不受条件制限者。

在一切吾人所有之表象中，普遍所见及之关系为：①与主观之关系；②与对象之关系，对象则或为现象，或为普泛所谓思维之对象。吾人如总合主要分类与细目二者而言，则表象之一切关系（吾人对之能构成一概念或一理念者）共有三种：①与主观之关系；②与现象领域中“对象之杂多”之关系；③与一切普泛所谓事物之关系。

一切普泛所谓纯粹概念与表象之综合的统一有关，但其中纯粹理性概念（先验的理念），则与一切普泛所谓条件之不受条件制限之综合统一有关。故一切先验的理念可列为三类，第一类包含思维的主观之绝对的（不受条件制限之）统一；第二类包含“现象之条件系列”之绝对的统一；第三类则包含“普泛所谓思维之一切对象所有条件”之绝对的统一。

思维的主观为心理学之对象，一切现象之总和（世界）为宇宙论之对象，而包含“一切吾人所能思维者所以可能之最高条件”

之事物（一切存在之本源存在）则为神学之对象。是以纯粹理性对于先验心灵论（psychologia rationalis）、先验宇宙论（cosmologia rationalis），最后对于先验神学（theologia transzendentalis）提供理念。悟性对于此三类学问任何一类计划亦不能有，且即有理性之最高逻辑的使用为之后援，即由"吾人所由以自其对象（现象）之一，推进至其他一切，以达经验的综合之最远项目"所能思及之一切推理支持之，对于此三种学问亦不能有所计议；盖此三种学问纯为纯粹理性之纯粹本有产物或问题。

纯粹理性概念果以何种精密形象包括在此一切先验的理念之三种项目下，则将在下章详述之。此等纯粹理性概念遵从范畴之指导途径。盖纯粹理性概念绝不直接与对象相关，唯与悟性关于对象所构成之概念相关。因之，仅由完成吾人论证之进程，始能说明：理性如何纯由断言的三段推理中所用机能之综合地使用，必然的到达"思维的主观之绝对的统一"之概念，如何由假设的三段推理中所用之逻辑进程引达"所与条件之一系列中之完全不受条件制限者"之理念，最后如何由抉择的三段推理之纯然方式，必然包含理性之最高概念，即"一切存在之本源存在"之概念——此一种思想骤视之颇似异常悖理者也。

吾人对于范畴所能举行之客观的演绎，严格言之，关于先验的理念则绝不能举示。正因其仅为理念，故实际与——所能授予吾人，视为与理念相合之——任何对象并无关系。吾人实能自理性之本质，主观地抽绎此等理念；此为本章中所已说明者。

此为极易见及者，纯粹理性之意向，唯在条件方面（不问其为属性、依属、或协同之条件）之综合之绝对的全体；而与受条件制限方面之绝对的完成无关。盖欲预想条件之全体系列而先天的呈现之于悟性，则唯需前者。一度授予吾人以完全（及不受条件制限）之条件，则对于系列之连续，即无须理性概念；盖自条件至受条件制限者前进方向中之一切步骤，皆由悟性自身进行。故先验的理念仅为在条件系列中上溯至不受条件制限者——即上溯至原理——之用。至关于前进至受条件制限者，则理性固使悟性之法则有广大之逻辑的使用，但并无先验的一类之使用；且若吾人构成此一种综合（前进之综合）之绝对的全体，例如世界中一切未来变化之全体系列，则此实想象之事（ens rationis）乃任意所思，而非理性所有之必然的预想。盖受条件制限者之所以可能，实以其条件之全体为前提而非以其结果之全体为前提者。故此一种概念并非先验的理念之一；而吾人今之所论究者，则仅为此等先验的理念也。

最后吾人亦见及先验的理念自身之间显然有联结及统一，纯粹理性则由此种联结及统一始能联结其一切知识成为一体系。自一人自身（心灵）之知识进至世界之知识，更由世界之知识进至存在本源，实极自然，有类理性目前提至结论之逻辑的进展①。至此事是否由于逻辑的进程与先验的进程间所有关系相同之隐秘关系，则为留待论究进展时所解答之问题。但吾人对于此问题，实已获得初步的解答，盖因在论究先验的理性概念中——此种理性概念在哲学学说中，通常每与其他概念相混，甚至与悟性概念

① 玄学所视为其研究之固有对象者仅有三种理念：神、自由、灵魂不灭——三者互相联结，盖第二概念与第一概念相联结则必达到为其必然的结论之第三概念。至玄学所能论究之任何其他质料，仅用为到达此等理念及证明其实在之用。玄学并非为适合自然科学而需要此等理念，乃欲以之超越自然耳。洞察此等理念，将使神学、道德及由二者联合所成之宗教，乃至吾人存在之最高目的，完全依恃思辨的理性之能力。在理念之系统的表象中，以上所举之顺序（按即神、自由、灵魂不灭之顺序）为综合的顺序，殆为最适合者；但在研究中则分析的顺序必然先于综合的顺序，即相反的顺序，乃较合于完成吾人大计划之目的，盖以其能使吾人自经验中直接所授予吾人者出发也——自心灵论进至宇宙论，复由宇宙论进至神之知识。（此为第二版所增加之小注）

亦无适当之区别——吾人已能自其晦昧状态，振拔此等理念，决定其起源，同时复确定其精确之数目（吾人对之绝不能有所增加之数目），呈现之于系统的联结中，因而划定纯粹理性之特殊领域。

第二卷　纯粹理性之辩证的推理

纯粹先验的理念虽为——依据理性之本源法则——理性之必然的产物，但其对象则可谓为吾人对之并无其概念之某某事物。盖关于适合理性要求之对象，谓吾人常能构成一悟性概念，即构成一容许在可能的经验中展示及直观之者之概念，则实为不可能之事。但吾人若谓关于其与理念相应之对象，吾人虽不能有任何知识，顾尚有关于此对象之想当然之概念，则较为适宜，似不致令人有所误解。

纯粹理性概念之先验的（主观的）实在性，依属吾人由必然的三段推理曾到达此种理念之一点。故自有不包含经验的前提之三段推理，吾人由此种三段推理，自所知之某某事物以推断——吾人对之并无其概念且由于不可避免之幻相吾人与以客观的实在性之——其他某某事物。顾此种结论与其名之为合理的，实应名之为**伪辩的**——就其起源而论，固亦可名之为合理的，盖因此等结论并非空想且非偶然发生，乃自理性之本质所发生者。此种结论实非某某人等之伪辩，乃纯粹理性自身之伪辩。盖即人中之最聪慧者亦不能自免于此等伪辩。彼在长期努力以后，或能防免实际的误谬；但绝不能解脱时时烦扰彼之幻相。

于是共有三种辩证的推论——其数正与其结论所由以产生之理念之数相等。在第一种类之推理中，我自“绝不包有杂多之主观”之先验的概念，以推断此主观自身之绝对的统一——我虽如是推断，但关于此主观则绝无其概念。此种辩证的推理，我将名之为先验的误谬推理（Paraloyismus）。第二种类之伪辩的推理，目的在指向“关于任何所与现象之条件系列之绝对全体”之先验的概念。由于我在某种方法中所思维之“系列所有不受条件制限之综合统一”之概念，常自相矛盾，我乃推断实有与此种统一相反种类之一种统一——关于此一种类之统一，我对之虽亦并无其概念。理性在此种辩证的推理中之位置，我将名之为纯粹理性之二律背驰（Antinomie）。最后，在第三种类之伪辩的推理中，自“普泛所谓对象应在其下思维”之条件全体（在其能授予我之限度中），我乃推断普泛所谓事物所以可能之一切条件之绝对的综合统一，即自我所不知之事物，仅由其先验的概念，以推论——由任何先验的概念亦绝不能知，且关于其不受条件制限之必然性我绝不能构成任何概念之——“一切存在者之本源存在”（ens entium）。此种辩证的推理，我将名之为纯粹理性之理想（Ideal）。

第一章
纯粹理性之误谬推理

逻辑的误谬推理不问其内容为何，乃方式误谬之一种三段推理。至先验的误谬推理，则为其中具有先验的根据迫使吾人形式的推断无效结论之一类误谬推理。故此一类误谬推理乃根据于人类理性之本质而发生，虽无所害，但实为不能避免之幻相。

吾人今到达一并不包含在“先验的概念之总括表”中，但必视为属于此表（但丝毫无须变更此表或宣称其有缺陷）之一概念。此即“我思”之概念，或宁名之为判断。此为吾人所极易见及者，此种“我思”之概念，乃一切概念——亦即先验的概念——之转轮，因而在思维先验的概念时，常含有此种概念，且其自身亦为先验的。但此“我思”概念绝不能特有所指，盖因仅用以为引导吾人一切思维之属于意识耳。同时“我思”概念即令其不杂经验成分（感官之印象），但由吾人所有表现能力之性质，仍能使吾人区别之为两种对象。思维之我，为内感之对象，名之为“心”。其为外感之对象者，则名之为“肉体”。因之，“我”之一名词，所视为思维的存在者，乃指其可名为合理心灵论者一种心理学之对象，盖因关于“心”，我今所欲知者，仅为离一切经验（经验更特殊的具体的规定我之内容），自此“我”之概念（在其存在一切思维之限度内）推理所能及者耳。

合理心灵论实从事此种论究；盖在此种学问中，若有丝毫关于我之思维之经验的要素，或我内部状态之特殊知觉与其“知识之根据”交杂，则即非合理的而为经验的心灵论矣。于是吾人在此处乃见有宣称建立于“我思”之单纯命题上之学问。不问此种主张是否有正当根据，吾人固可依据先验哲学之性质进而论究之。读者不必以表现“关于自我之知觉”之此种命题实包有内的经验，以及建立于此命题上之合理心灵论，绝非纯粹的（即在此种程度内以经验的原理为其基础者）而反对之。盖此内的知觉不过纯然统觉之“我思”而已，乃至先验的概念，即由此统觉而使之可能者；诚以吾人在先验的概念中所主张者，乃“我思实体、原因”等等。盖普泛所谓内的经验及其可能性，或普泛所谓知觉及其与其他知觉之关系（其中并无特殊识别，或经验的规定授予吾人），并不视为经验的知识，而唯视为普泛所谓经验之知识，且应以之为研讨一切经验之所以可能者，此确为一种先验的探讨。如有丝毫知觉之对象（乃至如快或不快等）加入“自觉意识之普遍的表象”内，则立即使合理心理学转为经验的心理学。

故“我思”为合理心理学之唯一主题，其教说全部即由此主题而发展者。此种思维如与对象（我自身）相关，则仅能包含此对象之先验的宾词，盖因杂有丝毫经验的宾词，则将破坏此种学问之合理的纯洁及其离一切经验之独立性也。

此处所要求者仅为吾人唯以此种相异之点遵从范畴之指导，即因吾人之出发点为一所与事物，即所视为思维的存在之“我”，故吾人自实体范畴开始（物自身所由以表现者），经由范畴之系列退溯，但无须另行变更范畴表中所采用之顺序。因而合理心理学之主要论题（其所包含之其他一切事物，皆必由此等论题引申而来者）如下：

（一）心为实体。

（二）就其性质言，心为单纯的。

（三）就心在种种时间存在中言，心为数的同一，即单一（非多数）。

（四）心与空间中可能的对象相关①。

纯粹心理学之一切概念皆纯由联结方法自此等要素发生，绝不容认任何其他原理。此种纯为内感对象之实体，与吾人以非物质（Immaterialität）之概念；视为单纯的实体，则与吾人以不朽（Incorruptibilität）之概念；实体之同一，所视为智性的实体者，则与吾人以人格（Personalität）之概念；此三者联结为一，则有精神（Spiritualität）之概念；当其与空间中之对象相关时，则与吾人以"与物体有交相关系"之概念，因而使吾人表现思维的实体为物质生活之原理，即表现为心灵（Anima）及表现为动物性（Animalität）之根据。动物性为精神性所制限又复发生灵魂不灭（Immortalität）之概念。

与此等概念相关联，吾人乃得先验的心理学（有人误以此为纯粹理性之学问）关于"吾人所有思维的存在之本质"之四

① 读者凡不易推测此等名词（在其用于先验的抽象性者）之心理学的意义，及难发现心之最后一项属性（即第四项）何以属于存在之范畴者，以后自能见及此等名词充分说明之而辩释之者也。此外，我将辩白在本章及本书全体中我之以拉丁名词，代德文名词，致损文辞美观之故。我之辩解则为与其以名词增加读者之困难，毋宁稍损文辞美观之为得也。

种误谬推理。吾人对于此种教说，仅能以“单纯的且其自身完全空虚”之“我”之表象为其基础，不能别有所根据；此种表象吾人且不能谓之为一概念，仅能谓之为伴随一切概念之单纯意识而已。由此能思之我、或彼、或其物所表现者，除等于X之“思维之先验的主体”以外，不能再有所表现。此种主体仅由为其宾词之思维知之，一离此等宾词，则吾人关于此主体绝不能有任何概念，仍能永在循环中徘徊，盖因关于此种主体之任何判断，无论何时，皆先已用此主体之表象而下判断者。至主体之所以有此固结不解之不便，实因意识自身非标识一特殊对象之表象，乃普泛所谓表象之方式，即在其称为知识之限度内所有表象之方式；盖仅关于知识，吾人始能谓为我由此思维某某事物。

我所唯一由以思维之条件，即纯为我主观之性质者对于一切能思之事物应同一有效，且吾人敢于以必然的普遍的判断建立于此种貌似经验的命题上，即凡能思者，在一切事例中，其性质必与自觉意识所宣告在我自身中所有之性质相同，此点骤一思之未有不觉其可惊奇者也。至其理由则如下：吾人必须必然的先天的以“构成我所唯一由以思维事物之条件之一切性质”附与种种事物。顾关于“思维的存在”，我由任何外的经验，亦绝不能有丝毫表象，仅由自我意识始能表现之。故此类对象不过以我所有之此种意识转移至其他事物，此等其他事物仅能由此种方法始表现为“思维的存在”。但“我思”之命题，今仅想当然用之，并不在其能包含“存在之知觉”（如笛卡尔之我思故我在）之限度内言之，唯就其纯然可能性言之而已，盖欲审察自如是单纯一命题推理而来所能应用于此命题主体之性质（不问此主体实际是否存在）究为何种性质耳。

设吾人由纯粹理性所得关于“普泛所谓思维存在”之知识，根据于“我思”以上之事物，又若吾人亦采用“关于吾人之思维作用及自此等思维而来所有思维的自我之自然法则”等等观察，则将成立一种经验的心理学，此种经验的心理学殆一种内感之生理学，或能说明内感之现象，但绝不能启示“绝不属于可能的经验之性质（例如‘单纯’之性质）”，亦不能产生“关于普泛所谓思维存在之性质”之任何必然的知识。故此种心理学并非合理心理学。

今因“我思”（想当然用之）之命题，包含悟性之一切判断方式，且伴随一切范畴而为其转轮，故自此命题之推理，仅容许悟性之先验的使用，实显然易见者也。且因先验的使用不容有任何经验之掺杂，故吾人关于其论究进程之方法，除以上所述者以外，不能更容任何颇有便益之预想。故吾人拟以批判之目光就纯粹心理学所有之一切宾词论究此命题。但[1]为简洁计，宜不分段落检讨之。

〔1〕自此“但为简洁计……”以下至314页第14行第二版之所修正者，至第一版之原文将附录于其后，见314页。

以下之通论，在论究之始，颇足辅助吾人检讨此种论据。我并不纯以我所思维者认知对象，仅在我——与一切思维由以成立之意识之统一相关——规定所与直观之限度内认知之。因之，我并不由于意识我自己正在思维而认知我自己，仅在我意识——所视为与思维之机能相关所规定——“关于我自身之直观”时认知之。思维中所有自觉意识之形象其自身并非对象之概念（范畴），纯为——并不以应知之对象授予思维，因而亦不以我自己为对象而授予思维——之一种机能。对象非“规定者之自我”之意识，仅为“被规定者之自我”之意识，即我所有内的直观之意识（在其杂多能依据思维中统觉统一之普遍的条件而联结之限度内）。

（一）在一切判断中，“我”为规定“构成判断者之一类关系”之“规定者主体”。故必须承认常能以“我”——即思维之我——为主体及视为非“属于思维之纯然宾词”之某某事物。此乃一自明的且实为自同的命题；但此命题之意义，并非谓所视为对象之“我”对于我自己乃独立自存之存在者，即实体。后一见解（按即实体之见解）过于前一见解（按即常视为主体不属于任何宾词之见解）远甚，须有“非思维中所应见及之证明事实”或（在我以思维之自我仅视为其在思维之限度内）须有我在思维中所见及者以上之证明事物。

（二）统觉之“我”以及在一切思维活动中之“我”乃一我不能分解为多数之主体，因而指逻辑上单纯之主体而言云云，乃已包含在“思维本身之概念”中者，故为分析命题。但此命题之意义并不指思维之“我”乃一单纯的实体。盖此种关于实体之命题，当为综合的。实体概念常与直观相关，直观之在我内部中者，除感性的以外，不能别有其他，故完全在悟性及悟性所有思维之范围以外。但当吾人谓“我”在思维中乃单纯的之时，则吾人之所云云者乃就此思维之范围而言者也。在其他事例中须以多大劳力决定之者——即关于一切所表现于直观中者，何为实体，此种实体能否为单纯的（例如在物质之各部分中）——而在一切表象中之最空虚表象内，一若由于天启即能直接授予我，自当令人惊奇。

（三）“在我所意识之一切杂多中我常同一不变”之命题，亦已包含在此等概念之自身中，故亦为分析命题。但此种主体之同一（关于此种同一，我能在我所有之一切表象中意识之者），并不与主体之任何直观相关（由主体之直观即能以主体为对象而授予吾人），故若人格之同一指在主观所有状态之一切变化中“一人自身所有实体（所视为思维的存在者）之同一”之意识而言，则此种主体之同一不能即指为人格之同一。仅分析“我思”之命题，不足以证明此种命题；故证明此种命题，吾人尚须有“根据于所与直观之种种综合判断”。

（四）我以我自身之存在为思维的存在者之存在，以与“在我以外之其他事物”（肉体亦在其中）相区别，亦为分析命题；盖其他事物即我所思维为与我自身相异者。但我由此并不能知离去——表象所由以授予我者之——在我以外之事物，此种“关于我自身之意识”是否可能，即我是否能仅为一思维的存在者而存在（即非以人间形体而存在）。

是以分析普泛所谓思维中关于我自身之意识，绝不产生“所视为对象之我自身”之知识。此盖误以关于普泛所谓思维之逻辑的说明为对象之玄学的规定也。

如有先天的证明“一切思维的存在其自身为单纯的实体，因而（自同一之证明方法推论所得者）人格与思维的存在不可分离，以及思维的存在者意识其存在与一切物质相分离而有区别”，等等之可能性，则对于吾人之全部批判诚为一极大之障碍，殆为吾人所不能答复之一种反对论。盖由此种进程吾人应超越感官世界而进入本体领域；无人能反对吾人有权在此种领域中更进一步乃至居住其中，且如幸运相邻当有权永久占有之。“一切思维的存在就本身言，为一单纯的实体”云云之命题，乃一先天的综合命题；此命题之为综合的，盖以越出其所由以出发之概念，而以其存在之形象加之于普泛所谓思维之上（即加之于思维的存在之概念之上）；此命题之为先天的，盖以所不能在任何经验中授予之宾词（单纯性之宾词）加之于其概念耳。于是由此所得之结论当为：先天的综合命题，不仅如吾人以前所主张，乃与可能经验之对象相关及以之为此种经验所以可能之原理，而后可能而后可以容许；今乃以之为能应用于普泛所谓事物及物自身者——此一种结论将断送吾人之全部批判而使吾人不得不默认旧日之推理进程矣。但在严格考虑之下，吾人固未见其如是之严重危险。

合理心理学之全部进程为一误谬推理所支配，此种误谬推理在以下之三段推理中展示之：

凡除以之主体以外所不能思维之者，亦即除为主体以外不能存在之事物，因而此为实体。

一思维的存在——纯就其为思维的存在考虑之——除以之为主体以外不能思维之。

故思维的存在亦仅为主体存在，即为实体存在。

在大前提中吾人所言者，乃在一切关系中所能普泛思维之者之存在，因而亦能以之为可在直观中授予者。但在小前提中吾人所言及者，仅在思维的存在之以其自身为主体，纯就其与思维及意识之统一之关系言之，并不亦就其与——思维的存在所由以成为思维对象之——直观之关系言之之限度内。故其结论及由误谬推理——中间概念意义含混之误谬推理（per sophisma figurae dictionis）——所到达者[①]。

① 在两前提中所用“思维”一字之意义全然不同：在大前提中以其为与普泛所谓对象相关，即与视为能在直观中授予之对象相关，而在小前提中则仅以之为与自觉意识之关系所成者。在此后一意义中绝无对象为其所思及，其所表现者仅为与“视为主体之自我”（所视为思维之方式者）之关系耳。在前一前提中吾人所言者，为除以其为主体以外所不能思维之事物；但在后一前提中，则吾人所言者非事物而为思维（抽去一切对象），其中之“我”常用为意识之主体。故其结论不能为“我除为主体以外不能存在”，仅能为“在我思维我之存在时，除以之为（其中所包有之）判断之主体以外，我不能使用我自己”。此为一自同命题，对我之存在形象绝无丝毫阐发也。

吾人如忆及在原理之系统叙述一章所有之概括注解中及本体一节中之所论述者，则将此有名之论证归之于一种误谬推理，自见吾人之充分正当。盖在以上两处中所证明者，其自身能为主词存在而绝不能为宾词之一类事物之概念，并不具有客观的实在性；易言之，吾人不能知是否有此概念所能应用之任何对象——关于此种存在形象之可能性，吾人并无方法决定之——故此概念绝不产生知识。“实体”之名词如指“所能授予之对象”言，又若实体为产生知识之事物，则必依据一永恒的直观成为吾人所有概念之对象，唯由此实体始能授予，即为概念之客观的实在性之不可欠缺条件。顾在内的直观中并无永恒者其物，盖“我”仅为“我所思维之意识”。故吾人若不超出纯然思维以外，吾人即无应用实体概念（即独立自存的主体之概念）于“所视为思维的存在之自我”之必然的条件。与实体概念联结之单纯性概念，因实体概念之客观的实在性丧失亦随而消灭；转变为普泛所谓思维中所有自觉意识之逻辑上之质的单一性，此种单一性不问主词是否为复合，皆应呈现。

驳斥孟但森（Mendelssohn）心灵永存之证明

此锐敏之哲学家立即见及通常所以之证明心灵——如容认其为单纯的实体——由分解不能终止其存在之论据，不足以达证明心灵之必然的连续存在之目的，盖因心灵固可假定其由消灭以失其存在者也。在其 Phaedo 一书中，彼由说明单纯的实体不能终止其存在，以图证明心灵不能陷于此种“消灭进程（殆为真实之绝灭者）”。彼之论据如下：因心灵不能减弱，即不能渐失其存在所有之某某部分，逐渐转变至无（盖因心灵无部分心灵自身中无多数），故无“心灵在其中之刹那”及“不在其中之刹那”之间之中间时间——盖此为不可能者。但彼未见及即令吾人承认心灵之单纯性质，即承认心灵不包有杂多彼此并立之组成分子，因而无延扩量，顾吾人仍不能否定心灵（为任何其他存在以上之事物）有强弱量，即具有“关于心灵所有一切能力”之实在性度量，亦即关于构成其存在之一切事物之实在性度量，以及此种实在性度量，经由一切无数更小之度量而可减弱者。所假定之实体——其永恒性尚未证明之事物——能以此种情状转变至无，此固非由分解，乃由逐渐丧失（衰退 nemissio）其能力，即由衰弱（如容我用此名词）以至于无。盖意识自身常有一度量，而度量则常容减弱者[①]，此同一之事例自必亦适用于其意识自我之能力及一切其他能力。故仅视为内感对象之“心灵永存”仍未证明，且实为不可证明者。心灵在生存中之永恒性，诚为自明之事，盖因思维的存在（如人）其自身亦为外感之对象也。但此远不能满足合理心理学者，彼纯自概念以从事于证明心灵在此生以外之绝

① 明晰并非如逻辑学者所言，为关于表象之意识。即令在许多不明晰之表象中，亦必见有某种程度之意识（此种意识虽微弱不足令人回忆及之），盖若全无意识，则吾人将不能辨别不明晰表象之各种联结，但吾人关于许多概念之性格如正当、公正之性格，仍能辨别之，或如音乐家在立时演奏种种音调时，能辨别此等不明晰之表象。但一表象之明晰，乃在其意识足以意识及此一表象与其他表象之有区别之时。如意识仅足辨别其区别，而不能意识其区别，则此表象必仍名为不明晰者。故有无限之意识阶段，直至于其完全消灭。

对永存①。

吾人如以以上各命题综合的联结之，一如合理心理学之体系中所必须采用者，视为对于一切思维的存在皆有效力，且以“一切思维的存在，就其自身言，皆为实体”之命题，自关系之范畴出发，由命题之系列退溯，直至周行已毕，最后到达此等思维的存在者之存在。顾在此种合理心理学之体系中，此等存在者不仅视为意识彼等之存在独立于外物之外，且亦能由其自身就永恒性（此为实体之必然的特征）规定此种存在。故此种唯理论者之体系，必然为观念论，至少亦为怀疑的观念论。盖若规定一人自身在时间中之存在，绝不需要外物之存在，则假定外物之存在，实

① 若干哲学家在构成一“新有可能性”之事例时，以为彼等若能拒斥他人提示与彼等之假定相反者，即为已足。此乃一切自以为了解死后思维之可能性者——关于此种思维之可能性彼等仅有人间生活之经验的直观中之例证——之推论进程。但依恃此种论证方法之人，能由引证一并不较之过甚之其他可能性，即足以使之困惑无已。此即单纯的实体分割为种种实体之可能性，及融合（凝结）种种实体为一单纯的实体之可能性。盖分割性虽以复合体为前提但并非必须实体之复合，而仅须同一实体所有（杂多能力之）度量之复合。正如吾人能思维心灵之一切能力乃力量及至意识之一切能力及力量减弱为半，但实体仍能以此种状态留存，吾人自亦能以此消失之一半为保留于心灵以外而不在心灵以内，亦不见其有所矛盾；且吾人又能如是主张，谓因其中所有之实在者，即具有度量者——易言之，其全部存在毫无欠缺——已分割为二，此分割之其他部分斯时当在心灵以外存在。盖以前存在之多数（已分割者）非实体之多数，乃实体所固有一切实在性之多数，即实体中所有存在量之多数，故实体之单一性仅为存在之形态，由分割之故，已转变为实体性之多数。理与此同，种种单纯的实体能融合为一，除多数实体性为一以外，绝无所损失，盖因一实体中总包括有一切以前种种实体之实在性度量。吾人或亦能表现单纯的实体（此为对于吾人产生名为特质之现象者）为产生——实非由彼此之机械的化学的影响，乃由于吾人所不知之一种影响，机械的化学的影响，对于此种影响，仅为其现象——儿女之心灵，即以为由双亲之心灵（所视为强弱量者）之力学的分割以产生儿女之心灵，而此等双亲之心灵则由于与同一种类之新的质料相融合，以补偿其所损失。我实不能容认此种妄想有任何用处及效力，且如分析论之原理所证明者，范畴（包括实体之范畴）除经验的使用以外，无使用之可能。但若唯理论者敢于纯自思维之能力并无“对象所能由以授予之永恒的直观”，以构成一自存的存在，且不承认（此为彼所应为者）其不能说明思维的性质之可能性而仅根据于“思维中统觉之统一不容以复合体说明之”云云，则唯物论者——彼虽不能诉之经验以维持彼所推测之可能性——何以不能有同一权利，大胆以其原理建立相反之结论，同时仍保留其反对派（唯理论者）所依恃之方式的统一。

一无益之假定，且不能证明之矣。

在另一方面，吾人若分析的进行，自——所视为已包含一“所与存在”在其自身中之——“我思”命题出发，进达形象，分析之以辨知其内容，因而发现此“我”是否及如何仅由此种内容以规定其在空间或时间中之存在，于是合理心灵论之命题，将不以普泛所谓思维的存在之概念开始，而以实在性开始，吾人将自此实在性所由以思维之方法，以推论在除去一切经验的事物以后，所属于普泛所谓思维的存在果为何种事物。此如下表所列：

（一）我思。

（二）为主体。

（三）为单纯的主体。

（四）为我所有思维之一切状态中之同一的主体。

在第二命题中是否我能存在并未规定，唯仅思维为主体而不亦视为其他存在者之宾词，因而此处所用之主体概念，仅为逻辑的意义，至其是否作为实体解，则仍未规定者也。至第三命题亦然，关于主体之性质或其实体性绝无所证明；但在此命题中，统觉之绝对的统一，即“所以构成思维之一类联结或分离”与之有关之“表象中之单纯的‘我’”具有其自身所有之重要意义。盖统觉乃实在的某某事物，其单纯性已包含在其可能性之事实中。顾在空间中并无能成为单纯的之实在的事物；点（此为空间中唯一之单纯的事物）仅为限界而已，其自身并非能视为“用以构成空间”之部分。由此言之以**唯物论者**之见解说明——纯为思维的主体之——自我之性质，实为不可能者。但因在第一命题中我之存在视为已定者——盖第一命题非谓一切思维的存在者存在（此则将主张其绝对的必然性，故言之过度)，而仅谓“我在思维”——此命题乃经验的，其能规定我之存在者，仅与我在时间中所有之表象相关。但为规定我之存在计，又复须永恒的某某事物，而此永恒者在我思维我自身之限度内，绝不能在内的直观中授予我者，故由此单纯的自我意识以规定我所由以存在之状态（不问其为实体或为属性)，实为不可能者。故若唯物论无资格说明我之存在，精神论亦同一不能说明之；其结论则为在心灵独立存在之可能性所关之范围内，吾人绝不能知心灵之任何性质者也。

由意识之统一——此仅因吾人不得不用之为经验所以可能之所不可缺者而知之——以超出经验（吾人在此生中之存在）甚至由——经验的但全未为各种直观所规定其内容之——“我思”命题，以吾人所有之知识，推及于一切普泛所谓思维的存在之性质，此岂可能者耶?

合理心理学之存在，不可以之为有所增益于吾人所有关于自我之知识之学说，仅以之为一种训练耳。合理心理学在此领域中对于思辨的理性，设立一不可超越的限界，一方阻抑吾人投身于无心灵之唯物论，他方则禁阻吾人没身于吾人在现世生活中所必须视为毫无根据之精神论。合理心理学虽未提供积极的理论，但实警觉吾人使吾人应以“理性对于吾人探讨现世生活限界以外之问题拒绝满足返答”，视为理性之默示，使吾人所有之自我知识自无益及浮夸之思辨转移于有益之实践的使用耳。在此种实践的使用中，固常指向经验之对象，但其原理则自更高之源流而来，规定吾人应规整吾人之行为，一若吾人之运命到达经验以外无限遥远，因而远超现世生活以外者也。

由此观之，合理心理学之起源纯由于误解明矣。为范畴基础之意识统一，今误为主体（所视为对象者）之直观，于是乃以实体范畴应用其上。但此统一仅为思维中之统一，仅由此统一则无对象授予，故“常以所与直观为前提”之实体范畴不能适用于其上。因之，此种主体乃不能知者。范畴之主体不能由思维范畴而得“其自身为范畴对象”之概念。盖欲思维范畴，则主体之纯粹自我意识（此为应说明者）必须预想其自身之存在。时间表象所（本源的）根据之主体，不能即由时间表象以规定其自身在时间中之存在，其理亦正相同。且若此后者（按即由时间表象以规定主体）不可能，则前者即由范畴以规定自我（所视为普泛所谓思维的存在）自亦不可能。①

是以获得“推广至可能的经验限界以外，同时又促进人类所有最高利益”之知识之期望，在思辨哲学自以为能满足此期望之限度内，诚见其根据于欺妄，且在努力实现时即丧失其自身者也。但吾人批判之严格，在证明关于经验之对象独断的规定有某某事物在经验限界以外云云之为不可能，所贡献于理性者至大。盖若如是，则能保障理性防免一切相反之可能主张。顾除以下二途以外，不能保障理性。即吾人应绝无疑义必然证明吾人之命

① “我思”如前所述乃一经验的命题，其自身中包有“我在”之命题。但我不能谓“一切思维之事物皆存在”。盖在此种事例中，思维之性质将使一切具有思维之存在为必然的存在。故我之存在不能如笛卡尔之所论究，视为自“我思”之命题推论而来者——盖若此，则将有“一切思维之事物皆存在”之大前提列于其前——此乃与此我思之命题为同一之命题。“我思”表现一未定其内容之经验的直观，即未定之知觉（即提示其自身属于感性而存于此存在命题之根底中之此种感觉）。但“我思”先于“由其与时间有关之范畴以规定知觉对象”所必须之经验，而此处所论及之存在则非范畴。范畴本身并不应用于未定其内容之所与对象，而仅用于——吾人对之具有概念且欲知其是否存在于概念以外之——对象。此处所指之未定的知觉仅为所与之实在的某某事物，乃授之于普泛所谓思维者，因而不视之为现象，亦不以之为物自身（本体），乃以之为现实的存在之某某事物，在“我思”之命题中即指此“我思”而言也。盖必须注意当我称“我思”命题为经验的命题时，我并不因之而谓在此命题中之我为经验的表象。反之，此乃纯粹智性的表象，盖因属于普泛所谓思维耳。无某种经验的表象以提供思维之质料时，则现实的“我思”实不能发生；但此经验的表象仅为纯粹智性的能力之应用或使用之条件。

题；如不能证明之，则探究此种无力之缘由，此种缘由如属吾人理性之必然的限界，则必迫使一切反对者皆服属此种“拒斥——就一切主张权能而言——独断的主张之同一法则”。

但关于依据理性之实践的使用原理（此与理性之思辨的使用密切联结）以假设来生之权力乃至必然性，并不因此而有所损失。盖纯然思辨的证明，绝不能有所影响于通常之人间理性。诚以此种证明实建立于毛发尖端其危孰甚，乃至种种学派所以维持其不坠，亦仅在使之旋转不已有类一独乐；且即在彼等之目中亦未见其有能建立任何事物于其上之持久基础。凡有益于人世之证明，皆能保持其全部价值，不使失坠，且在消除独断的矫妄主张，实获得使之明晰及自然的势力。盖斯时理性安居其自身所有之特殊领域即同时亦为自然秩序之目的秩序中；且因其自身不仅为理论的能力，且亦为实践的能力，而不为自然的条件所束缚，故有正当理由扩大“目的秩序以及吾人存在”在经验及现世之限界以外。吾人如依据世界中**生物性质之类推**以判断之，则在论究生物性质时，理性必须承认此一种原理，即任何官能、能力、冲动乃至一切事物，无一为多余或与其使用不相称者，故无一事物为无目的者，正与其生存中之运命相一致——吾人如就此种类推以判断之，则吾人应以“唯一能在其自身中包有一切此种秩序之终极目的”之人，为唯一能超越此种生物性质之造物。人之天赋——不仅其才能及享受此等才能之冲动，且在彼内部中所有超越其他一切事物之道德法则——远超越彼在现世中能自天赋所得之效用及利益，由是彼乃习知离一切功利效果，乃至身后名誉虚酬，以评衡“正值意志之纯然意识”为高出其他一切价值之上者；因而感有内部之要求，由彼在现世之行为及牺牲许多现世之利益，使彼自身适合于“彼在理念中所保有之善良世界”之一员。此种有力而不可争之证明，由吾人在周围一切事物中所见日益增加之关于目的性之知识而益增强，并由关于创造无限量吾人所有之默思，且亦由在吾人所有知识之可能推广中有其不受制限之处之意识及与之等量之努力之意识而益增强。凡此种种仍留存于吾人，但我必须摈弃“纯自关于吾人自身之理论的知识以理解吾人存在之必然的连续”之希望。

关于解决心理学的误谬推理之结论

合理心理学中之辩证的幻相，起自以理性之理念——纯粹智力之理念——与普泛所谓思维的存在之完全未规其内容之概念相混淆。我思维我自己，由于一可能的经验，同时又抽去一切现实的经验；乃就而推断谓即离经验及其经验的条件，我亦能意识“我”之存在。其结果我以“抽去我所有经验所规定之存在”之可能的抽象与“我之思维的自我之可能的单独存在”之假定的意识相混淆，以致信为我能知在我内部中为实体者，即为此先验的主体。但实际我在思维中所有者，仅为——一切规定所以之为基础之“纯然知识方式”之——意识之统一而已。

说明心灵与肉体交相关系之任务，本不属于吾人今所论究之心理学。盖此种心理学目的在证明“心灵之人格虽离此种交相关系（即在死后）亦尚存在”，故就此名词之本有意义言之，乃超验的。此种心理学固亦论及经验之对象，但其所论者仅为终止其为经验对象之方面。顾在另一方面，吾人之教示对于此种心灵与肉体交相关系之问题，曾有充分之解答。此问题所特有之困难（为普泛所承认者），在假定内感对象（心）与外感对象之为异质一点，此等直观之方式的条件，在前一事例中，仅有时间，而在后一事例中，则又有空间。但吾人苟思及此两种对象之相异，不在其内的本质，仅在一方在他方之外显现之限度内，且在物质现象之根底中所视为物自身者，其性质上或未必如是之异质，则此困难立即消失，所留存之唯一问题，仅为泛论实体之交相作用如何可能之问题耳。顾此为心理学领域以外之问题，读者在分析论中关于基本的力量及能力所有种种述说以后，自不迟疑以此问题为在一切人类知识之领域外也。

关于自合理心理学转移至宇宙论概言

"我思"或"我在思维"之命题乃一经验的命题。但此类命题乃以经验的直观为条件，故亦以对象——即在其视为现象方面所思维为自我——为其条件。其结果则在吾人之理论中，心灵——即在思维中——完全转变为现象，因而吾人所有意识之自身在此种情形中因其纯为幻相，实际上必毫无所连属。

思维，就其自身而言，仅为逻辑的机能，因而纯为联结一"可能的直观所有杂多"之纯粹的自发力，并不展示意识之主体如现象所有；此即思维绝不顾及直观形象（不问其为感性的或智性的）之充分理由。我由思维所表现之我自身，既非我本有之相，亦非我所现之相。我思维我自身，一若我思维"我抽去其直观形象之任何普泛所谓对象"相同。此处我若呈现我自身为思维之主体或思维之根据，则此等表象形态并无实体或原因等范畴之意义。盖范畴乃已应用于吾人感性直观一类之思维（判断）机能——我若欲认知我自身，则须此种直观。但在另一面我若意识我自身纯为思维，则因我并不考虑我自身所有之"自我"如何能在直观中授予，故"我自身"，在思维之我视之，固纯为现象，但在我思之限度中，则绝非纯然现象；盖在纯然思维中所有关于我自身之意识内，“我”即存在自身——在我自身中，虽并不因之对于思维与以任何内容。

“我思”之命题，在其等于“我在思维”云云之限度内，非纯然逻辑的机能，乃就其存在规定主体（斯时主体同时又为对象）者，故若无内感（其直观非表现对象为物自身，仅表现之为现象）则不能发生。于是此处不仅有思维之自发性，且亦有直观之感受性，即关于我自身之思维应用于关于我自身之经验的直观。如思维之自我不仅由“我”以识别其自身为对象自身，且又规定其存在之形态，即认知其自身为本体，则此思维之自我应在关于我自身之经验的直观中，探求其视为实体原因等范畴之逻辑的机能之使用条件。顾此为不可能者，盖因内部的经验直观乃感性的，仅产生现象之资料，此种资料对于认知“纯粹意识所有对象”之独自存在，绝无所裨益，仅能用以获得经验耳。

如容认吾人能由适当途径，非在经验中，而在理性纯粹使用之某种法则中——此非纯然逻辑的规律，乃同时亦先天的适用于吾人存在之法则——发现“以吾人自身为对于吾人自身存在之完全先天的立法者，且为规定此存在者等等”之根据，则将因此而启示一种自发力，吾人之实在将由此自发力——离一切经验的直观之条件——成为可规定者。吾人又应知在“吾人之存在之意识”中包含一先天的某某事物，此先天的某某事物能用以规定吾人之存在（其完全的规定仅在感性范围中可能者）——就某种内部能力而言——为与非感性的直悟世界有关。

但此丝毫不足以促进合理心理学之企图。在此可惊之能力中——此种能力乃道德法则最先所启示于我者——我实应有规定我之存在之纯粹智性的原理。但此种规定应以何种宾词成之？此等宾词仅能为必须在感性的直观中授予我者之宾词而已；于是我发现我自身正与以前（就合理心理学而言）之地位相同，即仍须感性的直观赋予——我由之始能认知我自身之——悟性概念（实体原因，等等）以意义；而此等直观则绝不能助我超越经验之领域以外者也。顾就实践的使用（常指向经验之对象）而言，我自有正当理由依据其在理论的使用时所有类推之意义，应用此等概念（按即实体原因等概念）于自由及自由之主体。但若如是，则我将以此等概念（接即实体原因等概念）仅作为主词与宾词、理由与结论之纯然逻辑的机能解，依据此等逻辑的机能，行为或结果乃被规定与道德法则相合，而容许其与自然法则相同，皆能依据实体原因等范畴说明之者——道德法则与自然法则虽各根据完全不同之原理。凡此种种见解，意在防阻吾人所有视为现象之自我直观说最易陷入之误解。吾人以后更有机缘应用此种见解。

***

第[1]一误谬推理：关于实体性者

其表象为吾人判断之绝对的主体因而不能用为其他事物之宾词者，为实体。

所视为思维的存在之“我”，乃我所有一切可能的判断之绝对的主体，此种关于我自己之表象不能用为任何其他事物之宾词。故所视为思维的存在（心）之我为实体。

纯粹心理学之第一误谬推理之批判

在先验的逻辑之分析部分中，吾人曾说明纯粹范畴以及其中实体范畴除依据直观以外，其自身并无客观的意义，乃应用于“直观杂多”之综合统一机能。在缺乏此种杂多时，范畴仅为判断机能，并无内容。我能对于一切事物皆谓其为实体，其意义所在，仅为我以之与“事物之纯然宾词及规定”相区别耳。今在吾人所有之一切思维中，我为主体，思维仅为规定而从属此“我”；此“我”不能用为其他事物之规定。故一切人皆必以彼自身为实体而仅以思维为彼之存在之属性，即彼所有状态之规定。

但我以此种实体概念将作何用？所视为思维的存在之“我”，就我自身言，永恒存在，并无任何生灭之自然状态云云，绝不能自实体概念演绎之。顾除此以外，并无我能适用“我之思维的主体之实体性概念”之其他用法，故若失其用途，则我实无须此种概念。

因远不能纯自纯粹之实体范畴以演绎此等性质，故吾人必须自——经验中所授予所视为永恒者之——“对象之永恒性”出发。盖实体概念仅对于此种对象，始能以经验的有效用之方法应用之。但在以上之命题中，吾人并未以任何经验为吾人之基础；其推论仅自“一切思维与——所视为思维所属之共同主体之——‘我’之关系”之概念而来。即依据经验，吾人亦不能以任何确实之观察，证明此种永恒性。此“我”固在一切思维中，但在此种表象中，并无丝毫使此“我”与“直观之其他对象”相区别之直观痕迹。是以吾人固能见及此种表象必然存在一切思维中，但不能见其为常住的连续的直观，而有思维（此为转变无已者）在其中互相起伏。

故其结论为：先验的心理学之第一推理，在其以“思维之常恒不变之逻辑的主体”为思维所属之实在的主体时，乃以貌似创见之说欺妄吾人者也。吾人并未有——且不能有——关于任何此种主体之任何知识。意识实为唯一使一切表象成为思维者，故吾人之一切知觉必须在“所视为先验的主体”（我）之意识中；但在此“我”之逻辑的意义以外，吾人对于在此“我”根底中为其基体（如“我”在一切思维之根底中为其基体）之主体自身，并无任何知识。顾若承认“心为实体之概念”，不能使吾人前进一步，因而不能产生伪辩的心灵论通常演绎所得之任何结论，“例如人之心灵在一切变化中乃至死后永恒存在云云等”——盖即谓吾人如承认此种概念所指之实体仅在理念中非在实在中——则“心为实体”之命题固可容许其成立者也。

〔1〕以下至第348页“即推广……之外”为第一版原文接第301页“故吾人……论究此命题”下。

第二误谬推理：关于单纯性者

其活动绝不能视为种种事物所有活动协同而成者，为单纯的。

今心（即思维的我）乃此种存在体。故等等。（按即心为单纯的云云。）

先验心理学之第二误谬推理之批判

此为纯粹心理学中一切辩证的推论之最有力者。此非独断论者欲使其主张博得表面赞同所设之伪辩的欺人作用，乃似足以经历严厉检讨深密论究之一种推论。如下所述。

一切复合的实体乃种种实体之集合体，复合体之活动或属于复合体之任何复合事物之活动，乃分配于多数实体中之种种活动，或种种属性之集合体。自种种活动的实体协同所发生之结果，在此结果仅为外部的时（例如一物体之运动乃其所有一切部分之联合运动）实为可能者。但在思维，则以其为属于思维的存在之内部属性，乃大不同。盖若假定思维者为复合体：则复合体之一切部分皆为思维之一部分，仅有联结所有一切此等部分，始能包含全体思维。但此为不能一贯主张之者。盖分配于种种存在者之种种表象（例如一诗句之各单字）绝不能构成一全体思维（一诗句），故谓一思维应属于本质上所谓复合体者，实为不可能之事。是以思维仅在**单一**的实体中可能，此种实体非种种实体之集合体，乃绝对的单纯者[①]。

此种论证之所谓主要论据（nervus probandi）实在以下之命题中，即欲构成一思维，则种种表象必须包含在思维的主体之绝对的统一中。但无一人能自概念以证明此命题。盖彼将如何从事证明此命题？"一思维仅能为思维的存在绝对的统一之结果"云云之命题，不能以之为分析的命题。盖由种种表象所成之"思维之统一"，乃集合的，在其为纯然概念所能说明之限度内，其能与种种实体之联合活动之集合的统一相关，（如一物体之运动为其所有一切部分之复合运动）正与其能与主体之绝对的统一有关相同。因之，在复合的思维之事例中，必须以单纯的实体为前提之必然性，实不能依据同一律证明之。且亦无人敢于主张能纯自概念，容许综合的且完全先天的知此命题——至少彼若了解前所说明先天的综合命题所以可能之根据，自不致有此种主张。

自经验以引申——其为一切思维所以可能之条件——此种主体之必然的统一亦为不可能者。盖绝对的统一之概念，姑不问其完全在经验领域以外，而经验则并不使吾人产生必然性之知识。

① 此种证明极易使之成为通常习用之正确推论方式。但就我之目的而言，使其证明之根据明晰（虽以通俗方法），即已足矣。

然则吾人将自何处以得此种全部心理学的推论所依据之命题？

我如欲表现一思维的存在，则我必设身处地以我自身之主观为我所欲考虑之对象（此为任何其他种类之研究所无者），以及吾人之所以要求思维主体之绝对的统一者，则仅因不如是，则不能谓之“我思”（杂多在一表象中），此皆显而易见者也。盖思维之全部虽能分割以及分配于种种主体，但主观的“我”则绝不能如是分割分配，而吾人在一切思维中所以之为前提者，即为此“我”。

此处与前一误谬推理相同，当合理心理学敢于扩大其知识时，所留为其能依恃之唯一根据，仍为此统觉之方式的命题“我思”。但此命题其自身并非经验，乃属于——及先于——一切经验之统觉方式；故就其本身言，仅在其与某种可能的知识相关时，必常以之为此种知识之纯然主观的条件。吾人并无权利使此主观条件转型为对象之知识所以可能之条件，即转型为普泛所谓思维的存在之概念。盖除以吾人所有之意识公式设身自处于“一切其他智性存在”之地位，吾人绝不能表现此种存在者也。

且我自己（所视为心者）之单纯性，实际亦非自“我思”之命题**推论而得**；盖我之单纯性已包含在一切思维中。“**我为单纯的**”之命题必须视为统觉之直接表现，正与所引用笛卡尔推论之“我思故我在”（cogito ergo sum）相同，实为一重复语，盖我思（cogito）——我在思维（sum cogitans），即直接主张我之存在。“**我为单纯的**”之意义，仅等于谓此“我”之表象其自身并不包含丝毫杂多，以及其为绝对的（虽仅逻辑的）统一耳。

故著名之心理学的证明，仅建立于一表象之不可分割的统一上，此种表象仅在其与一人有关时，为管理其动词者（按如“我思”，我即管理思之动词者）。在以“我”与吾人之思维相连属时，吾人仅先验的指示属性之主体，并不注意其中之任何性质——实际关于此种主体之性质不问直接间接吾人皆绝无所知者也。此主体乃指普泛所谓某某事物（先验的主体）而言，如仅就其中并无规定之理由而言，则其表象之必为单纯的，自无疑义。实无事物较之由纯然某某事物之概念所表现者更为单纯。但主体表象之单纯性，并非即为主体自身单纯性之知识，盖当吾人仅以“我”之完全空虚名词（此一名词我能应用于一切思维的主体者）指示此主体时，已完全抽去其一切性质矣。

我常由“我”而抱有“主体之绝对的（但仅逻辑的）统一”之思想（单纯性），此则极为确实者。但并不因之即谓由此我知“我之主体”之现实的单纯性。“我为实体”之命题，如吾人以上所见及，所指仅为纯粹范畴而已，此种纯粹范畴我实不能有具体（经验的）使用；故我自能正当谓“我为单纯的实体”，即“其表象绝不含有杂多之综合”之实体。但此概念及此命题，关于“为经验对象之我自己”，对于吾人丝毫无所告知，盖因实体之概念，其自身仅用为综合之机能，并无为其基础之任何直观，故亦无对象。此仅与吾人所有知识之条件相关，并不应用于任何所能指示之对象。吾人今将以实验方法检讨此命题所假设之效用。

无论何人必须承认心之单纯性质之主张，其所有价值，仅在我能由此以此主体与一切物质相区别，因而使主体能免于物质所常归宿之分解作用。严格言之，此实以上命题意向所在之唯一用途，故通常以“心非物质”云云表现之。我若能说明：“吾人对于合理心理学之基本命题（即一切思维之事物为单纯的实体），虽容许其有完全客观的效力——此效力为唯自纯粹范畴而来之纯粹理性判断所特有——而吾人关于心与物质相异及与物质关系之问题，仍不能丝毫使用此命题”，此则与我此前将此假定之心理学的创见放逐于理念之领域而无任何实际之客观的效用相同。

在先验感性论中，吾人已毫无疑义证明物体仅为吾人外感之现象，而非物自身。吾人因而有正当理由谓吾人之思维的主体非物质的；易言之，以思维的主体由吾人表现为内感之对象，故在其思维之限度内，不能为外感之对象，即不能为空间中之现象。此等于谓思维的存在就其**本身**言，绝不能在外的现象中见及之，以及其思维、意识、欲望等等皆不能外部直观之。凡此种种皆属于内感。此种论证实际如是自然，如是通俗，即庸众之常识亦常依持之，故自远古以来常以心与肉体为完全不同者也。

但延扩、不可入性、凝结及运动——总之，凡外感所能授予吾人之一切事物——虽非思维、情感、欲望或决心，且亦不包含此等等，顾“在外的现象之根底中，激动吾人感官，使之获有空间、物质、形象等等表象”之某某事物，当其被视为本体时（视为先验的对象更佳），同时亦能为吾人所有思维之主体。至吾人外感所由以被激动之形象，并不授予吾人以表象、意志等等之直观，而仅授予空间及空间规定之直观云云，并非证明与以上云云相反。盖此某某事物非延扩的，亦非不可入的，或复合的，诚以此等宾词在吾人为某某（除此以外非吾人之所能知）对象所激动之限度内，仅与感性及感性之直观相关。据此种种而论，吾人固不能知此某某事物之为何种对象，仅认为如就其自身考虑之，即脱离外感之任何关系，则此等外部的现象之宾词皆不能加于其上者也。反之，内感之宾词，如表象及思维等皆与此某某事物之性质不相矛盾。因之，即令容认人之心灵其本质为单纯的，而此种单纯性，就物质之基体而言（按即为先验的对象之某某事物）亦绝不足使心与物质相区别——盖即谓吾人若以物质为纯然现象（吾人应作如是观）。

设物质为物自身，则以其为复合体自与为单纯体之心灵完全不同。但物质仅为外部的现象，其基体不能由“吾人所能归属物体之任何宾词”知之。故我自能容认“物自身为单纯的”之可能性——虽由于其所以之激动吾人感官之形态在吾人内部中产生延扩的即复合的之直观。我固可进而主张其与吾人外感相关具有延扩之实体，其自身为具有思维者，且此等思维能由其自身所有之内感，意识的表现之也。由此观之，凡在一种关系中所名为物的存在者，同时在其他关系中则为思维的存在，其所有之思维，吾人不能直观之，然吾人固能直观其在现象领域中之符号。因之“仅有心灵（为特殊种类之实体）思维”之主张，应即废弃；吾人应复归于“人思维”之习用言词，即延扩的所视为外部的现象之同一事物，在内部（在其自身中）则为主体，非复合的而为单纯的且思维。

但吾人固无须此种假设，能概言之如下。盖若我以“心灵”为思维的存在自身，则其是否与物质为同一种类之问题——物质非物自身，仅为吾人内部中所有表象之一种——就其名词而言已不合理。盖物自身之与“仅构成其状态之规定”性质不同，本极明显者也。

在另一方面吾人如不以思维之“我”与物质比较，而以之与“在吾人所名为物质之外的现象根底中”之直悟体相比较，则吾人对于此直悟体绝无所知，即不能谓“心灵”在其任何内部方面与此直悟体有所不同也。

故单纯的意识，非即关于“所视为主体之自我”之单纯性（此即使吾人能以之与物质区别，一如以之与复合体区别）之知识。

是以在此种概念能有效用之唯一事例中，即在以我自己与

“外的经验之对象”相比较时，此种单纯性之概念，若不足规定自我性质中之特征，则吾人虽仍自以为知“思维之我，即心灵（此为内感之先验的对象之名称）为单纯的”，但其所言绝不能应用于实在的对象，即丝毫不能扩大吾人之知识者也。

于是全部合理心理学以丧失其主要基础，尽行倾覆。此处与任何处所相同，在缺乏与可能的经验之任何关系时，吾人不能期望纯由概念以扩大吾人之知识，更不能期望仅由吾人所有一切概念之主观的方式即意识，以扩大吾人之知识。诚以单纯性之根本概念，以吾人所知即为在任何经验中所绝不能见及者，故无法以之为客观有效之概念而到达之也。

第三误谬推理：关于人格性者

凡意识其自身在不同时间中为数的同一者，在此限度内为人格。（译者按：数的同一即历无穷次数其自身仍为同一之事物）

今心意识其自身等等。

故心为人格。

先验心理学之第三误谬推理之批判

我如欲由经验以知外部的对象数的同一，则应该注意现象中之永恒的要素（此为现象之主体，一切其他事物皆与之相关而为其规定），且注意其在一切时间中（即“所有规定”在其中变易之时间）之同一。今“我”为内感之对象而一切时间则仅为内感之方式。因之，我指一切“我之继续的规定”皆与“数的同一之自我”相关，且在一切时间内（即在“关于我自己之内的直观”之方式中）皆如是。以此之故，心灵之人格性不应视为推论所得，应视为与“时间中之自觉意识”完全同一之同一命题；此即其所以先天的有效者也。盖此命题实等于谓在“我意识我自己”之全部时间内，我意识此时间属于我自己之统一；故我或谓此全部时间在我（所视为个别之统一体者）之内部中，或谓我在此一切时间中为数的同一，其事则相同也。

故在我自身所有之意识内，必见及人格之同一。但若自他人之立场以观察我自身（视为他人之外的直观之对象），则此外部观察者首先在时间中表现“我”，盖在统觉中（严格言之）时间仅在我内部中表现。故彼虽承认在我之意识中，此“我”完全同一在一切时间中伴随一切表象，但彼并不由此以推论“我自己之客观的永恒性”。盖正类观察者设定“我”在其中之时间，非我自身所有之时间，乃彼之感性之时间，故必然与我之意识固结之同一性，并不因之而与观察者之意识固结，即不与“包有关于我主观之外的直观”之意识固结。

是以我在不同时间中所有意识，我自己同一之意识同一，仅为“我之思维及其一贯联结”之方式的条件，绝非证明我之主观之数的同一者。即令有“我”之逻辑的同一，其中自能发生此种“不容保留我之同一”之变化，但仍能以“同一音调之我”称之，此“我”在一切不同之状态中，乃至在包含思维的主体变化之状态中，仍能保留前一主体之思维而传之于后继之主体①。

① 一弹性之球体在一直线上与别一类似之球体相冲击，则以其全部运动即其全部状态（盖若吾人仅注意其空间中之位置）传之后一球体。如以此种物体类比，吾人假设“实体之情形如是，即一实体传达其表象及此等表象之意识于其他实体，故吾人能思维第一实体传达其状态及状态之意识于第二实体，第二实体则以其自身所有状态并前一实体之状态传达第三实体，第三实体则又以一切以前实体之状态与其自身所有状态以及此等状态之意识传达于其他实体”云云之全部实体系列。是以最后之实体自能意识以前种种转变之实体之一切状态为其自身所有之状态，盖因此等状态已与其意识，转移于此最后之实体矣。但此最后实体并非在一切此等状态中曾为其同一之人格。

“世界中之一切事物皆在流转中绝无永恒及常住者”云云某某古代学派之命题，虽不能与容认实体之说调和，但由自我意识之统一而言，则并不否定此命题。盖吾人不能自吾人自身所有之意识以断定吾人——就心灵而论——是否永存。盖因吾人所视为属于吾人之同一自我者，仅为吾人所意识之自我，故吾人自必判断为在吾人所意识之全部时间内，吾人为同一之自我。但吾人不能谓以外部观察者之立场而言，此判断亦当有效。诚以吾人在心中所见及之唯一永恒的现象，乃伴随一切表象及联结此等表象之“我”之表象，故吾人不能证明此我（即纯然一思维）能不与——由我使之互相连接之——其他思维相同，而不在同一之流转状态中也。

心灵之人格性及为其前提之永恒性，乃至实体性，应在此处证明而不早为证明，事诚奇异。盖若吾人能以永恒性及实体性为前提，则其推论所得者，固非意识之连续性，但至少亦为在常住之主体中有一连续的意识之可能性，即此已足证明人格性矣。以人格性非因其活动有时被阻而立即终止者。但此种永恒性绝不能在——吾人自同一的统觉所推论之——吾人自身之数的同一以前，授予吾人，反之永恒性乃自数的同一推论而得者（此种论证如以正当顺序进行，则在数的同一证明以后，首应推及仅能经验的应用之实体概念）。唯因以数的同一为前提之人格同一，绝不能自“我在一切时间（我在其中认知我自己）所有之意识中之我之同一”推论而来，故吾人不能在论证之初，即将心之实体性建立于人格同一性之上也。

同时吾人仍能保持人格性之概念——正与吾人保持实体及单纯之概念相同——唯在其仅为先验的之限度内，即与主体之统一有关之限度内，否则非吾人所能知，盖在主体所有之规定中自有

“其由统觉而来之一贯的联结”。由此而言之人格性，其概念乃实践的使用所必需，且充分足供此种用途之用；但吾人绝不能因之自命为由纯粹理性以扩大吾人之自我知识，及误以为能自“同一的自我之纯然概念”以主体继续不断之相展示吾人。盖此种概念永在循环中徘徊，关于志在综合的知识之任何问题，对于吾人并无裨益。物质究为何物，就物自身（先验的对象）而言，完全非吾人之所能知，但由于其表现为外部之某某事物，其所视为现象之永恒性，吾人固能观察及之也。但我若欲观察在一切表象之变化中所有之单纯“我”，则我所与之与我所有意识之普遍的条件相比较者，除仍为我自身以外，实无其他相应之事物可用。故对于一切问题，我仅能与以义同语异之重复答复而已，盖即我以“我之概念及其统一”以代属于我自身（所视为对象者）之性质，因问者所欲询知者乃以之为已容认者也。

第四误谬推理：关于观念性者

（就外部的关系而言）

凡其存在，仅能推论为“所与知觉”之原因者，仅有可疑的存在。

今一切外的现象，即具有此种性质，其存在非直接为吾人所知觉，吾人仅能推论其为“所与知觉”之原因耳。

故一切外感对象之存在，乃可疑者。此种不确实性，我名之为外部的现象之观念性，此种观念性之学说名为**观念论**，以与“以外感对象为具有可能的确实性”之相反主张所名为**二元论**者相区别。

先验心理学之第四误谬推理之批判

吾人今当首先审察其前提。论证所及，吾人自有正当理由主张“仅有在吾人内部中者，始能直接的知觉之，以及吾人自身之存在，为纯然知觉之唯一对象”。故在我以外现实对象之存在（此“我”之一字以智性的意义用之，非以经验的意义用之），绝不能直接在知觉中授予吾人。知觉乃内感之变状，外部的对象之存在，仅在思维中始能加之于知觉，视为其外部的原因，即视为推论所得者。以此同一理由，笛卡尔限制一切知觉（就此名词之最狭意义而言）在“我（所视为思维的存在者）在”之命题中，固极有正当理由者也。盖因所谓在外者乃不在我之内部中，我即不能在我之统觉中遇及之，故亦不能在任何知觉中遇及之，质言之，知觉仅为统觉之规定耳。

故我不能知觉外物，仅能自我之内部的知觉以推论外物之存在，盖以内部的知觉为结果，某某外物乃此知觉之近因耳。顾自所与结果以推论一决定的原因之推论常不确实，诚以结果可由一以上之原因发生。故就知觉与其原因之关系而言，其原因为内部的抑或外部的，即所名为外部的知觉者，是否仅为吾人内感之作用，抑或与“——为其原因之——现实的外的对象”有关系，仍为可疑之事。总之外部的对象之存在，仅为推论所得者，具有一切推论所具不可恃之点，而内感之对象（具有我之一切表象我自身）则为吾人直接所知觉者，其存在实不容疑。

故**观念论者**之名词，并不适用于否定感官所有外部的对象存在之人，仅适用于“不承认外部的对象之存在由直接知觉知之，因而断言吾人对于外部的对象之实在性绝不能由任何可能的经验完全确定之”云云之人。

在展示误谬推理之一切欺人的虚幻以前，我首先注意及吾人必须辨别观念论之两种形态，即先验观念论与经验观念论。所谓先验观念论，我指“以现象皆仅为表象，非物自身，以及以空间时间仅为吾人直观之感性的方式，而非视为自身独立存在之所与规定，亦非所视为物自身者一类对象之条件”等等之学说而言。与此种观念论相对立者，为先验实在论，先验实在论以空间时间为离吾人感性而自身独立存在之某某事物。是以先验实在论者解释外部的现象（其实在性乃先验实在论者所以为前提者）为物自身，此物自身离吾人及吾人之感性而存在，故在吾人之外——“吾人之外”一名词乃依据纯粹悟性概念（按即实体原因等之概念）解释之者。以后成为经验观念论者，实即此先验实在论者。在误行假定“感官对象如为外部的必须离感官而自身存在”以后，彼复发现自此种观点判断之，则一切吾人之感性表象皆不适于证明外的对象之实在性。

反之，先验观念论者亦为经验实在论者，即被称为二元论者，盖彼能不出彼之自觉意识以外，承认物质之存在，即假定在“彼之表象”之确实性——即我思故我在——以外，尚有某某事物。盖彼以物质乃至物质之内部的可能性，仅视为现象；现象如与吾人之感性分离，则无。故物质之在彼，仅为表象（直观）之一种，其所以称为外部的，并非以其与外部的对象自身相关，乃因此等表象使知觉与——一切事物在其中相互外在之——空间相关耳，顾空间自身则仍在吾人之内部中者。

在论究之始，吾人已公言赞同此种先验观念论；吾人之理论由是除去“以吾人所有自觉意识之单独证据承认物质之存在，即由是其证明物质存在之方法与证明我自己（所视为思维的存在者）存在之方法相同”之途径中所有一切难点。我意识我之表象固绝无问题；故此等表象及具有此等表象之我自己皆存在。但外部的对象（物体）仅为现象，即仅为我之表象之一种，故其对象为仅由此等表象所表现之某某事物。一离此等表象，对象即无。故外物之存在与我自己之存在相同，二者皆依据“我之自觉意识”之直接证明。其唯一不同之点，则为“表现我自己（所视为思维的存在者）之表象”仅属于内感，而“标识延扩体之表象”则又属于外感耳。欲到达外部的对象之实在性，正与关于我之内感对象之实在性——关于我所有思维之实在性——相同，无须求之推论。盖在两方，其对象皆不过现象而已，其直接的知觉（意识）同时足为二者所有实在性之充分证明者也。

故先验观念论者乃经验实在论者，容许物质（所视为现象者）具有“不容推论唯直接知觉之”一类之实在性。反之，先验实在论，则必然陷于困难，而发现其自身不得不遁入经验观念论，盖先验实在论视外感对象为与感官自身相异之某某事物，而以现象为存在吾人以外之独立自存物。依据此种观点，则不问“吾人意识吾人所有关于事物之表象”，如何明晰，仍远不能确定表象如存在则亦有与之相应之对象存在云云。反之，在吾人之体系中，此等所名为物质之外物（在其所有一切形态及变化中），皆不过现象而已，即不过吾人内部中之表象而已，其实在性吾人直接意识之。

就我所知，一切采用经验观念论之心理学者皆为先验实在论者，故彼等一致趋重经验观念论而视为人间思想所无可如何之问题之一，实势所必然者也。盖若吾人以外部的现象为由其对象在吾人内部中所产生之表象，又若此等对象，为其自身存在吾人以外之事物，则除自果推因以外，吾人实无能知对象存在之道；且即自果推因，所成为问题之因，在吾人以内，抑在吾人以外，必仍成为疑问。吾人固能承认其能在吾人以外（先验的意义）之某某事物，为吾人所有外部的直观之原因，但此非吾人在物质及物体的事物之表象中所思维之对象；盖此等对象皆仅现象，即仅为除在吾人内部以外绝不能见及之表象一类，其实在性正与"关于我自身所有种种思维之意识"相同，皆依据直接意识。至先验的对象，则就内部的及外部的直观而言，皆为不可知者。但吾人此处所欲论述者，非此先验的对象，乃经验的对象，其在空间中表现者则名为外部的对象，若在其时间关系中表现者，则名为内部的对象。但空间时间则除吾人之内部以外，固无从见及之也。

"吾人以外"之名词，其意义自必含混，有时指离吾人而存在所视为物自身者而言，有时则指仅属于外部的现象者而言。故欲使此概念以后一意义之用法——"关于外部的直观所有实在性"之心理学问题所应采用之意义——而绝不含混，吾人应使经验的外部对象与先验的意义所谓之外部对象相区别，明显的名前者为"应在空间中所见及之事物"。

空间时间实为先天的表象，在任何实在的对象（由感觉以规定吾人之感官者）能使吾人在此等感性的关系之下表现此对象以前，空间时间即在吾人之内部中，为吾人感性直观之方式。但质料的要素，即实在的要素——即应在空间中直观之某某事物——必以知觉为前提。知觉展示空间中某某事物之实在性；在缺乏知觉时，则绝无想象力能杜撰或产生此某某事物。故就其与"感性直观之一"相关而指示空间或时间中之实在性者，为感觉。（感觉若一度授予吾人——如与普泛所谓对象相关而非规定此对象者，则名为知觉——赖有感觉所有之杂多，吾人能在想象中描写种种对象，此等对象在想象以外，并无其在空间或时间中之经验的位置）。此固不容疑者；吾人或就苦乐而论，或就外感之感觉色、热，等等而言，知觉乃由之以得使吾人思维感性的直观对象之知觉所必需之质料，故必须首先授予吾人。故此知觉（今仅就外部的直观而言）乃表现空间中之实在的某某事物。盖第一，空间乃共在之纯然可能性之表象，而知觉则为实在性之表象。第二，此种实在性在外感中即在空间中表现。第三，空间自身不过纯然表象，即除其中所表现者以外并无能视为实在之事物[①]，反言之，则凡在其中所授予者（即由知觉所表现者）亦即其中之实在者。盖若知觉非实在者，即非由经验的直观直接授予吾人者，则知觉绝不能在想象中描写，诚以直观中之实在者，固不能先天的杜撰之也。

故一切外部的知觉，乃空间中实在的某某事物之直接证明，或毋宁谓为即此实在者自身。在此种意义中，经验实在论固不容有疑者，盖有空间中实在的某某事物与吾人之外部的直观相应。空间自身以及其所有之一切现象（所视为表象者）固仅在我内部中，但实在者——即外部的直观所有一切对象之质料——则与一切空想无涉，实际在此空间中授予吾人。谓在此空间中应有吾人以外之某种事物（就先验的意义言之）授予吾人，此又不可能者，盖空间自身非在吾人感性之外。故即极端之观念论者对于“其在吾人以外（‘以外’二字乃就严格之先验的意义言之）与吾人知觉相应之对象”云云亦不能要求证明。即令有任何此种对象，亦不能表现为——及直观为——在吾人以外，盖因此种表象及直观，乃以空间为其前提者，而空间中之实在者以其纯为表象

① 吾人必须深信此“悖理而又正确”之命题，即除空间中所表现者以外，其中并无任何事物是也。盖空间自身不过表象，故凡在其中之任何事物必包含在表象中。是以除空间中现实的所表现者之外，其中实无任何事物。谓事物仅能存在其表象中，此命题固足令人奇异，但以吾人此处所论究之事物非物自身，而仅为现象，即仅为表象，则反对者自息矣。

之实在者，故不外知觉自身。故外部的表象之实在者，仅为知觉中之实在者，绝不能以其他途径成为实在者。

对象之知识能自知觉产生，或纯由想象力之作用，或由经验之途径；在其进程中能发生不与对象相应之虚伪的表象，自无疑义，此种惑人之事，有时可归之于想象力之幻想（如在梦中），有时则起于判断力之错误（如在错觉中）。欲避免此种惑人的幻想，吾人应依据规律进行，即凡依据经验的法则与知觉相联结者为现实的。但此种幻觉错觉及所以防免此幻觉错觉者，于二元论、于观念论实有同一之影响，盖吾人所与之有关者，仅在经验之方式。经验观念论及其对于吾人之外部的知觉所有客观的实在性之错误的疑问，当说明“①外部的知觉乃空间中实在的某某事物之直接证明，以及此空间——其自身虽仅为表象之纯然方式——在其与一切外部的现象（此亦不过纯然表象而已）相关时，具有客观的实在性；②在缺乏知觉时，幻想梦想皆不可能，以及吾人之外感——就经验所能自之发生之资料而言——自有其在空间中现实相应之对象”等等时，即已充分驳斥之矣。

独断的观念论者殆为否定物质存在之人，而怀疑的观念论者，则为怀疑物质存在之人，盖以物质之不能证明故耳。前者之见解自必根据于彼在物质一类事物之可能性中所假定之种种矛盾——吾人今尚无须论究此种见解。在以下一节论及辩证的推理时，关于“属于经验联结之一类事物之可能性”理性所自行构造之概念，展示理性之自相矛盾，即足除去此种困难矣。但怀疑的观念论者，则仅驳击吾人主张之根据，以为吾人所思维为根据于直接知觉之物质存在，殊不足为确信物质存在之正当理由，在此种观念论者迫使吾人在日常经验之微细进展中，亦须注意周密（否则吾人将以不合理所得之知识视为应有之知识矣）之限度内，诚为有益于人类之理性者。吾人今则能评衡此等观念论者所反对吾人之价值。盖除吾人指为使吾人在最通常主张中自相矛盾以外，观念论者实以全力迫使吾人以吾人所有一切之知觉（不问其为内部的或外部的）视为仅依属吾人感性之一类事物之意识。此等观念论者又迫使吾人不以此等知觉之外部的对象视为物自身，而仅视为表象，关于此等表象则与一切其他表象相同，吾人能直接意识之，至其所以名为外部的，则因其依属吾人所称为外感其直观为空间之故。但空间自身不过——某某知觉在其中互相联结——表象之内部的形象而已。

吾人若以外部的对象为物自身，则完全不能理解吾人如何能到达“在吾人以外之外部的对象所有实在性”之知识，盖吾人之所依恃者仅为在吾人内部中之表象。诚以吾人不能感及在吾人自身以外者，仅能感及在吾人之内部者，故吾人之全部自觉意识除纯为吾人自身所有之规定以外，绝不产生任何事物。于是怀疑的观念论迫使吾人不得不趋赴今尚留存之唯一趋避所，即一切现象之观念性学说是也，此一种学说在先验感性论中已不问其结果而建立之矣，盖此等结果在先验感性论中实不能预见之者。斯时若有人询以其结果是否在心灵论中仅有二元论可以保持，则吾人必答之曰“然”；但此二元论仅为经验的意义。盖即谓在经验之联结中，物质——所视为现象领域中之实体者——实授予外感，正与思维的“我”——此亦视为现象领域中之实体者——授予内感相同。更进一步言之，内外两方领域中之现象，必须依据规律——此种规律乃实体范畴所引入于吾人所有外的及内的知觉之联结中，使此知觉由之构成一全体之经验者——互相联结。但若（如通常所见及者）吾人欲扩大二元论之概念，用之于先验的意义，则二元论及两种互相更迭之相反主张——一方为精神论

（Pneumatismus），一方为唯物论——皆无任何根据，盖因斯时吾人已误用吾人之概念，以表现对象（关于对象之自身固仍非吾人之所能知者）之形象中所有之差别视为物自身中之差别。由内感在时间中所表现之“我”，虽与在我以外空间中之对象，完全为有区别之现象，但并不以此理由而视为不同之事物。在外部的现象之根底中或在内部的直观之根底中之先验的对象，其自身既非物质亦非思维的存在，乃——其以“关于物质及思维的存在之存在形象之经验的概念”提供吾人——现象所有之根据（此根据乃吾人所不能知者）。

是以（乃此种批判的论证明显迫使吾人为之者）吾人若固执以上所建立之规律，而不推及吾人之问题于“可能的经验能在其中以其对象呈现于吾人之前”之限界以外，则吾人绝不梦想探知吾人之感官对象之自身，即离其与感官之一切关系所本有之相。但若心理学者以现象为物自身，视为其自身独立存在者，则彼若为唯物论者，在其体系中，自仅承认物质；若为精神论者，则在其体系中又仅承认思维的存在（即具有吾人内感方式之存在）；若为二元论者，则承认物质与思维的存在两方，顾彼由于此种误解，对于非物自身仅为普泛所谓事物之现象，如何能自身独立存在之点，常陷入伪辨的思辨中。

就此等误谬推理以论纯粹心理学之全体

吾人如以——为内感之自然科学之——心理学与——为外感对象之自然科学之——物体论相比较，吾人见及二者之能由经验的知之者甚众，但其间尚有其显著之异点。在物体论中能先天的自“延扩的不可入性之存在物”之概念综合的知之者甚众，但在心理学中则绝无事物能先天的自思维的存在之概念，综合的知之。其原因如下。盖二者虽皆为现象，顾外感之现象，有其固定（即常住）之某某事物，此固定的某某事物提供一基体为其转移无常之种种规定之基础，因而提供一综合的概念，即空间及空间中现象之概念；反之，时间——此为吾人内部的直观之唯一方式——则并无常住之事物，因而仅产生“种种规定之变化”之知识，而不产生“能由此种种规定所规定之任何对象”之知识。盖在吾人所名为“心”者之内，一切事物皆在连续流转之中，除“我”（吾人如必须如是表现吾人自身）以外，并无常住之事物，至“我”之所以为单纯者，仅因其表象并无内容，因而无杂多故耳，即以此理由，乃若表现——（以更正确之名词言之）或指示——一单纯的对象。为欲使其由纯粹理性以得普泛所谓思维的存在之本质之知识，此“我”应为一直观，此直观——以其在一切思维中所以之为前提者（先于一切经验）——又应为先天的能产生综合命题之直观。但此“我”之不能为直观，正与其不能为任何对象之概念相同；盖此“我”乃意识之纯然方式，此种意识方式能伴随此内外两类表象，仅在有其他某某事物在——对于“对象之表象”提供质料之——直观中授予之限度内，始能使此等表象侪于知识之列。于是全部合理心理学，以其为超越人类理性所有一切能力之学问，证明其绝无所成就，其所遗留于吾人者，仅有在经验指导之下以研究吾人之心，及限定吾人之问题不能超出“由可能之内部的经验所能提供其内容”之限界而已。

但合理心理学虽不能用以扩大知识，且在其用以扩大知识时乃完全由误谬推理所成者，但若仅以之为对于吾人辩证的推理（此等辩证的推理起于人类所有共同的及自然的理性）之批判的论究，则吾人仍不能否定其相当之消极的价值也。

吾人何以须仰赖完全建立于纯粹理性原理之心理学？毫无疑义，其主要目的在维护吾人之思维的自我，以防免唯物论之危险耳。此则由——吾人适所授予之——思维的自我之纯粹概念成就之。盖由此种教义，吾人能脱然无虑，不再有“物质消失，一切思维乃至思维的存在者之存在，皆将因而毁灭”之恐惧，且适与之相反，其所明显说明者，则为我若除去思维的主体，则全体物质界将因而消灭耳，盖物质不过吾人主观所有感性中之现象及主观所有表象之形象而已。

我承认此说并未与吾人以“思维的自我性质”之较进一步之知识，且亦不能使吾人规定此思维的自我之永存性，乃至离吾人所推测为外部的现象之先验的基体之独立存在；盖此先验的基体正与思维的自我相同，皆为吾人所不能知者。但我仍能发现“思辨的根据以外”之原因，以期望我之思维的本质——通彻我所有状态之一切可能的变化——之独立的连续的存在。在此种事例中，当坦白自承关于此点我之无知时，设尚能驳斥思辨的反对者之独断的攻击，而示之以在彼否定我所期望之可能性中，对于“自我之本质”其所能知者绝不能较之我固执此种期望之所能知者为多，即此所得已甚多矣。

其他三种辩证的问题——构成合理心理学之实际目标者——皆根据于吾人心理学的概念中所有此种先验的幻相，除由以上之论究以外，绝不能解决之者：即①心与肉体交通团结之可能性，即关于在生存中动物性及心灵状态之问题；②此种交通团结之开始，即关于心在生前及临生时之问题；③此种交通团结之终止，即关于心在死后及临死时之问题（灵魂不灭之问题）。

我今所主张者则为：在此等问题中所共有之种种难点以及

有人欲由此等难点（以之为独断的反驳）能得“对于事物本质较之常识更得深密洞察之信证”等等，皆仅依据幻想而然耳，彼等依据幻想，使仅在思维中所存在者实体化，而以之为存在（以真实性质）于思维的主体以外之真实的对象。易言之，彼等以“延扩”（此不过现象而已）为即令离吾人感性而亦独立自存之外物之性质，且以运动为起于此等事物，且离吾人之感官，实际由其自身所发生者。盖物质（其与心之交相作用引起以上之种种问题）不过一方式而已，即由吾人所名为外感之直观，以表现不可知之对象之特殊方法而已。在吾人以外，自能有此现象（吾人所名之为物质者）所相应之某某事物；但在其为现象之性格中，自不在吾人以外而仅为吾人内部中之一思维——此种思维，虽由于以上所言之外感，表现之为存在吾人之外者。故物质并非指与内感之对象（心）完全不同而异质之一类实体而言，乃仅指“此等对象——其自身为吾人所不能知者——之现象”所有之不同性质而言，吾人之称此等表象为“外部的”，则以与吾人所列为属于内感之表象相比较故耳，此等表象固亦与其他一切思维相同，仅属于思维的主观者也。此等表象固有此种惑人的性质，即表现空间中之对象，一若与心相离而浮动于心之外。但此等表象在其中被直观之空间（即不过一表象而已），在心以外实未见有与此表象同一性质之对应部分。因之，此问题已非心与“在吾人以外其他不同种类之所知实体”之交相关系，而仅为内感之表象与吾人所有“外部的感性之变状”联结之问题——即此等表象如何能依据一定法则，相互如是联结，以展示一贯联结的经验之统一。

在吾人以内部的外部的现象皆视为经验中之纯然表象时，则两种感觉之联合，吾人并未见其中有何悖理及奇异之点。但当“吾人以外部的现象实体化，不视之为表象而视之为**其自身**

存在于吾人以外之事物，具有此等事物在吾人内部中所有之同一性质，且视为此等事物以其——展示为现象在彼此交相关系中之——活动加于吾人之思维的主体之上云云之时，则存在吾人以外之有效原因，立即具有“与吾人内部中所有此等原因之结果不能调和”之性质。盖原因仅与吾人之外感相关，其结果则与内感相关——此两种感觉虽在一主体中联结，彼此乃极不相同者也。在外感中除位置之变易以外，吾人未见有其他之外部的结果，除在——为其结果之——空间的关系中所发生之动向以外，吾人未见有任何动力。反之，在吾人内部中，其结果为思维，在思维中并不见有位置之关系、运动、形象以及其他空间的规定等等，吾人在结果中完全失去其与原因之联系（此等结果乃假定为由此等原因在内感中所发生者）。但吾人应思及物体非呈现于吾人之对象自身，乃吾人“所不知为何之不可知的对象”之现象；以及运动非此不可知的原因之结果，而仅为其影响于吾人感官之现象。物体、运动皆非吾人以外之事物；二者同为吾人内部中之纯然表象；故产生吾人内部中之表象者非物质之运动；运动自身仅为表象，如其以运动而使其自身为吾人所知之物质，亦仅为表象相同。于是，吾人所自造之全部难点，终极归摄在以下之点，即吾人感性之表象如何——及何以——能如是互相联结，即吾人之所名为外部的直观者，能依据经验的法则表现为在吾人以外之对象——此一问题绝不与“自吾人以外完全异质之有效原因以说明吾人表象起源”所假定之难点相联属。此种难点乃起于吾人以“不可知的原因之现象”为在吾人以外之原因自身，此一种见解仅能惑乱吾人而已，绝无其他结果可言。在由长期习惯误解已深之判断事例中，自不能立即以“在其他事例中因无不可避的幻相以惑乱概念所能到达之清理明晰程度”更正之。故吾人自伪辨的理论中解脱理性，固不能在此阶段中具有理性完全脱离伪辨的理论自由运用时所必须之清理明晰程度。

以下所评论之点，我以为大有助于趋向此终极之清理明晰。

一切反驳可分为**独断的**、**批判的**及**怀疑的**。独断的反驳直向**命题**反驳，而批判的反驳，则反驳命题之**证明**。前者要求洞察对象之本质，因而使吾人能主张“此一命题关于此对象所云云”之相反方面。在彼自以为较之相反主张更为深知对象之性质，此其所以为独断的也。批判的反驳则因其不问命题之有效力与否，仅攻击其证明，故并不预想较之对方更深知对象或迫使吾人自命为关于对象更具有优越之知识，盖此反驳仅在指示此主张之无根据，而非指示此主张之为谬妄。至怀疑的反驳，则以主张与相反主张彼此对立，视为各有同等之重量，依次交替，以其一为立论，而以其他为反驳。且以二者之矛盾不相容（因对立之两方、外观皆为独断的）视为所以指示“一切关于对象之判断”皆为空虚无意义者。故独断的及怀疑的反驳，皆以为关于对象有所主张或否定时，必须洞知对象之性质。唯批判的反驳则不然，仅在指示其所反驳者唯在其构成主张时所以为前提之某某事物之空虚无意义及纯为空想而已；故铲除其所谓根据者，以倾覆其学说，并不主张建立直接与对象之性质有关之任何事物。

在吾人执持——关于思维的主体与外物之交相作用——吾人所有理性之通常概念时，吾人为独断的，盖其视外物为独立存在于吾人以外之实在对象，与某种先验的二元论相合，此种先验的二元论并不以此等外的现象为属于主观之表象，而以之为——正如其在感性直观中所授予吾人者——在吾人以外之对象，完全与思维的主体相分离者也。此种虚伪陈述为一切关于心物交相作用之理论之基础。其所归属于现象之客观的实在性，彼等从未以之为问题。且反以之为已承认之前提；其所思辨研讨者，仅在应如何说明之及理解之等等之形象而已。就以上之见解关于心物关系所规划之说明理解之体系，通常共有三种，实为关于此问题所有可能之体系，即**物理的影响说**，**预定调和说**，及**超自然的干预说**是也。

说明心物交相作用之后两种方法，乃根据于反驳第一种常识之见解者。其所以为论据者，即以为凡显现为物质者，不能由其直接的影响成为表象之原因，盖此等表象乃与物质完全种类不同之结果。顾凡持有此种见解者即不能以“仅为现象之物质”之概念——其自身仅为某种外部的对象所产生之表象——加之于彼等之所谓“外感对象”者之上。盖在此种事例中，彼等将谓外部的对象（现象）之表象不能为吾人心中所有表象之外部的原因；顾此实为毫无意义之驳论，盖因无人能梦想有人以彼一度曾承认为表象者为其外部的原因也。依据吾人之原理，彼等仅能由指示外感之真实（先验）对象不能为“吾人包括在所名为物质之下一类表象”（现象）之原因，以建立其理论。但无人能有权利自称为彼关于吾人外感表象之先验的原因有所知；故彼等云云实毫无根据。在另一方面，凡自以为改良物理影响说者，其说如与先验的二元论之通常见解相同，以物质（就其本身言）为物自身（非不可知的对象之现象），则彼等之论驳，殆在指示此种外部的对象（其自身除运动之因果作用以外，绝不显示任何之因果作用）绝不能为表象之有效原因，而须有一第三者干预其间以建立——非两者之交相作用，至少亦为——心物二者间之对应及协和。但以此种方法论证时，彼等实在其二元论中容有物理影响说之根本谬妄以开始其驳难者，故彼等之驳论，与其谓为驳斥物理影响说，毋宁谓为适所以颠覆其自身所有之二元论的前提耳。盖关于吾人之思维的本质与物质联结之难点皆起于谬妄之二元论的见解，以物质本身为非现象——即非不可知的对象与之相应之心之表象——而为离一切感性存在于吾人以外之对象自身耳。

故关于反驳通常所容受之物理影响说，不能以独断之形态出之。盖凡反对此说者，容受以下之见解，以物质及其运动仅为现象，即其自身仅为表象，则彼之难点仅在"吾人感性之不可知的对象，不能为吾人内部中表象之原因"一点。但彼绝无丝毫正当理由能主张此点，盖因无人能决定不可知的对象之所能为或其所不能为者也。故此种先验的观念论（如吾人以上之所证明），为彼所不能不同意者。于是彼之唯一趋避方法殆在公然使表象实体化，而以之为在彼自身以外之实在的事物。

顾物理影响说（在其通常之形态中）为极有根据之批判驳论所克服。所谓两种实体——思维体与延扩体——间之交相作用乃依据粗朴之二元论，而以延扩的实体——此实思维的主体之表象而已——为自身独立存在者。物理影响说所有此种误谬的解释，能如是有效处置之，即吾人已说明其证明之空虚而悖理矣。

关于思维体与延扩体间交相作用所讨论不已之问题，吾人若去其空想，则仅为：**外部的直观**——即空间以及充实空间中之形象及运动等之直观——**如何在思维的主体中可能**之问题。此为无人能解答者。吾人知识中所有此种缺陷，绝不能弥补；所能为者仅在以外的现象归之——为此种表象之原因，但吾人绝不能有所知且绝不能得其任何概念之——先验的对象，以指示有此种缺陷耳。在能自经验领域内发生之一切问题中，吾人以现象为对象自身，固无须劳吾人心力以研讨其可能性（所视为现象者）之第一根据。但若一越此等限界，则先验的对象之概念自成为所必需者矣。

解决“关于在心物交相作用以前（生前）或在其终止以后（死后）思维的本质之状态”所有之一切争辩及驳击，实依据“关于思维体及延扩体间交相作用所有之种种意见”。“以思维体在与物体交相作用以前即能思维”之意见，今殆成为此种主张，即以为在——某某事物所由以在空间中显现于吾人之前之——感性发生以前，能以完全不同之方法直观此等先验的对象（在吾人之现状态中所表现为物体者）。“心在与物体界一切交相作用终止以后仍能继续思维”之主张，今殆成为此种见解，即以——现今吾人绝不能知之先验的对象所由以显现为物质界之——感性，即一旦终止，而关于先验的对象之一切直观，亦不因此而即被消灭，此等同一之不可知的对象仍能继续为思维的主体所知（固已非就其物体之性质知之）云云。

顾在思辨的原理上，无人对于此种主张能与以丝毫之根据。乃至其所主张之可能性，亦不能证明之；仅能假定之而已。但欲以有效之独断的驳论驳斥之，亦为任何人之所不可能者。盖不问其人为何，彼之不能知外部的物质现象所有之绝对的、内部的原因，正与我及其他任何人相同。以彼不能呈示任何正当理由，主张其能知“在吾人现今状态中（生存之状态中）外部的现象所真实依据者为何”，故彼亦不能知一切外部的直观之条件——思维的主体自身——将与此种状态同时终止（死时）。

故关于“思维的存在之本质及其与物质界联结”之一切争辩，仅由“以理性之误谬推理充实吾人知识所不能到达之间隙，而以吾人之思维为事物，且以之实体化”而起。于是发生一种空想之学问，在彼所肯定之事例或彼所否定之事例，二者皆属空想，盖因争辩各派或以为“关于无人能具有概念之对象”颇有所知，或则以其自身所有之表象视为对象，因而永在晦昧及矛盾之循环中徘徊无已。唯有冷静之批判（立即严肃公正）能自——以想象之福祉诱使多人困于学说及体系中之——此种独断的幻想中解脱吾人。此种批判，严格限定吾人一切之思辨的主张在可能的经验范围以内；且其限定吾人之思辨的主张，并非由于讥刺既往之失败，或慨叹理性之限界，乃依据确定之原理欲以有效的方法规定此等限界耳，至此种确定之原理乃自然欲使理性之航海不可远及经验自身所到达之连续的海岸以外，在其自身所设立之海古莱斯（Hercules）柱上，揭示“不可越此”（Nihil ulterius）之禁条——此种海岸吾人若一旦离之远去，则必漂流于茫无涯际之海洋，此种海洋在屡以幻影诱惑吾人以后，终则迫使吾人视为绝望而放弃其烦困厌倦之努力者也。

***

吾人关于纯粹理性之误谬推理中所有先验的而又自然的幻相，对于读者应有明晰之总括的说明，以及关于依据范畴表之顺序，系统的排列此等误谬推理，亦应有所辩释。在本节之初，吾人之所以不作此等说明及辩释者，惧其因而使吾人论证晦昧，或使人预有粗朴之成见耳。吾人今将践此责务。

一切幻相可谓为皆由于“以思维之**主观的**条件为**对象**之知识”而起。且在先验辩证论之导言中，吾人已说明纯粹理性之自身，推与“所与受条件制限者之条件”所有综合之全体有关。今因纯粹理性之辩证的幻相不能成为经验的幻相（如经验的知识之特殊事例中所见及者），故与思维条件中之普遍者相关，于是纯粹理性之辩证的使用，仅有三种事例。

一、普泛所谓思维所有条件之综合。

二、经验的思维所有条件之综合。

三、纯粹思维所有条件之综合。

在此三种事例中纯粹理性之自身唯从事此种综合之绝对的全体即其自身为不受条件制限者一类之条件。三种先验的幻相实建立在此种分类上，此种先验的幻相，即所以发生辩证论之重要三书及纯粹理性之似是而非之三种学问——先验的心理学，先验的宇宙论，先验的神学。吾人今所论者，仅在第一种。

就普泛所谓之思维而言，因吾人抽去思维与任何对象（不问其为感官之对象或纯粹悟性之对象）之一切关系，故普泛所谓思维所有条件之综合（第一），绝非客观的，而纯为思维与主观之综合，此种综合被人误为对象之综合的表象。

由此观之，对于“一切普泛所谓思维之条件”——其自身为不受条件制限者——之辩证的推理并不犯有实质上之误谬（盖因其已抽去一切内容或对象），而纯为方式中之缺陷，故必称之为误谬推理。

更进一步言之，以伴随一切思维之唯一条件，为“我思”之普遍的命题中之“我”，故理性应论究此种条件——在此种条件自身为不受条件制限之限度内。此仅为方式的条件，即一切思维之逻辑的统一（我抽去其中之一切对象）；但此仍表现为我所思维之对象，即“我自己”及“我之不受条件制限之统一”。

设有人以“其在思维之事物之性质为何？”之问题相质询，则我实无“以之答复其人”之先天的知识。盖此答复应为综合的——盖分析的答复虽或能说明思维之意义为何，但除此点以外，不能产生关于此思维由以可能之所依据者之任何知识。诚以综合的解决，常需直观；而此问题则由于其高度之普泛性质，已完全置直观于不顾矣。“成为可移动者其物必为何种事物？”之问题，同一无人能就其普泛性质答复之。盖此问题并未含有可以答复之痕迹，即其中并未含有不可入性的延扩（物质）。但我对于前一问题虽不能有概括的答复，颇似我仍能就表现自觉意识之“我思”一类命题之特殊事例答复之。诚以此“我”为基本的主体，即实体；故我为单纯的云云。顾若如是，则此等命题应为由经验引来之命题，且在缺乏表现“普泛的先天的思维所以可能之条件”之普遍的规律时，此等命题即不能包有任何非经验的宾词。于是对于最初颇为我所赞同之意见——即吾人对于思维的存在之本质能构成判断且能纯由概念构成之等之意见——有所怀疑矣。但此种思维方法中所有之误谬，尚不能发现之也。

更进而研讨我所以之归属于我身（视为普泛所谓思维的存在）之属性（按即单纯性，等等）之起源，则能说明其误谬之所在。此等属性不过纯粹范畴而已，我并不能以之思维一确定的对象，仅能以之思维“表象之统一”——为欲规定表象之对象。在缺乏为其基础之直观时，范畴不能由其自身产生对象之概念；盖对象仅由直观授予，在直观授予对象以后，始依据范畴思维之。我如宣称一事物为现象领域中之实体，则首必有其直观之宾词授我，且我必能在此等宾词中分别永恒者之与转变无常者基体（事物本身）之与附属于其中者。我若称现象领域中之一事物为单纯的，乃指其直观虽为现象之一部，唯其自身则不能分割为各部分等等而言耳。但我若仅在概念中而非在现象领域中知某某事物之为单纯的，则我关于对象实一无所知，仅对于我所自行构成“不容直观之普泛所谓某某事物之概念”有所知耳。故我谓“我思维某某事物完全为单纯的”，实际仅因除谓为某某事物以外，不能再有所言耳。

顾纯然统觉之“我”，为概念中之实体，概念中之单纯的以及，等等；凡在此种意义中所有此等心理学的学说，自属正确。

但此并不以吾人所欲探知之“心之知识”授予吾人。盖因此等宾词绝无用之于直观之效力，故不能具有适用于经验对象之效果，因而全然空虚无意义。实体概念并不示我以心由其自身延续，亦不示我以心为外部的直观之一部分其自身不能分割因而不能由任何自然的变化而有所生灭，等等。凡此其自身延续不能分割等等，乃“所以使心在经验联结中为我所知”之性质，且对于心之起源及未来状态能有所启示。但若我谓——就纯然范畴言——“心为单纯的实体”，则显然因实体之纯然概念（为悟性所提供者）所包含者，不出一事物应表现为主体自身而不更为其他任何事物之宾词之逻辑的规定以外，故由此命题，并不能得关于“我”之永恒性之任何事物，且此“单纯的”属性，即增加于永恒性之上，实亦无所裨益。故关于“心在自然界之变化中遭遇如何”之点，吾人由此种源泉绝无所得。吾人若能假定“心为物质之单纯的部分”，则吾人能使用此种知识，更以经验关于此一部分所告知者之助，以演绎心之永恒性及——在其“单纯的性质”中所包含之——不可灭性。但关于此种种，在“我思”之心理学的原理中所有“我”之概念实一无所告知吾人。

其所以以吾人内部中所有思维之存在者为能由此等——在各类范畴中表现绝对的统一之——纯粹范畴，知其自身，则由于以下之理由。统觉自身为范畴所以可能之根据，在范畴一方则仅表现“直观所有杂多”——在杂多在统觉中具有统一之限度内——之综合而已。故普泛所谓自觉意识乃“为一切统一之条件者”之表象，其自身则为不受条件制限者。于是吾人对于思维的“我”（心）——其视自身为实体，为单纯的，为一切时间中数的同一者，及为一切其他存在必须由之推论而来之一切存在相依者——能谓为非由范畴知其自身，乃在统觉之绝对统一中，即由其自身以知范畴，且由范畴以知一切对象。我之不能以我欲知任何对象时所必须以为前提者，认为对象，以及规定者之自我（思维）与被规定者之自我（思维的主体）有别，正与知识与对象有别相同，此皆极为显然者也。但世无较之“使吾人以思维综合中之统一视为思维主体中所知觉之统一”之幻相，更为自然，更为惑人者。吾人应称之为实体化的意识之欺妄（apperceptionis substantiatae，实体的统觉）。

吾人对于合理心灵论之辩证的推理中所包含之误谬推理，如欲与以逻辑的名称，则以彼等之前提皆正确，吾人应名之为中间概念意义含混之误谬（sophisma figurae dictionis）宾词形态之误谬。盖其大前提在论究条件时所用范畴，纯为先验的用法，而小前提及结论，在其论究包摄于此条件下之“心”时，则又经验的使用此同一的范畴。例如在实体性之误谬推理中，实体概念为纯粹智性的概念，此在缺乏感性直观之条件时仅容先验的用法，即不容有丝毫用处者也。但在小前提中，则此同一概念乃应用于一切内部的经验之对象，且并不预先确知及建立此种具体的用法之条件，即并未确知此种对象之永恒性。如是吾人乃以范畴经验的用之，但在此种事例中实为不能容许者。

最后欲展示伪辩的心灵论之一切辩证的主张，系统的在纯粹理性所规定之顺序中互相联结，即展示吾人对于此等主张网罗详尽，吾人应注意统觉通彻各类范畴仅与“每类范畴中在可能的知觉中形成其他范畴之基础者即实体性、实在性、单一性（非多数性）存在等等之悟性概念”相关，此处理性表现所有此等范畴为思维的存在所以可能之条件，至此等条件之自身，则为不受条件制限者。于是心知其自身为——

（一）关系之不受条件制限之统一，即其自身非附属于其他事物乃独立自存者。

（二）性质之有受条件制限之统一，即心非一实在的全体，而为单纯的[①]。

（三）时间中多数个别时间不受条件制限之统一，即心非种种不同时间中之无数不同者，而乃同一之主体。

（四）空间中存在之不受条件制限之统一，即心非“心以外种种事物”之意识，乃仅其自身存在之意识，及其他种种事物仅为其表象之意识。

理性为原理之能力。纯粹心理学之主张并不包含心之经验的宾词，仅包含“其意义在于经验之外，即纯由理性规定对象自身”之一类宾词（设有任何此等宾词）。故此等主张应建立于“与普泛所谓思维的存在之本质有关”之原理及普遍的概念之上。但实际并不如是，吾人之所发现者，则为“我在”之单一表象，支配其全部主张。此一表象正因其表现“我所有一切普泛所谓经验之纯粹公式”，故即宣称其自身为对于一切思维的存在皆有效之普遍命题；且因其在一切方面为单一的，故又附随有普泛所谓思维所有条件之绝对的统一之幻相，即推广其自身于可能的经验所能到达范围之外。

① 此处单纯的如何与实在性之范畴相应，我尚不能说明之。此将在以下一章论及此同一概念为理性用之于其他用途时说明之。

第二章
纯粹理性之二律背驰

吾人在先验辩证论之导言中已说明纯粹理性之先验的幻相起于辩证的推理，此种推理之图形乃由逻辑在其三种形式的推理中所提示者——正与范畴在一切判断之四种机能中发现其逻辑的图形象同。此等伪辨的推理之第一类型，乃论究（主体或心之）“一切普泛所谓表象所有主观的条件之不受条件制限之统一”，与断言的三段推理相符合，其大前提为主张“宾词与主词关系”之原理。辩证的论证之第二类型，则为比拟假设的三段推理而来。以现象领域中所有客观的条件之不受条件制限之统一为其内容。第三类型（此将在以下一章论究之）其方法相同，以“普泛所谓对象所以可能之有客观的条件之不受条件制限之统一”为其主题。

但有须特殊注意之一点。先验的误谬推理产生——关于吾人所有思维主体之理念——纯然片面的幻相。凡稍能支持相反主张之幻相，皆非理性概念所引起之幻相。因之，先验的误谬推理（虽有其所适合之幻相）虽不能否认——在批判的研究之严厉审讯中，先验的误谬推理，由之消灭其效力至化为纯然外观形式——之根本的缺陷，但此种先验的误谬推理所能提供之利益，则全然偏于精神论一面。

当理性应用于现象之客观的综合时，则情形大异。盖在此领域中，不问其如何努力建立其不受条件制限之统一原理，且即有伟大（虽属幻相）成就之表面现象，亦立即陷入其所不得不陷入之矛盾中（在此宇宙论之领域中），以终止其任何此种僭妄主张。

吾人今以人类理性之新现象呈现于吾人之前——此为一全然自然的矛盾，无须故为设问或乘隙陷之，理性由其自身不得避免所必然陷入者也。此确为防护理性为纯粹片面的幻相所产生之空幻信念所麻醉，但同时又陷理性于此种诱惑，即或倾于怀疑的绝望，或以顽固态度固执某种主张，而不愿虚心倾听相反主张之理由。有一于此，皆足致健全哲学于死亡，而前者（按即怀疑的绝望）固可名之为纯粹理性之无疾而终（euthanasia）。

在考虑由纯粹理性法则之矛盾（即二律背驰）所发生之“种种相反背驰之方式”以前，吾人应提示若干注意点，以说明辩释“吾人所欲用为论究此主题之方法”。在一切先验的理念与“现象综合中之绝对的总体”相关之限度内，我名之为宇宙概念，一则因此绝对的总体亦为“世界全体”概念（其自身仅为一理念）之基础；一则因此等概念唯与“现象之综合”（即仅与经验的综合）相关。反之，当绝对的总体为“综合一切普泛所谓可能的事物所有条件之绝对的总体”时，则将发生一种纯粹理性之理想，虽与宇宙概念有关，但实与之完全不同者也。因之，纯粹理性之二律背驰将以虚伪的纯粹合理的宇宙论之先验的原理展示吾人，正与纯粹理性之误谬推理为辩证的心理学之基础相同。但合理宇宙论之展示其先验的原理，并不在示证此种学问之有效力及欲采用之。顾名思义，理性之矛盾，其名称已足证此种虚伪的学问仅能在眩惑而又虚伪之幻相中，展示其为一绝不能与现象调和之理念耳。

第一节　宇宙论所有理念之体系

在进而以“依据原理之体系的精密”，列举此等理念时，吾人必须注意两点。第一，吾人必须承认纯粹的及先验的概念仅能自悟性发生。理性实际并不产生任何概念。理性之所能为者，充其量唯在使悟性概念超脱可能经验之不可避免之制限耳，即努力推广此概念于经验的事物之限界以外（虽仍与经验的事物相关）。此以以下之方法成就之。理性对于所与之受条件制限者要求在其条件方面——此为悟性以一切现象归摄于其下所视为综合统一之条件者——之绝对的总体，在此要求中，即以范畴转变为先验的理念。盖仅由使经验的综合远及于不受条件制限者，始能使经验的综合绝对的完成；顾此不受条件制限者绝不能在经验中见及之，而仅在理念中见之。理性之为此要求，实依据以下之原理，即——若受条件制限者授予时，则其条件总和及其不受条件制限者（受条件制限者，唯由此不受条件制限者而后可能）亦授予。此等先验的理念第一、纯为推及不受条件制限者之范畴，且能归约之于“依据范畴四类项目所排列之表中”。第二，非一切范畴皆适于此种用法，仅为综合由之构成“互相从属（非同等并列）之条件系列及所与受条件制限者之发生的系列”之范畴。绝对的总体仅在其与所与受条件制限者相关之条件上升系列之范围内，始为理性所要求。关于条件所有结果之下降系列或与“此等结果所有同等并列条件之集合体”相关者，皆不要求此绝对的总体。盖在所与受条件制限者之事例中，实以其条件为前提，且视为与受条件制限者连带授予者。反之，因结果并非使其条件可能，乃以条件为前提者，故当吾人进展至结果，即自条件下达所与受条件制限者之时，实无须考虑此系列是否终止；盖关于此种系列总体之问题，绝不能为理性所预想者也。

故吾人必须思维时间为到达此“所与刹那”中，“过去时间”已完全经过，且视为时间自身以此完全方式所授予者（按即过去全部时间）。此种完全经过之时间，即非吾人所能规定，但此说则甚真确。但因未来并非吾人到达现在之条件，故在吾人理解现在时，不问吾人如何思维未来时间，或以之为有尽，或以之为无穷，皆为绝不相关之事。今设吾人有 *m*，*n*，*o*，之系列，其中 *n* 乃受 *m* 条件之制限所授予者，同时又为 *o* 之条件。此系列自受条件制限者 *n* 上升至 *m*（*l*，*k*，*i*，等等），又自条件 *n* 下降至受条件制限者 *o*（*p*，*q*，*r*，等等）。为使能以 *n* 视为所与者，则我必以第一系列为前提。依据理性及理性对于条件总体之要求，*n* 仅由此种系列而可能者。其可能性并不依据其后继之系列 *o*，*p*，*q*，*r*，等等。故此后者系列不能视为所与者，而仅能视为所可授予者（dabilis）。

我议以“在条件方面，自切近所与现象之条件开始，还溯更远条件之系列综合”名为**追溯的**（regressiv）综合；以“在受条件制限者一方自第一结果进展至更远结果之系列综合”，名为**前进的**（progressiv）综合。前者在**前提**（antecedentia）中进行，后者在结果（consequentia）中进行。故宇宙论的理念乃论究“追溯的综合”之总体，在**前提中**进行，非在**结果中**进行。总体之前进的方式所提示之纯粹理性问题，乃无益之事，且为无须有者，诚以设立此种问题非为完全理解“现象中所授予之事物”所必需者。盖吾人所须考虑者仅为其根据，而非其结果。

在排列“依据范畴表之理念表”时，吾人首先列入吾人所有一切直观之两种本源的量，即时间与空间。时间自身即为一系列，且实为一切系列之方式的条件。在时间中，就一所与的现在而言，所视为其条件之前项（过去），自能先天的与其后项（未来）相区别。故“任何所与受条件制限者所有条件系列之绝对的总体”之先验的理念，仅与一切过去时间相关；且依据理性之理念，过去时间乃“所与刹那”之条件，必须思维为在此刹那中已全部授予者也。顾在空间中，就空间之自身而言，前进与后退之间，并无区别。盖以空间之各部分乃同时共在者，为一集合体而非系列。“现在一刹那”仅能视为受过去时间条件之制限者，绝不能视为过去时间之条件，盖因此一刹那仅由过去时间始能存在，或宁谓为经由其先在之时间而存在者也。至若空间则各部分同等并列，并非互相从属，一部分非其他部分所以可能之条件；且与时间不同，空间自身并不构成一系列。但吾人所由以感知空间之“空间杂多部分之综合”，乃继续的，在时间中进行的，且含有一系列。且因在所与空间之此种“集合的种种空间之系列”中（例如丈中之尺），所有在所与空间之延扩中所思维之种种空间，常为“所与空间”之限界条件，故空间之测定，亦应视为一所与受条件制限者之条件系列之综合，其所不同者，仅为其条件方面本身并不与受条件制限者相异耳，故在空间中前进与后退，吾人见其实相同也。然因空间之一部分并非由其他部分授予，仅由其他部分限制之，故吾人必须视各空间——在其被限制之限度内——亦皆为受条件制限者，以各空间乃预想其他空间为其限界之条件，而其他空间亦复如是。是以关于设定限界，空间中之前进，亦为追溯的，因而“条件系列中所有综合之绝对的总体”之先验的理念，亦复适用于空间。我之能有正当理由探讨关于空间中现象之绝对的总体，正与我之能探讨过去时间中现象之绝对的总体相同。对于此种问题，是否有解答可能，将在以后解决之。

第二，空间中之实在（即物质）乃受条件制限者。其所有内部的条件乃其所有之各部分，此等部分之部分则为其更远之条件。于是此处发现有一追溯的综合，其绝对的总体乃为理性所要求。此种绝对的总体仅由完全分割而得之，由此完全分割，物质之实在或消灭至无，或成为已非物质之事物——即单纯的事物。是以此处吾人亦有一条件系列及进展至其不受条件制限者。

第三，关于现象间实在的关系之范畴，即实体与其所有属性之范畴并不适于为先验的理念。盖即谓理性在其中并不发现追溯的进向条件之根据。属性在其内属于同一之实体时，彼此同等同列，并不构成一系列。即在其与实体之关系中，此等属性实际亦非从属实体，乃实体自身存在之形象。所有在此种范畴中其仍可视作成为先验的理性之理念者，厥为实体的事物之概念。但因此种概念仅指普泛所谓对象之概念而言，此种普泛所谓对象在吾人在其中离一切宾词，唯思维先验的主体之限度内始作为实体存在，顾吾人此处所论究之不受条件制限者，仅视为其能在现象系列中存在者，故实体的事物之不能为此种系列之一员，极为明显者也。此点对于交相关系中之种种实体，亦极真确。此等实体纯为集合的，并不包含一系列所依据之事物。吾人对于此等实体，不能如对于空间之所云云，盖空间之限界，绝不由其自身规定，而仅由其他空间为之规定，故空间彼此从属，为彼此所以可能之条件。于是所留存者，仅为因果之范畴。此范畴呈现“所与结果”之原因系列，因而吾人能自“视为受条件制限者之结果”进而上升为其条件之原因，以解答理性之问题。

第四，可能的、现实的及必然的之概念，除在以下之限度内并不引达任何系列，即偶有的事物在其存在中必须常视为受条件制限者，且须视为依据悟性规律指向其所由以成为必然者之条件，而此条件又复指向其更高之条件，直至理性最后到达系列总体中之不受条件制限之必然性。

当吾人选择此等在杂多综合中必然引达系列之一类范畴时，吾人发现仅有四种宇宙论的理念，与四类范畴相应：

一、"一切现象合成一所与全体"

其合成之绝对的完成

二、分割现象领域中一所与全体

其分割之绝对的完成

三、推溯一现象之起源

其推溯之绝对的完成

四、现象领域中变化事物之存在皆有其由来依属，推源其由来依属之绝对的完成。

此处有种种务须注意之点。第一，绝对的总体理念仅在说明现象，因而与"悟性关于普泛所谓事物之总体所能形成之纯粹概念"无关。现象在此处乃视为所与者；而理性之所要求者则为此等现象所以可能之条件——在此等条件构成一系列之限度内——之绝对的完成。故理性之所命令者，为绝对的（盖即谓在一切方面）完全之综合，由此种综合现象始能依据悟性法则展示之。

第二，理性在此系列的，继续追溯的，条件之综合中实际所寻求者，唯此不受条件制限者。其目的所在，殆为前提系列之完成，即到达无须再预想其他之前提者。此不受条件制限者常包含于想象中所表现"系列之绝对的总体中"。但此绝对的完全之综合，又仅为一理念；盖吾人不能知（至少在此论究开始之际）此种综合在现象之事例中是否可能也。吾人如专由纯粹悟性概念表现一切事物而与感性的直观之条件无关，则吾人自能对于一所与受条件制限者，立即谓其互相从属之全部条件系列亦已授予之矣。盖前者仅由后者而授予吾人者。但在其就吾人所论究之现象而言时，则吾人发现有一种特殊制限，此种制限起于“条件所由以授予”之方法，即经由“直观所有杂多”之继续的综合——此种综合由追溯而完成者。至此种完成在感性是否可能，乃更进一步之问题；唯其理念则存在理性中，与吾人能否以此种理念与任何适当之经验概念相联结之事，固不相关者也。今因不受条件制限者必然包含于“现象领域内所有杂多之追溯的综合之绝对的总体”中——此种综合乃依据“表现现象为所与受条件制限者之条件系列”之范畴而行之者——故此处理性采用自“总体理念”开始之方法，其实际目的所在，则为不受条件制限者，固不问其全部系列之为不受条件制限者或其一部分之为不受条件制限者也。同时此总体是否——及如何——能到达，则又任其悬而未决。

此不受条件制限者可在两种途径中择其一考虑之。其一，可视为由全部系列所成，其中一切项目毫无例外皆为受条件制限者，仅其总体为绝对的不受条件制限者。此种追溯应名为无限的。至另一可选择之途径，则绝对的不受条件制限者仅为系列之一部分——其他项目皆从属此一部分，其自身不再从属任何其他条件[①]。自第一种观点言之，上升方向（A parte priori）之系列，毫无制限且无起始，即为无限的，同时又为以其全部授予者。但

① 所与受条件制限者之“条件系列之总体”常为不受条件制限者，盖因在此绝对的总体以外更无能为此绝对的总体之条件者。但此种系列之绝对的总体仅为一理念，或宁为一想当然之概念，其可能性，尤其关于“不受条件制限者（实际所论辩之先验的理念）所由以包含其中”之形态吾人必须研讨之也。

其中之追溯，绝不能完成，仅能名之为潜在之无限的。自第二观点言之，则有“系列之最初一项目”，其就过去时间而言，名为世界之起始，就空间而言名为世界之限界，就一所与有限全体之部分而言，名为单纯的，就原因而言名为绝对的自己活动（自由），就生灭事物之存在而言，名为绝对的自然必然性。

吾人有两种名词，世界及自然，二者有时意义相同。前者指一切现象之数学的总和及其综合——在大数中及小数中，即由合成进展及由分割进展——之总体而言。但当视世界为力学的全体时，则此同一之世界即名为自然[①]。斯时吾人不与空间时间中之集合体（所欲规定之为量者）相关，而与现象之存在中所有之统一相关矣。在此种事例中，所发生事物之条件，名为原因。现象领域中之不受条件制限之原因作用，名为自由，其受条件制限之原因作用，则名为自然的原因（就其狭义而言）。普泛所谓存在，其受条件制限者名为偶然的，其不受条件制限者则为必然的。现象所有不受条件制限之必然性，可名之为自然的必然性。

吾人今所论究之理念，我前已名之为宇宙论的理念，一则因世界一名词，吾人指一切现象之总和而言，专用于吾人理念所向之“现象中之不受条件制限者”；一则又因世界一名词在其先验的意义中，乃指一切存在的事物之绝对的总体而言，吾人注意所在，唯在其综合之完成（此种完成虽仅能在追溯其条件中到达之）。故虽有人反对谓此等理念皆超验的，且谓此等理念就种类言之，即

① 自然作为形容词而言（方式的）乃指依据因果作用之内部的原理，一事物中所有种种规定之联结而言。反之，以自然作为实体解（质料的），则指——在现象由因果作用之内部的原理互相彻底联结之限度内——现象之总和而言。吾人所谓流质之自然、火之自然（按即本性）等等，即自第一种意义言之。斯时此语乃用之于形容词者。反之，当吾人言及自然之事物时，吾人心中以其为一独立自存之全体。

非超越对象（即现象），而专与感官世界相关与本体无涉，但其综合仍到达超越一切可能经验之程度，顾我则仍以名之为宇宙概念为最适当。但关于“追溯目的所在”之数学的及力学的不受条件制限者间之区别，我可称前两种概念为狭义之宇宙概念（因其与大小两种世界相关），至其他两种概念则名为超验的自然概念。此种区别并无特殊之直接价值；其意义则将在以后知之。

第二节　纯粹理性之背驰论

如以正面主张为一切独断论之名，则反面主张并非指相反之独断的主张而言，乃指两种外观上独断的知识（thesis cum antithesi 正面主张与反面主张）之理论冲突，其中并无一种主张能证明其胜于另一主张者。故背驰论并非论究片面之主张。其所论究者仅为理性所有学说彼此相互间之冲突及此冲突之原因耳。先验背驰论乃探讨纯粹理性之二律背驰及其原因与结果之一种研究。在使用悟性原理时，设吾人不仅应用吾人之理性于经验对象，且推及此等原理于经验限界之外，即发生辩证的学说，此种学说既不能希望其为经验所证实，亦不惧为经验所否定。其中每一学说不仅其自身能免于矛盾，且在理性之本质中发现其必然性之条件——所不幸者，则其相反主张，在彼一方面所有之根据，亦正与之同一有效而必然耳。

与此种纯粹理性之辩证性质相关联自然发生之问题如下：①纯粹理性在何种命题中不可避免必然陷于二律背驰？②此种二律背驰所由以发生之原因为何？③虽有此种矛盾，理性是否尚留有到达确实性之途径，且其方法如何？

故纯粹理性之辩证论必须与两端可通之一切伪辩的命题相

区别。其有关之问题，非因特殊目的所任意设立之问题，乃人类理性在其进展中所必然遇及之问题。其次，正面主张与其反面主张二者之所包含者，非发现以后立即消失之人为的幻相，乃自然而不可避免之幻相，此种幻相即令已无人为其所欺，亦仍能继续的惑人（虽不致再欺吾人），且即能无害于人，但绝不能消灭者也。

此种辩证的学说非与经验的概念中所有之悟性统一相关，乃与纯然理念中所有之理性统一相关。盖因此种理性统一包括依据规律之综合，自须与悟性相合；但以其尚要求综合之绝对的统一，故同时又须与理性融洽。但此种统一之条件则如是：在其与理性相适合时，对于悟性似嫌过大，在其与悟性适合时，对于理性又嫌过小。于是乃发生吾人无论如何所不能避免之冲突。

于是此种辩证的主张，展示一辩证的战场，其中凡容许其取攻势之方面，必为胜者，限于守势之方面，常为败者。因之，勇敢的斗士，不问彼等所拥护之事项为善为恶，彼等如仅设计保有最后攻击之权利而无须抵御敌方之新攻击，则常能获得胜利之荣誉。吾人自易了解此种争斗场必时时争斗不已，两方必已获得无数次胜利，最后一决之胜负，常使拥护战胜理由之斗士支配战场，此仅因其敌人已被禁止再参与战役耳。吾人欲为一公平之审判者，必须不问争斗者所各为其争斗之事项为善为恶。此等争执必须任彼等自决之。在彼等力尽而并不能互相伤害以后，彼等或能自悟其争执之无益成为良友而散。

此种旁观——或宁激励——彼此主张冲突之方法，其意并不在偏袒一方，唯在研讨所争论之对象是否为一欺人的现象，两方争欲把持而卒归无效者，且关于此种欺人的现象，即令并无反对论与之相抗，亦不能到达任何结果者——此种方法我谓可名之为怀疑的方法。此与怀疑论——此为否定“技术的学问的知识”之原理，此种原理破坏一切知识之基础，努力以一切可能的方法毁弃知识之信用及其坚实性者——全然不同。盖怀疑的方法目的在确实性。欲在两方忠实奋勉所奉行之争论事例中发现其误解之点，正类贤明之立法者就法官在诉讼事件中所感之惶惑，努力获得关于法律上所有缺陷及晦昧之处之教训。在应用法律中所显现之二律背驰，对于吾人有限之智慧实为产生法律之立法事业之最良标准。理性——在抽象的思辨中不易觉悟其误谬——由此二律背驰，乃注意及在规定其原理时所有应考虑之因子。

但此种怀疑的方法仅对于先验哲学始为主要之方法。在其他一切之研究范围中，怀疑的方法虽或能废而不用，唯在先验哲学中则不然。在数学中而用怀疑方法则谬矣；盖在数学中绝无虚伪主张能隐藏而不为人所发现，诚以其证明必常在纯粹直观指导之下，且由常为自明的综合方法进行。在实验哲学中由怀疑所引起之迟延，自极有益；但其中不能有不易除去之误解；且其决定争论之最后方法（不问发现之迟早）终必由经验提供之也。道德哲学至少亦能在可能的经验中具体的呈现其一切原理与其实践的结果；因而亦能避免由抽象所发生之误解。但在先验的主张，则大不然，其所称有权主张者，为洞察“超越一切可能的经验领域之事物”。此等主张之抽象的综合，绝不能在任何先天的直观中授予，故就其性质言，则凡此等主张中之误谬，绝不能由任何经验方法发现之。故先验的理性，除努力使其种种主张调和以外，不容有其他检讨之标准。但欲此种检讨标准（按即观察其种种主张是否能调和）行之有效，首先必使此等主张交相陷入之矛盾，自由发展而不为之妨。吾人今试罗列此种矛盾[①]。

① 此种二律背驰按以上所列举之先验的理念之顺序，逐一排列之。

先验理念之第一种矛盾

正面主张

世界有时间上之起始，就空间而言，亦有限界。

证　　明

吾人如假定为世界并无时间上之起始，则达到一切所与时间点，必已经历一永恒无始之时间，因而在世界中已经过事物继续状态之无限系列。顾系列之无限，由此种事实所成，即系列由继续的综合绝不能完成之者。故谓已经过一无限的世界系列，实为不可能者，因而世界之起始，乃世界存在之必然的条件。此为所需证明之第一点。

至关于第二点，则任吾人又复自其相反方面言之，即假定为世界乃一共在事物之“无限的所与全体”。顾“不在直观[①]中（即在某种限界内）所授

反面主张

世界并无起始，亦无空间中之限界，就时空二者而言，世界乃无限的。

证　　明

盖若吾人假定为世界有起始。则因起始乃以“其中事物尚未存在之时间”在其前之一种存在，故必有其中世界尚未存在之先在时间，即虚空时间。顾在虚空时间中并无事物发生之可能，盖因此种时间除“非存在”云云外，无一部分较之其他任何时间具有特异之存在条件（不问事物假定为由其自身发生或由某种其他原因发生，此点皆适用之）。在世界中固能开始种种事物系列；但世界自身则不能有起始，故就过去时间而言，乃无限的。

至关于第二点，任吾人

① 一不定量当其成为如是，即虽包围在限界中，吾人亦无须测定，即无须由其部分之综合以构成其总体时，即能直观之为一全体。盖限界在其切断一切其余事物时，其自身已决定其完全性矣。

予之量”，其量之大小，仅能由其部分之综合思维之，至此种量之总体，则仅能由“以单位逐一重复增加而使之完成之综合”思维之[①]。故欲以充满一切空间之世界思维为一全体，必须以“一无限的世界所有各部分之继续的综合”为已完成者，即在列举一切共在事物时，必须视为已经历一无限时间者。但此为不可能者。故现实事物之无限的集合体不能视为一所与全体，故亦不能视为同时授予者。是以就空间中之延扩而言，世界非无限的，乃包围在限界中者。此为争论中之第二点。

自其相反方面出发，假定为空间中之世界为有限的且有限界者，因而世界存在“毫无限界之虚空空间”中。于是事物不仅在空间中交相关系，且亦与空间有关系矣。顾因世界为一绝对的全体，世界之外并无直观之对象，即无“世界与之具有关系”之相应者，故世界与虚空空间之关系，殆为世界与空无对象之关系。但此种关系以及由虚空空间所包围之世界限界，实等于无。故世界不能在空间中有限界，即就延扩而言，世界乃无限的[②]。

① 总体之概念，在此事例中，纯为其所有部分之完成的综合之表象；盖因吾人不能自“全体之直观”以得此概念——此种直观在此事例中乃不可能者——故吾人仅能由所视为使无限事物进达完成（至少在理念中）之“部分之综合”而感知之。

② 空间纯为外部的直观之方式（方式的直观）。并能为吾人外部所直观之实在的对象。空间——以其为先于“规定空间（占据之或限制之）或宁谓为依据其方式授予吾人一经验的直观”者——在绝对的空间之名称下，不过外部的现象所以可能之可能性而已（在外部的现象或自身独立存在或能加之于所与现象之限度内）。故经验的直观并非（知觉及虚空的直观之）空间与现象所合成者。在综合中空间与现象彼此并非对立相应之事物，此二者为直观之质料与方式，在同一之经验的直观中联结者。吾人如使此二者之一在其他之外，例如使空间在一切现象之外，即发生外部的直观之种种虚空规定（但此种规定并非可能的知觉）。例如世界之运动或静止与无限的虚空空间之关系之规定，乃绝不能知觉之规定，故仅为空想事物之宾词。

第一种二律背驰注释

一、注释正面主张

在陈述此等矛盾的论证时，我并非意在畅肆伪辩。盖即谓，我并不依赖特殊辩护人乘隙攻人之方法——此种辩护人先姑承认诉之于所误解之法律，盖便于其能否定此种法律以成立其自身之不法要求耳。以上所列正反两种证明皆由所争论之事实自然发生，并无可以利用任何一方独断论者到达之误谬结论所授予对方之间隙。

我自能外表虚饰自“所与量之无限性”之错误概念出发，以独断论者之通常方法证明正面主张。我能论证如较大于其自身之量——为此量所包含之“所与单位之数量”所限定者——不可能时，则此量为无限的。顾无一数量能为最大者，以一或以上之单位常能加之于其上。因之无限的所与量以及无限的世界（就经过的系

二、注释反面主张

“所与世界系列及世界全体”之无限性之证明，乃依据此种事实，即就其反面而论（按即以世界为有限的），即必须有一虚空时间及虚空空间以构成世界之限界。我知主张有限说者亦已努力避免此种结论，谓吾人无须设立此种——先于世界起始之绝对时间，或在世界以外之绝对空间——不可能之假定，世界在时间空间中之限界，自极可能。对于莱布尼兹学派所主张此种学说之后一部分，我自十分满意。盖空间仅为外部的直观之方式；非能为吾人外部所直观之实在的对象；非现象之相应者乃现象自身之方式耳。且因空间非对象而仅为可能的对象之方式，故不能视空间为规定事物存在——其自身为绝对的——之某某事物。所视为现象之事物规定空间，即就空间所有

列而言或就延扩而言之无限）乃不可能者；在时空两方皆必须有所限界。此即为我之证明所可遵循之途径。但以上之概念并不适合于吾人之所谓无限的全体。盖此无限的全体并不表现其如何之大，因而非极量之概念。吾人仅由之以思维其与任何所有单位之关系，就单位而言，则无限的全体自必大于一切之数。按所择单位之大小，此无限者当随之而大小。但以无限性仅以“其与所与单位之关系”而成，自常为同一。故全体之绝对量不能以此种方法知之；以上之概念实并未涉及此绝对量也。

无限性之真实的先验概念，如是即“在计算一量所需要此种单位之继续的综合，绝不能完成”是也[①]。由此而得以下之结论自完全正确，即引达“量及关系”之一切可能的宾词，此等事物特规定其中特殊之一宾词，属于实在者耳。反之，若以空间为独立自存之某某事物，则空间自身并非实在的事物；故不能规定现实的事物之量或形象。更进言之，空间不问其为充实或虚空与否，能由现象制限之，但现象则不能由“现象以外之虚空的空间”制限之。此点对于时间，亦复正确。但即令承认此种种之说，亦不能否定“吾人如欲假定空间时间中之世界具有限界，则不能不假定世界以外之虚空空间及世界以前之虚空时间之两种虚构物”[②]。

所自以为能使吾人避免以上所言之结果（即应假定如以世界为有时间空间中之限界，则必须有无限的虚空规定“现实的事物存在其中之量”）之

① 故此种量包含一大于任何数目之（所与一切单位之）量，此乃数学上无限之概念。

② 此极显然，吾人此处所欲言者，乃虚空的空间在其为现象所限制之限度内（即世界以内之虚空空间）至少不与先验的原理相矛盾，因而能在与先验的原理相关之限度内承认之者也。但此并非即谓主张虚空空间之可能性者。

一所与（现在）刹那所有（过去之）现实的继续状态之永恒无限性，不能尽行经过，故世界必须有一起始点。

在正面主张之第二部分中，并不发生所包含在“无限而又已经过之系列”中之困难，盖因无限世界之杂多，就延扩而言，乃视为**同时存在**而授予吾人者。但若吾人欲思维此种数量之总体而又不能诉之于“由其自身在直观中构成一总体”之限界，则吾人必须说明此一种概念即在此事例中乃“不能自全体进达部分之规定的数量，而必须由部分之继续的综合以证明全体之可能性”。顾因此种综合构成一绝不能完成之系列，故我不能先于此综合或由此综合以思维一总体。盖总体概念在此事例中，其自身乃所有部分之综合已全部完成之表象。唯因此种完成乃不可能者，因而“完成”之概念亦不可能。

论证方法，乃窃以吾人绝无所知之直悟世界替代感性世界而成立者；即以不再预想任何其他条件之“普泛所谓存在”代最初之起始（有一“非存在”之时间在其前之存在）；以世界全体之范围代延扩之限界——于是可置时间空间于不问矣。但吾人今所欲论究者仅为现象界及其量，故若抽去以上所言之感性条件，则不能不破坏世界之存在本质。感性世界如有限界，则必存在无限之虚空中。扣除去虚空以及“所视为现象所以可能之先天的条件”之普泛所谓空间，则全部感性世界立即消灭。顾在吾人之问题中所授予吾人之世界，则仅有此感性世界。直悟的世界不过普泛所谓世界之普泛概念而已，其中已抽去其直观之一切条件，故关于此直悟世界并无综合的命题——或肯定的或否定的——能有所主张者也。

先验理念之第二种矛盾

正面主张

世界中一切复合的实体乃由单纯的部分所构成者，故除单纯的事物或由单纯的事物所构成者以外，任何处所并无事物之存在。

证　　明

姑任吾人假定为复合的实体非由单纯的部分所构成。于是如在思维中除去一切复合，则无复合的部分，且亦无单纯的部分（因吾人不容有单纯的部分）留存，盖即谓绝无留存之事物，因而将无实体授予矣。故或在思维中除去一切复合之事为不可能，或在其除去以后必须留存并不复合而存在之某某事物，即单纯的事物，在前一事例中则复合事物非由种种实体所成；盖复合以之应用于实体则仅为偶然的关系，实体则离去此种偶然的关系，仍必保持其为独立自存者而永存。今因此点与吾人之假定矛

反面主张

世界中复合的事物并非由单纯的部分构成，故在世界中并无处所有任何单纯的事物之存在。

证　　明

假定为复合的事物（所视为实体者）由单纯的部分所成。则因一切外部的关系，以及实体之一切复合仅在空间中可能，一空间必为占据此空间之实体中所包含之同一数目之许多部分所成。顾空间非由单纯的部分所成，乃由种种空间所成。故复合的事物之一切部分皆必须占据一空间。但一切复合的事物之绝对的原始部分皆为单纯的。故单纯的事物占据一空间。今因占据空间之一切实在的事物，其自身中包有“并列之构成分子所成之一种杂多”，故为复合的；且因实在的复合体非由种种属性所构成（盖属性在无实体时，不

盾，故仅存留本来之假定，即世界中实体之复合者乃由单纯的部分所构成者也。

由此所得直接的结论，即世界中之事物绝无例外皆为单纯的存在物；复合仅为此等存在物之外部状态；吾人虽绝不能自此种复合状态中析出此等基本的实体，而使之孤立存在但理性必须思维此等实体为一切复合之基本的主体，故以之为先于一切复合之单纯的存在物也。

能并列存在），乃由种种实体所构成，故单纯的事物始为种种实体之复合体——此实自相矛盾。

相反主张之第二命题，谓世界无处存有任何单纯的事物云云，其意所在，仅属如是，即绝对单纯的事物之存在，不能由任何经验或知觉（或内部的或外部的）证明之；因而绝对的单纯事物仅为一理念，其客观的实在性绝不能在任何可能的经验中展示，且以理念并无对象，不能应用于说明现象。盖若吾人假定为对于此种先验的理念能在经验中发现一对象，则此种对象之经验的直观，应被人认知为并不包有"并列之杂多因子"而联结为一统一体者。但因吾人不能由于未意识此种杂多，即推断此种杂多在一切种类之"对象之直观"中皆不可能；且因无此种证明，则绝不能建立绝对的单纯性，故此种单纯性不能由任何知觉推论而得之。一绝对单纯的对象绝不能在可能的经验中授予吾人。且所谓感官世界吾人必须指为一切可能的经验之总和，故在感官世界中任何处所皆不能见及有任何单纯的事物。

此种相反主张之第二命题较之第一命题，应用范围广大多矣。盖以第一命题仅在复合体之直观中排除单纯的事物，而第二命题则在自然之全体中排斥单纯的事物。因之不能由引用（复合体之）“外部的直观之所与对象”之概念，证明此第二命题，仅能由引用此种概念与普泛所谓可能的经验之关系而证明之也。

第二种二律背驰注释

一、注释正面主张

当我言及所视为必然由单纯的部分所构成之全体时，我仅指复合之（就“复合的”名词之严格意义言之）实体全体而言，即指杂多之偶然的统一而言，此为使各自单独授予之杂多（至少在思维中如是）互

二、注释反面主张

物质之无限分割说，其证明纯为数学的，单子论者反对之。但此等反对论，立即使单子论者为人所疑。盖不问数学的证明如何自明，单子论者殊不欲承认此等证明——在空间实际为一切物质所以可能之

相联结，因而构成一统一体者。空间本不应名之为**复合体**，而应名之为**总体**，盖因空间之各部分仅在全体中可能，非全体由各部分而可能者也。此固可名之为**观念的复合体**，但非**实在的复合体**。顾此仅为一种巧辨而已。盖因空间非由实体（更非由实在的属性）所构成之复合体，故我若自空间除去复合，则将无一物——乃至无一点——存留。盖一点仅以其为空间限界而可能，即以其为复合体之限界而可能者。故空间与时间并不由单纯的部分所成。凡仅属于实体之状态者——即令其具有量，即具有变化——皆非由单纯的事物所构成；盖即谓变化之某种程度并非由多量单纯的变化累积而成。吾人自复合体以推论单纯体，仅能用之于独立自存之事物。顾事物状态之属性，并非独立自存之事物。故单纯的事物（所视为实体的复合体之构成部分者）之必然性之证明，方式的条件之限度内——乃根据于洞察空间之性质者。单子论者视此等证明纯为自“抽象而又任意的概念”而来之推论，因而不能应用之于实在的事物。顾如何能发明一“与空间之本源的直观中所授予者”不同种类之直观，及空间之先天的规定如何不能直接应用于“仅由其充实此空间而成为可能之事物”！吾人如注意此等反对论，则在数学点（虽为单纯的，但非空间之部分，仅为空间之限界）以外，吾人应以物理点为同一单纯的而又具有能（视为空间之部分）由其纯然集合以充实空间之特殊性质。对于此种谬论，固无须重述许多熟知之决定的驳论——盖欲借纯然论证的概念之肆行伪辩以论破数学之自明的证明真理实为无益之举——我仅举一点已足，即当哲学在此处以诈术掩蔽数学时，其所以如是者，实因其已忘在此论证中吾人仅与**现象**及其条件相关如推及过远，无制限应用之于一切复合体——此所常见之事——则此证明自必易为人所倾覆，因而正面主张之全部理论，亦同时倾覆。

加之，我今所言之单纯的事物，仅限于其必然在复合体中所授予者——复合体能分解为所视为其构成部分之单纯的事物。单子之一字在莱布尼兹所用之严格意义中，应仅指直接授予吾人，所视为单纯的实体（例如在自觉意识中）一类之单纯的事物而言，并非指复合体之要素而言。此复合体之要素宁名之元子较佳。今以我所欲证明单纯的实体之存在仅为复合体中之要素，故我可名第二种二律背驰之正面主张为先验的元子论。但以此字久已专指说明物体现象（分子）之特殊形象而言，因而以经验的概念为前提者，故名正面主张为单子论之辩证的原理，较为适当也。

耳。此处对于“由悟性所成复合体之纯粹概念”发现单纯体之概念，实嫌不足；所应发现者乃对于复合体（物质）直观之单纯体直观。但就感性法则而言，以及在感官之对象中，此事乃绝不可能者。当实体所构成之全体，唯由纯粹悟性以思维之之时，则吾人在其所有一切复合之前，必先有其单纯体，此固极为真确者，但此点并不适用于现象之实体的全体，盖此种全体以其为空间中之经验的直观，具有“并无一部分为单纯的事物”之必然的特性，盖因空间并无一部分为单纯者也。顾单子论者实极灵敏，求避免此种困难，乃不以空间为外部的直观之对象（物体）所以可能之条件，而以此等对象及“实体间之力的关系”为空间所以可能之条件。但吾人仅有“所视为现象之物体概念”，而此等物体就其本身言，则必然以“空间为一切外部的现象所以可能之条件”

为其前提者。此种遁词实无所益，在先验感性论中已详辨之矣。故唯以物体为物自身，单子论者之论证始能有效。

第二之辩证的主张则具有此种特点，即与之相对立者乃一切辩证的主张中仅有之独断的主张，即此种主张乃欲在经验的对象中，明显证明“吾人仅以之归之于先验的理念即实体之绝对的单纯”之实在性——我所指者乃内感之对象，即思维之我，为绝对的单纯实体之主张。今无须深论此问题（此为以上已充分考虑之者），我仅须申述如有（例如在全然单纯无内容之我之表象中所发现者）任何事物仅思维之为对象而绝无其直观之任何综合的规定加之其上，则在此种表象中自无任何杂多及任何复合能为吾人所见及。此外则因我所由以思维此对象之宾词，纯为内感之直观，故在此对象中并无“要素并列之杂多”以及实在的复合能为吾人所发现。自觉意识即属此种性质，以思维之主体同时即为其自身所有之对象，故此主体虽能将其中所属之规定分割，而其自身则为不能分割者；盖就其自身而言，一切对象皆为绝对的统一者。顾在此主体外部的被视为直观之对象时，则必须在其现象中展示某种复合情形；故若吾人欲知其中是否具有“要素并列之杂多”，必须常以此种方法观察之也。

先验理念之第三种矛盾

正面主张

依据自然法则之因果作用并非一切世界现象皆自之而来之唯一因果作用。欲说明此等现象，必须假定尚有他种因果作用，即由于自由之因果作用。

证　明

吾人今姑假定除依据自然法则以外并无其他之因果作用。设果如是，则一切发生之事物，

反面主张

并无自由；世界中之一切事物仅依据自然法则发生。

证　明

假定有先验的意义之自由为一种特殊之因果作用，世界中之事件乃依据此种因果作用而发生者，即此为绝对的开始一状态之力量，因而亦为绝对的开始“此状态之结果系列”之力量；于是所得结论不仅一

自必预想有“此事物所依据规律必然随之而起之先在状态”。但此先在状态其自身亦必为发生之某某事物（在“其中尚未有此事物之时间中”发生）；盖若此先在状态为常在者，则其结果自亦常在，而非仅为适所发生之事物矣。于是某某事物由以发生之原因之因果作用，其自身即为所发生之某某事物，此某某事物又复依据自然法则预想有一先在状态及其因果作用，以此类推则更有一较先之状态，于是追溯无已。故若一切事物仅依据自然法则发生，则常为相对的起始，绝无最初的起始，因而在原因方面依次相生之系列，亦绝无完成之事。但自然法则适又如是，“若无一先天的充分决定之原因，则无一事物能发生”。于是依据自然法则以外并无因果作用可能云云之问题，就其绝对的普遍性而言，则自相矛盾矣；故此种因果作用不能视为唯一种类之因果作用。

切系列之绝对的起始在此种自发性中，且即此种创始系列之自发性规定，易言之，此种因果作用自身亦将有一绝对的起始；于是在发生时，将无依据一定法则以规定此种活动之先在状态矣。但一切活动之开始，皆预想有一尚未活动之原因所有状态；活动之力学的开始，如以为最初的起始，则必预想有与先在之原因状态毫无因果关联之一种状态，盖即谓绝不自先在状态发生者。于是先验的自由与因果法则相反；先验的自由所假定为适用于种种活动的原因之继续的状态间之一种联结，使经验之一切统一成为不可能。此种先验的自由在任何经验中皆不能见及之，故为思维上之虚构物。

故宇宙所有事件之联结及秩序必须仅在自然中寻求（非在自由中寻求）。离自然法则之自由无疑自强迫中解放，但并一切规律之指导亦放弃之矣。盖不容谓自由法则进入于是吾人必须假定某某事物由以发生之一种因果作用，此种因果作用之原因，其自身非依据必然的法则而为在其先之其他原因所规定者，盖即谓原因之**绝对的自发性**，由此种自发性依据自然法则进行之现象系列，即能**由其自身**开始。此为先验的自由，若无此种自由，则即在自然之通常过程中，其原因方面之现象系列亦绝不能完成也。

“自然过程中所展示之因果作用”内，因而以之代自然法则。诚以自由如依据法则所规定，则不成其为自由，仅为另一名目之自然而已。自然与先验的自由之所以异，在合法则与无法则之别耳。自然固以此种规定之事业加之悟性之上，即令悟性常在原因系列中寻求事件之更高起源，故此等原因之因果作用常为受条件制限者。但其报偿，则为自然预许有“经验依据法则之一贯的统一”。反之自由之幻相，则对于在原因连锁中寻求不已之悟性，提供一休止点而引之到达“自其自身开始活动”之不受条件制限之因果作用。但此种因果作用乃盲目的，且撤废“完全联结之经验”所唯一由以可能之种种规律。

第三种二律背驰注释

一、注释正面主张

自由之先验的理念，无论如何不能构成此名词之心理学

二、注释反面主张

“自然万能”之拥护者（先验的自然主义）在其反对自由

的概念之全部内容，盖此等内容大部分为经验的。先验的理念仅表显行动之绝对的自发性而已（此为行动应自负其责之固有根据）。顾在哲学上此实为真实之难点；盖在容认任何此种类型之不受条件制限之因果作用时，其中实有不可逾越之困难。在论究意志自由之问题时所常烦扰思辨理性者，即在其严格之先验方面。质言之，此问题仅为如是：吾人是否必须容认有一种自发的创始“继续的事物（或状态）系列”之力量。至此种力量如何可能，在此事例中，其为无须解答之问题，正与依据自然法则之原因性如何可能之无须解答相同。盖就吾人所见，吾人应永以“必须以自然法则之因果作用为前提”云云之先天的知识为满足，不再探求；诚以吾人丝毫不能理解“由一事物之存在而其他事物之存在即为其所规定”云云之如何可能，以此之故，此必仅由经验所指说之辩证的论证时，其所论证者如下。就时间而言，公等如不容认有世界中所视为数学的最初之任何事物，则就因果作用而言，固无寻求“所视为力学的最初之某某事物”之必要。公等果有何种权威制造世界之绝对最初的状态，以及“流转无已之现象系列”之绝对的起始，因而对于“无限之自然”设定一限界为公等想象之止境？盖因世界中之实体永久存在——至少经验之统一使此种假设成为必然者——故假定实体状态之变化即实体变化之系列亦常存在，并无困难，因而不应寻求一最初的起始（不问其为数学的或力学的）。此种无限引申之可能性并无一切其余事物仅为其后继者之最初项目云云，就其可能性而言，固为不能令人理解者。但公等即以此故否认此种自然中之继，则将见公等自身不得不否定许多不容理解之综合的基本性质及势力。甚至并变化自身之可能导。现象系列中由自由而来之最初的创始之必然性，吾人仅在使世界起源能为人所考虑所必需之限度内证明之；至一切后继状态，则皆能视为依据纯粹之自然法则而产生者。但因自发的创始“时间中一系列”之力量由此被证明（虽不能理解之），自亦能容许吾人容认在世界过程内种种不同系列，就其因果作用而言，可视为能自其自身开始者，即以一种自自由而来之活动力量归之于此等系列所有之实体。且吾人必不容吾人为“由误解所得之结论”所阻，即其结论谓世界中所发生之系列仅能有相对的最初起始，盖因在世界中常有其他某种事物状态在其前，故在世界之过程中实无系列之绝对的最初状态可能。盖吾人此处所言之绝对的最初起始，非时间中之起始，乃因果作用中之起始。例如我若在此刹那时自椅起立，完全自由，并无自然的原因之影响必然规定其为如性亦将否定之。盖公等若不由经验确证“实际有变化发生”，则绝不能先天的构思思及“存在及不存在”之不绝继起也。

即令容许有“自由之先验的力量”以提供“世界中所有发生事项之起始”，但此种力量无论如何应在世界之外（虽有某种主张谓在一切可能的直观总和之上，存在“任何可能的知觉中所不能授予”之一对象，但此仍为一僭妄之主张）。但以此种力量归之于世界中之实体自身，则为绝不能容许者；盖若如是，则“依据普遍法则以必然性互相规定”之现象联结，即吾人之所名为自然者，以及“经验所由以与梦幻相区别”之经验的真理之标准，皆将全然消失矣。与此种毫无法则之自由能力并存，其有秩序的体系之自然，殆不能为吾人所思维；盖以前者之影响将不绝变化后者之法则，因而在其自然过程中常为整齐一致之现象，将成为支离灭裂者矣。

是，故一新系列以及其所有无限之自然结果，在此事件中自有其绝对的起始，至就时间而言，此一事件固为一先在系列之继续者也。

盖我所有此种决意及行动，并不构成“纯粹自然的结果之继续系列”之部分，且非此等结果之纯然继续事象。关于此一事件之发生，自然的原因并无任何“决定影响”作用于其上。此一事件在时间上固继此等自然结果而起，但非由此等自然结果所发生，因之，就因果作用而言（虽非就时间而言），应名之为一现象系列之绝对的最初起始。

理性所有此种要求，即在自然的原因之系列中，吾人诉之于其由自由而来之最初起始，就以下之事观之，固能充分证实之者，即一切古代哲学家除伊壁鸠鲁派以外，在说明世界之运动时，皆觉彼等不得不假定一“原始运动者”，即最初由其自身创始此种状态系列之自由活动的原因是也。彼等并不企图由自然自身所有之资源以说明最初起始也。

先验理念之第四种矛盾

正面主张

有一绝对必然的存在属于世界，或为其部分或为其原因。

证　　明

视为一切现象总和之感性世界，包含一系列变化。盖若无此种系列，则即“视为感性世界所以可能之条件之时间系列之表象”亦不能授予吾人①。但一切变化皆从属其条件，此种条件在时间中乃先于变化而使之成为必然者。一切所授予之受条件制限者，就其存在而言，皆预想有“种种条件以至不受条件制限者之完全系列”，唯此不受条件制限者始为绝对必然者。变化之存在乃此绝对必然者之结果，故必容认有绝

反面主张

世界中绝不存有绝对必然的存在，世界之外亦无视为其原因之绝对必然的存在。

证　　明

吾人如假定为：或世界自身乃必然的，或有一必然的存在在世界之中，则仅有两种可择之途径。或在变化系列中有一起始乃绝对必然者，因而并无原因，或此系列自身并无任何起始，且此系列之所有一切部分虽为偶然的及受条件制限者，但就其全体而言，乃绝对必然的及不受条件制限者。但前一途径与在时间中规定一切现象之力学的法则相背反；后一途径则与此命题自身相矛

① 时间为变化所以可能之方式的条件，客观的实先于变化；但就主观的而言，在现实意识中，时间表象与其他一切表象相同，仅在与知觉联结中授予吾人者。

对必然的某某事物之存在。但此必然的存在之自身，乃属于感性世界者。盖若存在世界以外，则世界中之变化系列将自“其自身并不属于感性世界之必然的原因”起始。顾此为不可能者。盖因时间中系列之起始，仅能由时间中在其先者规定之，变化系列起始之最高条件必须在“此系列尚未发生”之时间中（盖以起始乃有一“此起始之事物尚未存在其中之时间”在其前之一种存在）。因之，变化之必然的原因之因果作用以及原因自身必须属于时间，因而属于现象——时间仅以其为现象方式而可能者。此种因果作用实不能离构成感官世界之现象总和思维之。是以绝对必然的某某事物包含在世界自身中，不问此某某事物为世界中变化之全部系列或变化之一部分也。

盾，盖若非系列中有单一项目为必然的，则系列之存在绝不能为必然的。

在另一方面，吾人若假定世界之绝对必然的原因在世界之外，则此种原因以其为世界中变化之原因系列之最高项目，必须创始使“变化及变化系列”等之存在[①]。顾此原因必须自身开始活动，则其因果作用当在时间中因而属于现象之总和，即属于世界。于是所得结论，则为原因自身不应在世界以外——此点与吾人之假设相矛盾。故世界中及世界外（虽与世界有因果的联结）皆不存有任何绝对必然的存在。

① “起始”一词有两种意义：一为能动的，指开始一——为其结果之——状态系列之原因而言；二为受动的，指在原因自身中开始作用之因果作用而言。此处我乃自第一种意义以推论第二种之意义。

第四种二律背驰注释

一、注释正面主张

在证明一必然的存在者之存在时，我应（在此关联中）专用**宇宙论的论证**，此种论证即自现象领域中之受条件制限者上升至概念中之不受条件制限者，此种不受条件制限者乃吾人所视为系列之绝对的总体之必然的条件。欲自一最高存在之纯然理念以求证明此不受条件制限者，乃属于另一理性原理，应在以后别论之。

纯粹宇宙论的证明，在证明必然的存在者之存在时，对于此种存在者是否世界自身或与世界有别之事物，则应置之不为决定。欲证明其为与世界有别之事物，则吾人应需“已非宇宙论的且并不在现象系列中继续进行”之种种原理。盖吾人应使用普泛所谓偶然的存在者之概念（唯视为悟性对象）及能使吾人由纯然概念联结此等偶然的存在者与一必然的存在者之原

二、注释反面主张

在主张绝对必然之最高原因（此乃吾人所假定为在现象系列中上升时所遇及者）存在之途径中所有之困难，绝非与“普泛所谓事物之必然的存在”之纯然概念相联结时所发生之一类困难。故此等困难非本体论的，而必为与现象系列之因果联结有关者，盖对于现象系列应假定一“其自身为不受条件制限者”之条件，因之必为宇宙论的而与经验的法则相关。此必须说明：原因系列中（在感性世界中者）之追溯绝不能在经验上不受条件制限之条件中终止，以及自世界状态之偶然性（为变化所证明者）而来之宇宙论的论证，并不足以维持其系列之最初的绝对的本源原因之主张。

在此种二律背驰中实呈示一奇异景象。自同一根据在正面主张中由之以推论一本源的

理。但此种种属于超验的哲学；吾人今尚不能论究之。

吾人若自宇宙论上开始吾人之证明，以“现象系列及依据经验的因果律在其中追溯”为根据，则吾人以后必不可突然脱离此种论证形象，飞越至不属系列中所有项目之某某事物。凡以之为条件之任何事物，必须严密以“吾人所由以观察系列中（此系列乃假定为由继续的前进使吾人达最高之条件者）受条件制限者与其条件之关系”之同一方法观察之。此种关系如为感性的及在“悟性之可能经验的使用之领域”中者，则最高条件或原因仅能依据感性法则而使追溯达一终点，即仅限其自身乃属于时间系列者。故必然的存在者必须视为宇宙系列之最高项目。

但某某思想家容许其自身有此种突飞之自由。彼等自世界中种种变化推论变化之经验的偶然性，即变化依存于经验的规定变化者之原因，因而获存在者之存在，而在反面主张中则由之以推论其不存在，且以同一之严密性推论之。吾人首先则主张一必然的存在者之存在，盖因全部过去时间包有一切条件之系列，因而亦包括不受条件制限者（即必然的）；今则吾人主张并无必然的存在者，其理由正因全部过去时间包有一切条件之系列，盖此一切条件其自身皆为受条件制限者。自同一理由何以所得之结论不同，今说明之如下。前一论证仅注意时间中相互规定之条件系列之绝对的总体，因而到达其不受条件制限者及必然者。反之，后一论证则考虑时间系列中所规定之一切事物之偶然性（以一切事物皆有一“条件自身在其中必须仍被规定为受条件制限者”之时间在其先），自此种观点而言，则一切不受条件制限者及绝对的必然性皆完全消失矣。但在两方之论证方法皆完全与通常之人间理性相合，盖通常得经验的条件之上升系列。在此范围内彼等固完全正当。但因彼等在此种系列中不能发现最初的起始或任何最高项目，故彼等突自偶然性之经验的概念飞越，执持纯粹范畴，于是发生严格所谓之直悟的系列，此系列之完成乃依据一绝对必然的原因之存在。以此种原因不为感性条件所束缚，故超脱“其所有因果作用自身应有一起始”之时间条件之要求。但此种推论进程极不合理，可自以下所论推知之。

在范畴之严格意义中，其所以名为偶然者，因其有矛盾对立者之可能耳。顾吾人不能自经验的偶然性以论证直悟的偶然性。当任何事物变化时，此事物状态之相反者，乃别一时间中之现实者，因而为可能的。但此现在状态并非先一状态之矛盾对立者。欲得此种矛盾对立者，吾人须设想在先一状态所在之同一时间内，其相反者即能存在其位置中，故此点绝不能自变化之事实推论之

之人间理性因屡以两种不同观点考虑其对象，致陷于自相矛盾者也。梅伦（M. de Mairan）以二著名天文学者间所有之争论（亦由选择立场之困难而起者）为足成一特别论文之极可注意之现象。其一谓**月球自转**，因月球常向地球之同一方面旋转。其另一人则就此同一理由得反对之结论谓，月球非自转，因月球常向地球之同一方面旋转。就各人观察月球运动时所择之观点而言，则两方之推论皆极正确者也。

者。在运动中之物体（等于甲）进而静止（等于非甲）。今自“与甲状态相反之一状态，继甲状态而起”之事实，吾人不能即此推论谓甲之矛盾对立者可能，因而甲为偶然的。欲证明此种结论，应说明在运动之位置中及在运动发生之时间中，已能有静止之事。就吾人之所知者而言，静止在继运动而起之时间中实现，故亦为可能的。运动在某一时间中，静止又在别一时间中，其关系并非矛盾对立。因之“相反的规定”之继起（即变化），绝不能证明在纯粹悟性概念中所表现之一类偶然性；故不能使吾人到达——同一在纯粹直悟的意义中所思维者之——必然的存在者之存在。变化仅证明经验的偶然性；即在缺乏“属于先一时间之原因”时，新状态绝不能由其自身发生者也。此乃因果律所制定之条件。此种原因即令视为绝对必然的，亦必为能在时间中见及之原因，因而必须属于现象系列。

第三节　理性在此等矛盾中之实际利害关系

吾人今已将宇宙论的理念之辩证的拨弄全部呈现于吾人之前矣。此等理念在任何可能的经验中绝不能有与之相合之对象授予吾人，且即在思维中理性亦不能使此等理念与普遍的自然法则相调和。但此等理念并非任意所制造者。盖在经验的综合之继续进展中，理性苟欲超脱一切条件期在其不受条件制限之总体中认知——依据经验之规律仅能规定为受条件规约者之——事物之真相时，则理性必然到达此等理念。此等辩证的主张乃期欲解决理性之必然而不可避之四种问题之种种尝试努力耳。问题之数其所以仅止于四者，实因先天的加制限于经验的综合之上者，正为此综合的所以之为前提之四种系列。

当理性努力扩大其领域于一切经验之限界以外时，吾人仅在——只包含彼等合法主张之根据之——干枯方式中表现理性之越权主张。以适合于先验哲学之故，此等主张尽失其经验的形态——此等主张之美满光辉，固仅在与经验的事物联结，始能显示之者。但在此经验的使用中，及理性使用之进展的扩大中，哲学——始于经验领域，逐渐飞越至此等高贵理念——实显示一种尊严及价值，如哲学能改善其越权主张，则此种尊严价值固能俯视其他一切之学问者也。盖哲学对于——一切理性之努力，终极所必须集中之终极目的之——吾人之最高期待，预许以巩固之基础。世界是否有时间上之起始，其空间中之延扩是否有任何限界；在任何处所，或在我所有之思维的自我中，是否有不可分割不可毁灭之统一，抑或仅有可分割者及转变无已者；我在我之行动中是否自由，抑或与其他存在者相同，为自然及运命所支配；最后是否有一世界之最高原因，抑或自然之事物及其秩序为吾人思维所终止之终极对象（此种对象即在吾人之思辨中亦绝不能超越之者）。凡此种种皆为问题，数学家极愿以其全部学问交换以解决此等问题者也。盖数学关于“与人类关系最密之最高目的”，不能使之有所满足。但数学之尊严（人类理性之所以自夸者）乃依据以下之点，即数学引导理性“在自然之秩序与规律性中（不问在自然中之大者及其小者同一如是）及在自然动力之极度统一中”，到达自然知识，是以其洞察程度升高至远超任何“以日常经验为基础之哲学”所能使吾人期待者；因而鼓励理性推广其使用于一切经验以外且与以机缘，同时又由适当的直观对理性提供最优越质料（在其研究之性质所许之限度内）以支持其研究。

理性在其最高期待之中，发现其自身为相反论证之矛盾所困，则为其荣誉计，为其安全计，皆不容退缩而以此等争论为儿戏，冷淡视之；且以其自身直接与所争之事实有利害关系，更不能沉默了事，此为人类之实践利益计或属幸事，但为思辨计则极不幸者也。因之，除“研究此种矛盾（由之而使其自身分裂者）之起源是否纯然起于误解”以外，理性已无事可为。在此种研究中，两方或能牺牲其自以为是之主张；但理性永久而平和支配悟性及感性之事，则由之而开始矣。

顾在目前吾人姑置此彻底研究不问，首宜考虑吾人如不得不在相反两派中有所选择，则究应偏袒何方。设立此种问题——即吾人若仅顾虑吾人之利害关系，而不顾及逻辑之真理标准，则吾人应如何进行之问题——关于两方所争执之权利，自绝无所决定，但具有此种利益，即此问题能使吾人了解何以参与此种争论者，虽并未因所争论之事实有任何透辟之见解受其感动而仍愿偏袒一方之故。关于许多偶然情形，此问题亦有所启发，例如一方之激越的热情，他方之冷静的坚持；且能以之说明世人何以热烈赞同一方而故挟偏见以反对他方之故。

比较其构成正反两方出发点者之原理，即所以使吾人能（如吾人以后所见及者）决定——此种初步的研究唯自此立场能以“所须之一贯论点”成就之者之——立场。在反面主张所有之种种主张中，吾人观察思维方法之完全一致及定理之彻底统一，即一种纯粹经验论之原理，不仅应用之于说明世界内之现象，且亦应用之于解决“关于世界自身（在其总体中）之先验的理论”。反之，正面主张所有之种种主张，在现象系列内所用之经验的说明方法以外，尚预想有直悟的起始；在此范围内，其定理乃复杂的。但以其主要及显著之特质乃以“直悟的起始”为前提，我将名之为纯粹理性之独断论。

在宇宙论的理念之规定中，吾人在其独断论方面即正面主张之方面所发现者如下：

第一，有某种实践的利益，凡一切正常思维之人，若深知彼所有之真实利益者皆热烈参与之。即世界有其起始，我之思维的自我为单纯的因而有不灭的本质，自我之有意行动实为自由而超出于自然强迫拘束之上者，以及构成世界之种种事物中所有之一切秩序皆起于一“原始存在者”，一切事物皆自此原始存在者而得统一及合乎目的之联结，等等——凡此种种皆为道德宗教之柱石。顾反面主张则尽夺吾人所有此种柱石，至少亦似欲夺去之者。

第二，在正面主张方面，理性有一思辨的利益。当先验的理念以正面主张所规定之方法设定及使用时，条件之全部连锁，及受条件制限者之由来皆完全能先天的总揽之。盖斯时吾人自不受条件制限者出发。此非反面主张之所能为，因而反面主张实处不利之地。对于其综合条件之问题，反面主张之所能解答者，无一非使同一论究重复无已。依据反面主张，一切所有起始，皆迫使吾人更进至更高之起始；一切部分更剖分至更小之部分；一切事件皆有一为其原因之其他事件在其前；且普泛所谓存在之条件又常依据其他条件，永不能得不受条件制限者之止境，及以所视为原始存在者之独立自存之事物为其最后支持点也。

第三，正面主张又有通俗之便益；此点确为其主张受人欢迎最得力之处。盖常识在“一切综合所有不受条件制限之起始”之理念中，并不见有任何困难。且以常识下推结果较之上溯理由尤为熟习，故对于绝对的第一者之可能性，并无所疑虑；且以此种概念为得安身立足之所，同时又为常识由以引导其行动之导线所能系属之固定点。在由“受条件制限者至条件”之上溯无已中，一足常悬空中，故不能与人以满足者也。

在宇宙论的理念之规定中，吾人在经验论方面即反面主张之方面所见者如下：第一，并无此种（由于理性之纯粹原理而来之）实践的利益，如道德宗教对于正面主张之所提供者。反之，纯粹经验论似欲剥夺道德宗教所有之一切权能及势力。盖若无“与世界有别”之原始存在者，世界若无起始因而无创世主，吾人之意志若不自由，又若心灵如与物质相同为可分割而能消灭者，则道德理念及其原理将尽失其效力，而与“为其理论的基础之先验的理念”同其命运矣。

但第二，足为此种损失之报偿者，经验论对于理性之思辨的利益确大有所贡献，此种贡献实极动人，远过于独断论在理念方面之所能提供者。依据经验论之原理，悟性常在其自身固有之根据上，即常在真纯可能的经验之领域内研讨其经验之法则，且由此种法则对于悟性所提供之“确定及易能理解之知识”，使之无穷扩张。在此处，一切对象（其自身及其所有关系二者）皆能——且应——在直观中表现，或至少在——与之相应之心象能在所与之类似直观中明显清晰提供之者之——概念中表现。并无离自然秩序之连锁而求之于理念之必要，盖理念之对象乃不可知者，以其仅为思维上之存在物绝不能授予吾人。悟性实不容离其本有之职务或借口于使职务完成而突入观念化的理性及超验的概念之领域——此一领域悟性在其中已无依据自然法则以观察及研究之必要，而仅在不能为自然事实所否定之保障下思维及空想而已，盖以其不为自然事实所产生之证据所束缚，唯以为应超越之，甚或使此等事实从属一更高之权威，即从属纯粹理性之权威。

故经验论者绝不容许以自然之任何时期为绝对的最初之时期，或以其所洞察自然范围之任何限界为最广大之可能极度。且经验论者又不容许自“自然之对象”——此为彼由观察及数学所能分析且能在直观中综合的规定之者（延扩的）——转移至“非感官或想象所能具体的表现”之事物（单纯的）。亦不承认此种假定为正当，即假定自然自身中有任何力量能离自然法则独立作为（自由），因而侵入悟性之职务，盖悟性之职务乃依据必然的规律以研讨现象之起源者。最后经验论者并不容认“应在自然以外原始存在者中探求”之一种原因。吾人所知者仅有自然，盖唯有自然能使对象呈现于吾人，且以其法则教示吾人也。

经验哲学家提呈其反面主张时，如无其他目的，仅在克服——曲解理性之真实任务，在真实之洞察及知识所终止之处，乃自夸其有洞察及知识，在仅与实践的利益相关始能有效之事物，乃以为在促进思辨的利益（为彼等之便益计，切断物理的研究之线索，借口扩张知识而以之与先验的理念相连接，由此等理念吾人实际之所知者仅为吾人一无所知耳）云云人士之——粗率及僭妄；又若经验论者以此为满足，则我敢断言经验论者之原理殆为抑制吾人僭越及中和吾人主张之一种格率，但同时又为由教师（即由经验）适切所付与吾人扩大悟性之最大可能范围。吾人之进行程序如为以上云云，则吾人自不应割弃为吾人实践利益计所用之种种智性的预有假定及信仰；唯不容此等假定及信仰袭用学问及合理的洞察等之名称及尊严耳。知识（其自身本属思辨的）除经验所提供之对象以外，并无其他对象；吾人如超越此种所设置之限界，则脱离经验以求新型知识之一类综合，实缺乏“其所唯一能由以行使其综合”之直观基体。

但当经验论自身（此为所屡见及者）对于理念之态度成为独断的，坚决否定“在其直观的知识范围以外之一切事物”时，则亦显示其同一缺乏中庸之道；且此点因理性之实践的利益受有莫大之损害，故更宜责难之者也。

以上之正反两种主张实构成伊壁鸠鲁[①]派与柏拉图派之对峙。

此两种类型之哲学所言者皆过于其所知者。伊壁鸠鲁在实践方面固挟持偏见，然其奖进知识之功甚巨；柏拉图提供优越之实践原理，但容许理性对于自然现象肆行观念的说明（关于此种说明实仅有思辨知识为吾人所唯一可能者），而忽视物理的研究。

最后关于吾人在此相反两派间预行抉择时所应考虑之第三因素，则经验论之普遍不为人所欢迎，实足令人大为惊异者也。吾

① 伊壁鸠鲁（Epicurus）曾否提呈此等原理为客观的主张，实一问题。抑或此等原理之在伊壁鸠鲁仅为理性所有思辨的使用之格率，则彼在此方面实显示较之古代之任何哲学家更具有纯正之哲学的精神。伊壁鸠鲁所倡导之原理为以下数点，即说明现象时吾人必须一贯进行，一若吾人之研究领域并无世界之任何限界或起始局限之；吾人必须假定组成世界之质料必为吾人自经验所知之质料；吾人必须仅设定一种“事件之产生形象”，此种形象乃能使事件成为吾人所视为“由自然之不变法则所规定”之事物者；最后必须不用任何与世界不同之原因——凡此种种原理今尚保持其所有价值。此等原理在其扩大思辨的哲学之范围言之，极为坚实之原理（虽少为人所见及），同时又能使吾人发现道德原理无须依据相异（即非道德的而为理论的）之资源，且丝毫并不因此即断定“要求吾人在纯然从事思辨时应忽视此等独断的主张”（即世界有限界及起始，神的原因，等等）之人，其意实在否定此等主张也。

人应以为通常悟性自当热烈采用“期许专由经验的知识及其所启示之合理联结以满足彼之悟性”之纲领，而不愿采用“迫彼飞越至远超越大多数实际思想家所有洞见及其推理能力之概念”之先验的独断论。但此点正所以使独断论为通常悟性所欢迎之处。盖通常悟性自觉其所处之地位，虽最有学问之人亦不能高过于彼。通常悟性对于此等独断论所主张之事项若所知甚少或绝无所知，自无一人能夸示其博学多识；顾通常悟性关于此等事项虽不能如专门人士以学术的正确形态表示其自身，但彼所能提呈之似是而非之论证则实滔滔无已，以其仅在理念中徘徊，而理念则无一人对之能有所知者，故就理念而言，一任其所欲言者畅言之；然当论究含有研究自然之事项时，则彼寂然无语而自承其无知矣。故怠惰与虚荣二者相联结，实所以使通常悟性顽强拥护此等独断论所有之原理。除此以外尚有一点，亦为拥护此等原理之理由，盖哲学家欲容受一“彼所不能以正当理由确证之原理”固极困难，欲使用一“彼所不能证明其客观的实在性之概念”自更困难，顾在通常悟性则为屡见不鲜之事。通常悟性坚持有“为彼所确信之出发点”之某某事物。乃至即欲思索此“以为前提之出发点”亦感有困难之一事曾不能使之有所不安。此因通常悟性并不知思索实际为何事，绝无有反省其所假定者；凡由彼时时使用习以为常者，遂视为已知之事而容受之。盖在通常悟性，一切思辨的利害，在实践的利害之前，实卑不足述；凡“彼之恐惧或希望所驱之假定或信仰之事物”在彼则自以为知之理解之。经验论则完全无此等“先验的观念化之理性”能受人欢迎之点；故不问经验论对于最高之实践原理挟有如何偏见，若谓其能超越学术社会而在通常生活上有相当势力，或为群众所欢迎，则实相忧，可无须置虑者也。

人类理性，就其本质而言，本类于建筑。盖即谓理性以吾人之一切知识为属于一可能的体系，故仅容认此等原理，即其绝不使吾人所能到达之任何知识不能在一体系中与其他知识相联结者。但反面主张所有之种种命题则为“使知识之建筑物绝不能完成”之一类命题。此等命题所主张者为：在世界一切状态以外常发现有更古之状态，一切部分中仍含有同一可分割之其他部分，一切事件以前更有其他之事件，而此事件自身复为另一事件所产生者，以及普泛所谓存在中之一切事物，皆为受条件制限者，不受条件制限及最初之存在，实无处可以见及之云云。因反面主张否认能用为建筑基础之第一或起始之任何事物，故在此种经验论之假定下“知识之建筑物”之完成，实完全不可能者。是以理性之建筑的实际利益——非要求经验的统一，乃要求理性之纯粹先天的统一者——自足为正面主张所有种种主张之推荐书也。

人若能超脱所有一切此种实际利害关系，不问其结果如何，推就其根据之真实力量以考虑理性所有之种种主张，又若就相反派别择一而从，为避免彼等烦困之唯一方法，则彼等将常在动摇不定之状态中矣。在今日，人类之意志自由为彼等所确信；追至明日，则又思及自然之不断联系而以自由仅为自欺之谈，谓一切事物纯为**自然**而已。但若彼等一旦趋赴行动，则此纯为思辨理性之播弄，殆如一梦，立即消失，彼等将专就实践的利害关系以选择其原理矣。然因思索及研究之人应费其相当时间以检讨彼自身所有之理性，完全脱离一切偏见，公表其所观察，一任他人之判断，为最适当之事，故无一人因其出席于审判相反两派之法庭而可受责，更不能禁止其出席，一任彼等在与彼等立场相同之法官前（即易陷错误微弱人间之立场）不为任何威迫所劫持，尽彼等之所能，以辩护其自身也。

第四节　纯粹理性所有之先验问题、其解决之绝对必然性

自称能解决一切问题及解答一切疑问，实为不知愧怍之自夸，及立即丧失其一切自信之极度自欺。顾有若干种学问，就其本质而言，实要求在其领域内所发生之一切问题，应在所知范围内完全为能解答之问题，盖因解答必自问题所由以发生之同一源泉出发。在此等学问中，不容借口于势所难免之不可知；皆能要求其解决。吾人必须在一切可能之事例中，能依据一种规律以知何者为正，何者为谬，盖因此事有关于吾人之责任，凡吾人之所不能知者，吾人即无责任可言。反之，在说明自然现象时，必有许多说明为不确实者，许多问题为不能解决者，盖因吾人关于自然之所知者，绝不能在一切事例中足以充分说明所应说明之事。于是问题为：在先验哲学中是否有与“呈现于纯粹理性之对象”相关之任何问题为此理性所不能解决者，以及是否吾人能振振有词以辩解吾人自身不与以决定之解答。在如是辩解吾人自身时，吾人应说明吾人所能获得之任何知识，关于所应归之于对象者吾人仍完全无确实之见解，又应说明吾人因具有充分足以设定问题之概念，但吾人又完全缺乏质料或能力以解答之。

顾我则主张先验哲学在思辨知识之全体范围内乃一独特无比之学问，盖因并无关于“所授之于纯粹理性之对象”之问题，不能为此同一之人类理性所解决，且不能借口于势所难免之不可知或问题之艰深难测，以解除完全彻底解决此问题之责任。使吾人能提呈此问题之概念，亦必使吾人有资格能解答此问题，盖因其对象不应在此概念以外见及之（如在正、谬之事例中）。

但在先验哲学中，关于对象之性质，吾人有权要求充分解答

且不容哲学家借口艰深难测以避免解答之问题，仅为宇宙论的问题。此种关于对象性质之问题，必须专与宇宙论的理念相关。盖对象必为经验上所授予，其问题仅在其与理念之相合耳。反之，对象若为先验的，因而其自身为不可知者；例如问题若为“其现象（在吾人自身中）为思维（心）”之某某事物，其自身是否为单纯体，以及一切事物是否有一绝对必然之原因，等等，斯时吾人之所为者乃在每一事例中为吾人之理念探求对象；且吾人亦极可自承此种对象为吾人之所不可知者，虽非因而谓其不可能[①]。唯有宇宙论的理念乃有以下之特质，即此等理念能先行假定其对象及其概念所需要之经验的综合，乃已行授予吾人者。自此等理念所发生之问题仅与此种综合中之进展相关，即是否进展至包含绝对的总体之程度——此种总体，因其不能在任何经验中授予，故已非经验的矣。今因吾人在此处仅论究“视为可能的经验之对象”之事物，而非物自身，故对于超验之宇宙论的问题之解答，除理念以外，实无处可以求之。吾人并非质询对象自身之性质为何，亦非关于可能的经验，研究“在任何经验中所能具体的授予者为何”。吾人之唯一问题乃在其存在理念中者为何之一点（经验的综合对于此种理念竭其所能亦仅接近之而已）；故此问题必完全能自理念解决之者。盖因理念纯为理性之产物，故理性不能谢绝其责任而委之于不可知之对象也。

① 对于“先验对象之性质为何”之问题，虽不能有一答案谓其为何，但吾人固能答以此问题自身为无意义者，盖因并无“与之相应之对象”能授予者也。因之在先验心灵论中所论究之一切问题，皆能以此种态度解答之，且实以此解决之者；盖其问题皆与一切内的现象之先验的主体相关，而此先验的主体自身则并非现象，因而不能以之为一对象授予吾人，且无一范畴（此问题实际即专向此等范畴者）能适合其应用所必需之条件者。吾人在此处乃见及俗语所谓“不答之答”之事例矣。关于“不能由任何确定宾词所思及”之某某事物之性质之问题——盖因其完全在“所能授予吾人之对象”之范围以外者——实完全空虚无意义者也。

谓一种学问应能要求——及期待——其领域中一切问题（quaestiones domesticae）之确实解答云云（其解答或至今尚未能发现），其意义实不如吾人初闻时之极端。先验哲学以外，尚有两种纯粹理性之学问，其一为纯粹思辨的，其一则具有实践的内容者，即纯粹数学及纯粹道德学是也。曾闻有人提及，因必然不知其条件，故直径之于圆周在有理数中或无理数中所有之正确关系，必永为不定者乎？盖因在有理数之款项内无适当之解决，本为可能，而在无理数之款项中之不能解决，亦已发现，故其结论至少谓此种解决之不可能性，吾人能正确知之，且此种不可能性，郎巴脱（Lambert）已与以所需之证明矣。至在道德之普遍原理中，则无一能以之为不确定者，盖因此种原理非全然空虚无意义，即必自吾人理性概念而来者。反之，在自然科学中，则有无穷之臆测，不能以之为有正确性者。盖自然现象乃与吾人之概念无关所授予之对象，解决此等现象之关键，不在吾人内部及吾人之纯粹思维中，乃在吾人之外者；故在许多事例中，以不能发现其关键，因而不能期待其有确实之解答。此处我当然非指先验分析论所有之种种问题（先验分析论乃从事于吾人纯粹知识之演绎者）；今所论者仅为关于对象之判断所有之确实性，非就吾人所有概念之自身论其根源也。

理性对于自身所提呈之问题，至少应有一批判的解决之责任，故吾人不能由悲叹理性之狭隘限界，及依据自知之明，谦卑自承非吾人理性能力所能解决云云，以规避此种责任，至所谓理性对于自身提呈之问题，即世界是否自无始存在，抑有一起始；宇宙的空间是否以无限之存在事物充实之，抑包围于一定之限界中；世界中是否有任何事物为单纯的，抑一切事物皆为无限可分割者；是否有自由所产生及创造之事物，抑一切事物皆依存于

“自然秩序中所有之事件连锁”；最后是否有完全不受条件制限及其自身为必然者之任何存在者，抑或一切事物在其存在中皆为受条件制限者，因而依存于外部的事物而其自身为偶然的。凡此等等问题皆与“除吾人之思维以外无处能见及之对象”相关，即与现象综合之绝对不受条件制限之总体相关。设自吾人自身所有之概念不能确实有所主张及决定，则吾人必不能转责对象谓其隐蔽自身不令吾人有所知。诚以此种对象除吾人理念以外，无处能遇及之，故此非能授予吾人者。其不能主张及决定之原因，吾人当求之于吾人之理念自身。盖在吾人固执以为有一“与理念相应之现实对象”时，此问题因其见解如是，固不容有解决者也。明晰阐明吾人概念自身中所有之辩证性质，立即使吾人对于此种问题应如何判断，有十分确定之态度。

吾人关于此等问题不能获得确实知识云云之借口，立即遇及确须明晰答复之以下问题，即使吾人陷于难解决之理念，果自何而来？所要求说明者是否为现象，吾人是否依据此等理念仅须探求说明此等现象之原理或规律？即令吾人假定自然全体展开于吾人之前，以及凡呈现于吾人之直观者皆为吾人之感官及意识所及，无隐遁遗漏，但仍无任何经验能使吾人理念之对象，**具体**为吾人所知。为达此目的计，在此尽量竭知之直观以外，吾人尚须有“由任何经验的知识所不能获得”之事物，即一种完全之综合及其绝对的总体之意识是也。因之，吾人之问题，并非在说明任何所与现象时所须有者，故不能视为由对象自身所加于吾人之问题。此种对象绝不能呈现于吾人之前，盖因其由任何可能的经验亦不能授予吾人。在一切可能的知觉中，吾人永为条件所围绕（不问其在空间或时间），绝不能到达不受条件者，故无须吾人决定此不受条件者是否位置在综合之绝对的起始中，抑在无始系列之绝对的总体中。"全体"之名词在其经验的意义中，常为比较的。量之绝对的全体（宇宙），分割、由来，及普泛所谓存在条件等之全体，以及关于其是否由有限的综合所成，抑由"需要无限扩大"之综合所成等等问题，皆与任何可能的经验绝无关系。例如吾人即假定物体由单纯的部分或由无尽之复合的部分所成，其所说明物体之现象，亦绝不能较善于未假定之时，乃至别有不同之说明；盖既无单纯之现象亦无无限复合之现象曾能呈现于吾人之前者。现象之要求说明者，仅限于其说明之条件在知觉中授予吾人者；但一切此等条件，即能由此种方法授予吾人，顾在其集合成为一**绝对的全体时**，则此绝对的全体之自身，即非一知觉。然此"全体"正理性之先验的问题所要求说明者也。

是以此等问题之解决，绝不能在经验中求之，此点正为吾人对于"所应归之于吾人理念之对象者"不应谓其不确实之理由所在也。盖以吾人之对象仅在吾人脑中，不能在脑以外授予吾人，故吾人仅须注意"与吾人自身一致"而避免其意义含混，此种意义含混，乃使吾人之理念转型为一种"经验的授予吾人因而能按经验法则以知之者之对象"之推想的表象。故独断的解决，不仅不确实，实为不可能者。批判的解决（此种解决容许有完全确实性者）并不客观的考虑问题，唯就其与"问题所依据之知识根据"之关系而考虑之耳。

第五节　四种先验的理念中所有宇宙论的问题之怀疑的论究

吾人如开始即了解凡所有独断的解答之结果，仅增加吾人之无知，而使吾人自一不可理解者投入于别一不可理解者，自一晦昧者投入于晦昧更甚者，甚或陷身于矛盾之中，则吾人自当自身摈斥独断的解答此等问题之要求。又或吾人所有问题之目的所在，仅为肯定或否定，则吾人宜置所假定之解答理由于不顾，首先考虑吾人依据肯定的或否定的解答所获得者为何，实为最善之方法。吾人如在肯定否定两种情形中发现其结果皆纯为无意义者，则有极强理由对于吾人之问题创始批判的检讨，以决定此问题自身是否依据一毫无根据之前提，盖因其以理念为戏，故其虚妄，由研究其应用及其结果，较之就其所有个别之表象，更易于发现之也。此乃论究“纯粹理性所提呈于纯粹理性”之问题，所有怀疑方法之极大效用。由此种方法吾人始能以最小牺牲自无数无益之独断论中振拔，而以清醒之批判代之，批判乃一种真实泻剂，极能使吾人防免此种无根据之信仰及其所引人陷入之杂驳知识也。

故在论究宇宙论的理念时，我若能预行评衡所有“关于现象之继续综合中之不受条件制限者，不问所持见解为何，其必对于任何悟性概念非过大即过小”，则我自能了解以下之点，即因宇宙论的理念唯与经验之对象相关，而经验之对象则必与悟性之可能的概念相一致，故宇宙论的理念必完全空虚无意义；盖其对象无论吾人如何观察之，皆不能与理念相合者。此为一切宇宙概念之实际情形；亦即理性在其执持宇宙概念时所以陷于必不可免之二律背驰之故也。盖因：

第一，若假定世界并无起始，则此世界对于吾人之概念实过大，以吾人之概念乃由继续之追溯所成，绝不能到达“所已经过之无始全体”。又若假定世界有一起始，则在必然之经验的追溯中，对于悟性概念又嫌过小。盖因起始仍以“在其前之一时间”为前提，仍非不受条件制限者；故悟性之经验的使用之法则，迫使吾人探求更高之时间条件；于是时间中所制限之世界，其对于此种法则之为过小，彰彰明甚。

此点对于“空间中所有世界量之问题”之二重答复，亦复同一真确。世界如为无限而无限界，则对于任何可能之经验的概念实为过大。世界如为有限而有限界，则吾人有权质询所以决定此种限界者为何。虚空空间非“事物之独立自存之相应者”，不能为吾人所能终止停留之条件；更不能为经验的条件，以构成可能的经验之部分。（盖如何能有此种绝对的虚空之经验？）但欲得经验的综合中之绝对总体，此不受条件制限者必须常为经验的概念。因之，有限的世界对于吾人之概念又嫌过小。

第二，空间中之一切现象（物质）如由无限多之部分所成，则分割中之追溯，对于吾人之概念常为过大；又若空间之分割，停留在分割之任何一项目（单纯者）时，则其追溯，对于不受条件制限者之理念，又嫌过小。盖此一项目仍容许追溯“包含其中之更可分割之部分”也。

第三，吾人如假定世界中除依据自然法则以外，绝无事物发生，则原因所有之因果作用其自身亦常为“所发生之事物”，自须追溯更高之原因，于是上升方面条件系列之连续，将永无止境。以自然常由有效之原因工作，故对于吾人在宇宙事件之综合中所能运用之任何概念，实为过大。

在某种事例中，吾人如承认有自发事件之发生，即由自由所产生者，则由不可避免之自然法则，仍有“何以故”之问题追寻吾人，迫使吾人依据“统制经验之因果律”越出此种事件追寻因果；故吾人发现此种联结之总体（按即由自由概念所联结之总体）对于吾人所有必然的经验概念，又嫌过小也。

第四，吾人如容认一绝对必然的存在者（不问其为世界自身，或世界中之某某事物或为世界之原因），吾人自必在“与任何所与时间点无限相远之时间”内设定此存在者，盖不如是，则此存在者将依存于其他先在之存在者矣。但此种存在，对于吾人之经验的概念，实为过大，且由任何追溯，不问其所及如何之远，终不能到达之也。

吾人又若以属于世界之一切事物（不问其为受条件制限者，抑为条件）皆为偶然的，则一切所与之存在，对于吾人之概念，又嫌过小。盖吾人常不得不探求“此种存在所依存之其他某种存在”。

吾人已言及在一切此等事例中，宇宙理念对于经验的追溯，以及悟性之任何可能的概念，非过大即过小。于是吾人主张理念对于其所指向之事物，即可能的经验过大或过小，其咎实在理念。顾吾人何以不以相反态度言之，谓在前一事例中经验的概念常对于理念过小，在后一事例中则过大，故其责任应归之经验的追溯？其理由实如是。可能的经验为唯一能授予吾人概念以实在性者；在缺乏经验时，则概念仅为理念，并无真实性，即与任何对象无关。故可能之经验的概念，实为吾人所必须由以判断“此理念是否仅为理念及思维上之事物，抑能在世界中发现其对象”之标准。盖吾人之所以对于某某事物谓其较之其他某某事物过大或过小者，仅在前者特为后者设立而必须适应于后者耳。古代辩证学派所设之惑人难题中，有一问题，谓若一球不能通过一穴，吾人应否谓球过大，抑谓穴过小。在此一事例中，吾人任择何说，皆不关重要，盖吾人并不知二者之中，何者为其他一事物而存在也。但在人与其衣服之事例中，则吾人不能谓人对于衣服过长，只能谓衣服对于人过短耳。

于是吾人引达一“至少极有根据之疑点”，即此种宇宙论的理念以及其所有一切互相矛盾之辩证的主张，其或依据——关于此等理念之对象所由以授予吾人之方法之——一空虚而纯然空想的概念欤，此种疑点实使吾人趋赴正道者，盖以其显露“使吾人久在迷途之幻相”也。

第六节　先验的观念论为解决宇宙论的辩证论之关键

在先验感性论中吾人已充分证明空间或时间中所直观之一切事物，以及吾人所可能之“任何经验之一切对象”，皆仅现象，即仅为表象而已，在此等事物所由以表现之形态中，或为延扩的事物，或为变化之系列，此等表象非在吾人之思维以外，有独立之存在者也。此种学说我名之为先验的观念论[①]。实在论者（就此名词之先验的意义而言）则以吾人所有此等感性之变状为独立自存之事物，即以纯然表象为物自身。

若以久为人所责难之经验的观念论加之吾人，则实厚诬吾人矣，盖经验的观念论虽承认空间之真纯实在性，但否定空间中之延扩的事物之存在，或至少以此等事物之存在为可疑，因而在此方面，于真实与梦幻之间乃不容有任何适切可以证明之区别。至对于时间中内感之现象，则经验的观念论以之为实在的事物并无困难；甚至主张此种内部的经验为“其对象（对象自身及所有一切此种时间规定）之现实存在”之充分的且又唯一的证明。

反之，吾人之先验的观念论，则承认空间中所直观之“外的直观之对象”，及由内感所表现之时间中一切变易之对象同一实

① 我在他处有时又名之为形式的观念论，以与实质的观念论相区别，即与怀疑或否定外物自身存在之通常类型之观念论相区别（第二版中所增加之小注）。

在。盖因空间为吾人所名为外部的直观之方式，又因无空间中之对象，则将无任何经验的表象，故吾人能——且必须——以其中之延扩的事物为实在；此点对于时间亦同一真确。但此空间此时间以及时空中之一切现象，其自身皆非事物，彼等仅为表象，不能在吾人之心以外存在。乃至吾人之心所有之内部的感性的直观（为意识之对象者）——表现为由时间中种种不同状态之继续所规定者——亦非自身独立存在之自我本身（即非先验的主体），而仅为对于此种存在者（非吾人所能知者）之感性所授予之现象而已。此种内部的现象不能承认其以任何此种独立自存之形态存在；盖因其以时间为条件，而时间则不能为物自身之规定。但空间时间中所有现象之经验的真实性，固充分足以保全之者；盖若梦幻与真纯之现象，二者确实完全在一经验中联结，则依据经验的法则，现象自能确切不移与梦幻相区别也。

是以经验之对象绝不以其自身授予，而仅在吾人之经验中授予，故在经验以外绝不存在。月中能有居民，虽无一人曾见及之，顾必须确承其为有者。但其意义，仅谓在经验进展中吾人或能遇及之耳。盖一切事物之为实在者，皆依据经验进展之法则而与吾人之知觉相联结。故若此等事物与吾人之现实意识，有经验的联结，则彼等为实在者——彼等固不能以此理由谓其本身为实在者，即不能在经验之进展以外，为独立自存之实在者。

除知觉及自此知觉至其他可能的知觉之经验的进展以外绝无实际授予吾人之事物。盖现象纯为表象，其自身仅在知觉中为实在者，此种知觉只为经验的表象（即现象）之实在性而已。在吾人知觉现象之前，名此现象为实在的事物，其意义或为在经验之进展中吾人必遇及此种知觉，或则绝无意义可言。盖若吾人言及物自身，则吾人实能谓为离吾人感官及一切可能的经验之一切关系而自身独立存在者。但吾人此处所言者，仅为空间时间中之现象，此种现象非物自身所有之规定，仅吾人所有感性之规定耳。因之，在空间时间中之事物乃现象；非任何物自身，纯由表象所构成，此等表象若非在吾人内部中——盖即谓在知觉中——授予，则实无处可以遇及之。

感性的直观之能力，严格言之，仅为感受性，即在某种形态中被激动而伴随有表象之一种能力，至表象之相互关系，则为空间时间之纯粹直观（吾人感性之纯然方式），此等表象在其以空间时间中所有此种形态联结之，及依据经验之统一法则能规定之限度内，即名为对象。此等表象之“非感性的原因”，完全非吾人之所能知，故不能为吾人所直观之对象。盖此种对象不能在空间或时间中表现之（空间时间纯为感性的表象之条件），顾一离此种条件，则吾人不能思维有任何直观。吾人可名“普泛所谓现象之纯粹直悟的原因”为先验的对象，但纯为因此能有与“视为感受性之感性相对应”之某某事物故耳。吾人能以吾人可能的知觉之全部范围及联结，归之于此先验的对象，且能谓此先验的对象先于一切经验而以自身授予者。但现象虽与先验的对象相应，并非以其自身授予，乃仅在此经验中授予吾人者，以其纯为表象故耳，此等表象乃知觉——仅在知觉依据经验统一之规律与其他知觉相联结之限度内——能标识其为一实在的对象者。故吾人能谓为过去时间之实在的事物，乃在经验之先验的对象中授予；但此等事物之为“我之对象及过去时间中之实在者”，则仅限于我依据经验的法则，对于我自身表现之为（或由历史之指导或由因果之迹象）“可能的知觉之追溯的系列”，（一言以蔽之，世界之进行过程）引导吾人到达“为现在时间条件之过去时间系列”——但此种系列之能被表现为现实者，非在其自身，仅在联接于一可能的经验中耳。因之，在吾人自身存在以前无量时期中之一切事件，实际仅指“自现在之知觉还至规定此知觉之种种条件（就时间而言）”所有推展经验连锁之可能性而言耳。

故若我对于自身表现一切时间中一切空间中所有感官之“一切现实存在之对象”，我并不将此等对象设立在空间时间中一若先于经验而存在者。此种表象仅为吾人就其绝对完全所思维之可能的经验而已。盖以此等对象只不过表象而已，仅在此种可能的经验中始能授予吾人。谓此等对象之存在先于我之一切经验者，其意仅谓若自知觉出发，进展至此等对象所属之经验部分，则必当遇及之耳。至此种进展之经验的条件之原因（即决定吾人所将遇及之项目为何及我追溯至何种程度始能遇及之者）乃先验的，自必为我之所不能知者。但我并非论究此种先验的原因，所论究者仅为对象（盖即谓现象）所由以授予我之“经验中之进展规律”耳。且我或谓“在空间中之经验的进展中，我能见及较现今我所见最远距离之星尚有百倍之远之星”，抑或谓“此等星座以前虽无人见及之，以后或永无人见及之，但或能在宇宙中遇及之”云云，其结果乃无关紧要之事。盖即假定此等星座所授予者为物自身与可能的经验无关，但此等事物之在于我，实等于无，即非对象（除包含于经验的追溯之系列中以外，不能成为我之对象）云云，仍为极真实者也。仅在另一种类之关系中——当“此等现象将用之于绝对的全体之宇宙论的理念时，即在吾人论究超越可能的经验限界之问题时——辨别“吾人所由以视此等感官对象为实在”之形象，始成为重要，盖用以防免吾人误解经验的概念时所必然发生之欺妄的误谬也。

第七节　批判的解决理性之宇宙论的自相矛盾

纯粹理性之二律背驰，全部依据以下之辩证的论证，即若受条件制限者授予，则其所有一切条件之全部系列自亦授予，而感官对象之授予吾人则为受条件制限者；故等等（按即其所有一切条件之全部系列自亦授予）。由此种三段推理，其大前提在吾人所见如是自然的自明的，则以构成系列之条件之不同（在现象之综合中），即有如是多之宇宙论的理念。此等理念基本设定此等系列之绝对的总体；因之此等理念乃使理性陷于不可避免之自相矛盾。吾人如首先较正其中所用之若干概念及加以定义，则吾人自较能显露此种辩证的论证中所有欺妄之点。

首先，以下之点十分明确，绝无疑义，即若受条件制限者授予，则追溯其所有一切之条件系列乃吾人应负之任务。盖某某事物与条件有关云云，即包含在此受条件制限者之概念中，此一条件其自身如仍为受条件制限者，则自必与更远之条件有关，如是经由系列之一切项目。故以上之命题为分析的，绝不畏惧先验的批判。吾人由悟性尽其所能以推寻——及扩大——一概念与其种种条件（直接由此概念自身所产生者）之联结，实为理性之逻辑的基本假设。

其次，若受条件制限者与其条件皆为物自身，则在受条件制限者授予时，追溯条件不仅为应负之任务，且实际亦随之已授予吾人矣。且因此点适用于系列之一切项目，故条件之完全系列以及不受条件制限者随此受条件制限者之授予而授予，若自受条件制限者之授予仅由完全系列而可能之事实而言，则毋宁谓为以条件之完全系列及不受条件制限者为前提者也。受条件制限者与其条件之综合，在此处则纯为悟性之综合，悟性表现事物如其所有之相，并未顾虑吾人是否能——及如何能——获得此等事物之知识。但若吾人所论究者为现象——以其纯为表象，故除吾人到达此等现象之知识（或宁谓之到达现象之自身）以外，（按即知觉之）现象不能授予吾人，盖现象仅为知识之经验的形象而已——则我不能以同一意义谓若受条件制限者授予，其所有一切之条件（为现象者）亦同一授予，因而不能以任何方法推论其条件之绝对的总体。现象在其感知中，其自身仅为空间时间中之经验的综合，且仅在此种综合中，授予吾人。故不能因而谓“在现象领域中若受条件制限者授予，则构成其经验的条件之综合亦随而授予，及以之为前提”。此种综合在追溯中始发生，在追溯以外绝不存在。吾人之所能言者则为：追溯条件（即在条件方面继续之经验的综合）乃强使必行之事或应负之任务，且在此种追溯中不容遗漏任何所与之条件耳。

就以上所述，显见宇宙论的推论之大前提，以“纯粹范畴之先验的意义”视此受条件制限者，而小前提则以“仅适用于现象之悟性概念之经验的意义”视之。故此论证犯“名为 sophisma figurae dictionis（立言方式之误谬）”之辩证的误谬（按即中间概念意义含混之误谬）。但此种误谬非人为故意之误谬；乃吾人所有共通理性之十分自然之幻相所引使吾人陷入之误谬，即当任何事物为受条件制限者授予吾人时，并不思索或疑问即在其大前提中假定其条件及此等条件之系列。此仅“吾人对于任何结论，应有适切前提”之逻辑的要求而已。且在受条件制限者与其条件之联结中，亦并无时间顺序可言；盖此二者已先行假定其为同时授予者。加之，在小前提中，既视现象为物自身，又视为“对于纯粹悟性所授予之对象”，非如吾人在大前提中之所为者——即吾人在大前提中抽去“对象所唯一由之始能授予吾人”之一切直观条件——实未见其有所不自然。顾若如是，吾人实忽视概念间所有之一种重要区别。受条件制限者与其条件（及条件之全部系列）之综合，在大前提中并不附随有——经由时间或任何继起概念之——任何制限。反之，经验的综合，即包摄于小前提内之“现象中之条件系列”，则必为继起的系列中之种种项目，其授予吾人，仅为在时间中相互继起；故在此种事例中，我实无权假定“综合及由综合所表现之系列”之绝对的**总体**。在大前提中，系列之一切项目，皆以其自身授予，并无任何时间条件，但在此小前提中，则此等项目，仅由继续的追溯始能成立，而此种追溯则仅在其现实的实行之进程中授予吾人者。

当已明示正反两派所同一以为“其宇宙论的主张之基础”之论证中皆含有此种误谬时，则正反两方皆应排斥，以其不能提呈任何充分之正当理由以维护其主张也。但此种争论并不因此终结——即不能视为“正反两方或其一”在彼等所主张之实际的学说中（即彼等论证之结论中）已被证明为错误者。盖彼等固不能以有效之证明根据维护其主张，但因二者之中，一为主张世界有起始，一为主张“世界无起始乃自无始以来存在者”，则二者之中必有一是，其事甚明。顾二者之中虽必有一是，唯因两方论证同等明晰，故不能决定孰是孰非。正反两派在理性法庭之前，固可使之息争言和；但此种相反之争论，则仍继续存留。故除使两方皆确信彼等之能如是有力互相排斥，即足证明“彼等所争，实际乃子虚乌有之事”，以及使之确信有先验的幻相以“虚无缥缈之实在”愚弄彼等以外，实无一劳永逸解决其争端，而使两方满足之方法。此为吾人在解决至难解决之争执时所欲遵由之途径。

***

芝诺（Zeno）为一精密之辩证论者，大为柏拉图所责难，视为一恶劣之伪辩家，彼欲显示其技能，初由使人可信之论证以证明一命题，继则以其同一有力之论证立即颠覆之。例如芝诺主张神（以芝诺之见解言，神殆即世界）既非有限亦非无限，既不在动亦不在静，既不与任何其他存在者相类似，亦非不相类似。在批判彼之论证程序者观之，彼殆有否定“互相矛盾的命题之两方”之误谬的意向。但此种责难，在我视之，实不正当。彼所有命题之第一部分，我将更详细论究之。至关于其他部分，若彼之所谓“神”即指宇宙而言，则彼确应谓宇宙既非永久存在于其场处（即静止），亦非变更其场处（即运动）；盖一切场处皆在宇宙中，而宇宙自身则不能在任何场处中者。又若宇宙包括一切所存在之事物在其自身中，则自不能与任何其他存在者类似或不类似，盖因并无其他事物——即在宇宙以外并无任何事物——能与宇宙相比较者。故若两种相反之判断，皆以不可容认之条件为其前提，则即二者相反（此种相反并不等于严格所谓之矛盾），若其条件（两方主张皆由此种条件始能维持者）之自身倾覆，则两方自亦同时倾覆矣。

若谓“一切物体或有香味或有恶臭”，则以能有第三者之情形，即无味之一种物体，故相互矛盾之两命题，皆可为伪。但若我谓：“一切物体或有香味或无香味”（Vel suaveolens vel non suaveolens），此两种判断乃直接互相矛盾者，仅前者为伪，其矛盾之对立，即某某物体并无香味之命题，实亦包含此等无味之物体。盖因在以前之对立中（per disparata）“为物体概念之偶然条件之味”并未由其相反之判断除去，而仍留存其上，故此两种判断并非矛盾对立之关系。

故若吾人谓世界就延扩而言，或无限或非无限（non est infinitus），且若前一命题为伪，其矛盾之对立即“世界并非无限”必为真实。于是吾人唯否定无限世界之存在，而并不肯定一有限世界以代之。但若吾人谓世界或无限或有限（non infinite），则二说可皆为伪。盖在此种事例中，吾人乃视世界自身为已限定其量者，且在其相反之判断中，吾人不仅除去其无限性（及除去无限性以后，世界之完全单独存在性殆亦同时除去），实乃以一种规定加之世界而视之为其自身实际存在之事物（按即有限世界）。但此种主张同一为伪；盖所授予吾人之世界并非物自身，亦不以其量或无限或有限示吾人。今乞容我名此种对立为辩证的，名此种矛盾为分析的。故两种辩证的对立之判断，二者皆可为伪；盖其中之一并非另一判断之纯然矛盾者，乃在单纯矛盾所需以外，尚有所陈述者也。

吾人若以“世界之量无限”及“世界之量有限”两种命题视为矛盾的对立，则吾人乃假定世界（即现象之完全系列）为物自身，即令我终止其现象系列中无限或有限之追溯，亦仍能留存者。但我若摈斥此种假定（或宁谓之摈斥此种所伴随之先验的幻相），而否定世界为物自身，则此两种主张之矛盾对立，乃转变为纯然辩证的对立矣。盖因世界非离我所有表象之追溯系列，自身独立存在，故世界自身之存在既非无限的全体，亦非有限的全体。世界仅存在“现象系列之经验的追溯中”，并不见及其为某某物自身者也。故若此种系列常为受条件制限者，因而绝不能以其完成系列授予吾人，则世界并非一不受条件制限全体，且并不如此种无限量或有限量之一种全体而存在者也。

吾人在此处对于第一种宇宙论的理念（即对于现象领域中量之绝对的总体）所言者，亦适用于其他之宇宙论的理念。条件系列仅在追溯的综合自身中遇及之，并非在现象领域中所视为在一切追溯以前，以其自身授予吾人之一种事物。故吾人必须谓一所与现象中所有部分之数量，其自身既非有限，亦非无限。盖现象并非自身独立存在之某某事物，其所有部分，乃由分解的综合之追溯，及在此追溯中始授予吾人者，至追溯则绝不以有限或无限之绝对的完成授予吾人者也。此点亦适用于“原因互相隶属（向上追溯）之系列”，及自受条件制限者进至“不受条件制限之必然的存在”之系列。此等系列皆不能视为以有限或无限之总体自身独立存在之事物。以其为“表象互相隶属之系列”，故此等系列仅存在力学的追溯中，在此种追溯之前，吾人绝不能有“所视为独立存在之事物系列”自身独立存在者也。

当说明“宇宙论的理念中所有纯粹理性之二律背驰，仅为辩证的，且为由于幻相而起之矛盾，此等幻相乃因吾人以仅能用为物自身之条件之绝对的总体之理念，适用于——仅存在吾人表象中因而在其成为系列之限度内，只存在继续的追溯中之——现象而起”之时，此种二律背驰，立即消灭。但吾人由此种二律背驰，能得实非独断的而为批判的学理的利益。盖此种二律背驰提供“关于现象之先验的观念性”之间接的证明——此种证明应使任何不满于先验感性论中所有之直接证明之人信服。此种证明乃由以下彼此相消之二重论证（Dilemma）所成立者。世界如为自身独立存在之全体，则世界或有限或无限。顾有限或无限之二者皆伪（如反面主张及正面主张之证明中各自所说明者）。故世界（一切现象之总和）为自身独立存在之全体亦伪。由此可谓为普泛所谓现象皆不外吾人之表象——此正为彼等所有先验的观念性意义之所在也。

此点颇为重要。能使吾人见及四种二律背驰中所有之证明，非纯为无根据之欺妄。在假定以“现象及包括一切现象之感性世界”为物自身时，此等证明固极有根据者。但由此等命题（由此等证明所得者）所发生之矛盾，乃显示此种假定中实有虚妄悖理之点，因而使吾人进而发现“其为感官对象之事物”之真实性质。先验的辩证论虽绝不容受怀疑论，但实容受怀疑的方法，此种怀疑的方法实能指此种辩证论为其有极大效用之一例证。盖当理性之论证，容许其以无制限之自由互相对立，则虽不能成为吾人之所欲寻求者，亦常能产生某种有益之点，且为更正吾人判断之助者也。

第八节　适用于宇宙论的理念之“纯粹理性之统制的原理”

因感性世界中之条件系列并无最高项目（所视为物自身者）能由宇宙论的总体原理授予吾人，而仅能以之为“吾人在条件系列中务须追溯”之应负职务而已，故纯粹理性之原理，应就此种意义范围内修正之；夫然后此种原理始保存其原理之效力，不视为“吾人思维其总体为实际在对象中”之公理，而视为悟性之问题，因而为主观之问题，使悟性依据理念所制定之完全程度，进行“任何所与受条件制限者之条件系列”之追溯。盖在吾人感性中（即在空间时间中），吾人在阐明所与现象时所能到达之一切条件，仍为受条件制限者。诚以此等现象，非对象自身——如为对象自身则绝对不受条件制限者自能在其中发现——而仅为经验的表象，此等经验的表象则必常在直观中寻求在空间时间中规定彼等之条件。故理性之原理，质言之，仅为一种规律而已，命定“所与现象之条件系列”之追溯，以及禁阻其以所能到达之任何事物为绝对不受条件制限者而使追溯终结。此非“经验及感官对象之经验的知识所以可能”之原理；盖一切经验与其“所与直观之方式”相合，皆包围于限界之内者。且亦非理性之构成的原理，能使吾人扩大吾人“感性世界之概念”越出一切可能的经验以外者。此宁谓为“经验最大可能之继续及扩大”之原理，不容以任何经验的限界为绝对的限界者也。故此乃用为规律之理性原理，设定吾人在追溯中之所应为者，而非在追溯以前预知所视为自身之对象中之所有者，因之吾人名之为理性之统制的原理，以与“所视为实际存于对象中（即在现象中）条件系列之绝对的总体”之原理相区别，此种原理殆为构成的宇宙论的原理。我已试就此种区别指示实无此种构成的原理，因而以之防阻“由先验的窃自转变其意义”所必然发生之事，（苟不指出其无构成的原理，则情形必至如是），即以客观的实在性归之于“仅用为规律之理念”是也。

欲适当规定此种“纯粹理性规律”之意义，吾人必须首先观察此种规律不能告知吾人对象为何，而仅能告知欲到达对象之完全概念，经验的追溯如何进行。设此种规律企图前一任务，则此规律殆为构成的原理，顾此为纯粹理性所绝不能提供者。故不能以此种规律为主张“受条件制限者之条件系列，其自身或有限或无限”。盖若此，则是以仅在理念中产生之绝对的总体理念，为等于思维一——在任何经验中所不能授予之——对象矣。诚以在此意义之范围内，吾人应以“离经验的综合而独立之客观的实在性”归之于现象系列。故此种理性之理念之所能为者，不过对于条件系中之追溯的综合，规定一种规律而已；依据此种规律，则综合必须自受条件制限者，经由一切互相隶属之条件，进行至不受条件制限者，但此种综合绝不能到达此种标的，盖以绝对不受条件制限者，绝不能在经验中遇及之也。

故吾人必须首先在其中综合绝不能完成之事例中，规定吾人所谓系列综合之意义为何。在此方面，通常有两种表达之法，其意在标识一区别——虽未正确的予以其区别之根据。数学家仅言无限前进。哲学家则以任务在检讨概念，不以此种表达法为合理，而以不定前进之名词代之。吾人无须停留此点，以检讨此种区别之理由，或详述其用法之当否。吾人仅须以吾人特殊目的所需之精确程度规定此等概念。

关于直线，吾人固能正当谓为能无限延长之者。在此事例中，无限前进与不定前进之区别，殆过于苛细。但当吾人谓“引一直线”，则冠以不定二字，实较之冠以无限二字，更为正确。盖后者之意，乃指公等务须延长此直线不已（此非意向之所在），而前者之意，则仅在延长此直线一唯公等之所欲；且若吾人仅指吾人力之所能为者而言，则此不定前进之名词实极正确，盖吾人固常能使此线更长而无止境者也。在吾人仅就前进而言，即仅就自条件以至受条件制限者之进展而言之一切事例，皆如是：即此可能的进展，在现象系列中进行，实无止境。自一对父母所生之子孙，其世系之下降线，进行实无止境，吾人自能以此线为在世界中实际继续之情形。盖在此种事例中，理性绝不要求系列之绝对的总体，盖因其并未预行假定以此总体为一条件及为所授予者（datum），而仅以之为可以授予（dabile），且递行增加无止境之受条件制限之某某事物耳。

当系列中自视为受条件制限者所授予之某某事物上溯时，其应进展至何种程度之问题，则情形大异于是。吾人能谓此种追溯为无限上溯乎；或仅能谓为推广至不定之程度乎？例如吾人能自现今生存之人经由其祖先系列无限上溯乎，抑或仅谓为在吾人还溯之限度内绝未遇及“以此系列为限于某点终止”之经验的根据，故吾人应——同时又不得不——就每一祖先更推寻其更远之祖先（此等祖先虽非预以为前提者）乎？

吾人之答复如是：当其全部在经验的直观中授予时，其内部的条件系列中之推溯乃无限进行者；但当仅有此系列中之一项目授予时，自此项目出发，其追溯应进至绝对的总体，则此追溯仅有不定的性质。因之，一物体之分割，即在一定限界内所与物质之部分之分割，必谓为无限进行。盖此物质乃以视为一全体，因而以其所有一切可能的部分在经验的直观中授予者。今因此种全体所有之条件乃其部分，此种部分所有之条件乃部分之部分，准此以至无穷，又因在此种分解之推溯中，此种条件系列之“不受条件制限之（不可分割的）项目”绝未遇及，故不仅在分割中，绝无使其中止之任何经验的根据，且任何继续的分割之更远项目，其自身乃在分割继续之前，经验的已授予吾人者也。盖即渭分割乃无限进行者。反之，因任何人之祖先系列，并未以其绝对的总体在任何可能的经验内授予，故其追溯乃自血统相承之世系系列中之每一项目进行至更高项目，绝不遇有“展示一项目为绝对的不受条件制限者之经验的限界”。且因提供为其条件之种种项目，并非在追溯之前已包含在“全体之经验的直观”中，故此种追溯实非由“所授予者之分割”无限进行者，乃仅以不定的程度探求更远之项目以加增于所与项目之上，而此种更远项目之授予，其自身仍常为受条件制限者。

在此两种事例中，不问其为无限的追溯或不定的追溯，其条件系列皆不能视为其授予吾人在对象中为无限者。此种系列，非物自身，仅为现象，以现象乃相互为条件者，仅在追溯之本身中授予吾人。故此问题已非此种条件系列之自身如何大小、有限或无限之问题，盖此种系列绝无所谓自身；所成为问题者乃吾人如何进行此种经验的追溯，以及吾人继续此种追溯应至如何程度耳。此处吾人发现关于统制此种进行程序之规律，有一重要的区别。当其“全体”经验的授予吾人时，则其内部的条件系列之无限推溯，自属可能。顾非全部授予，仅由经验的追溯，始能授予吾人之时，则吾人仅能谓为“探求系列之更高条件乃无限可能者”。在前一事例中，吾人之所能言者为：较之我由分解的推溯所能到达者，常有更多之项目，经验的已授予吾人；但在后一事例中，吾人之所能言者则为：吾人常能进行至追溯中之更远者，盖以无一项目可视为绝对不受条件制限者经验的授予吾人；且因更高项目常属可能，故探讨此种更高项目乃视为必然之事。在前一事例中，吾人必然发现系列之更远项目；在后一事例中，则因无一经验为有绝对的限界，故吾人探讨此等项目乃成为必然之事。盖或吾人并无“对于经验的追溯设定一绝对的限界”之知觉，在此种事例中，吾人必不以追溯为已完成者，又或吾人有限止吾人系列之知觉，则在此种事例中，知觉不能为所经过系列之一部分（盖制限者当与受制限者有别），故吾人对于此条件亦必继续推溯其条件，于是推溯又复继续进行。

此等见解，在以下一节论述其应用时，自当适切阐明之也。

第九节　就一切宇宙论的理念而言，理性之统制的原理之经验的使用

在种种机缘中，吾人已说明：悟性或理性之纯粹概念皆不能有先验的使用；而感性世界中条件系列之绝对的总体之主张，则为依据理性之先验的使用者，在此种先验的使用中，理性自其所假定为物自身者以要求此种不受条件制限之完成，又因感性世界并不包含此种完成，故吾人关于感性世界中系列之绝对量，绝无

正当理由论究其为有限的或其自身为无制限的，所能探讨者仅在“吾人就经验追溯其条件，遵从理性之规律，因而除与其对象一致者以外，所有解答皆不能使吾人满足”之时，吾人应在经验的追溯中进行至何种程度一事耳。

故所留存于吾人者仅有——视为统制“可能的经验之继续及量”之规律之——理性原理之效力之问题，至不能以理性原理为现象（视为物自身者）之构成的原理，则已充分证明之矣。吾人如能严格注意此等结论，则理性之自相冲突自当全部终止。盖此种批判的解决不仅铲除“使理性自相冲突”之幻相，且在更正其为矛盾唯一源泉之误解时，以“其使理性自相一致之教义”代幻相。于是在其他情形下殆为辩证的之原理，今则转变为学理的原理矣。实际，此种原理如能确立为“依据其主观的意义，且又与经验之对象相合，以规定悟性所有最大可能之经验的使用”，则其结果殆与“其为——纯粹理性之所不可能者——先天的规定对象自身之公理”相等。盖仅与“此种原理能有力指导悟性之最大可能之经验的使用”相比例，此种原理始能“关于经验之对象”有任何影响以扩大及更正吾人之知识。

一　解决关于“宇宙全体现象所组成之总体”之宇宙论的理念

在此处与其他之宇宙论问题相同，理性之统制的原理所根据者为：在经验的追溯中，吾人不能有任何绝对的限界之经验，即不能有所视为经验上绝对不受条件制限者之任何条件之经验。其理由如是：此种经验当包含以无或虚空围绕之现象限界，且在继续追溯中，吾人应能在知觉中遇及此种限界——顾此为不可能者。

此种命题实质所言者，乃吾人在经验的追溯中所能到达之唯一条件，必其自身仍须视为经验上受条件制限者，此命题实含有以下之制限的规律，即不问吾人在上升系列中进展如何之远，吾人常须探讨系列之更高项目，此种项目或能由经验为吾人所知或不能为吾人所知者也。

故对于第一类宇宙论的问题之解决，吾人仅须规定“在追溯宇宙（空间或时间中）之不受条件制限之量时，所绝不能制限其上升者”是否能名之为无限的追溯，抑或名之为不定的继续追溯。

“世界一切过去状态之系列，以及在宇宙的空间中同时存在之一切事物”之完全普泛的表象，其自身仅为我所思维之“可能之经验的追溯”（此虽以不定态度思维之者）。仅以此种方法始能对于一所与知觉发生“此种条件系列之概念”[①]。顾吾人仅在概念中始能以宇宙为一全体，此全体绝不能在直观中有之。故吾人不能自宇宙全体之量以论证追溯之量，依据前者以决定后者；反之，仅就经验上所追溯之量，我始能对于我自身构成关于世界量之概念。但关于此种经验的追溯，吾人之所能知者，至多仅为自条件系列之一切所与项目，吾人常在经验上更进展至其更高及更远项目耳。现象全体之量，并不由此以绝对的态度决定之；故吾人不能谓此追溯乃无限前进者。盖若谓其为无限前进，则吾人应预知追溯所尚未到达之项目，表现此等项目之数为任何经验的追溯所不能到达之大数，因而应在追溯之前决定世界之量（虽仅

① 故此种宇宙的系列，既不能大于其概念所唯一依据之可能经验的追溯，亦不能较之为小。且因此种追溯既不能得一决定的无限，亦不能得一决定的有限（即绝对有限界之任何事物），故世界之量显为不能以之为有限或无限。盖追溯（世界量由之而表现者）不容有所谓有限或无限也。

消极的）——顾此为不可能者。盖世界非由任何直观以其总体授予我者，亦非先于追溯以其量授予我者。是以关于世界之量绝不能有所言论，即谓其中能有无限追溯，亦所不可。吾人之所能为者，仅依据“规定世界中所有经验的追溯”之规律，以探求“世界所有量”之概念耳。此种规律之所规定者不过谓：不问吾人在经验的条件之系列中能到达如何之远，吾人绝不能假定一绝对的限界，应以所视为受条件制限之一切现象从属于视为其条件之其他现象，且吾人必须更向此条件进展。此为不定的追溯，以其并未决定对象中之量，故此种追溯显足与无限的追溯相区别者也。

故我不能谓世界在空间中或关于过去时间为无限的。任何此种量之概念，以其为“一所与之无限量”，在经验上乃不可能者，因而关于视为感官对象之世界，无限云云之量之概念，亦为绝对不可能者。且我亦不能谓自一所与之知觉向“系列中（不问其为空间或过去时间）一切制限此知觉之条件”之追溯，为无限进行；盖若如是则是以世界具有无限量为前提矣。我又不能谓追溯乃有限的，盖此种绝对的限界同一在经验上为不可能者。故我关于经验之全体对象（即感官世界），不能有所言说；我必须以“规定如何获得与对象相合之经验及推展此经验”之规律，制限我之主张。

于是关于世界量之宇宙论问题，其为最初而消极之解答为：世界并无时间上之最初的起始，空间上之极限的限界。

盖若吾人假定其相反方面，则是时间上为虚空的时间所限制，空间上为虚空的空间所限制矣。但因世界为现象，其自身不能以此两种方法限制之（以现象非物自身），故此等世界之限界应在可能的经验中授予，盖即谓吾人应要求能得“为绝对的虚空时间或虚空空间所限制”之限界知觉。但此种经验以其完全空无内容，乃不可能者。因之，世界之绝对的限界，乃经验上不可能者，故亦为绝对不可能者[①]。

至其肯定的解答亦直接由之而来，即：现象系列中之追溯，以其为世界量之一种规定，故为不定的进行。此等于谓感性世界虽无绝对的量，而经验的追溯（仅由此追溯，感性世界始能在其条件方面授予吾人）则自有自身之法则，即必须常自所视为受条件制限者之一切项目进展至更远之项目，其所以行之者，则或由吾人自身之经验，或由历史之线索，或由因果之连锁。且以规律常有进一步之要求，故吾人唯一及恒常之目的，必为“悟性之可能的经验使用之扩大”，此即理性在应用其原理时所有唯一之固有任务。

此种规律并不命定——必须在某一种现象中进行无止境之——确定之经验的追溯，例如自一现时生存之人物向其祖先系列追溯，吾人绝不能期望遇及最初一对之配偶，又如在天体系列中，吾人绝不容许有一极限之太阳系，等等。所有此规律所要求者，仅为自现象进展至现象而已；即令此等进展所向之现象，不产生任何现实知觉（例如因其度量过微对于吾人意识不能成为经验时）然以其为现象，故仍属于可能的经验也。

一切起始皆在时间中，延扩体之一切限界皆在空间中。但空间时间仅属感官世界。因之，世界中之现象固受条件之制限，而世界自身则既非有条件为其制限，亦非以不受条件制限云云为其限界者也。

① 应须注意此种证明与第一种二律背驰相反方面之独断的证明，极不相同。在第一种二律背驰相反方面之论证中，依据通常及独断的见解，乃以感性世界为先于追溯其自身，以其总体授予吾人之事物；故主张除感性世界占有一切时间及一切空间以外，感性世界不能在时间空间上有任何限定的位置云云。故其结论亦与以上所云不同；盖在独断的证明中，吾人乃推论世界之现实的无限性者也。

理与此同，因世界绝不能以其视为已完成者授予吾人，又因“所与受条件制限者之条件系列”以其为宇宙系列，亦不能以其所视以为已完成者授予吾人，故“世界量之概念”，仅由追溯授予吾人，非先于追溯在一集合的直观中授予者也。但追溯仅以进行规定世界之量而成，并不以任何一定的概念授予吾人。故追溯并不产生任何其与某种单位量相关时所能称为“无限”之量之概念。易言之，追溯并非无限进行，(一若“此无限”能授予吾人者）乃仅进行至不定之远度耳，盖欲由追溯以得——在此追溯中且即由此追溯而始成为现实之——经验的量，则其进行自属不定者也。

二　解决关于“直观中所与一全体所有分割之总体”之宇宙论的理念

吾人如分割直观中所与一全体，则吾人自受条件制限之某某事物进至其所以可能之条件。部分之分割（细分或分解）乃此等条件系列中之追溯。此种系列之绝对的总体，仅在追溯设能到达其单纯的部分时，始能授予吾人。但在继续前进的分解时，所有其一切部分若其自身仍为可分割者，则分割——即自受条件制限者至其条件之追溯——乃无限进行者。盖种种条件（种种部分）其自身本包含于受条件制限者之中，且因此受条件规约者在一包围于限界内之直观中以全体授予吾人，故其一切部分皆与受条件制限者一同授予。是以，追溯不能仅名之不定的追溯。此种不定的追溯唯关于第一种宇宙论的理念，始可容许之，盖因第一种宇宙论的理念之所要求者，乃自受条件制限者进展至其条件，而此等条件以其在受条件制限者之外，故非由受条件制限者授予，且亦随同授予，乃在经验的追溯中始增加其上者。但吾人不能对于一“能无限分割之全体”谓为由无限多部分所构成者。盖一切部分虽包含于一全体之直观中，但其全部分割则并不包含其中，而仅由继续的分解所构成，即仅在追溯本身所构成，由此追溯，此种系列始成为现实者也。今因此种追溯乃无限者，故其所到达之一切项目（即一切部分）皆包含于“所视为一集合体之所与全体中”。但其全部之分割系列并不包含其中，盖分割系列乃无限的继续，绝不成为全体，故不能展示一“无限的多量”或展示全体中所有“无限多量之任何总括”。

此种泛论显能应用于空间。所直观为“在限界内之一切空间”，皆为此种全体，凡由分解所得此种全体之各部分，其自身仍为空间。故一切有限界之空间，乃无限可分割者。

自此发生此说之第二种应用，即应用之于包围于限界内之外部的现象即物体，自极自然。物体之可分性，乃根据于空间之可分性，此种空间之可分性构成“所视为一延扩的全体之物体”之可能性。故物体乃无限的可分，但非由无限多部分所构成者也。

诚以物体在空间中应表现为实体，故就空间可分性之法则而言，物体自与空间有别。吾人确能容认分解绝不能自空间除去其一切复合性；盖若如是，则是谓空间（空间中并无独立自存之事物）已终止其为空间，顾此乃不可能者。反之，若谓排遣物质之复合性将绝无一物留存，则显见其与实体之概念不合，所谓实体即指一切复合之主体而言，即令除去其在空间中之联结（物体之要素由此空间中之联结始构成一物体），实体亦必永存于复合事物所有之要素中。但此说对于由纯粹悟性概念所思维之物自身则然，但不能适用于吾人所名为“现象领域中之实体”。盖此种实体，非绝对的主体，仅为感性之常住心象；除视之为一直观（其中绝不见有不受条件之性质）以外，绝无所有。

此种无限前进之规律，其能应用于“所视为纯然充实空间之现象”之再分，固无疑义，但不能应用于——其中所有部分在授予时即已如是确定的截然有别，以构成相互有别之区别量之——一全体。吾人不能谓一有机的全体之一切部分，其自身仍如是组织，即在分解其部分至无限时，仍能常见有其他之有机的部分，一言以蔽之，全体为无限之有机组织者。盖此非吾人所能思维之假设。在物质之无限分解中所发现之部分，能成为组织，自极真实。“空间中所与现象”之分割无限性，仅根据于此种事实，即由此无限性所与者，仅有可分性（至可分性之自身，即关于其部分之数目，则为绝对的不定者）——至部分之本身，则仅由再分所授予所规定者也。一言以蔽之，全体自身非为已分割者。故部分之数目（分割能在一全体中规定此种部分数目）将依据吾人在分割之追溯中所注意之进展程度如何。反之，在所思维为组织无限之有机体事例中，其全体表现为已分割成种种部分，且在一切追溯之前，以确定的而又无限的部分数目授予吾人。但此乃自相矛盾。盖此种无限之内部错综，乃吾人所视为一种无限的（即绝不完成者）系列，同时又视为在与他有别之一复合体中之已完成者。无限可分性之属于现象，仅限于现象为继续的量；此与占有空间不可分离者，盖占有空间实为无限可分性根据之所在耳。其视任何事物为与他有别之区别量者，乃以其中所有单位之数目视为已确定者，因而以之为在一切事例中常等于某某数目。一有机体中所有之有机组织究能到达何种程度，此仅经验能示知；就吾人经验之所及者，虽不能正确到达任何无机的部分，但至少必须容认经验此种无机的部分之可能性。顾当吾人在普泛所谓现象之先验的分割时，则其分割究推展至如何程度之问题，并不待经验之解答；此乃由理性之原理所决定者，此种理性原理命定“在分解延扩体时，其经验的追溯，依据此种现象之性质，绝不能视为绝对完成者”。

解决数学的先验理念之结论点，与解决力学的先验原理之出发点

“经由一切先验的理念，在图表形式中，表现纯粹理性之二律背驰，以及展示此种矛盾之根据所在，及其铲除之唯一方法，在宣布正反二者皆属虚伪”之时，吾人曾以条件与受条件制限者之关系为皆在空间时间中者。此乃通常悟性平常所有之假定，顾所有矛盾则皆由此而起者也。就此种见解言之，则“受条件制限者之条件系列”中所有总体之一切辩证的表象，彻底皆为同一性格。条件随同受条件制限者常为系列中之一项目，因而与受条件制限者同质。在此种系列中，其追溯绝不能思维为完成者，盖若思维其为完成，则必谬以“其自身本为受条件制限者之一项目”为最初的项目，因而以之为不受条件制限者；故对于对象（即受条件制限者）不应常仅就其量考虑之，但至少对于其条件之系列，乃就其量考虑之者。于是发生以下之困难——此一种困难由任何调和方法皆不能处理之，唯有直截了当解决之耳——即理性使系列对于悟性过长或过短，因而悟性绝不能与理性所制定之理念相等而适合之也。

但在此所有种种中，吾人曾忽视在对象间所得之本质的区别，即在“理性努力使之跻于理念之悟性概念”间所得之本质的区别。据吾人以前所举之范畴表，其中二组概念包含现象之数学的综合，其他二组则包含现象之力学的综合。迄今为止，固无须顾及此种区别；盖正类在一切先验的理念之普泛表象中，吾人已与现象领域中之条件相合，在此两种数学的先验理念中，吾人心

中所有之唯一对象，乃所视为现象之对象耳。但吾人今进而考虑力学的悟性概念适于理性之理念究至何种程度，则此种区别即成重要，关于理性所陷入之争论，以一完全新观点展示吾人。此种争讼在吾人已往之裁决中，曾以两方主张皆依据误谬之前提而排弃之者。但因在力学的二律背驰中，或能发现与理性要求相合之前提，且因法官或能修正其诉状中之缺点（盖两方之诉状皆犯有陈述不当之过），故或能解决此争端使两方满足，此种情形在数学的二律背驰之事实中，实为不可能者也。

吾人如仅考虑条件系列之推展，以及考虑此系列是否达于理念抑或理念对于系列过大或过小，则所有系列在此等方面实皆为同质。但为此等理念基础之悟性概念，则能包含或仅同质（一切量之复合及分割皆以同质为前提者）之综合，或为异质之综合。盖至少在力学的综合之事例中（在因果之连接中及在必然者与偶然者之连接中事皆相同），能容许有异质者也。

故在现象系列之数学的连接中，所能容许者仅有感性的条件，盖即谓条件自身无一非系列之一部分。反之，在感性的条件之力学的系列中，能容许有其自身非系列之一部分而在系列以外，纯为直悟的之异质条件。理性以此种方法获得满足，在现象之先设立不受条件制限者，但同时现象之永为受条件制限者之性质，并不因之而有所妨，且在破坏悟性所制定之原理时，现象之系列亦不因而中断。

因力学的理念容许有"在现象系列以外现象所有之条件"，即容许有"其自身非现象"之条件，故吾人到达一与"数学的二律背驰中所可能之任何结论"完全不同之结论。在数学的二律背驰中，吾人不得不摈斥对立之辩证的主张二者皆为误谬。反之，在力学的系列中，完全受条件制限者（此与所视为现象之系列不可分离）与“虽为经验上不受条件制限者但又非感性的”之条件相联系。于是吾人乃能一方使悟性满足，他方使理性满足[①]。凡以某种方法在纯然现象中寻求“不受条件制限之总体”所有之辩证的论证，皆扫地无余，而理性之命题在其与以如是更正确之说明时，正反两方皆能同为真实。顾此在仅与“数学上不受条件制限之统一”有关之宇宙论的理念之事例中，则绝不能如是；盖在此等宇宙论的理念中，无一现象系列之条件能发现其自身非现象，顾既视为现象，则自为系列中所有项目之一也。

三　解决关于“宇宙事象皆自其原因而来其所有总体”之宇宙论的理念

当吾人论究所发生之事象时，吾人所可考虑者，仅有两种因果作用；或为依据自然之因果作用，或自自由所发生之因果作用。前者为感性世界中一种状态与“其所依据规律继之而起之前一状态”之连接。因现象之因果作用依据时间条件，且若先在状态常存在，则先在状态绝不能产生“时间中为最初成立”之结果，故所发生或成立之事象，其原因之因果作用自身，亦必为有所自来而成立者，且依据悟性之原理，此原因之自身亦复须有一原因。

反之，所谓自由就其宇宙论的意义而言，我指为“自发的创始一种状态”之力量而言。故此种因果作用其自身非如自然法则所要求，在时间中有其他原因规定之者。就此种意义言之，自由

① 悟性并不容许在现象间有任何“其自身能为经验上不受条件制限者”之条件。但若对于现象领域中之某某受条件制限者，吾人能设想一“不属于现象系列而为其项目之一”之直悟的条件，且能丝毫不中断经验的条件之系列而为之，则此种条件可容受为经验上不受条件制限者，且不障碍经验的追溯之继续者也。

乃纯然先验的理念，第一，此等理念绝不含有假自经验之任何事物；第二，与“任何经验中所不能规定或授予”之对象相关。凡发生之一切事物皆有一原因云云，乃一普遍的法则，实为一切经验所以可能之条件。故凡原因之因果作用，其自身为所发生所成立者，则其自身亦必复有一原因；于是经验之全部领域，不问其推展如何之远，皆转变为一“纯然自然的事物之总和”。但因在此种情形中，绝不能得——规定因果关系之——条件之绝对的总体，故理性自行创造一自发性之理念，此种自发性之理念能由其自身创始行动，而无须依据因果律，由先在原因以规定其行动者也。

所尤须注意者，自由之实践的概念乃以此先验的理念为基础，且“自由所以可能之问题常为其所包围烦困之种种难点”之真实缘由实在此种先验的理念中。自由就其实践的意义而言，乃脱离任何感性的冲动所加压迫之意志独立。盖意志在其受动的被激动时，即为感性的动机所激动时，为感性的；若受动的使意志成为机械的必然时，则为动物的（arbitrium brutum）。人类意志确为感性的（arbitritm sensitivum），但非动物的，而为自由的。盖感性并未使其行动成为机械的必然。故在人中实有一种脱离感性的冲动所加任何压迫之自决力量。

感性世界之一切因果作用若仅为自然，则一切事件自当依据必然的法则在时间中为其他事件所规定。现象在规定意志时，自当在意志之行动中发生现象所有之自然的结果，且使此等行动成为机械的必然。故否定先验的自由，必因而消减一切实践的自由。盖实践的自由预行假定某某事象虽未发生，但应发生，以及在现象领域中所发现此种事象之原因并非决定的，即非排斥“吾人所有意志”之因果作用——此一种因果作用超然于自然的原因之外，甚至与自然的原因之势力及影响相反抗，能产生“依据经验的法则在时间顺序中所规定之某某事象”，故能创始“完全自其自身所发生之事件系列”。

于是此处之问题，一如理性在超越可能的经验限界自相矛盾时所常见者，其问题实非生理学的，而为先验的。至关于自由所以可能之问题，实与心理学有关；唯因其依据纯粹理性之辩证的论证，故其论究及解决，完全属于先验哲学。在企图此种解决之前（此种解决之任务，乃先验哲学所不能辞谢者），我必须对于论究此问题时先验哲学所有之进行程序更精密的规定其范围及界线。

现象如为物自身，空间时间如为物自身存在之方式，则条件自常为与受条件制限者属于同一系列之项目；故在现今之事例中与其他之先验的理念相同，自当发生二律背驰，即系列对于悟性必过大或过小。但理性之力学的概念（吾人在此节及以下一节所论究者）则具有此种特质，即此等概念并不与“所视为量者之对象”相关，而仅与其存在相关。因之，吾人能抽去条件系列之量，仅考虑条件与受条件制限者之力学的关系。在论究关于自然与自由之问题时，吾人所遇之困难乃自由究否可能，设属可能，则自由能否与因果关系之自然法则所有普遍性并存。谓世界中一切结果，非由自然发生即由自由发生云云，果为一真实之抉择命题乎；抑或吾人必须如是言之方可，即谓在同一事件中，以不同之关系，二者皆能在其中发现乎？感性世界中之一切事件依据自然之不变法则，彻底互相联结，云云，乃先验分析论之确定原理，而绝不容有例外者。故问题仅在自由是否完全为此种不可犯的规律所排斥，抑或一种结果虽依据自然而如是规定之，同时又能根据于自由。以现象为有绝对的实在性之通行而又误谬之前提，在此处实显示其有混乱理性之有害影响。盖若现象为物自身，自由即不能维持。斯时自然将为一切事件之完全而又充分之决定的原因矣。“事件之条件”将为仅在现象系列中所见及之一类条件；现象及其结果二者，皆将依据自然法则而成为机械的必然者。反之，若不以现象为具有其实际所有以上之意义，即若不以现象为物自身而仅视为依据经验的法则所联结之表象，则现象自身必具有“其非现象一类之根据”。此种直悟的原因（按即非现象一类者）之结果显现于吾人，因而能由其他现象规定之，但其因果作用则不能如是规定之者。其结果虽应在“经验的条件之系列中”发现之，顾其直悟的原因以及其因果作用，则在系列以外。故就其直悟的原因而言，则此结果可视为自由者，同时就现象之方面而言，则又可视为依据自然之必然性自现象所产生者。此种区别在以极普泛的及抽象的方法言之，自不得不见其造作晦昧，但在其应用之过程中，立即明显而使人能理解者也。我之目的，仅在指出因在自然之关联衔接中，所有一切现象之一贯的联结乃一不易的法则，故固执现象之实在性，其结果必毁弃一切自由。是以凡随从流俗之见者，绝不能调和自然与自由者也。

其与自然的必然性之普遍法则相调和“由于自由之因果作用”之可能性

凡在感官对象中“其自身非现象”之事物，我名之为直悟的事物。故若在感性世界中所必须视为现象之事物，其自身具有“不为感性直观之对象”之能力，且由此种能力又能为现象之原因，则此种存在体之因果作用能自两种观点视之。视为物自身之因果作用，此乃就其行动而言为直悟的；视为感官世界中现象之因果作用，此乃就其结果而言为感性的。故吾人关于此种主体之能力，应构成经验的及智性的两种因果作用之概念，而视二者为指同一之结果而言。此种考虑“感官对象所有能力”之二重方法，并不与吾人应自现象及可能的经验所构成之任何概念相矛盾。盖因现象非物自身，故必须依据一先验的对象，此先验的对象乃规定现象为纯然表象者；因而并无事物足以妨阻吾人在先验对象所由以表现之性质以外，以一种非现象之因果作用（其所有结果虽应在现象中见之）归之于此种先验的对象。一切有效力的原因必有一种性格（即其所有因果作用之法则），无此种性格，则不能成为原因。故按以上之假定，吾人在属于感性世界之主体中，第一，应有一经验的性格，由此种性格，“所视为现象之主体”之行动，依据不变之自然法则与其他现象彻底联结。且因此等行动能自其他现象而来，故此等行动与此等现象相联结，构成自然秩序中之单一系列。第二，吾人亦应容许主体有一种直悟的性格，由此种性格，主体实为“此等（就其性质而言）所视为现象之同一行动”之原因，但此种性格，其自身并不从属任何感性之条件，且其自身亦非现象。吾人名前者为“现象领域中之事物”之性格，后者为“所视为物自身之事物”之性格。

顾此种行动的主体在其直悟的性格中，殆不从属任何时间条件；盖时间仅为现象之条件，而非物自身之条件。在此种主体中无一行动有所谓始终者，故此种主体不从属“规定时间中所有一切可变的事物之法则”，即“凡发生之一切事物，必在发生以前之现象中有其原因”之法则是也。一言以蔽之，在此主体为直悟的之限度内，则其因果作用并不在此等经验的条件之系列内占有位置，盖由此等经验的条件，乃使事件成为感官世界中之机械的必然者也。此种直悟的性格，绝不能直接知之，诚以事物除其所显现者以外，绝无能为吾人所知觉者。此应依据经验的性格思维之——正与吾人关于先验的对象之自身，虽绝无所知，而不得不以先验的对象为现象之基础相同。

故在其经验的性格中，此种所视为现象之主体应从属一切因果规定之法则。在此范围内，主体不过感官世界之一部分，其所有结果与一切其他现象相同，必为自然之必然的产物。就“所见外的现象之影响于主体及其经验的性格（即其因果作用之法则）由经验始为吾人所知”之比例范围内，一切主体之行动必须容许有依据自然法则之说明。易言之，关于完全及必然的规定其行动所需之一切事物，必须在可能的经验内求之。

在其直悟的性格中（吾人关于此种性格仅有一普泛的概念），此同一之主体必须视为解脱一切感性之影响及“一切由于现象之规定”。以其为本体，其中绝无所谓发生之事象；故不能有“需要时间中力学的规定”之变化，因而亦非依存现象有任何之因果隶属关系。其结果，因自然的必然性仅在感性世界中见之，故此种行动的存在体，在其行动中必独立于一切此种必然性之外而解脱之也。无一种行动乃在此种行动的存在体自身中开始者；但吾人谓行动的存在体自其自身创始“其在感性世界中之结果”，亦极正确。但即如是，吾人不应谓感性世界中之结果，能自其自身开始；盖此等结果常为先在之经验的条件所预行规定者——此固仅由其经验的性格（此不过直悟的性格之现象而已）使然——因而仅为自然的原因系列之继续而始可能者。故自然与自由，就此二名词之充分意义而言，能在同一之活动中并存，而不相矛盾，盖或为自然，或为自由，就此等活动之就其直悟的原因而言，抑或就其感性的原因而言耳。

在自由与普遍的自然必然性相联结中所有关于自由之宇宙论的理念之说明

我曾以概论吾人所有先验的问题之解决为宜，盖如是则吾人自较能概观理性到达解决时所采取之途径。我今将进而陈述此种解决中所含有之种种因子，逐一详细考虑之。

一切发生之事象皆有一原因，乃自然之法则。今因此种原因之因果作用（即此原因之活动）在时间中先于所随之而起之结果，故此种原因其自身不能永存，而必为所发生者，且在现象中必有此种原因之活动又复被其规定之原因。因之，一切事件皆为在自然秩序中经验的所规定者。仅由此种法则，现象始能构成一自然而成为经验之对象。此种法则乃悟性之法则，绝不容许有悖反此种法则者，且无一现象能脱离此种法则。设容许有脱离此种法则者，则将使一现象立于一切可能的经验之外，而与一切可能的经验之对象有别，因而使此一现象成为纯然思维上之事物，即纯为脑中之幻影矣。

此殆指有原因连锁之存在，此种连锁，在追溯其条件时，不容有绝对的总体者也。但此不足以烦扰吾人。盖此点在泛论“理性在现象系列中向不受条件制限者进行时所陷入之二律背驰”，已论及之矣。设吾人为先验实在论之幻想所惑，则自然与自由将无一留存。此处所有唯一之问题为：若容许事件之全体系列中仅有自然的必然性，则是否尚能对于同一之事件一方仅视为自然之结果，他方又视为由自由而来之结果；抑或在此两种因果作用之间，有直接的矛盾？

在现象领域中之所有原因中，确不能有绝对的及自其自身能创始一系列之任何事物。所视为现象之一切活动，在其发生一事件之限度内，其自身即为一事件（即所发生者），而以“能在其中发现其原因之其他状态”为前提者也。于是凡发生之一切事象纯为系列之继续，而此种系列之可能项目，则绝无自其自身创始者。故在时间继续中，自然的原因所有之活动，其自身即为结果；此等结果皆以时间系列中先于彼等之原因为前提。至本源的活动即能自其自身发生“以前所未存在者”，则不应在因果的联结之现象中求之。

今容认结果皆为现象，其所有原因亦为现象，则是否其原因之因果作用，必须全为经验的？抑或宁可谓为现象领域中之一切结果，虽必须依据经验的因果法则与其原因相联结，但此经验的因果作用（丝毫不破坏其与自然的原因相连接）之自身，则为“非经验的而为直悟的”因果作用之结果？此种直悟的因果作用殆为一种本源的（对于现象而言）原因之活动，故就此种能力之归属而言，则非现象而为直悟的；但就其为自然连锁中之一节结而言，则自必视为完全属于感官世界者也。

在欲使吾人能探求及规定“自然的事件之自然的条件”（盖即现象领域中自然的事件之原因），自须有现象之因果联结之原理。设承认此种原理且无任何例外以减弱其效力，则悟性所有之一切要求——即在悟性之经验的使用中，在一切发生事象中所见者，只有自然，且当如是为之者——完全满足；而物理的说明，自能直前进行，一无所阻。今吾人如假定（即令其假定为一纯然空想）自然原因中，有某种原因具有纯为直悟的一种能力，此等悟性之要求，亦绝不因之有所障碍，盖此种能力之规定活动，绝非依据经验的条件，而仅依据“悟性之根据”者也。吾人自必同时能假定此等原因在现象领域中之活动乃与一切经验的因果法则相合者。于是行动的主体（所视为现象之原因者），由其一切活动之不可分解的依存性，自必与自然相系属，仅在吾人自经验的对象上溯先验的对象时，吾人乃发现“此种主体以及其在现象领域中所有一切因果作用，在其本体中，具有必须视为纯然直悟的一类条件”。盖若在规定现象以何种方法能成为原因时，吾人从属自然之规律，自无须顾虑此等现象之根据为何，以及必须以此等现象之连接为存于先验的主体（此为吾人经验上所不可知者）中与否也。此种直悟的根据不应在经验的论究中考虑之；此仅与“纯粹悟性中所思维者”相关；且此种思维之结果及纯粹悟性之活动，虽应在现象中见之，但此等现象必仍能依据自然法则以其他现象为其原因，完全因果的说明之。吾人以此等结果之经验的性格为说明之最高根据，完全置其直悟的性格（即其经验的性格之先验的原因）于不顾，而视之为完全所不可知者，唯在以经验的性格为此种直悟的性格之感性的记号之限度内始一顾虑之。

吾人今试应用之于经验。人为感性世界中现象之一，在此限度内，即为自然的原因之一，其因果作用必须遵从经验的法则。与自然中其他一切事物相同，彼必须有一经验的性格。此种性格吾人由彼在其活动中所启示之力量及能力而知之。在无生命或纯然动物之自然中，吾人绝不见有任何根据以思维其在纯然受感性状态之条件所制限者以外，尚有其他任何能力。但人则由感官以知自然之其余一切事物，又由纯粹统觉以知其自身；此实在“彼所不能视为感官影像之活动及内的规定”中认知之。故彼对于自身，一方视为现象，他方就其不能以其活动归之“感性之感受性”之某种能力言，则视为纯粹直悟的对象。吾人名此等能力为悟性及理性。尤其在理性，吾人以十分特殊而特有的方法以之与一切经验的受条件制限之能力相区别。盖理性专就理念以观察其对象，且依据理念以规定悟性，悟性则进而以其自身所有与理念类似之纯粹概念用之于经验。

吾人之理性具有因果作用云云，或吾人至少表现理性于吾人自身为具有因果作用云云，乃自“吾人在一切实践的行为事项中所以之为规律而加于吾人之行动力量之命令”而证明之者。“应当”表现一种必然性及与——在自然全体中任何处所不能见及之——某种根据之一种联结。悟性在自然中所能知者仅为：此为何、此曾为何、此将为何而已。吾人不能谓自然中之任何事物，在其一切时间关系中实际为何之外，“当为某某”。当吾人仅就自然过程而言时，“应当”绝无意义。问自然中当发生者为何，正与问圆周所当有之性质为何，同一悖理。吾人所能有正当理由询问者仅为：自然中发生者为何，圆周之性质为何而已。

此种“应当”表现一种可能的活动，其根据除纯然概念以外，不能别有其他；反之，在纯然自然的活动之事例中，则其根据必常为现象。“应当”所适用之活动，自必在自然的条件下可能者。但此等条件就规定意志自身而言，并无任何作用，仅规定意志之效果及其在现象领域中之结果耳。不问自然根据或感性冲动迫使我意欲者如何众多，此等自然根据及感性冲动绝不能发生“应当”，仅发生一种意欲，此种意欲虽远非必然的，顾常为受条件制限者；由理性所宣布之“应当”，则以“制限及目的”加之此种意欲——且更禁阻之，或委任之也。不问所意欲者为纯然感性之对象（快乐）或理性之对象（善），理性对于经验上所与之任何根据，绝不退让。理性在此处并不遵从“事物在现象中所呈现之事物秩序”，而以完全自发性自行构成一种其与理念相合之理性自身所有之秩序，使经验的条件适应于此种秩序，且依据此种秩序宣告行动为必然的——即令此等行动从未发生，且或将来亦绝不发生。同时理性又预行假定对于此等行动能具有因果作用，盖不如是则不能自其理念期待有经验的结果矣。

今任吾人就此等见解采取吾人之立场，且至少亦以理性具有“关于现象之因果作用”为可能者。理性虽自有其理性之本质，但仍必展示一种经验的性格。盖一切原因皆以——为其结果之某种现象依据之继之而起之——规律为前提；而一切规律皆要求“结果之整齐划一”。此种整齐划一实为原因概念（所视为一种能力者）之所以为基础者，在此必须由纯然现象所展示之限度内，可名之为原因之经验的性格。此种性格乃持久不变者，但其结果则按其“所伴随及部分的制限之者之条件”之变化不居，在种种可变之形式中显现。

故一切人之意志皆有一种经验的性格，此种性格不过彼之理性之某种因果作用而已，在此种因果作用在现象领域内所有之结果中展示一种规律之限度内，吾人可自此种规律就其所有种类及程度推断理性之行动及此等行动之根据为何，因而关于彼之意志之主观的原理能形成一种评判。今因此种经验的性格之自身，必须自为其结果之现象中发现之，又必须自经验所显示现象与之相合之规律中发现之，故现象领域中，人之行动由其经验的性格及与此种性格合作之其他原因，被规定为与自然秩序相合者；且若吾人能就人之意志所有之一切现象研究详尽，则无一人之行动，吾人不能正确预言之，而认为自其先在条件所必然的进行而来者也。是以在就此种经验的性格而言之限度内，并无自由；且亦仅在此种性格之范围内，“人”始能为吾人所研究——盖即谓吾人若只观察之，及按人类学之方法以求创立一种研讨“人之行动之发动的原因”之自然科学的研究。

但当吾人就其与理性之关系考虑此等行动时——我非指吾人由之以说明此等行动由来之思辨的理性，乃指限于其自身为“产生此等行动之原因”之理性——盖即谓吾人如就其实践的关系，以此等行动与理性之标准相比较，吾人即发现完全与自然秩序相异之规律及秩序。盖可成为如是，即凡在自然过程中所发生者，及依据经验的根据所不得不发生者，皆为不当发生者。但有时吾人发现（或至少信以为如是）理性之理念，在实际事实中，证明其有“关于人之行动（所视为现象者）之因果作用”，且此等行动之发生并非因其为经验的原因所规定，乃因其为理性之理由所规定者也。

于是容认对于理性可主张其具有关于现象之因果作用，则即其经验的性格（为感官之形象）完全一一详细规定且规定其为必然者，但其行动仍能谓为自由者也。盖此经验的性格之自身，又完全在直悟的性格（为思维之形象）中所规定者。顾此直悟的性格非吾人之所能知；吾人仅能由现象以指示其性质；而此等现象实际仅产生关于感官形象（即经验的性格）之直接知识[①]。行动在能以思维形象（直悟的性格）为其原因之限度内，并不依据经验的法则随此原因发生；盖即谓此种行动并非有纯粹理性之条件在其先，乃仅有此等条件在内感之现象领域内所有之结果在其先耳。纯粹理性以其为纯粹直悟的能力，不从属时间方式，因而亦不从属时间中继起之条件。理性之因果作用在其直悟的性格中，并不以产生结果而在某某时间上发生或起始。盖若在时间上发生或起始，则理性自身乃从属——因果系列在时间内被规定时所依据之——“现象之自然法则”；且其因果作用将为自然而非自由

① 行动之真实道德性质（其功罪），乃至吾人自身所有行为之真实道德性质，永为完全非吾人之所能知者。吾人之所督责功罪者，仅在经验的性格。此种性格所可归之“自由之纯然结果”者究有几何，所可归之“自然”者又有几何，即归之不负责任之气质上之过失或气质上之幸运性质（Merito fortunal 幸运之功绩）乃绝不能决定之者也；故对于此点不能加以完全正当之判断。

矣。故吾人所能有正当理由言之者仅为：理性关于现象如能有因果作用，则此因果作用乃一种能力，“凡结果之经验的系列所有之感性条件”，由此种能力而开始者也。盖存于理性中之条件并非感性的，因而非其自身开始。于是吾人所不能在任何经验的系列中发现者，至此乃见其可能，即继续的事件系列之条件，其自身能为经验上不受条件制限者。盖此处之条件乃在现象系列之外（在直悟的事物中），故不从属任何感性条件以及从属“经由先在的原因之时间规定”。

此同一原因在其他关系中则属于现象系列。人之自身即为一现象。彼之意志具有一种经验的性格，此种经验的性格乃彼之一切行动之经验的原因。并无依据此种——不包含在自然结果之系列内，或不遵从此等系列所有法则（依据此种法则，则不能有时间中所发生事物之经验上不受条件制限之因果作用）之——性格以规定“人”之条件。故无一所与行动（盖此种行动仅能知觉其为现象）能绝对自其自身开始。但就纯粹理性而言，吾人不能谓为决定意志之状态，有某某其他状态在其先，其自身为此其他状态所规定者也。盖以理性自身非现象，不从属任何感性条件，故即关于其因果作用，其中亦无时间上继起之事，且依据规律规定时间中继起之力学的自然法则，亦不能适用于理性。

理性为“人所由以显现之一切意志行动”之长住条件。此等行动在其发生之前，皆在经验的性格中所预定者。至关于直悟的性格（关于此种性格、经验的性格乃其感性的图形），则不能有时间先后；一切行动，凡与“其在时间中与其他现象之关系”无关者，乃纯粹理性之直悟的性格之直接结果。故理性自由活动；非由时间中先在之外的或内的根据，力学的在自然的原因之连锁中规定之者也。因之，此种自由不应仅消极地视为超脱经验的条件而已。盖若仅消极地视为如是，则理性之能力将终止其为现象之原因矣。必须又以积极之意义归之于创始事件系列之力量。在理性自身中绝无起始之事；盖以其为一切有意行动所有不受条件制限之条件，不容有时间中先于其自身之条件。至理性之结果，则实有“在现象系列中之起始”，但在此种系列中绝无绝对最初之起始。

欲以理性经验的使用之例证，说明此种理性之统制的原理——但非确证此原理，盖以例证证明先验的命题，乃无益之举——吾人姑举一有意之行动，例如能使社会发生混乱之恶意虚言。第一，吾人宜尽力发现此种虚言所由来之动机；第二，既明此等动机之后，吾人进而决定此种行动及其结果所能归罪于犯者，究为如何程度。关于第一问题，吾人就行动之经验的性格追溯其根源，发现其根源在受不良教育及多损友，其一部分又在其不识羞耻之气质恶劣及轻率浮躁等等，乃至其间所能参入之一时的原因，亦不能置之不顾。吾人进行此种研讨，正与吾人对于所与之自然的结果探求其决定的原因之系列相同。唯吾人虽信此种行动乃如是被决定者，顾并不以彼之不幸气质之故，亦不以影响于彼之环境之故，乃至以彼已往之生活方法之故，吾人能宽免此行为者而不责罚之也；盖吾人预行假定，吾人能不问其生活之方法如何，且能以过去之条件系列视为并未发生，而以行动为完全不受任何以前状态之条件制限，一若行为者在此行动中由其自身开始一完全新有之结果系列者然。吾人之责罚，乃根据于理性之法则，斯时吾人视理性为一原因，此种原因与以上所举之一切经验的条件（按即不良教育等等）无关，能规定——且应规定——行为者不如是行动而另行行动。此种理性之因果作用，吾人并不仅视为协助之动力，而完全视为动力之自身，乃至当感性冲动与之直接相反时，此种因果作用亦仍为行动之主动力；此种行动乃归之直悟的性格者；当被捏造虚言之刹那间，其罪即完全在彼。理性与一切行动之经验的条件无关，完全自由，虚言完全由于理性之玩忽义务。

此种督责，显见吾人以理性为不为感性的势力所动摇，且不易受变化。至理性之现象——理性由以在其结果中表显其自身之形象——自有变化；但在吾人所视为理性之自身中，则并无先在状态决定其后继状态之事。盖即谓理性并不属于感性的条件系列，此种系列乃依据自然法则使现象成为机械的必然者。理性在一切时间中、一切环境下，呈现于人之一切行动中，常为同一不变者；但其自身非在时间中，因而并不陷入以前理性并未在其中之任何新状态中。关于此等新状态理性乃规定之者，非为其所规定者也。故吾人不能问“理性何以不另行规定其自身与此相异”，仅能问“理性何以不由其因果作用另行规定现象与此相异”耳。但对此问题，并无解答可能。盖不同之直悟的性格将有不同之经验的性格。当吾人谓不问彼过去之全部生活过程如何，行为者固能自制其虚言，其意乃指“在理性直接支配下之行动，及理性在其因果作用中不从属现象或时间之任何条件”而言。时间相异，虽使现象在其相互关系中有根本之不同——盖现象非物自身，因而非原因自身——但不能使行动与理性之关系因而有何相异之处。

是以在吾人关于“自由行动之因果作用”之判断中，吾人能推溯至直悟的原因，但不能超越此原因之外。吾人之所能知者，直悟的原因乃自由的，即在感性之外所规定者，且以此种情形，直悟的原因能为现象之感性的不受条件制限之条件。但欲说明何以在所与环境中，直悟的性格所应授予者，适为此等现象，及此种经验的性格，何以超越吾人所有理性之一切能力，且实超越理性所有一切之推究权利，此正与吾人研讨何以吾人外部的感性直观之先验的对象，仅授予空间中之直观，而非其他形态之直观相同，皆不能解答者也。但吾人所应解决之问题，则无须设置任何此种论题。吾人之问题仅为：自由与自然的必然性是否能存于同一之行动中而不相冲突，此则吾人已充分解答之矣。吾人已说明因自由能与“与自然的必然性之条件完全不同种类之条件”相关，故后者之法则并不影响于前者，且二者能各自独立存在而不相互有所妨阻者也。

***

读者应十分注意观察在以上所述之种种中，吾人之意旨并不在建立自由之实在性为含有“吾人感性世界所有现象之原因”之能力之一。盖此种研讨以其非仅论究概念，故非先验的。加之，此种论究不能有所成就，盖吾人绝不能自经验以推论“不依据经验法则所思维之任何事物”。甚至吾人之意旨亦不在证明自由之可能性。盖此种证明，吾人亦不能有所成就，诚以吾人不能自纯然概念先天的以知任何实在根据及其因果作用之所以可能也。自由在此处仅视为一种先验的理念，由此种理念乃导理性思维能由感性之不受条件制限者开始现象领域中之条件系列云云，因而理性乃陷入与其自身对于悟性之经验的运用所制定之此一类法则相背反之二律背驰中。吾人之所唯一能说明，且为吾人唯一之所欲说明者乃：“此种二律背驰实根据于纯然幻相”，以及“由于自由之因果作用，至少不与自然不相容”之二点耳。

四 解决“普泛就现象之存在而言所有现象依存性之总体”之宇宙论的理念

在上一小节中，吾人曾就其构成力学的系列，以考虑感性世界之变化，每一项目皆隶属其他项目，一若果之于因。吾人今将以此种状态系列仅用为吾人探求“可以之为一切可变的事物之最高条件”之一种存在之导引，即以之为吾人探求必然的存在者之导引。吾人此处所论究者，非不受条件制限之因果作用，乃实体自身所有不受条件制限之存在。于是吾人意向所在之系列，实为概念之系列，而非“一直观为其他直观条件”之直观系列。

但因现象总和中之一切事物，皆为可变之事物，因而在其存在中，皆为受条件制限者，故在“依存的存在之全体系列”中，不能有以其存在视为绝对的必然者之任何不受条件制限之项目。故若现象为物自身，又若（由上一假定之所推得者）条件与受条件制限者皆属同一之直观系列，则绝无其所视为感官世界中现象存在条件之必然的存在者存在之可能性。

力学的追溯，在一重要方面与数学的追溯有别。盖因数学的追溯仅限于联结部分形成一全体，或分割一全体为部分，故此种系列之条件，必常视为系列之部分，因而必视为同质的且必视为现象。反之，力学的追溯，吾人并不与“所与部分之不受条件制限之全体”之可能性，或与“所与全体之不受条件制限之部分”相关，而仅与“一状态来自其原因”，或“实体自身之偶然的存在来自必然的存在”之由来相关。故在此后一种追溯中，条件应与受条件制限者同构成经验的系列之部分云云，实非所必需者也。

于是吾人有避免此种表面的二律背驰之方法。盖若各就不同之方面言之，则此等矛盾之命题两方皆可谓为真实。感官世界中之一切事物皆可谓为偶然的，因而仅有经验上受条件制限之存在，但同时亦能有全体系列之非经验的条件；即能有不受条件制限之必然存在者。此种必然的存在者，以其为系列之直悟的条件，故非系列之一项目，不属于系列，乃至亦非系列之最高项目，且亦不能使系列之任何项目成为经验上之不受条件制限者。全部感性世界在其所有一切项目经验上受条件制限而存在之限度内，殆不受此必然的存在者之影响，一仍其原有情状。此种考虑"不受条件制限之存在者如何能用为现象根据"之方法，与吾人在前一小节中论究"自由所有经验上不受条件制限之因果作用"时所遵循之方法不同。盖在论究自由之因果作用时，以事物本身为其原因（substantia phaenomenon 现象的实体），且以之为属于条件系列，仅其因果作用被思维为直悟的耳。反之，在此处论究以不受条件制限之存在者为现象之根据，则必以必然的存在者为完全在感性世界之系列以外（ens extramu danum 视为超世界的实在者），且以为纯然直悟的。除此以外，必然的存在者实无其他方法能免于从属"使一切现象成为偶然的及依存的之法则"。

故理性之统制的原理在其与吾人现有问题有关之范围内，则如下：感性世界中之一切事物，皆具有一种经验上受条件制限之存在，且其所有之性质，无一能为不受条件制限之必然者；以及对于条件系列中之一切项目，吾人必须期待有——且须尽力探求——某种可能的经验中之经验的条件；以及吾人绝无正当理由自经验的系列以外之条件引申一种存在，或视"此种存在"在系列范围内为绝对的独立自存者。顾同时此种原理绝不妨阻吾人承认全体系列能依据——脱离一切经验的条件，其自身包有一切现象所以可能之根据之——某某直悟的存在者。

在以上所述之种种中，吾人并无证明"此种存在者之不受条件制限之必然存在"之意向，且亦无建立"感性世界中现象存在之纯粹直悟的条件"可能性之意向。正如吾人在一方面限制理性不使其脱离经验的条件之线索以免误入超经验的之歧途，而采用不能有任何具体的表现之说明根据，故吾人在另一方面亦必限制悟性之纯然经验的使用之法则，使其对于普泛所谓事物之可能性，不致贸然有所决定，且使其不致仅以“在说明现象时毫无用处”之理由，而以直悟的事物为不可能。故吾人之所说明者仅为：一切自然的事物及其所有经验的条件之彻底的偶然性与吾人任意所假定之必然的（但纯然直悟的）条件，乃并行不悖者；且其间并无真实之矛盾，二者皆可谓为真实者也。此种由悟性所思之绝对的必然存在者，其本身或为不可能，但此种不可能绝不能自“属于感性世界一切事物之普遍的偶然性及依存性”推论而得，亦不能自“禁阻吾人停留在其所有偶然的项目任何之一，以及禁阻乞助于世界以外之原因”之原理推论而来。盖理性之进行，一方之途径在其经验的使用，而另一方之途径则在其先验的使用也。

感性世界所包含者只有现象，此等现象纯为表象，表象则常为感性的受条件制限者；在此领域中物自身绝不能为吾人之对象。故在论究经验的系列之项目时，不问此项目为何，吾人绝无权能突飞于感性之关联衔接以外，实不足惊异。盖若突飞于感性之关联衔接以外，则是以现象为——离其先验的根据而存在，且当吾人在现象以外探求现象之存在原因时，仍能保持其地位之——物自身矣。此点确为偶然的事物最后所归宿之点，但非所以论于事物之纯然表象者，盖纯然事物表象所有之偶然性，其自身仅为现象体，除能引达“规定现象体”之追溯（即仅引达经验的追溯）以外，并无其他追溯可言。反之，思维有一现象（即感性世界）之直悟的根据，且以之为超脱现象之偶然性者，则既不与现象系列中无限之经验的追溯相矛盾，亦不与现象之彻底偶然性相抵触。此实吾人欲除去表面的二律背驰所应为之一切；且亦仅能以此种方法为之。盖若一切事物在其存在中受条件之制限，其条件又常为感性的，因而属于系列，则此条件自身必仍为受条件制限者，如吾人在第四种二律背驰之反面主张中之所说明者。故或“理性由于其要求不受条件制限者之故，仍必自相矛盾”，或“必须以此不受条件制限者置之系列以外之直悟的事物中”。直悟的事物之必然性，斯时并不需要——或容许——任何经验的条件；故在与现象有关之限度内，此直悟的事物乃不受条件制限之必然者也。

理性之经验的使用在与感性世界中存在之条件相关涉时，并不因容认一纯粹直悟的存在者而有所影响；依据彻底的偶然性之原理，自经验的条件进至“仍常为经验的之更高条件”。但当吾人所注意者为与目的有关涉“理性之纯粹使用”时，则此种统制的原理并不拒绝假定一种不在系列中之直悟的原因，此亦极为真实者也。盖斯时直悟的原因仅指“纯粹先验的，而非吾人所知”之普泛所谓感性系列所以可能之根据而言耳。直悟的原因之存在于一切感性条件之外，且就此等条件而言乃不受条件制限之必然者云云，并不与现象之无限制的偶然性不相容，盖即谓并不与经验的条件中绝无止境之追溯不相容也。

关于纯粹理性所有全部二律背驰之结论要点

当理性在其概念中专注于感性世界中之条件总体及考虑理性在此方面对于条件能获得如何满足时，吾人之理念立为先验的及宇宙论的。但以不受条件制限者（吾人实际所论究者即为此不受条件制限者）置之“完全在感性世界以外之事物”中，因而在一切可能的经验以外之时，则此等理念又立为超验的。斯时此等理念已非仅用以完成“理性之经验的使用”——此一种“完全理念”

虽绝不能完全到达，但必须永远追求之者。反之，此等理念完全脱离经验而自行构成绝非经验所能提供其质料之对象，此种对象之客观的实在性并不根据于经验的系列之完成，乃根据于纯粹先天的概念者。此种超验的理念有其一种纯粹直悟的对象；此种对象自可容认之为先验的对象，但在吾人容认以下之两点方可，即第一，吾人对于此种对象绝无所知；其次，此种对象不能思维为“以辨别内心之宾词所规定之事物”。以此种对象在一切经验的概念之外，故吾人断绝一切所能建立此种对象所以可能之理由，丝毫无主张此种对象之正当理由。此种对象纯为思维上之存在物。但发生第四种二律背驰之宇宙论的理念，则迫使吾人采此步骤。盖现象之存在，绝不能根据其自身而常为受条件制限者，故要求吾人探求与一切现象完全不同之某某事物，即探求偶然性在其中终止之直悟的对象。但吾人一度容许吾人自身假定独立自存之实在完全在感性领域以外，则仅能以现象为——其自身为智性一类之存在事物所由以表现直悟的对象之——偶然的形象。因之，关于直悟的对象所留存于吾人之唯一推求资源，仅在使用类推方法，吾人由类推方法以经验概念构成某种直悟的事物之概念——所视为物自身一类之事物，吾人固绝无所知者也。今因偶然的事物除由经验以外，不为吾人所知，而吾人此处所论究者又绝不成为经验之对象，故吾人必须自“其自身乃必然的之事物”即自“普泛所谓事物之纯粹概念”以引申关于此等事物之知识。是以吾人所用以超越感官世界所采取之第一步，乃迫使吾人在探求此种新知识时，即以研究绝对必然的存在者为起始，自“此绝对必然的事物之概念”以引申一切事物之概念（限于此等事物为纯粹直悟的）。此点吾人欲在次章论述之。

第三章
纯粹理性之理想

第一节　泛论理想

吾人在以上论述中已见及离感性条件则无对象能由纯粹悟性概念所表现。盖斯时缺乏概念之“客观的实在之条件”，其中除思维之纯然方式以外，绝不见有任何事物。顾若以纯粹悟性概念应用于现象，则能具体地展示此等纯粹悟性概念，盖因在现象中，纯粹悟性概念获得经验概念所专有之质料——经验概念不过具体之悟性概念而已。但理念之离客观的实在则较之范畴更远，盖以不能见有“理念在其中能具体的表现”之现象。理念含有一种完全性，无一可能之经验的知识曾到达之者。在理念中，理性之目的仅在系统的统一，而欲使经验的可能之统一接近此种统一，顾从未能完全到达之也。

但我所名为理想者则似较之理念去客观的实在更远。我之所谓理想，非仅指具体的理念而言，乃指个体的理念而言，即视为仅由理念所能规定或已为其所规定之个体的事物。

人性（以之为一理念）在其完全完成之程度内，不仅包有属于人之天性及构成吾人所有“人性概念”之一切基本性质——此等基本性质推展至完全与其所有之目的相合，此等目的乃吾人关于“完人”之理念——且在此种概念之外，尚包有其理念之完全规定“所必需之一切事物”。盖一切矛盾的宾词，每组之中仅有其一能适用于“完人”之理念。在吾人所谓理想，以柏拉图之见解言之，则为神性之理念，为“神性所有纯粹直观之个体的对象”，为“一切可能的存在中之最完善者”，为“现象领域中一切模本之原型”。

吾人即不冥想如是高远，亦必自承人类理性不仅包有理念，且亦包有理想，此等理想虽非如柏拉图之理念具有创造力，但亦具有实践力量（以之为统制的原理）而构成“某种行动之可能的完善”之基础。道德概念以其依据经验的某某事物（快或不快），非完全之纯粹理性概念。但就理性所由以制限自由（自由自身并无法则）之原理而言，则此等道德概念（当吾人仅注意其方式时）极可用为纯粹理性概念之例证者也。德及其所伴随之人类智慧（此就其十分纯洁者言之）皆为理念。顾（斯多噶派之所谓）哲人则为理想，盖仅思想中所有，完全与“智慧之理念”相一致之人物。此犹理念授予吾人以规律，理想在此种事例中，则用为模拟人物之完善规定之原型；吾人之行动，除吾人心中所有此种“神人”之行谊以外，并无其他标准可言，吾人唯与此种“神人”之行谊相比较，以之判断吾人自身，因而改进吾人自身，——吾人虽绝不能到达其所命定之完全程度。吾人虽不能容认此等理想具有客观的实在（存在），但并不因而视为脑中之空想；此等理想实以理性所不可或缺之标准授之理性，以“在某种类中乃十分完全事物”之概念提供于理性，因而使理性能评衡其不完全事物之程度及其所有之缺陷。但欲在一实例中（即在现象领域中）实现其理想，例如欲在一故事中描述哲人之性格，乃事之所不能行者。此种尝试实有悖理之点，且远不足以增进德性，盖以自然的制限（此常破坏理念之完善），使目的所在之幻相完全不可能，且使由理念而来之“善行”类似空想，以致善行自身蒙有疑点。

此乃理性所有理想之性质，此等理想必常依据一定概念而用为吾人在行为中在批判的判断中之规律及原型。至想象之所产，则性质完全不同；无一人对于想象之所产能说明之或与以可理解之概念；每一想象产物为一种草图（Monogram），即纯然一列之特殊性质，并非由“可以指示之规律”所规定者，与其谓为构成一定的心象，毋宁谓为成一“由杂驳经验而来之暗昧速写图形”——此一种表象殆如画家、相士自承其脑中所载之事物以之为彼等所有想象事物或批判的判断等所不能传达之影像。此种表象可名之为感性之理想（虽不确当），盖因此等表象乃被视为“可能的经验直观之模型”（不能实现者），但又绝不提供可以说明及检讨此等表象之规律。

反之，理性在其理想中，目的在依据先天的规律之完全规定。因之，理性自行思维一种对象，且以此种对象为能完全依据原理规定之者。但此种规定所需之条件，不能在经验中求之，故此概念之自身乃超经验的。

第二节　先验的理想（先验的原型 Prototypon Transcendentale）

一切概念就其所不包含其内者而言，则为未被规定者，而从属“能受规定之原理”。依据此种原理，则凡二矛盾对立之宾词，仅有其中之一能属于一概念。此种原理乃根据矛盾律，故为纯粹逻辑的原理。以其为纯粹逻辑的原理，故抽去知识之一切内容，而仅与知识之逻辑的方式相关。

但一切事物就其可能性而言，则又从属“完全规定之原理”，依据此种原理，凡事物所有之一切可能的宾词若与其矛盾对立者集合，则每组矛盾对立者之中必有其一属于此事物。此种原理非仅依据矛盾律；盖除“就各事物与二矛盾的宾词之关系以考虑之”以外，此原理尚就各事物与“一切可能性之总和”（即事物之一切宾词之总和）之关系以考虑之。此原理预行假定此种总和为一先天的条件，故进而表现各事物，一若自其在一切可能性之总和中“所有之分”而来引申其自身所有之可能性[①]。故“完全规定之原理”与内容有关，不仅与逻辑的方式相关者也。此为意在构成一事物之完全概念所有一切宾词之综合之原理，非“仅与二矛盾的宾词之一相关”之分析的表现之原理。此种原理含有一先验的前提，即预行假定含有“一切可能性之质料”，此种可能性又复被视为包有“各事物之特殊的可能性之先天的资料”。

“凡存在之一切事物为受完全规定者”之命题，其意义并不仅指每组所与矛盾的宾词之一，必常属于事物而言，乃指一切可能的宾词每组之一必常属于事物而言耳。在此命题之意义范围内，不仅宾词以逻辑的方法相互比较，乃事物本身以先验的方法与一切可能的宾词之总和相比较。故此命题所主张者如是：凡欲完全知一事物，吾人必须知一切可能的宾词，且必须由之肯定的

① 依据此种原理，一切事物皆与一共同之相依者（即一切可能性之总和）相关。设此相依者（即一切可能的宾词之质料）应在某一事物之理念中觅之，则由各事物之“完全规定之根据”同一，证明一切可能的事物之彼此亲和性。反之，一切概念之能受规定性隶属排中律之普遍性，而一事物之规定，则隶属全体（universitas），即一切宾词之总和。

或否定的规定此事物。是以完全规定，乃一概念就此概念之全体而言，则绝不能具体展示之者。此概念乃根据一理念，而此理念则仅存在理性能力中——此种能力乃对于悟性制定其完全使用之规律者也。

所谓“一切可能性之总和”之理念，在其用为“一切事物之完全规定之条件”之限度内，其自身虽为未被规定者（就其能构成此理念之宾词而言），吾人仅视为一切可能的宾词之总和，但若严密审察之，则吾人将发现此种理念乃一根本概念，摈除一切由其他宾词所已授予之引申的宾词或与其他宾词不相容之宾词；且实明确以其自身为一完全先天的所规定之概念。于是，此种理念成为一“个体的对象”之概念，此种个体对象乃完全由纯然理念所规定，故必须名之为纯粹理性之理想。

当吾人不仅逻辑的且实先验的——即与其能先天的所思维为属于此等宾词之内容相关——考虑一切可能的宾词时，发现吾人由某某宾词以表现存在，由其他宾词以表现纯然“不存在”。逻辑的否定（此纯由“不”字所指示者）本不与概念相关，乃仅与“概念在判断中与其他概念之关系”相关，因而远不足以规定一概念（就其内容而言）。“不死”之名词并不能使吾人宣称由之表现对象中之纯然不存在；盖此名词使一切内容悉仍其旧，毫无所影响。反之，先验的否定，所指乃“不存在”自身，与先验的肯定相对立，此先验的肯定乃“其概念自身即表现一种存在”之某某事物。故先验的肯定名为实在，盖因推由此种肯定，且仅在此种肯定所到达之范围内，对象始为某某事物（物），反之，其相反之否定所指则为“纯然缺乏”，且在仅思维此种否定之限度内，始表现一切物性之被撤废。

顾除根据相反之肯定以外，实无一人能确定的思维一否定。

凡生而盲者不能有丝毫黑暗观念，以彼等并无光明之观念故。野蛮人绝不知贫穷，以彼不知有财富故。无知者并无“彼等无知”之概念，以彼等绝无知识故，以及等等[①]。是以一切否定之概念，皆为引申的；其包有“一切事物之完全规定及可能性所有之资料以及所谓质料或先验的内容”者乃实在。

故若理性在事物之完全规定中用一先验的基体，此种基体一若包有——事物之一切可能的宾词必须自其中探取之——全部质料，则此种基体不外一“实在总体（Omnitudo realitatis）之理念”。一切真实之否定，不过制限而已——此一名称若不以无制限者即“所有一切”为基础，则不能应用之也。

但“具有一切实在性者”之概念，正为“所完全规定之物自身”之概念；且因在矛盾的宾词之一切可能的各组中，其中之一即绝对属于存在之宾词应在“存在之规定”中发现之，故“一实在的存在体”（Ens realissimum）之概念，为一“个体的存在者”之概念。是以此存在者乃——用为必然属于一切存在事物之“完全规定”之基础——之一种先验的理想。此种理想乃一切存在事物所以可能之最高而完全之实质的条件——此种条件乃关于对象之一切思维（在与其内容相关之限度内）所应追根求源之所在。且亦为人类理想所能之唯一真实之理想。盖一事物之概念——此一概念其自身乃普遍的——仅在此唯一之事例中，始完全由其自身及在自身中所规定，而被认知为“一个体之表象”。

由理性所成“概念之逻辑的规定”，根据抉择的三段推理，

① 天文学家之观察及计算，教示吾人可惊奇之事甚多；但所教示吾人最重要之教训，则在启示吾人无知之广大无边，此若非天文学家之教示，则吾人绝不能思及吾人无知如是之广大也。反省如是所启示之无知，则在评衡吾人理性使用所应趋向之目的时，必发生极大变化。

其中大前提包含一逻辑的分列（一普遍的概念所有范围之分列），小前提限制此范围于某一部分中，结论则以此一部分规定此概念。普泛所谓实在之普遍概念，不能先天的分割之，盖若无经验，则吾人实不知“所包摄在此总纲（Genus）下之任何一定种类之实在”。故在一切事物之完全规定中所预想之先验的大前提，不过“一切实在性之总和”之表象而已；此不仅为一“包摄一切宾词**在其自身下**之概念”（此就其先验的内容而言）；且亦包含此等宾词**在其自身中**；而一切事物之完全规定则以制限此“**总体**实在性”为其基础，盖以此总体实在性之一部分归之此事物，而摈除其他部分故耳——此一种程序与“抉择的大前提中之二者择一，及小前提中以分列部分之一分支规定对象”极相合。因之，理性在使用先验的理想为其规定一切可能的事物之基础（即理性规定一切可能的事物皆与此理想有关）时，乃以比拟理性在抉择的三段推理中之进行程序之方法而进行者——此实我所依据为“一切先验的理念之系统的分类之原理”，视为与三种三段推理平行及相应者。

理性在进达其目的之际（即表现事物之必然的完全规定之际）并不以“与此理想相应之存在者”存在为前提，而仅以此种存在者之理念为前提，其事甚明，此种理念则仅欲自完全规定所有不受条件制限之总体引申其受条件制限之总体（即有限者之总体）而设定之耳。故理想乃一切事物之原型（Prototypon），一切事物皆为不完全之模造品（Ectypa），其所有可能性之质料皆自此原型而来，且虽以种种不同之程度接近此原型，但常离现实到达此原型甚远。

故事物所有之一切可能性（即就事物之内容而言，为综合杂多之可能性）必须视为引申的，唯有一例外，即其自身包有一切实在性者之可能性。此后一种类之可能性，必须视为本原的。盖一切否定［此为任何事物所能与“实在的存在体”（Ens realissimum）相区别之唯一宾词］乃一较大实在性之纯然制限，终极则为最高实在性之纯然制限；故此等否定皆以此实在性为其前提，且就其内容而言，皆自此实在性而来者也。事物所有之一切杂多仅为制限——构成事物之共通基体之——“最高实在性之概念”之相应的种种不同形象，正与一切图形仅能为“制限无限的空间”所有如是多种种之不同形象相同。理性之理想所有之对象，乃仅由理性及仅在理性中呈现于吾人之对象，故名为原始的存在者（Ens originarium）。以此原始的存在者绝无事物能在其上，故又名为最高存在者（ens summum）；又以一切受条件制限之事物皆从属此最高存在者，故又名为一切存在者之存在者（ens entium）。但此等名词并不用以指示一现实的对象与其他事物之客观的关系，乃指示一理念与种种概念之客观的关系。至对于此种“卓越无匹之存在者”之存在，则吾人绝无所知。

吾人不能谓原始的存在者乃由一群支生的存在者所成，盖因支生者必以原始者为前提，彼等自身不能构成此原始者。故原始的存在者之理念必视为单纯的。

因之一切其他可能性自此原始的存在者而来，严格言之，不能视为对于原始者之最高实在性之一种制限，即不能视为原始者之分割。盖若如是，则是以原始的存在者仅为支生的存在者之集合体矣；如吾人适所说明，此为不可能者——在吾人最初之粗略陈述中，虽曾使用此制限之名词。反之，最高实在必为一切事物所以可能之条件，为事物之**根据**，非事物之**总和**；故事物杂多性之所依据者，实非原始的存在者自身之制限，乃自原始者而来之一切事物，其中包括吾人之一切感性及现象领域中之一切实在——此类存在不能视为成分属于最高存在者之理念。

在追求吾人所有此种理念之际，吾人如进而以此理念实体化，则吾人应能由“最高实在之纯然概念”以规定原始的存在者为“唯一、单纯、一切充足、永存，等等之存在者”。要之，吾人应能由一切宾词就其不受条件制限之完全性规定此原始的存在者。此种存在者之概念，就其先验的意义而言，乃神之概念；故如以上之所定义，纯粹理性之理想，为先验的神学之对象。

但在先验的理念此种用法中，吾人应越出先验的理念之“目的及效力”所有之种种限界。盖理性在其以理念为事物之完全规定之基础时，仅以理念为“所有一切实在之概念”，并非要求“所有一切此种实在必须客观的授予，其自身必须为一事物”。盖此种事物乃纯然一种想象，吾人由以联结及实现“吾人所有理念之杂多”在一“所视为个体的存在者之理想”中者。但吾人并无权利以行此事，即假定此种设想之可能性，亦有所不能。且自此种理想而来之任何结果，皆与事物之完全规定无关，亦不能对之有丝毫影响；至以上所述，理念乃事物规定之所必需者云云，在事物之规定中亦仅有辅助作用耳。

但仅叙述吾人理性之进行程序及其辩证性质实有所不足；吾人又必须努力发现此种辩证性质之来源，吾人始能以之为一悟性之现象，而说明其所发生之幻相。盖吾人今所言及之理想，其所根据之理念乃自然的而非任意设置者。故所应有之问题为：理性何以能以事物所有之一切可能性为自一唯一之根本的可能性（即最高实在之可能性）而来，因而预行假定此种根本的可能性包含于一“个体的原始存在者”之中？

对于此问题之答复，显然出于先验的分析论中之论究。感官所有对象之可能性，乃此等对象与吾人所有思维之关系，在此关系中能先天的思维某某事物（即经验的方式），但构成质料之事物，即现象领域中之实在（与感觉相应之事物），则必须授予吾人，盖以不如是则不能思维此实在，且即其可能性亦不能表现之也。顾感官之对象，仅在其与“现象领域中所可能之一切宾词”相比较，始能完全规定之，且由此等宾词始肯定的或否定的表现之。但因构成事物本身之事物（即现象领域中之实在者）必须授予吾人——否则绝不能思及此事物——且因“一切现象之实在者”在其中授予吾人者，乃所视为单一而拥抱一切之“经验”，故感官所有一切对象所以可能之质料，必预行假定为在一全体中授予者；经验的对象之一切可能性及其彼此相互之区别完全之规定，仅能根据于此全体所有之制限。就事实言，除此等感官所有之对象以外，实无其他对象能授予吾人，除在一可能的经验之关联衔接中以外，绝无其他处所能授予吾人对象；因之除预行假定一切经验的实在之总和为其可能性之条件以外，绝无事物能为吾人之对象。今由于一自然的幻相，吾人乃以此种仅适用于“为吾人感官对象之事物”之原理，为必对于普泛所谓事物有效力之原理。因而，除去此种制限，吾人乃以“关于所视为现象之事物之可能性吾人所有概念”之经验的原理，视为普泛所谓事物之可能性之先验的原理矣。

吾人若因此而以此种“一切实在之总和”之理念实体化，则因吾人辩证的以“视为一全体之经验”之集合的统一，代悟性之经验的使用之分配的统一；于是以此种现象之全部领域思维为一“包含一切经验的实在在其自身中”之个体事物；又复由以上所言之先验的易置以——为一切事物所以可能之本源及对于一切事物之完全规定提供其实在的条件者——一类事物之概念代之[①]。

第三节　思辨的理性证明最高存在者存在之论据

为悟性所有概念之完全规定计，理性须预行假定有能与悟性以充足基础之某某事物，固极迫切需要，但理性极易意识及此种预想之为观念的及纯然空想的性质，仅在此种根据上，则不易使理性以其自身所有思维之纯然产物信为真实之存在者——设理性不为其他方向所迫，在“自所与之受条件制限者进至不受条件制限者”之追溯中寻求一止境。此种不受条件制限者实非以其自身为实在者而授予吾人，且亦不以其为具有“纯自概念而来之实在性”而授予吾人；唯在吾人推寻此等条件进至其根据时，则此不受条件制限者即为唯一能完成条件系列之事物。此为人类理性由其本质引导吾人全体（即极无反省之人亦然）所采用之途径——虽非人人能在此途径中继续追寻。此种途径不以概念开始，乃以通常之经验开始，故其自身乃以实际存在之某某事物为根据。但若此种根据不建立于绝对的必然者之不可动的磐石上，则必有倾覆之惧。顾若在绝对的必然者以外及其下，而有任何虚空的空间，又若其自身非具备一切事物使无复有疑问之余地——盖即谓除其实在性为无限的以外——则此种不可动的柱石之自身，又将以无所支持而倾覆矣。

吾人如容认某某事物现实存在，则不问此某某事物为何，吾

① 此种“实在的存在体”之理想虽纯为一表象，顾最初使之实现，即使之成为一对象，然后使之实体化，终极则由“理性趋向完成统一”之自然的进展（如吾人今所欲述者）而使之人格化。盖经验之统制的统一并不根据于现象自身（此仅根据于感性），乃根据“杂多经由悟性之联结”（在统觉中），因之，最高实在之统一及一切事物之完全的能受规定性（可能性），乃见为存于一最高之悟性中，因而存于一智力中。

人又必容认有必然的存在之某某事物。盖偶然的事物仅在“为其原因之其他偶然的存在”之条件下存在，且吾人又必须自此原因以推求其他原因，直至到达“非偶然的且为不受条件制限之必然者”之原因为止。此即理性“推本穷源进展至原始的存在者”所依据之论据。

理性今寻求其与“存在所有此种最高形象即不受条件制限之必然性之形象”相合之概念——其意非欲先天的自概念以推求“此概念所表现之事物”之存在（盖若此点为理性之所要求，则理性之探讨应仅限于概念，殆不要求一所与存在为其基础矣），仅欲在理性所有之种种概念中寻求“绝无任何方面与绝对的必然性相矛盾”之概念耳。盖必须有“以绝对的必然性而存在”之某某事物云云，乃视为由论据中之初步过程已建立之矣。故若除去一切与此必然性不相容之事物，所留存者仅有一种存在，则此种存在必为绝对必然的存在者，不问其必然性是否能为吾人所了解，盖即谓不问是否能纯自其概念演绎之也。

凡其概念中包含对于一切何以故质询（allem Warum）之解答（das Darum），在各方面无丝毫缺陷，在一切事例中皆足为其条件者，此即最适于以绝对的必然性归之之存在者。盖此存在者虽包含一切可能的事物之条件，顾其自身则并不需要任何条件，且亦不容其有任何条件，故能满足（至少在此一方面）“不受条件制限之必然性”之概念。在此方面，一切其他概念自必不足与言此；盖因此等概念皆有缺陷而需其他条件以完成之，故此等概念不能有超脱一切更进一步之条件之特征。吾人固不当论证凡不包有最高及一切方面完备之条件者，其自身在其存在中即为受条件制限者。但吾人能谓此种存在者并不具有——理性所唯一由之能由先天的概念关于任何存在者以知其为不受条件制限者之——

一种特征。

故“一实在的存在体”之概念，在可能的事物之一切概念中，乃最与“不受条件制限之必然存在者之概念”相适合；此虽不能完全与之适合，但以在此事中吾人无选择余地，故不得不固执此概念。盖吾人不能无必然的存在者之存在；一度既容认其存在，则在可能性之全部范围内，吾人不能发现有任何事物能较之“一实在的存在体”对于“存在形象中此种卓越无匹之形象”具有更有根据之要求也。

此为人类理性之自然进程。此种进程由其使理性自身确信有某某必然的存在者之存在开始。理性对于此种存在者，认为具有不受条件制限之一种存在。于是理性探求超脱任何条件者之概念，而在“其自身为一切其他事物之充足条件者”之中即在包含所有一切实在性者之中发现之。但包含一切而无制限者，乃绝对的统一体，且包括“唯一的存在者又为最高存在者”之概念。因之，吾人结论谓其为一切事物本源根据之最高存在者，必以绝对的必然性而存在。

若吾人之目的在**到达一种决定**——盖即谓某种必然的存在者之存在若以之为已容认者，又若更进一步人皆赞同吾人必须对于此存在者为何到达一种决定——则必容许以上之思维方法具有一种力量。盖在此种情形中，不能善为选择，或宁谓为绝无选择之余地，唯觉吾人不得不决定以“完全实在之绝对的统一”，为可能性之最后源泉耳。但若并无事物要求吾人有所决定，且直至其证据之重量足以迫使吾人同意为止，对此论点宁可置之不顾时；易言之，吾人之所为者，若仅在评衡吾人实际之所知者究有几许，自以为有所知者又究有几许，则以上之论据，实见其极为薄弱，须有特殊之深厚同情为之后援，以弥补其主张之缺陷。

盖若吾人以其论点为如此处所论述者，即第一，吾人能正确自“任何所与存在”（此或为我自身之存在）推断一“不受条件制限之必然存在者”之存在；第二，吾人必须以包含一切实在性因而包含一切条件之存在者，视为绝对不受条件制限者，以及吾人在关于实在的存在体之此种概念中因而发现“吾人又能以绝对的必然性加于其上之存在者”之概念——顾即容认此种种，亦绝不因之而即推断“并不具有最高实在性之有限的存在者”之概念，即以此故，与绝对的实在不相容。盖吾人在有限的存在者之概念中，虽未发现不受条件制限者（此不受条件制限者乃包含于条件总体之概念中者），但吾人并不因之即可推断有限存在者之存在，即以此故，必为受条件限制者；正与吾人在假设的三段推理中，不能谓“凡无某种条件（在所论究之事例中乃依据纯粹概念之‘完全性条件’）之处，受条件制限者亦不存在”相同。反之，吾人能完全自由主张任何有限的存在者，（不以其为有限之故）亦能为不受条件制限之必然者——吾人虽不能自吾人关于此等存在者所有之普遍概念推论其必然性。故以上之论据，丝毫不能与吾人关于必然的存在者性质之概念，实为一无所成就者也。

但此种论据仍继续具有其重要性，且赋有一种权威，吾人不能仅以其客观上不充足之故，立即进而剥夺之。盖若容认在理性之理念中，有完全有效之人类责任，但除假定有最高存在者对于实践的法则与以效力及确证以外（在此种情形中，吾人应有遵从此等概念之责任，盖此等概念自客观言之，虽不充足，但依据吾人理性所有之标准，则仍为优越之法则，且吾人绝不知有更善及更可信奉者能与之比较），则其应用于吾人自身，殆缺乏一切实在性，即为并不具有动机之责任。故吾人所有决定此事之义务，将借实践的增加之力，使思辨之悬而未断所微妙保持之平衡偏重一方。盖为此种实践的迫切动机所迫促时，理性若不能（不问其理论上之洞察如何不完备）使其判断与此等——至少较之吾人所知之其他任何事物更为重要之——要求相合，则理性将受其自身所有判断谴责（再无较之此等判断更为审慎周密者）。

此种依据“偶然性事物内部不完备”之论据，实际虽为先验的，但以其如是单纯而自然，故在其提出以后，立为常人所容受。吾人见事物之变化生灭；故此等事物（或至少此等事物之状态）必须具有原因。但关于所能在经验中授予之一切原因，亦能以此同一之问题加之，更探讨其原因所在。故除最高因果作用所在之处——即在“本源的其自身中包含一切可能的结果之充足根据，且其概念由包括一切之圆满充足一属性，吾人极易容纳之者”之存在者中——实无吾人更能适当安置其终极的因果作用之地。于是吾人进而以此最高原因视为绝对必然者，盖因吾人发现吾人追溯之必达此点，实为绝对必然之事，且发现更无可以超越此点之根据。故一切民族在其最愚昧之多神教中亦见有一神教之微光，彼等之到达此点，非由反省及深远之思辨所致，乃纯由通常悟性之自然倾向所致，盖以其逐渐进展至认知其自身所有之要求也。

由思辨的理性证明神之存在仅有三种可能的方法

引达此种目标（按即神之存在）之一切途径，[第一] 或由一定的经验及由经验所知之感性世界之特殊性质开始，依据因果律，自此上推至世界以外之最高原因；[第二] 或自纯然不定的经验即自普泛所谓存在之经验开始；[第三] 最后或抽去一切经验，完全先天的自纯然概念，论证一最高原因之存在。第一证明为自然神学的，第二证明为宇宙论的，第三为本体论的。此外并无——且不能有——其他之证明矣。

我意在说明理性之不能在经验一途径有所进展，亦犹其在先验的一途径之不能进展，以及理性纯由思辨能力欲展其双翼翱翔于感性世界之上，实为无益之举。至关于吾人所必须由以论究此等论据之顺序，则与理性在其自身发展之前进中所采取之途径（即吾人在以上之叙述中所采取之途径）正相反。盖在此种探讨中，经验虽为最初所授予之机缘，但在其所有一切此种努力中，揭示理性欲使自身到达之目标，及在其努力进达此目标时为其唯一之领导者，实为**先验的概念**。故我将先自检讨先验的证明开始，然后再论究“增加经验的因子，在增进论据之力量上果有何种效果”。

第四节　关于神之存在本体论的证明之不可能

由以上所述观之，显见绝对必然的存在者之概念，乃一纯粹理性之概念，即纯然一理念，其客观的实在性，远不能自“为理性所要求”一事证明之。盖理念之所训导吾人者，仅关于某种不能到达之完全性，故其效用与其谓为用以推展悟性至新对象，毋宁谓为用以限制悟性之为愈也。但吾人在此处遇及奇异而又烦困之事，即在“自所与之普泛所谓存在推论至某某绝对必然的存在者”时，虽见其为势所必至，且正当合理，但悟性所能唯一由以构成此种必然性概念之一切条件，则多为吾人推论此绝对必然的存在者之障碍。

在一切时代中，人皆谈及**绝对必然的**存在者，顾谈及此事时之所努力者，多不在理解此种事物是否及如何容许为吾人所思维，而唯在证明其存在。对于此种概念与以文字上之定义，即谓

“此为不能不存在之某某事物”云云，自无困难。但此种定义，在使“以其不存在为绝对不可思维”云云，成为必然的之种种条件，则绝不使人有所洞见。顾吾人欲决定“依恃此种概念吾人是否确思维任何事物”，则此等条件正为吾人所欲知之条件。仅由引入不受条件制限一语，而除去“悟性欲以某某事物为必然的时所不可欠缺之一切条件”之策略，实远不足以显示在此不受条件制限之必然者之概念中，是否我仍思维任何事物，抑或全然空虚无物。

不特此也，此种概念初则盲目尝试，久则完全习熟，假定有无数例证展示其意义；以此之故乃以为无须更进而探讨此概念之能否为人理解矣。于是一切几何学上之命题，例如“一三角形具有三种角乃绝对必然的”云云之事实，以为足以使吾人陈说“完全在吾人之悟性范围以外之对象”一事之为正当，一若吾人已完全了解吾人由此对象之概念意向所指之事物为何也。

至其所谓例证，绝无例外，皆自判断得来，非自事物及其存在得之者。但判断之不受条件制限之必然性，非即事物之绝对的必然性。判断之绝对的必然性，仅为事物所有受条件制限之必然性，即判断中宾词所有受条件制限之必然性。以上命题并非声言三角乃绝对的必然者，仅谓在“有一三角形”之条件下（即授予一三角形），其中必然发现三角。此种逻辑的必然性所有之惑人影响，实如是之大，故由包括“存在”于其意义范围内之一种方法，以构成事物之先天的概念一类之单纯计划，吾人即自以为已能使以下之推断为正当，即因“存在”必然属于此种概念之对象——常在吾人设定此事物为授予者（视为现实存在）之条件下——吾人依据同一律亦必然需要设定其对象之存在，因而此种存在者之自身乃绝对必然的——重言以声明之，此种存在者之为绝对必然的，乃因此种存在者之存在，已包含于所任意假定之概念中，且在“吾人设定此概念之对象”之条件下包含之也。

在同一律之命题中，我若摈除其宾词而保留其主词，则有矛盾发生；故谓宾词必然属于主词。但吾人若将主词宾词一并除去，则无矛盾；盖斯时并无能矛盾之事物留存。若设定一三角形而又除去其三角，则为自相矛盾；但将一三角形与其所有之三角一并除去，则无矛盾。此点同一适用于绝对必然的存在者之概念。如除去此种存在者之存在，吾人乃除去此物本身与其所有之一切宾词；则斯时并无矛盾之问题可以发生。斯时在此存在者之外，绝无能矛盾之事物，盖以事物之必然性并非以之为自“外部的任何事物”而来者；且亦无能与之矛盾之内部的任何事物，盖在除去事物本身时，吾人同时除去其所有之一切内部的性质也。“神为全能”乃一必然的判断。吾人若设定一神性（即一无限的存在者），即不能摈除全能性；盖此二概念乃同一者。但吾人若谓“无神”，则既无全能性，亦无神之其他任何宾词授予；此等宾词皆与其主词一并除去，故在此种判断中并无丝毫矛盾。

于是吾人见及一判断之宾词，如与其主词一并除去，则无内部的矛盾能发生，此点不问其宾词为何，皆能适用之也。欲避免此种结论之唯一方法，则在论证有“不能除去且必须永久存留”之主词。顾此不过谓有绝对必然的主词之另一说法而已；且我所置疑者即此假定，而以上之命题则自以为证明其可能性者也。盖我对于除去此事物与其所有这一切宾词而尚能留有矛盾之事物，实不能构成丝毫概念；在并无矛盾时，仅由纯粹先天的概念，我实无“以其不存在为不可能”之标准。

所有此等人人所必须同意之普泛见解，吾人尚能以一种事例指摘之，此种事例乃以之为实际与以上之意见相反之证明，即有一概念，且实仅此一概念，以其对象为不存在或摈除其对象，则为自相矛盾，此即实在的存在体（按 ens realissimum 乃指为一切事物之本体之存在体）之概念。盖已声言此实在的存在体具有所有一切实在性，以及吾人有正当理由假定“此种存在者乃可能者”（概念并不自相矛盾之一事，绝不能证明其对象之可能性，但我一时姑容认此相反之主张）[①]。顾此论据进而以“所有一切实在性”包括存在；故存在包含于一可能的事物之概念中。于是若除去此事物，则此事物之内的可能性自亦被除去——此则自相矛盾者也。

我之答复如下。在吾人所自承仅就其可能性所思维之事物之概念中，引入存在之概念时——不问假借何种名称——已有一矛盾在其中矣。如容认其为正当，一时固获得表面之胜利；但实际则绝无所主张：仅同义异语之辞费而已。吾人必须诘问：甲或乙事物（不问此种事物为何，姑容认其为可能者）存在云云之命题，为一分析的命题，抑为一综合的命题？如为分析的，则事物存在之主张，对于事物之思维，绝无所增益；但若如是，则或“吾人内部中之思维即事物本身”，或吾预行假定有一种属于可能的领域之存在，然后据此理由自其内部的可能性以推断其存在——凡此不过一可怜之同义异语之辞费而已。事物概念中之实在一语，较之宾词概念中之存在一语别有意义云云，实不足应付此种反驳。盖若所有一切设定（不问其所设定者为何）名为实

① 若一概念非自相矛盾者，则此概念常为可能的。此乃可能性之逻辑的标准，由此标准，概念之对象能与否定的无（nihil negativum 即无概念之虚空的对象）相区别。但除“此概念所由以产生之综合”之客观的实在性，已被特别证明以外，则此概念仍为一虚空的概念；而此种证明，据吾人以上所述，乃依据可能的经验之原理，非依据分析之原理（矛盾律）者也。此乃警告吾人勿直接自概念之逻辑的可能性以论证事物之实在的可能性。

在，则事物与其所有之宾词，已设定在主词之概念中，而假定其为现实的矣；宾词中存在云云仅为重复之辞。反之，吾人若容认（一切有理性之人所必须容认者）一切存在的命题皆为综合的，则吾人何以能公然主张"除去存在之宾词不能不有矛盾"云云。此乃仅在分析命题中所有之情形，亦正所以构成其分析的性格者也。

我若不见及由逻辑的宾词与实在的宾词相混（即与规定事物之宾词相混）所发生之幻相殆在较正范围以外，则我将期望由精确规定存在之概念，以直接方法终止此种无聊之争辩矣。任何事物苟为吾人所欲，皆能用为逻辑的宾词；乃至主词亦能为其自身之宾词；盖逻辑乃抽去一切内容者也。但规定之者之宾词，乃自外加于主词概念且扩大之者之宾词。故此种宾词非已包含于其概念中者。

"存在"（Sein）显然非一实在的宾词；即此非能加于事物概念上之某某事物之概念。此仅设定一事物或某种规定，一若其自身存在者。在逻辑上，此仅一判断之系辞而已。"神为全能"之命题包有两种概念，每一概念皆有其对象——神及全能。"为"之一字并未增加新宾词，仅用以设定宾词与其主词之关系而已。吾人今若就主词（神）与其所有之一切宾词（全能宾词在其中）总括言之，谓"神在"或"有神"（按以上"为""在""有"三字德文为 Sein 英文为 Being），吾人并未以新宾词加于神之概念，仅设定此主词自身与其所有之一切宾词，且实设定为"与我之概念有关之一种对象"。对象与概念二者之内容必皆同一；由我思维其对象（由于"此为"二字）为"绝对所授予者"云云，对于仅表现其为可能者之概念，绝不能有所增益。易言之，实在者之所包含者，不过纯然可能者而已。一百实在的"泰拉"（译者按货币名）之所包含者，较之一百可能的“泰拉”并未稍增一毫。盖以可能的泰拉所指为概念，而实在的泰拉则所指为对象及设定此对象，故若实在者之所包含者较之可能者为多，则在此种情形下，我之概念将不能表现其对象之全部，殆非此对象之适合概念矣。顾一百实在泰拉影响于我之财产状况，较之一百泰拉之概念（即一百泰拉之可能性之概念），全然不同。盖以对象现实存在，非分析的包含于我之概念中，乃综合的增加于我之概念（此为我之状态之规定）之上者；但所述之一百泰拉则并不因存在我之概念之外，其自身有丝毫增加。

不问吾人以何种宾词及几多宾词思维一事物——即令吾人完全规定此事物——在吾人宣称有此一事物时，对于此事物并未丝毫有所增加。否则此存在之事物殆非吾人在概念中所思维之同一事物，而为较之所思维者以上之事物；因而吾人不能谓我之概念之确实对象，实际存在。吾人如就一事物思维其实在之一切形态而遗其一，此所失之实在性，非因我言“此缺陷之事物实际存在”，而即增加于其上也。反之，此事物即以我所思维之同一缺陷而存在，盖以不如是，则实际所存在者与我所思维者，殆为不同之事物矣。故即我思维一存在者为最高实在而毫无缺陷时，此存在者是否实际存在，仍为一问题。盖在我之概念中，关于一普泛所谓事物之可能的实在内容，虽一无缺憾，但在其与我之全部思维状态之关系中，则仍有所欠缺，即我不能谓此种对象之知识在后天（按即在现实经验中）亦属可能是也。吾人在此处乃发现吾人现今所有困难之缘由。吾人之所论究者，若为感官之对象，则吾人自不能以事物之存在与事物之纯然概念相混。盖由对象之概念所思维者，仅思维为合于“普泛所谓可能的经验知识之普通条件”，反之，由事物之存在所思维者，乃思维为属于“所视为一全体之经验之关联衔接”中者。是以在其与“所视为一全体之经验”之内容相联结时，对象之概念固并未丝毫扩大，但其所有结果，则为吾人之思维由之获得一增加之可能的知觉。故若吾企图唯由纯粹范畴以思维存在，则吾人不能举一标识使存在与纯然可能性相区别，此实不足惊异者也。

不问吾人关于一对象之概念所包含之内容为何及如何之多，吾人如欲以存在归之此对象，则必须越出概念以外。在感官对象之事例中，此种越出概念以外之事，由此等对象依据经验的法则与吾人所有知觉之某一知觉相联结而发生。但在论究纯粹思维之对象时，吾人绝无知此等对象存在之何种方法，盖此种对象应以完全先天的方法知之也。吾人所有关于一切存在之意识（不问其直接由于知觉，或间接由于使某某事物与知觉相联结之推论），皆专属于经验之统一；任何在此领域外之所谓存在，虽非吾人所能宣称为绝对不可能之一类，但亦为吾人所绝不能证实其正当之一种假定性质。

最高存在者之概念在许多方面诚为一极有实益之理念；但正以其为一纯然理念，故仅由其自身绝不能扩大吾人关于实际所存在者之知识。乃至关于“由经验所知者及在经验中所知者以外任何存在之可能性”，此种理念亦不能有所启示吾人。可能性之分析的标准，以其由“仅仅肯定（实在性）绝不发生矛盾”云云之原理所成，故不能否定此最高存在者。但因此等实在性非在其特殊性格中授予吾人；又因即令其在特殊性格中授予吾人，吾人仍不能加以判断；且因综合的知识所以可能之标准，除在经验中以外绝不能在他处求之——而理念之对象则为不能属于经验者——故在一事物中所有一切实在的性质之联结，皆为综合的，其可能性则为吾人所不能先天的决定之者也。是以莱布尼兹远不能成就彼所自负之事业——即先天的理解“此种至高无上之理想的存在者”之可能性。

故企图欲以笛卡尔之本体论的论据证明最高存在者之存在，仅丧失如是多之劳苦及努力耳；吾人之不能由纯然理念以增进吾人关于神学的识见之积聚，亦由商贾之不能在其资产簿上加上若干单位以增进其财富也。

第五节　关于神之存在宇宙论的证明之不可能

企图自纯为任意设定之理念抽绎“与此理念相应之对象之存在”，乃极不自然之过程，且纯为复兴昔日僧院派所有之技巧。在吾人之理性一方，若非先有“以某种必然的事物（吾人之追溯以此为终点者）为普泛所谓存在之基础”之需要；又若理性非迫而探求“能满足（如可能时）此种要求且使吾人能以完全先天的方法认知一种存在”之概念时（因此种必然性必须为不受条件制限且为先天的确实者），则此种企图绝不能发生。此种概念被假定为应在实在的存在体（ens realissimum）之理念中发现之；故此理念仅用为此必然的存在者之更为确定之知识，至其必然的存在，则吾人已在其他根据上确信之，或为人所说服者。顾此种理性之自然的进程，隐蔽不为人所见，于是以此种概念为止境者乃反企图以之为发端，因而乃自仅适于补充“存在之必然性”者演绎“存在之必然性”矣。于是乃有失败之本体论的证明，此种证明既不能满足自然而健全之悟性，亦不能满足需要严格证明之学术的要求。

吾人今所欲从事检讨之宇宙论的证明，保有使绝对必然性与最高实在性之连接，但非如前一证明自最高实在性推论存在之必然性，乃自“先已授予某某存在者之不受条件制限之必然性”推论此存在者之无制限的实在性。于是此种证明进入一种——不问其为合理的或仅伪辩的，总之乃自然的，且不仅使常识深信即思辨的悟性亦极信奉之——推理途径。且此种证明又草就自然神学中所有一切证明之初步纲要，此种纲要常为人所追从，且此后亦将常为人所追认者，固不问其以无数多余之饰品粉饰之而掩蔽之也。此种证明莱布尼兹名之为自世界之偶然性（A contingentia mundi）推论之证明，吾人今将进而说明之并检讨之。

此种证明之推论如下：如有任何事物存在，则亦必有一绝对必然的存在者存在。至少我存在。故一绝对必然的存在者存在。小前提包含一种经验，大前提则包含“自其有任何经验以推论必然者之存在”之推论[①]。故此证明实际乃以经验开始，非完全先天的或本体论的。以此之故，且因一切可能的经验之对象称为世界，故名之为宇宙论的证明。因在论究经验之对象时，此种证明抽去“此世界所由以能与任何其他可能的世界相异”之一切特质，故此名称又可用以使之与自然神学的证明相区别，此种自然神学的证明，乃以“吾人感官所展示于吾人之世界”之特殊性质之观察为基础者也。

于是此种证明进行推论如下：必然的存在者仅能以一种方法规定之，即以每组可能的相反宾词之一规定之。故此必然的存在者完全由其自身所有之概念规定之。顾仅有一可能的概念完全先天的规定事物，即实在的存在体（ens realissimum）之概念。故

① 此种推论人所习知，无须详为叙述。此乃根据所假定之“自然的因果关系”之先验的法则：即一切偶在的事物皆有一原因，此原因之自身如亦为偶然的，则必又有一原因，直至所有隶属的原因之系列终止于一绝对必然的原因为止，无此绝对必然的原因，则此系列即非具有完全性者也。

实在的存在体（ens realissimum）之概念乃所能由之以思维必然的存在者之唯一概念。易言之，最高存在者必然存在。

在此种宇宙论的论据中联结有如是多之伪辩的原理，以致思辨的理性似在此种事例中竭其所有辩证的技巧之力以产生最大之可能的先验幻想。今姑暂缓检讨此种论据，吾人第欲详述“所由以粉饰旧论据为新论据，且由之以陈诉于两种证人——一则具有纯粹理性之信任状，一则具有经验之信任状者——之一致同意”之种种策略。实际唯一之证人，乃以纯粹理性之名所发言者，仅改易其形貌及音调，努力使之转变为第二种证人耳。此种证明欲为其自身设置一坚强基础乃立足于经验之上，因而表示其与——完全置其全部信用于先天的概念之上之——本体论的证明有别。但宇宙论的证明仅以此种经验为论据中简单一步骤之用，即以之推断必然的存在者之存在耳。至此种存在者具有何种性质，则其经验的前提不能告知吾人。于是理性乃完全摈弃经验，努力自纯然概念以求发现绝对必然的存在者所必须有之性质为何，即自概念探求“在一切可能的事物中其自身包含绝对的必然性所必须之条件者”。顾又假定此等条件，除实在的存在体（ens realissimum）之概念以外，无处可以发现之；于是结论为：实在的存在体（ens realissimum）乃绝对必然的存在者。但吾人在此处预行假定最高实在之概念，完全适合于存在之绝对的必然性之概念，即预行假定存在之绝对的必然性能自最高实在推得之，此则极为明显者也。顾此为本体论的证明所主张之命题；今在宇宙论的证明中复假定之，且以之为其证明之基础；但此种假定乃宇宙论的证明表示所欲摈弃之假定。盖绝对的必然性乃纯自概念所规定之一种存在。如我谓最高实在之概念乃专用于——且适合于——必然的存在者之概念，且实为其唯一之概念，则我自必亦容认必然的存在者能自此种概念推得之。于是所谓宇宙论的证明所能有之任何证明力，实际皆由“纯自概念所推论之本体论的证明”而来。则是陈诉于经验云云，完全为一多余之事矣；盖经验或能引吾人到达绝对的必然性之概念，但不能证明此种必然性之属于任何一定事物。诚以在吾人努力证明此种必然性之属于某一定事物时，吾人必须立即放弃一切经验而在纯粹概念中探求，以发现此等概念中是否有一包含绝对必然的存在者所以可能之条件者。如吾人以此种方法能决定必然的存在者之可能性，则自亦能以之证明其存在。盖吾人斯时所言者乃：在一切可能的存在者之中，有一存在者负荷有绝对的必然性，即此种存在者以绝对的必然性而存在者也。

谬妄之论据，揭之于正确之三段推理之方式中，最易发现之。此为吾人今欲在所论究之事例中行之者。

设“一切绝对必然的存在者亦即一切存在者中之最实在者”云云之命题果属正确（此为宇宙论的证明精髓 nervus probandi 之所在），则必与一切肯定的判断相同，至少能由减量法（per accidens）换位。于是乃推论为若干实在的存在体（entia realissima）亦即绝对必然的存在者。但一实在的存在体并无与其他实在的存在体相异之点，凡适用于“统摄于此概念下之若干实在的存在体”，自亦适用于一切实在的存在体。故在此种事例中，我不仅由减量法，即由单纯之换位法，亦能使此命题换位，而谓一切实在的存在体（ens realissimum）乃必然的存在者。但因此种命题唯自其先天的概念规定之，故实在的存在体之纯然概念，必须负荷有此种存在者之绝对的必然性；此则正为本体论的证明所主张而宇宙论的证明之所否认者——宇宙论的证明之结论虽实潜以此种主张为基础。

于是思辨的理性在其企图证明最高存在者之存在时所进入之第二种途径，不仅与第一种途径相同，纯属欺人，且尚具有附加的缺点，即犯有论点不中肯（ignoratio elenchi）之缺点。此种方法本表示以新途径引导吾人者，乃在略一迂回以后，复引吾人还至吾人遵其命令所已放弃之途径。

我曾谓在此宇宙论的论据中，藏有全部辩证的假定之巢穴，此种辩证的假定，先验的批判极易发现之而毁弃之。此处我仅列举此等欺人的原理，至进一步之检讨及拒斥等事，则一任今已充分熟习此类事业之读者自为之。

宇宙论的证明中所包含者，例如①吾人由以自偶然的事物推论一原因之先验的原理。此种原理仅能适用于感官世界；除此世界之外，则绝无意义。盖偶然的事物之纯然智性的概念，不能发生任何此种因果作用一类之综合的命题。而因果律则仅适用于感官世界，此外并无意义，且亦无其所以适用之标准。但在宇宙论的证明中，则此因果律正欲用之使吾人能越出感官世界以外者也。②自感官世界中所次第发生之无限的原因系列之不可能以推断第一原因之推论。理性所有使用之原理，即在经验世界中亦不能容吾人作此种推断，至出此世界以外在因果系列所绝不能到达之领域中，则更有所不能矣。③理性关于完成此种系列之无正当根据之自满。除去——必然性之概念无之则不可能——之一切条件，在理性斯时根据吾人不能更进有所思，遂以为已完成“系列之概念”。④“联结一切实在于一实在中”（并无内的矛盾）之概念之逻辑的可能性与此种实在（按即包括一切实在者）之先验的可能性，二者间之相混。在此种实在之先验的所以可能之事例中，须有一原理以证明此种综合之实际能行，顾此种原理其自身仅能适用于可能的经验之领域——等等。

宇宙论的证明之进行程序乃故意如是规划，使吾人能避免“应先天的由纯然概念以证明必然的存在者之存在”耳。此种证明乃要求以本体论的方法成就之者，此则吾人所感为完全无力承受之事业。因之，吾人以一现实的存在（一种普泛所谓经验）为吾人推论之出发点，就吾人以此种方法推论之所能及，进展至“此种存在”之某种绝对必然的条件。斯时吾人已无须说明此种条件之所以可能。盖已证明此种条件存在，则关于其可能性之问题，实完全为多余之事矣。今若吾人欲更圆满规定此种必然的存在者之性质，则吾人并不努力以其实际所适合之方法为之，即自其概念以发现其存在之必然性之方法为之。盖若吾人能以此种方法为之，则应无须经验上之出发点。不特此也，所有吾人之所探求者为其消极的条件（conditio sine qua non），无此种条件则一存在者即非绝对必然的。此在“自一所与结果以推论其根据”之一切其他种类之推理中，固极正当；但在现今之事例中，则不幸有以下之情形，即绝对的必然性所需之条件，仅在一唯一之存在者中发现之。故此存在者必须在其概念中包含绝对的必然性所需之一切事物，因而能使我先天的推论此种绝对的必然性。于是我必须亦能相反的推论而谓：凡应用此种（最高实在之）概念之任何事物，乃绝对必然的。我若不能作此种推论（我若避免本体论的证明则我必赞同此种推论），则我在所遵由之新途径中已受顿挫而仍返至我之出发点矣。最高存在者之概念，满足“一切就事物之内的规定先天的所能设立之问题”，故为一种独一无比之理想，盖其概念虽为普遍的，同时亦指示一“列在一切可能的事物中之个体”。但此概念关于其自身存在之问题——此虽为吾人探讨之真实目的——并未与以满足，且若任何人承认一必然的存在者之存在，但欲知在一切实际存在之事物中，何者即此存在者，则吾人不能以“此即必然的存在者”之确定语答之。

欲减轻理性探求其“说明根据之统一”之事业，固可容许吾人设想一“一切充足之存在者”之存在，为一切可能的结果之原因。但在僭妄断言“此种存在者必然的存在”时，则吾人对于此可容许之假设，已非以温和之言辞出之，乃以确信的态度主张其必然的正确矣。盖关于吾人所自称知其为绝对必然之知识，其自身亦必须负荷有绝对的必然性者也。

先验的理想之全部问题归结如下：或授予绝对的必然性而探求具有此必然性之概念，或授予某某事物之概念，而发现此某某事物之为绝对必然者。二者之中如有一可能，则其他一点亦必可能；盖理性仅以自概念而来之必然性认为绝对的必然者也。但此二者皆完全出乎“吾人关于此事所以满足吾人悟性”之最大努力以外，且欲使悟性承服其无力之一切企图亦皆无效。

吾人所必不可缺之“一切事物之最后承托者”之不受条件制限之必然性，在人类理性实为一不可逾越之真实深渊。即如哈拉尔（Haller）就其所有一切森严可畏之崇高性所描述之“永恒”本身，其在精神上之印象，亦远不及此不受条件制限之必然性之烈；盖永恒仅量度事物之延续而非支持之也。吾人所表现为在一切可能的存在者中最高之存在者，一若其一人独语谓：我自永恒至永恒，在我之外，除由于我之意志使之存在者以外，绝无事物存在，顾我自何而来？此种思维，吾人虽不能摈绝，然亦不能耐受。此处吾人所有一切之支持点，皆丧失无余；最大完成与最小完成相同，在纯然思辨的理性之前亦空虚无实，此思辨的理性绝不以丝毫努力保留此二者之一，即容许此二者完全消失，亦不觉有所损失者也。

由某种结果以显示其存在之种种自然力，永为吾人所难以探究之事；盖吾人推溯此等自然力之缘由，不能过于远离观察。在现象根底中之先验的对象（以及吾人之感性何以从属某某最高条件而不从属其他条件之故），亦永为吾人难以探究之事。实有“物自身”授予吾人，但吾人不能洞察其本质。顾纯粹理性之理想则大异于是；此则绝不能谓其难以探究者。盖因关于其实在，除仅在理性一方由之以完成一切综合的统一之需要以外，并不要求与以任何之信任确证；又因其绝非以之为可思维之对象而授予者，故不能以对象所由以存在之方法探究之而致难以探究。事适与此相反，以其纯为理念，故必须在理性之本质中探求其所在及其解决，故必容许研讨。盖吾人应能以客观的根据或主观的根据（在纯然幻相之事例）说明吾人所有一切之概念、意见及主张，此即理性之所以为理性者也。

关于一必然的存在者之存在在一切先验的证明中所有辩证的幻相之发现及说明

以上两种证明皆为先验的，即皆在经验的原理之外所尝试者。盖宇宙论的证明虽以一种普泛所谓经验为前提，但在其应用于——由普泛所谓经验的意识所授予之——一种存在时，非根据于此种经验之任何特殊性质，乃根据于理性之纯粹原理。更进一步则立即放弃此种经验之导引，而以唯纯粹概念是赖矣。于是在此等先验的证明中——联结必然性之概念与最高实在之概念，而使仅能成为理念者实在化实体化之——辩证的而又自然的幻相之原因究何在？吾人何以不得不假定存在之事物间有某一事物其自身乃必然的，同时又对此种存在者之存在退避不前，如临深渊？吾人如何能使理性关于此事保持其自身一致，且使理性自“勉为赞同以后又复撤回之举棋不定之状态”中自拔，而到达确定的洞见？

事实上颇有令人奇异之处，即吾人一度假定某某事物之存在，即不能避免推论此存在之某某事物为必然的。宇宙论的论据即依据此种极自然之（虽非因而即谓为正确）推论。顾在另一方面，我任举任何事物之概念（不问此事物为何），即见此事物之存在绝不能由我表现之为绝对的必然，且又见此存在之事物，不问其为何，皆不能阻我思维其非存在。是以我虽不得不假定某某必然的事物为普泛所谓存在之条件，但我不能以任何特殊的事物视为其自身乃必然的。易言之，除假定一必然的存在者以外，我绝不能**完成**关于存在条件之追溯，顾我又绝不能以此种存在者为起始者也。

我若不得不思维某某必然的事物为现存事物之条件，而又不能以任何特殊的事物视为其自身乃必然的，则其结果必为“必然性与偶然性并非与物自身有关”；否则将有矛盾发生矣。因之，此两种原理无一能为客观的。但可视之为理性之主观的原理。其一原理令吾人探求某某必然的事物为一切所与存在者之条件，即探求至到达完全先天的说明为止；其又一原理则永禁阻吾人有此种完成之期望，即禁阻吾人以任何经验的事物为不受条件制限由之以解除吾人更进而求其由来之劳苦。由此观之，此两种原理纯为辅导的及**统制的**，且为仅与理性之方式的利益有关，故能并行不悖。其一命令吾人使自然哲学化，一若有一“一切存在事物之必然的第一根据”——虽其目的仅在常追求“所视为想象的最后根据之理念”，以使吾人之知识有系统的统一。其另一原理则警戒吾人不可以现存事物之任何规定视为此种最后的根据，即不可以之为绝对的必然者，而常需留有更进一步推求其由来之余地，即以任何规定皆视为“被其他事物所限制之受条件制限者”。但若在事物中所知觉之一切事物，吾人皆必须以之为受条件制限者，则在经验上所容许授予之事物，无一能被视为绝对的必然者矣。

故因绝对的必然者仅意在用为获得现象间最大可能的统一（此为现象之最后根据）之原理，又因——盖以第二种规律，命令吾人常须以统一之一切经验的原因视为有所由来者——吾人在世界内绝不能到达此种统一，故吾人必须以绝对的必然者视为在世界以外之存在者。

古代哲学家以自然中之一切方式皆视为偶然的；其视质料，则步武常人之判断，视为本源的及必然的。但若不相对的以质料为现象之基体，而就质料之自身及其存在考虑之，则绝对的必然性之理念立即消失。盖并无绝对强使理性接受“此种存在”之事物；反之，理性常能在思维中视之为无，而并无矛盾；诚以绝对的必然性，唯在思维中所见之必然性而已。故此种信念必由某种统制的原理而来。实际上延扩及不可入性（二者在古代哲学家间构成物质之概念）构成统一现象之最高经验的原理，此种原理在其为经验上不受条件制限之限度内，具有统制的原理之性格。但因构成“现象中所有实在者”之质料，其一切规定（包含不可入性在内）乃一种结果（活动），结果则必有其原因，因而其性质常为有所由来者，故质料不合于——所视为一切有所由来者之统一原理之——必然的存在者理念。（盖其所有实在的属性乃有所由来者，皆不过受条件制限之必然而已，因而能除去之者——于是质料之全部存在，皆能除去矣。）设不如是，则吾人应由经验的方法到达统一之最后根据——此则为第二种统制的原理所不许者。故其结果，质料及凡属于世界之任何事物，皆不合于“必然的本源存在者之理念”，即在以此必然的本原存在者仅视为最大经验的统一之原理时，亦复如是。此种存在者或原理，必须置之世界以外，一任吾人以坚强之信念自由从其他现象推求世界之现象及此等现象存在之由来，一若世界中并无必然的存在者，同时吾人又复自由以不断努力趋向此种推溯由来之完成，一若预想有此种必然的存在者为一最后根据。

由此言之，最高存在者之理想，不过理性之统制的原理而已，此种原理导使吾人视世界中之一切联结，一若皆自一“一切充足之必然的原因”所产生者。吾人能以在说明世界联结时所有之系统的及——依据普遍的法则——必然的统一规律根据于此理想；但此理想并非即主张其自身必然的存在之一种主张。同时吾人不能避免失验的潜行更替，由于先验的更替，此种方式的原理乃表现为构成的原理，此种统一成为实体化。吾人在此处之进行，正类吾人在空间事例中之所为。空间仅为感性之原理，但因其为一切形体之基本源流及条件（一切形体仅为空间自身之种种限制而已），故遂以空间为独立自存之绝对必然的某某事物，及先天的以其自身授予之对象。与此情形象同，因自然之系统的统一，除吾人预想有一所视为最高原因之实在的存在体之理念以外，不能制定其为“吾人理性之经验的使用”之原理，故此实在的存在体之理念应表现为现实的对象，实极自然，此种对象就其为最高条件之性格而言，又为必然的——于是统制的原理一变而为构成的原理矣。在吾人以此最高存在者（其与世界相关为绝对不受条件制限之必然者）为由自身存在之物自身时，此种更替实极显然。盖斯时吾人不能考虑其必然性意义之所在。至必然性之概念，仅存于吾人之理性中，而为思维之方式的条件；并不容许其实体化而为存在之实质的条件者也。

第六节　自然神学的证明之不可能

如普泛所谓事物之概念及任何普泛所谓存在之经验，皆不足以应论证之所要求，则所留存之事，唯有尝试探讨一定的经验，即现存世界所有事物之经验，及此等事物之秩序与性质，是否能提供一种证明之基础，此种证明乃能助吾人到达最高存在者之确定信念者。吾人拟名此种证明为自然神学的。设此种企图亦复失败，则其结果自必为与吾人先验的理念相应之存在者，关于其存在绝不能由纯然思辨的理性与以满足之证明者也。

就以上所言观之，吾人能以极简易直截之词答复此问题，固极显然。盖任何经验如何能与理念适合？理念之特殊性质，正在无一经验曾能与之适合之一点。“必然的及一切充足之本源存在者”之先验的理念，如是过大，如是超绝一切经验的事物之上，而经验的事物则常为受条件制限者，故吾人每彷徨不知所措，一则因吾人绝不能在经验中发现有充分满足此种概念之质料，一则因吾人常在受条件制限者之范围内探求，无术以得不受条件制限者——无一经验的综合法则，曾与吾人以此种不受条件制限者之例证，或至少对于其追寻有所指示也。

最高存在者之自身，若亦在条件连锁之中，则亦为系列之一项目而与在其下之低级项目相同，自当要求更探求其所自来之更高根据。反之，吾人若欲使此最高存在者与连锁分离，而以之为不在自然原因系列中之纯粹直悟的存在者，则吾人理性将以何种桥梁，渡此深渊，以达此最高存在者？盖统制“自结果到达原因”之一切法则，即吾人所有知识之一切综合及扩大唯与可能的经验相关，因而仅与感性世界之对象相关，一离此等对象则绝不能有任何意义者也。

此一世界以——在其无限广大及其部分之无限分割中之所展示者——如是繁复、秩序、目的及美之无量数阶段呈现于吾人之前，故即以吾人之微弱悟性所能获得之知识而言，吾人已遇及如是多无量伟大之奇迹，非言语所能形容，数字所能衡度，使吾人之思维自身失其一切常度，吾人之全部判断陷于无言惊愕之中，此无言惊愕正为其广大之雄辩。触处吾人见有果与因、目的与方法之连锁，及生灭之有规律。无一事物自其自身到达“吾人所由以发现其存在”之情状而常指向“为其原因之其他事物”，同时此一原因又复指向其他原因，使吾人重复同一之探讨。故若非在此种偶然的事物所有无限的连锁之上，吾人假定有某某事物以支持之——此某某事物乃本源的独立自存的为宇宙起源之原因，同时又保持其连续者——则全宇宙必沉入虚无之深渊中。吾人视此最高的原因，应如何重大——就世界中之一切事物而言，承认其为最高者？吾人并不知世界之全部内容，至如何与一切可能的事物比较以衡度其广大，则更非吾人之所知矣。但因就原果作用而言，吾人不能无一最后及最高之存在者，则有何物能阻抑吾人不以完全程度归之于此存在者，而以之为在**其他一切可能的事物**之上者？此则吾人由表现此存在者为唯一之实体，集合一切可能的完全性在其自身中——虽仅由一抽象的概念之微弱纲要——而极易为之者也。此种概念极合于理性所有简省原理之要求；并无自相矛盾之处，亦绝不与任何经验相背驰；且又具有此种性格，即使理性由此种概念在探求秩序及目的时所有之指导而得在经验内扩大其使用。

此种证明常足令人以敬意提及之者。此为最陈旧、最明晰、最合常人理性之证明。且极鼓励研究自然，一若其证明自身即由研究自然而来，且由研究自然而常获得更新之活力者。在吾人观察所不及之处，此种证明提示目的及意向，且由一特殊统一之指导概念，即自然以外之原理，以扩大吾人关于自然之知识。此种知识又复反响于其原因，即反响于其所以使其达此知识之理念，因而增强对于“自然之最高创造者”之信仰，使此信仰具有坚强不挠之确信力。

故欲以任何方法消灭此种论据之权威，不仅拂逆人情，且亦完全无效。理性常为此种不绝增进之论证（虽为经验的但极有力）所维持，不易为技巧艰深之思辨所提示之疑点折服，故并非由于一睹自然之伟大及宇宙之庄严，立时自一切忧郁的反省之迟疑不决中自拔，一若自梦幻中觉醒者然——自高处上溯高处直至最高之处，自受条件制限者上溯条件直至最高及不受条件制限之一切有限存在创造者。

吾人固不反对此种进行程序之合理及效用，且宁愿推荐于世人而鼓励之，但有人以为此种论证方法自能进展至必然的正确，且并不基于特殊爱好或为其他方面所支持，即能得人同意云云，吾人仍不能赞同之也。过自尊大之善辩者所有独断的言辞，如以较为温和谦卑之语气出之，以要求一种信仰,（此种信仰虽非令人无条件服从，而实适于祛除吾人之疑点），则殊不见其有损于此经世良谟。故我谓自然神学的证明，绝不能由其自身证明一最高存在者之存在，而必须返至本体论的论证以弥补其缺陷。此种证明不过用为本体论的论证之一种导引而已；故本体论的论证实包含（在思辨的证明能成立之限度内）人类理性所绝不能废止**之唯一可能**之证明根据。

自然神学的证明之主要点如下：①吾人在世界中触处见及“依据一定的意向以最大智慧所成就之秩序”之明显符号；此种秩序乃在“其内容之繁复不可名状，其范围之广大不可限量之宇宙”中。②此种有目的之秩序，与世界之事物迥不相同，不过偶然属于此世界之事物而已；盖即谓若非由“一与根本的理念相合之有秩序的合理的原理”，按其终极的意向，加以选择、计划，则繁复分歧之种种事物不能由其自身借繁复分歧之种种联结方法，共同合作，以实现一定之终极的意向也。③故有一崇高聪睿之原因（其数或不止一）存在，此种原因必为此种世界——即不仅由繁殖而视为盲目工作之无限势力之自然，乃由自由而视为智性之世界——之原因。④此种原因之统一，可自世界各部分间（一若技术所布置之建筑物之各部分）所有交相关系之统一推论而得——在吾人之观察足以证实之限度内，以正确性推得之，至在此限界之外，则依据类推原理以概括性推得之。

此处吾人就其“自某种自然的产物及人类技术所产生者——斯时吾人毁损自然强迫自然不依其自身之目的进行而依据吾人所有之目的进行者——之间之类推”所得之结论（此种类推诉之于特殊自然的产物与房屋、舟船、时表等之类似性），吾人无须严格批判此自然的理性。对于“以自然之根底中有一原因之因果作用与人造的产物所有原因之因果作用相似，即此原因乃悟性及意志；以及一种‘自己活动之自然’（此为使一切技术乃至理性自身可能者）所有内的可能性，乃自其他技术即自超人的技术而来者”云云所有类推之结论（此种推理方法或不能敌锐利之先验的批判），吾人在此处无须疑及之。总之，吾人必须承认吾人如必须举一原因，则吾人在此处除就有目的之产物（仅有此类产物其原因及其活动形象完全为吾人所知）类推以外，实无更能安全进行之方法。理性绝不能不以所知之因果作用为说明所不知者及不可证明者之根据。

就此种论证方法而言，在自然中所有如是多合乎目的及和谐适应之事，仅足以证明方式之偶然性，实不足以证明质料之偶然性，即不足以证明世界中实体之偶然性。欲证明世界中实体之偶然性，吾人应证明世界中之事物，若非其实体为最高智慧之所产，则其自身即不能依据普遍的法则，如是有秩序而和谐。但欲证明此点，吾人应在“与人类技术类比所得之证明”以外，尚须有完全不同之其他证明根据。故此论据所能证明者，至多乃一常局限于其工作所用质料之“世界建筑工程师”，而非使一切事物皆从属其理念之世界创造者。顾此点极不合于“展示于吾人目前之崇高意向”，即不合于证明一“一切充足之原始存在者”。欲证明质料自身之偶然性，吾人应求之先验的论据，但此正为吾人在此处所决欲避免者。

故其推论如是，即遍彻世界触处所可观察之秩序及合乎目的，可视为完全偶然的设置，吾人可由之论证“与此相应之原因”之存在。但此种原因之概念，必须能使吾人对于此种原因确有所知，故此种原因概念只能为具有全能全智等等——一言以蔽之，即具有适合于“成为一切充足之存在者”之一切完成——之存在者之概念。盖非常伟大、令人惊叹、权能不可限量及卓越无匹等等宾词，绝不与吾人以任何确定的概念，实际上并未告知吾人此物之自身究为何也。此等宾词仅为观察者在其默思世界时，与彼自身及彼之理解能力相比较，关于对象之量所有之相对的表象而已，不问吾人使此对象伟大化，抑在观察的主观与此对象之关系中使主观自顾渺小，要之此等宾词皆赞美之辞耳。凡吾人论及事物之（完成之）量之处，除包括一切可能的完成之概念以外，绝无确定的概念；在此概念中所完全规定者，仅为实在性之全量（omnitudo）。

我信并无一人敢于自承彼了解所观察之世界之量（关于范围

及内容二者）与全能之关系，世界秩序与最高智慧之关系，世界统一与其创造者之绝对的统一之关系，等等。故自然神学关于世界之最高原因，不能与吾人以任何确定的概念，因而不能用为神学（此神学自身又复为宗教之基础）之基础。

欲由经验的途径进展至绝对的总体，乃完全不可能者。顾此点正自然神学的证明之所企图者。然则所用以渡此广阔之深渊者，其术如何？

自然神学的证明，固能引吾人至赞美世界创造者之伟大、智慧、权能等等之点，但不能使吾人更进一步。因之，吾人放弃自经验的证明根据所得之论据，而返至“吾人在论证之最初步骤中自世界之秩序及合乎目的推论所得之偶然性”一点。以此种偶然性为吾人唯一之前提，吾人唯由先验的概念进达一绝对必然的存在者之存在，及所视为最后一步，即自第一原因之绝对的必然性概念，进至此必然的存在者之确定的——或可以确定的——概念，即进至一“拥抱一切之实在”之概念。是则自然神学的证明（在其失败时）一遇此种困难，立即近至宇宙论的证明；又因宇宙论的证明，仅为粉饰之本体论的证明，故自然神学的证明实际仅由纯粹理性以达其目的者也——自然神学的证明在出发时，虽否认与纯粹理性有任何因缘，而自以为在“由经验得来之确信的证据”上建立其结论者。

故凡提议自然神学的论证之人，实无根据可以轻侮先验的证明方法，自以为洞察自然而鄙视先验的证明为“晦昧的思辨所修饰之人为产物”。盖若彼等愿检讨其自身所有之论证进程，则将发现彼等在自然及经验之坚固根据上进展至相当程度以后，见其自身依然离彼等理性所想望之对象甚远，彼等乃突离此种经验根据而转入纯然可能性之领域内，在此领域内彼等期望鼓其观念之翼以接近此对象——此对象乃不能为彼等一切经验的探讨到达者。在彼等可惊之突飞以后，自以为发现一坚强之根基，乃推展其概念（确定的概念，彼等今始具有之，唯不知如何具有之耳）于创造之全部领域。于是彼等乃引证经验以说明“此种推理所含有完全由纯粹理性所产之理想”（此种说明方法虽极不适当，且远出于其对象所有尊严之下）；彼等始终否认由于“与经验完全相异之途径”以到达此种知识或假设。

故关于本源的或最高的存在者之存在，自然神学的证明实依据宇宙论的证明，而宇宙论的证明则依据本体论的证明。且因在此三者以外，思辨的理性实无其他之途径可觅，故关于超绝“悟性之一切经验的使用”之命题，若果有任何证明可能，则自纯粹理性概念而来之本体论的证明，实为其唯一可能之证明。

第七节　根据理性之思辨的原理之一切神学之批判

我若名“关于本源的存在者之知识”为神学，则神学或唯根据理性（theologia rationalis 合理神学）或根据天启（theologia revelata 天启神学）。合理神学其由纯粹理性唯以先验的概念（ens originarium，realissimum，ens entium 本源的存在者、实在的存在者、一切存在者之存在者）思维其对象者，名为先验神学，其由借自然（自吾人心之本质）所得之概念——以本源的存在者为最高智力之概念——以思维其对象者，则应名为自然神学。凡仅容认先验神学之人，名为有神论者（Deist）；其兼容自然神学之人，则名为信神论者（Theist）。有神论者承认吾人唯由理性能知一本源的存在者之存在，但以为吾人所有关于此种存在者之概念，则仅先验的，即“具有一切实在性但吾人不能以任何较此更为特殊形象规定之”之存在者之概念。信神论者则主张由于与自然类比，理性能更精密规定其对象，即视为“由于其悟性及自由，其自身中包含其他一切事物之最后根据”之存在者。是以有神论者仅表现此种存在者为世界之原因（其为世界之原因是否由于此种存在者本质之必然性，抑由于自由，则仍为未决定者），而信神论者则表现之为世界之创造者。

复次，先验神学其欲自一普泛所谓经验（并未以任何更为特殊之形象规定“经验所属世界”之性质）推演本源的存在者之存在，名为宇宙论的神学；其信为由纯然概念，无须任何经验之助，即能知此种存在者之存在，名为本体论的神学。

自然神学则自世界中所展示之组织、秩序、统一以推论世界创造者之性质及存在——在此世界中，吾人应认知有两种因果作用与其所有之规律，即自然及自由。自然神学自此世界上推至一最高之智力或以之为一切自然的秩序及其完成之原理，或以之为一切道德的秩序及其完成之原理。前者名为物理的神学，后者则名为道德的神学。[①]

今因吾人不欲以神之概念仅指一切事物根源所在之“盲目工作之永恒自然”，而以之为“由于其悟性及自由，为一切事物之创造者之最高存在者”；且因神之概念仅在此种意义中始能使吾人关心注意，故严格言之，吾人自能否定有神论者有任何神之信仰，而仅许其有关于本源的存在者或最高原因之主张耳。顾因无一人应于拒斥其所不敢主张者受责，故不如谓为有神论者信神，而信神论者则信有生命之神（summa intelligentia 最高悟性），较

① 此非神学的道德论，盖神学的道德论包含以世界最高统治者之存在为前提之道德律。反之，道德的神学则为“关于一最高存在者之存在”之一种确信——此一种确信乃以道德律为其基础者。

为温和而公正也。吾人今将进而研讨理性所有此等一切努力之可能的根源为何。

为此种研讨计，理论的知识可释为认知所存在者为何之知识，实践的知识则释为表现应存在者为何之知识。根据此种定义，理性之理论的使用，乃我由之先天的（必然的）知有某某事物；而实践的使用，则我由之先天的以知“所应发生者”。今有某某事物或应发生某某事物，若正确无疑，唯此正确性同时又仅为受条件制限者，则此正确性之某一定条件，或能绝对必然的预行假定之，或任意的偶然的预行假定之。在前一事例中，其条件乃设定为基本要项者（per thesin 由于主张）；在后一事例中，则其条件乃假定之者（per hypothesin 由于假设）。今因有绝对必然之实践的法则即道德律，故其结论自必为；此等法则如必须预行假定任何存在者之存在为其拘束力所以可能之条件，则此种存在必为设定为基本要项者；此足为——由之以推论此种一定条件——之受条件制限者，其自身吾人先天的知其为绝对必然之充足理由。异时，吾人将说明道德律不仅以一最高存在者之存在为前提，且以道德律之自身在其他方面乃绝对的必然者，故又使吾人有正当理由设定其为基本要项——此固仅由实践的观点设定之者也。今则吾人对此论证方法姑置之不问。

凡吾人仅论究“所存在者为何”（非论究应存在者）之处于经验中所授予吾人之受条件制限者，常被视为偶然的。故其条件不认为绝对必然的，而仅用为相对必然的，或宁用为所需之某某事物；就其自身及先天的而言，则为吾人“企图由理性以知受条件制限者”所假定之任意的前提。故若事物之绝对必然性，在理论的知识之领域内，应为吾人所知，则此必然性仅能自先天的概念得之，而绝不由于设定此必然性为与“经验中所授予之存在”

有关之一种原因而得之者。

理论的知识若与任何经验中所不能到达之对象或对象之概念相涉，则为**思辨的**。其所以如是名之者，欲以之与“自然知识”相区别耳，自然知识乃仅与可能的经验中所授予之对象或对象之宾词相关者也。

吾人所由以自“视为结果之发生事物”（经验的偶然事物）以推论一原因之原理，乃自然知识之原理，非思辨知识之原理。盖若吾人抽去其所以成为“包含一切可能的经验之条件”之原理者，且除去一切的经验的事物而企图欲就普泛所谓偶然的事物以主张有一原因存在，则此种主张对于其能指示吾人“如何自吾人目前之事物转入完全不同之事物”（名为其原因者）之任何综合的命题，仍无丝毫可以辩释其能正当成立之处。盖在此种纯然思辨的使用中，“凡其客观的实在性容许吾人具体的理解之任何意义”，不仅自偶然性之概念中除去，且在原因之概念中亦无之也。

吾人若自世界中所有**事物**之存在以推论其原因之存在，则吾人非就自然之知识使用理性，而就**思辨**运用理性耳。盖前一类型之知识，其以之为经验上之偶然的事物而指其与一原因相关者，非物自身（实体），仅为**所发生之事**物，即事物之**状态**耳。至“实体（质料）自身在其存在中乃偶然的”云云，则应以纯粹思辨的方法知之。复次，即令吾人仅言及世界之方式，即事物在其中联结及变化之途径，及欲自此方式以推论一“完全与世界不同”之原因，则因吾人所推论之对象非可能的经验之对象，故此仍为纯粹思辨的理性之判断。苟如是使用，则“仅在经验领域中有效，在经验以外绝不能应用，且实毫无意义”之因果原理，将完全失其固有之效用矣。

我今主张“凡欲以任何纯然思辨的方法在神学中使用理性”

之一切企图，皆完全无效，就其性质而言，亦实空无实际，且理性在自然研究中使用之原理，绝不引达任何神学。因之，所可能之唯一之理性神学，乃以道德律为基础，或求道德律之指导者。理性之一切综合原理，仅容许内在的使用；欲得关于最高存在者之知识，则吾人应以此等原理超验的用之，顾悟性绝不适于此种超验的使用。如经验上有效之因果律能引达本源的存在者，则此本源的存在者必属于经验对象之连锁，在此情形中，此本源的存在者将与一切现象相同，其自身仍为受条件制限者矣。但即由因果关系之力学的法则，超越经验限界以外之突飞视为可以容许之事，顾吾人由此种进程所能获得之概念，果为何种概念？此远不足提供一最高存在者之概念，盖因经验绝不授予吾人——关于提供此种原因之证据所必需之——一切可能的结果中之最大者。吾人如欲以“具有最高完成及本源的必然性之存在者”之理念，弥补吾人概念中所有此种规定之缺陷，此固可以好意容受之者；但不能视为其具有不可争辩之证明力，吾人有正当权利以要求之者。自然神学的证明，以其联结思辨及直观，故或能增加其他证明（如有此种证明）之重量；但就其自身单独言之，则仅为悟性对于神学的知识准备之用，在此方向与悟性以一种自然倾向，其自身则不能完成此工作者也。

凡此种种，实明显指向所得之结论，即先验的问题仅容先验的解答，即仅容“完全根据先天的概念、绝不掺杂丝毫经验的要素”之解答。但今所考虑之问题，明为综合的，要求推展吾人之知识于一切经验限界以外，即推展至一“与吾人所有纯然理念相应（此种理念在任何经验中不能有与之相应者）之存在者”之存在。顾就吾人所已证明者言之，则先天的综合知识，仅在其表现“可能的经验之方式的条件”之限度内可能；故一切原理仅有内在的效力，即此等原理仅能应用于经验的知识之对象（即现象）。是以欲以先验的进程由纯然思辨的理性构造一“神学”之一切企图，皆毫无效果者也。

但即有任何人自择与其丧失彼长期所依恃之“论据坚决之确信”，毋宁怀疑分析论中所授予之种种证明，但彼仍不能拒绝答复吾人所提之要求，即彼自信能借理念之力超越一切可能的经验之上，果如何且以何种内部灵感而可能，至少彼应有一满足之说明。新证明或企图改良旧证明，等等，我一律乞免。在此领域中选择之余地实少，盖因一切纯然思辨的证明，终极常使吾人返至同一证明，即返至本体论；故我并无实在理由恐惧“拥护超感性的理性之独断的斗士”之丰富创见。且我不避论战，摘发任何此种企图中之谬见，以挫折其主张；此实我即不以自身为一特殊战士，亦优为之也。但即以此种方法，我亦绝不能消除“习于独断的信仰形象之人士”所有之幸运期望；故我仅限于温和的要求，以为彼等应以普遍的及根据“人类悟性之本质及吾人所有其他知识源泉之本质”等言辞，对于此一问题与以满足之答复，即吾人如何能如是开始所提议之“完全先天的扩大吾人知识”之事业，又如何能使之进入“吾人经验所不及其中无术证明吾人自身所创设之任何概念之客观的实在性”之领域。不问悟性以何种方法能到达一概念，但其对象之存在，则由任何分析过程亦绝不能在概念中发现之；盖关于对象存在之知识，正以在“关于对象之纯然思维”以外，设定对象自身之事实而成者也。唯由概念以进达“新对象及超自然的存在者之发现”，乃完全不可能者；且此事即诉之于经验，亦属无益，盖经验在一切事例中仅与吾人以现象耳。

但理性在其纯然思辨的使用中，虽远不足以成此伟大事业，即不足以证明一最高存在者之存在，但在其改正“自其他源泉所得关于此存在者之知识”一点，则有极大效用，即使此种知识不自相矛盾而与“所以观察直悟的对象之一切观点”相调和，且使其得免有“与本源的存在者之概念不相容”之一切事物及无一切经验的制限之杂糅其中。

故先验的神学虽十分无力，但就其消极的使用而言，则仍极重要，且在吾人理性仅论究纯粹理念（此理念乃不容有先验的标准以外之标准者）之限度内，先验的神学实用为吾人理性之永久监察者。盖若在其他关系中，或依据实践的理由，所预行假定“视为最高智力之最高的及一切充足的存在者”之前提，已证明其效力确实无疑，则在先验的方面，精确规定此概念为一“必然的及最高实在的存在者”之概念，以免有“属于纯然现象（如广义之拟人论）与最高实在不相容”之一切事物，同时又适当处置一切相反之主张（不问其为无神的、有神的或拟人的），自极为重要者也。此种批判的措置并无任何困难，盖因其能使吾人证明人类理性无力主张此种存在者存在之同一根据，亦必足以证明一切相反主张之无效力。盖吾人果自何种源泉能由理性之纯然思辨的运用获得此种知识，谓并无“为一切事物最后根据之最高存在者”，以及谓此最高存在者并无吾人就一思维的存在者所有力学的实在性自其结果类推所谓论之种种属性，或谓（如拟人论之所论辩者）此最高存在者必须从属感性所势必加于“吾人由经验所知之智力”上之一切制限云云。

由此观之，最高存在者就理性之纯然思辨的使用而言，虽永为一纯然理想，但为一毫无瑕疵之理想，即为完成“人类全部知识”之概念。此种概念之客观的实在性，固不能由纯然思辨的理性证明之，但亦不能由思辨的理性否定之。是以若有一能补救此种缺陷之道德的神学，则以前仅为“想当然者之先验的神学”，将证明其自身在规定此种最高存在者之概念及不绝检验“其常为感性所欺而屡与其所有理念不能调和之理性”，实为不可或缺者也。必然、无限、统一、世界以外之存在（非以之为世界之心灵）、超脱一切时间条件之永恒、超脱一切空间条件之遍在、全能，等等，皆为纯粹先验的宾词，且即以此故，此等宾词之纯化概念（此为一切神学之所不可缺者），皆仅自先验的神学得之。

先验辩证论附录

纯粹理性所有理念之统制的使用

纯粹理性所有一切辩证的尝试之结果，不仅证实吾人在先验的分析论中所已证明者，即吾人所有自以为能引吾人越出可能的经验限界之一切结论，皆欺人而无根据；且亦更进一步教示吾人，人类理性具有逾越此等限界之自然倾向，以及先验的理念之于理性，正与范畴之于悟性相同，皆极自然者——其所异者，则范畴乃引达真理，即使吾人之概念与其对象相合，而理念则产生“虽纯然幻相而又不能拒斥”之事物，且其有害之影响，即由最严刻之批判，亦仅能中和之而已。

一切事物凡在吾人所有力量之性质中有其基础者，自必适于此等力量之正当使用，且与之一致——吾人如能防免某种误解因而发现此等力量之正当趋向。故吾人自能假定先验的理念自有其善美、正当及内在的用途，顾在其意义为人所误解而以之为实在的事物之概念时，此等理念的应用之际，即成为超验的，且即以此故而能成为欺人者矣。盖理念之所以能或为超验的，或为内在的（即或列之于一切可能的经验以外，或在经验之限界内发现其使用之道）不在理念自身，而仅有其用处，就其应用于“所假定为与之相应之对象”而言，则为超验的，就其关于悟性所处理之对象仅指导普泛所谓悟性之使用而言，则为内在的。至一切先验的潜行易替之误谬，则应归之判断之失错，绝不能归之于悟性，或理性者也。

理性与对象绝无直接的关系，仅与悟性相关；理性仅由悟性始有其自身所特有之经验的使用。故理性非**创造**（对象之）概念，仅**整理**概念而与之以统一，此等概念之所以能有此种统一，仅在此等概念用之于“最广大可能之应用”之际，即其意向欲在种种系列中获得其总体之际。悟性自身并不与此种总体有关，仅与“此种条件系列依据**概念**所由以**成立**之联结”相关。是以理性以“悟性及其有效之应用”为其所有之唯一对象。此正与悟性以概念统一对象中之杂多者相同，理性以理念统一杂多之概念，设定一集合的统一，作为悟性活动之目标，否则悟性仅与部分之分配的统一有关耳。

因之，我主张先验的理念绝不容许有任何构成的使用。当其以此种误谬方法视理念，因而以先验的理念为提供“某种对象之概念”时，则此等理念乃伪辩的，即纯然辩证的概念。顾在另一方面，则此等理念有其优越的且实不可欠缺之必然的一种统制的作用，即指导悟性趋向某种目标之使用，凡由悟性所有一切规律所揭示之途径，皆集注此一目标，一若集注于此等途径所有之交切点者然。此交切点实为一纯然理念，即一想象的焦点（focus imaginarius），唯以其在可能的经验疆域以外，悟性概念实际并非自此点而进行者；但此点用以与悟性概念以此种与其最大可能的扩大相联结之最大可能的统一。由此乃发生“此等路线起自经验的可能知识领域以外之实在的对象”之幻相——正与镜中所见反射之对象若在镜后者情形象同。顾若吾人欲导悟性越出一切所与经验（为可能的经验总和之部分），因而获得其最大可能的扩大，则此种幻相乃势所必需者，此正与镜中错觉相同，若在横陈于吾人目前之对象以外，复欲觅远在吾人背后之对象，则所陷入之幻相，乃成势所必需者矣。

吾人若就其全部范围考虑由悟性所得之知识，即见及理性对于此类知识所有态度之特征，乃在制定及求成就此等知识之系统化，即展示"此等知识所有各部分依据一单一原理所成之联结"。此种理性之统一，常预行假定一理念，即常预行假定一"知识全体所有方式"之理念——此一全体乃先于各部分之限定的知识，且包含先天的规定"一切部分之位置及其与其他部分所有关系"之条件。因此，此种理念在由悟性所得之知识中，设定一种完全的统一为其基本要项，由于此种统一，此种知识乃非偶然的集合而为依据必然的法则联结所成之体系。吾人不能谓此种理念乃一对象之概念，实仅"此等概念所有彻底的统一"之概念耳（在此等统一用为悟性规律之限度内）。此等理性概念非自自然得来；反之，吾人乃依据此等理念以探讨自然者，在自然不能与此等理念适合时，吾人常以吾人之知识为有缺陷。纯土、纯水、纯气等等之不能有，乃普泛所承认者。顾欲适当规定此等自然原因在其所产生之现象中各自所有之分际，则吾人自须要求此等纯土云云之概念（就其完全之纯粹性而言，此等纯土云云其起源固件在理性中者）。故欲依据一机械性之理念以说明物体间之化学作用，则一切种类之物质皆归原为土（纯就其重量而言），盐、燃烧体（就其力言）以及为媒介体之水、空气等（盖即最初二类即土与盐、燃烧体等所由以产生其结果之机构）。通常所用之表现方法自与此有所不同；但理性之影响于自然科学者之分类，则仍易于发现也。

理性如为由普遍以演绎特殊之能力，又若普遍之自身已正确而为所与者，则实行归摄进程，所须者仅为判断力，由此归摄进程乃以必然的形象规定特殊的事物。我将名此为理性之必然的使用。顾若普遍仅能容许为想当然者，且为一纯然理念，则特殊即正确，但推得“此特殊为正确”之规律其所有普遍性，仍属疑问。种种特殊事例（尽皆正确者）以规律检讨之，观其是否由规律而来。设所能引用之一切特殊的事例皆自规律而来，则吾人以此论证规律之普遍性，由此普遍性复论证一切特殊的事例乃至及于尚未见及之事例。我将名此为理性之假设的使用。

根据所视为想当然的要念之理念所有理性之假设的使用，质言之，并非构成的，即严格判断之，并非吾人能视为证明“吾人所用为假设之普遍的规律”之真实之一类性格。盖吾人何以知实际自所采用之原理得来之一切可能的结果，能证明此原理之普遍性？理性之假设的使用，仅为统制的；其唯一目的在尽其力之所能以“统一”加入吾人所有之细分之知识体中，因而使其规律接近于普遍性。

故理性之假设的使用，其目的在悟性知识之系统的统一，此种统一乃悟性规律之真理所有标准。顾系统的统一（以其为一纯然理念）仅为所计议之统一，不应视为此统一自身已授予者，仅应视为一所欲解决之问题。此种统一辅助吾人在悟性所有之杂多及特殊之使用形象中，发现悟性所有之原理，以指导悟性注意于尚未发生之事例，因而使之更为条理井然。

但吾人自以上见解所能得之唯一结论，仅为悟性所有杂多知识之系统的统一（其由理性所制定者），及一逻辑的原理。此种原理之机能，乃借理念在“悟性不能由其自身建立规律之事例中”辅助悟性，同时对于悟性之纷繁规律与以“在单一原理下之统一或体系”，因而能以一切可能的方法保持其前后一贯。但谓对象之构成性质和认知“对象之为对象”之悟性本质，其自身被规定为具有系统的统一，以及谓吾人能在某种程度内先天的设定此种统一为一基本要项，与理性之任何特殊利益无关，乃至谓吾人因而能主张悟性所有之一切可能的知识（包括经验的知识）皆具有理性所要求之统一而从属一共同原理，悟性所有之种种知识固极分歧，皆能自此共同原理演绎之——凡此云云殆主张理性之先验的原理，并使系统的统一不仅视为方法，成为主观的逻辑的必然，且亦成为客观的必然者矣。

吾人可以理性使用之一事例说明此点。在与悟性概念相合之种种统一中，实体之因果作用（所名为力者）之统一亦属其内。同一实体所有之种种现象，骤一视之，异常分歧，以致吾人在最初应假定为有种种不同之结果，即有此种种不同之力。例如人类心中有感觉、意识、想象、记忆、顿智、辨别力、快乐、欲望，等等。顾有一逻辑的格率，要求吾人应尽其所能以此等现象互相比较，且发现其所隐藏之同一性，以减除此种外观上之分歧。吾人应探讨想象与意识相联结是否即与记忆、顿智、辨别力为同一之事物，乃至或即与悟性及理性同一。逻辑虽不能决定根本力是否实际存在，但此种根本力之理念，则为包含于“种种分歧繁杂之力之系统的表现”中之问题。理性之逻辑的原理，要求吾人尽其所能使此种统一完备；此力与彼力各自所有之现象，愈见其彼此相同，则此等现象之为“同一力之不同表现”亦愈见其然，此同一力在其与“较为特殊之种种力”有关，应名之为根本力。至关于其他种类之力，亦复如是。

此等相对的根本力又必互相比较，意在探求其一致点，因而使其更近于一唯一的本源力，即绝对的根本力。但此种理性之统一，乃纯然假设的。吾人并非主张必须遇及此一种力，所主张者乃吾人为理性之实际利益计，即对于经验所能提供吾人之杂多规律，为建立某种原理计，必须探求之力耳。凡在可能之范围内，吾人必须努力以此种方法使“系统的统一”输入吾人之知识中。

但在转移至悟性之先验的运用时，吾人发现此种根本力之理念不仅以之为理性假设的使用之问题，且以设定一实体所有种种力之系统的统一为基本要项，及表现理性之必然的原理而要求其具有客观的实在性。盖即无任何企图以展示此种种力之和谐一致，甚或在一切此种企图失败以后，吾人亦尚须行假定此种统一实际存在，此不仅以上所援引事例为实体之统一计如是，即在与普泛所谓物质相关之事例中——其中吾人所遇及之种种力，虽在某种程度视为同质，但实亦异常分歧繁杂者——亦复如是。在一切此种事例中，理性预行假定种种力之系统的统一，其所根据者为特殊之自然法则应归摄于更为普遍之法则下，且“节约原理”不仅为理性之经济的要求，且亦自然自身所有法则之一。

除吾人亦预行假定一先验的原理——此种系统的统一即由此种原理先天的假定为必然的属于对象——以外，欲了解如何能有一“理性由之制定规律统一”之逻辑的原理，诚属难事。盖理性果以何种权利在其逻辑的使用中要求吾人以“自然中所显示之种种力”为纯然一种变相的统一，以及尽其所能自一根本的力引申此种统一——如任意认为“一切力之为异质，及所引申之系统的统一，能与自然不相一致”等事亦属可能，则理性如何能要求以上云云之事？斯时理性将与其自身所有之职能相背，乃欲以“与自然性质完全不相容”之理念为其目的矣。吾人亦不能谓理性在其依据自身所有之原理进行时，由于观察自然之偶有性质即到达此种统一之知识。盖要求吾人探求此种统一之理性法则，乃一必然的法则，诚以无此种统一，则吾人即无理性，无理性则无悟性之一贯运用，缺乏一贯运用则无经验的真理之充足标准。故欲保持一经验的标准，则吾人不得不预行假定自然之系统的统一，乃客观的有效且为必然的。

哲学家即其自身虽不常承认此种先验的原理或曾意识及用此原理，但吾人固发现此种原理以极可注意之形象暗默包含于彼等所由于进行之原理中。各个别事物在种种方面之歧义，并不拒绝“种之同一”，种种不同之种必须视为“少数之类所有之不同规定”，此少数之类又必须视为更高类之不同规定，一切循此推进；总之，吾人必须在“可能之经验的概念能自更高更普泛的概念演绎”之限度内，探求一切可能之经验的概念之某种系统的统一——此乃一逻辑的原理（僧院派所建立之规律），无之则不能有理性之任何使用者也。盖吾人仅在以普遍的性质归之于事物，视为其特殊的性质所根据之基础之限度内，始能由普遍以推断特殊。

此种统一之应在自然中见之云云，乃哲学家在“基本事项（即原理）不应无故增多”（entia praeter necessitatem non esse multiplicanda）之著名僧院派格率中所以为前提者。此种格率宣称：“事物就其本性而言，即为提供理性统一之质料者，且其表面上之无限歧异，实不足以妨阻吾人假定在此分歧繁复之后有根本性质之统一”——此等性质由于其重复之规定，分歧繁复之状态能由之而来。此种统一虽纯然一理念，乃一切时代所热烈探求之者，故应节制“对于此种统一之愿欲”，实无须鼓励之。化学家能将一切盐类归纳于酸及盐基二大要类，实为极大之进步；彼等复努力说明即令有此二者之区别，亦仅同一之根本物质之变异或不同之显现。化学家逐渐将不同种类之土（石及金属之质料）归纳为三类，最后则归纳为二类；但尚不满意，彼等不能捐弃“在此等歧异状态之后仅有一类”，且在土及盐类之间应有共同原理等等之思想。此自可假定为纯然一种经济的规划，理性由之使其自身免于一切可能的劳苦者，即一假设的企图如能成功，则由于其所到达之统一，对于所设想之说明原理自与以概括性之真理。但此种自私的目的，极易与理念相区别。盖依据理念则一切人皆预行假定理性之统一与自然自身一致，且理性——虽不能规定此种统一之限界——在此处则对于自然非乞求而为命令。

在所呈现于吾人之现象间，若果有如是极大之歧义——我非指其方式，盖在方式中现象自能互相类似；乃指其内容，即就现存事物之分歧繁复而言——以致最敏锐之人类悟性亦绝不能比较此等现象以发现其极微之类似性（此为极能思及之可能性），则“类”之逻辑原理将完全不能成立；乃至吾人并“类”之概念或任何其他普遍的概念亦不能有之；而此唯一从事此种概念之悟性自身，亦将不复存在矣。故若“类”之逻辑的原理应用于自然（此处所谓自然仅指所授予吾人之对象而言），自当预行假定一先验的原理。依据此种先验的原理，在可能的经验之分歧繁复中，必须预行假定有同质之性质（吾人虽不能以先天的形象决定其程度）；盖无此同质之性质，则无经验的概念可能，因而将无经验可能矣。

设定同一性为基本要项之“类之逻辑的原理”，由另一相反之原理使其归于平衡，即“种”之原理，此“种”之原理以事物在同一类之下虽互相一致，但在各事物中则要求其繁复分歧，且命令悟性对于同一性与差别性应以同等程度注意之。此种（辨别的观察即辨别差异之能力之）原理，对于前一（理智能力 Ingenium 之）原理（按史密斯英译小注谓：康德在其人类学中以理智与判断力对立，理智乃吾人由以决定普遍适于特殊之能力，而判断力则为吾人由以决定特殊适于普遍者）所有可能的轻率，加以制限；于是理性展示有自相矛盾之二重实际利益，在一方面为关于“类”之**外延的范围**之实际利益（普遍性），在另一方面则为关于“种”之繁复之**内包的内容**之实际利益（规定性）。在外延的事例中，悟性在其概念**之下**思维更多之事物，在内包之事例中，则在概念**之中**思维更多之事物。自然研究者在彼等思维方法之分歧中，亦显现有此种二重之实际利益。吾人大概可以断言，凡偏重思辨的研究之人，皆厌恶异质性质，而常注视“类”之统一；在另一方面，则凡偏重经验的研究之人，常努力分化自然直至其繁复程度一若将消灭“其能依据普遍的原理以规定自然现象”之期望。

此种经验的思维形象，实根据“目的在一切知识之系统的完成”之逻辑的原理——制定以“类”开始，吾人以所保持体系之扩大之形象下推所能包含于“类”下之杂多，正与在其他一可择之进程即思辨的进程中上溯其“类”，吾人努力以保持体系之统一者相同。盖若吾人专注于标示“类”之概念范围，则吾人即不能规定其逻辑的区分究能进行至何种程度，亦犹吾人纯自物体所占之空间不能判断空间所有部分之物理的分割究能进展至何种程度也。因之，一切“类”须有种之分歧，此等“种”又须有“族”之分歧；且以无一“族”其自身无一范围（其外延一如普遍的概念），故理性——以其欲进至完成——要求不能以任何“种”为最下级之种。盖因“种”常为一概念，仅包有差别事物所共同之点，非已完全规定之者。故“种”不能直接与个体相关，必常有其他概念（即“族”）包摄于“种”之下。此种特殊化法则可成为以下之原理：繁复不能无故减削（Entium varietates non temere esse minuendas）。

此种逻辑的法则若非根据一先验的特殊化法则，则将毫无意义而不能应用，此种先验的特殊化法则，实非要求在“所能为吾人对象之事物”中实际有无限之歧异——此种逻辑的原理，仅关于可能的分类之逻辑的范围，主张其**不定**而已，并未与“主张其无限者”以任何机缘——不过以此种任务加之悟性，即使其在一切所可发现之“种”下，探求其“族”，在一切差别之下，探求更小之差别耳。盖若无**更下**之概念，即不能有**更高**之概念。今悟性仅能由概念获有知识，故不问分类进程进展至如何程度，绝非由于纯然直观，而常由于更下之概念。现象知识在其完全规定中（此仅由悟性而可能者），则要求吾人所有概念之分化前进不已，常须更进展至所留存之其他差别点，此等差别点在“种”之概念中则为吾人所已抽去者，在“类”之概念中更无论矣。

此种分类法则不能自经验得来，盖经验绝不能以此种广大的远景展示吾人。经验的特殊化若非由先在之先验的特殊化法则为之导引，则在辨别杂多时，不久即到达停止点，此种先验的特殊化法则，以其为一理性原理，常引吾人探求更进一步之差别，乃至在感官不能以此等差别展示吾人之时，亦常疑其实际存在。吸收性土类之分为种种种类（石灰土类及盐酸土类），乃仅在先在的理性规律之指导下所可能之发现——理性在以下之假定下进行，即自然如是分歧繁复，故吾人能预想有此种差别点存在，因而以探求此种差别点之任务加之悟性。吾人之所以能有任何悟性能力者，实仅在“自然中有差别”之假定下，其事正与仅在“自然之对象显示有同质性质”之条件下，吾人始有悟性能力相同。盖包括于一概念下之分歧繁复，正所以对于概念使用及悟性发挥与以机缘者也。

是以理性为悟性准备其活动之领域：①由于在更高之“类”下所有杂多之同质之原理；②由于在更下之“种”下所有同质的事物之歧异之原理；及③为欲完成系统的统一，更须有一法则，即一切概念有亲和性之法则——此一法则制定吾人由于繁复分歧之逐渐增进，自各“种”进展至一切其他之“种”。此等法则吾人可名之为方式之同质性、特殊性、连续性等等之原理。所谓连续性之原理，乃联结其他二者而成，盖因仅由上溯更高之“类”及下推更下之“种”两种进程，吾人乃能获得“完全之系统的联结”之理念。盖斯时一切杂多的差别皆互相有关，以彼等皆自一最高之“类”发生，经由“益复扩大的规定之一切阶段”。

三种逻辑的原理所制定之系统的统一，能以以下之方法说明之。一切概念皆可视为一点，此点作为观察者之停留场，有其自身所有之视阈，即繁复之事物皆能自此立场表现之，自此立场以校阅之耳。此种视阈必能包有无量数之点，每点皆有其自身所有之更狭隘之视阈；易言之，一切“种”依据特殊化之原理皆包有“族”，而逻辑的视阈则专由更小之视阈（族）所成，绝非由“不具有外延（个体）之点”所成者也。但对于种种之视阈，即“类”（每类皆由其自身所有之概念规定之者），能有一共同之视阈，其与此共同之视阈相关一若自一共同之中心，检阅种种之“类”；自此种更高之“类”，吾人更能前进，直至到达一切“类”中之最高者为止，因而到达普遍的真实的视阈，此种视阈乃自最高概念之立场规定之者，且包括一切杂多——类、种、族——在其自身之下。

由同质性之法则引吾人到达此最高之立场，由特殊化之法则引吾人到达一切更下之立场及其最大可能之歧异。且因在一切可能的概念之全部范围内并无空隙，又因出此范围以外并无事物可遇及，故自普遍的视阈及完全的区分之两种前提，发生以下之原理：方式之间并无空隙（non datur vacuum formarum），即种种本源的最初的“类”并非由空隙使之互相孤立分离；一切杂多的“类”纯为一唯一之最高的及普遍的“类”之分化。自此种原理乃得其直接的结论：方式之间有连续性（datur continuum formarum），即“种”之一切歧异皆互相为缘，自一“种”转移至其他之“种”，不容有突飞之事，仅经由介在各种间之更小程度之歧异而成。总之，（自理性而言）“种”或“族”彼此间皆不能为最近之事物；常能有其他中间之“种”，中间“种”之与各种间之差异，常较各种彼此间之差异为小。

第一法则乃使吾人对于无数种类不同之本源的“类”不即以此为止境而满足，令吾人注意其同质性。第二法则则又阻抑此种趋向统一之倾向，而主张在吾人进而应用普遍的概念于个体之前，应先在概念中区分为各族。第三法则制定“即在最繁复之杂多中，吾人亦见及自一‘种’逐渐转移至他‘种’之间所有同质性，因而认知种种分枝间之关系，一若皆自同一之根干发生者”云云，以联结以上两种法则。

但此种“种之连续性”（就逻辑的方式而言）之逻辑的原理，乃以一种先验的法则（自然中连续性之法则）为前提者，无此种先验的法则，则前一法则仅能引悟性陷入歧途，使其遵循一“殆完全与自然自身所制定者相反”之途径。故此种法则必须以纯粹先验的根据为基础，而非依据经验的根据。盖若依据经验的根据，则法则之成立将后于体系，顾实际则吾人所有自然知识中之一切体系，皆自法则所发生者也。此等法则之形成，并非由于——提出此等法则为一纯然实验的提案所作之——实验之任何秘密计划。此等预见（按即以上所云之法则）当其证实时，即产生强有力之证据，以维持“假设的所思及之统一乃极有根据者”之见解；因而此种证据在此一方面具有确实之效用。但此则极显明者，此等法则乃以“根本的原因之节约、结果之纷繁，及由此二者而来之自然各部分之互相接近”，等等，就其自身言，为与理性及自然二者皆相合者。故此等原理，其自身直接具有令人深信采用之根据，非仅以之为方法上之方便也。

但极易见及此种方式之连续性纯为一理念，在经验中实不能发现有与此理念相合之对象。盖第一，自然中之“种”实际分为种种，因而必须构成一不连续之区别量（quantum discretum）。推溯此等“种”之亲和性，若继续进展不已，则在所与两种间之中间分子，自必确为无限，顾此乃不可能者。且第二，吾人对于此种法则不能有任何确定之经验的使用，盖因其所训令吾人者，仅为“吾人应探求亲和性之阶段”云云，极为宽泛之指示而已，至吾人应探求此等亲和性阶段究至何种程度，及以何种方法探求之，则此种法则绝未与吾人以任何标准。

吾人如以此等系统的统一之原理，置之“适于其经验的使用之顺序”中，则此等原理所占之顺序如下：**杂多**、**亲和**、**统一**，每一项皆视为其完全程度已达最高之理念。理性以由悟性所得及直接与经验相关之知识为前提，依据远越出一切可能的经验以外之理念，以探求此种知识之统一。杂多之亲和性（不问杂多之如何分歧，乃视为包摄于一统一原理之下者）固与事物相关，但更与事物之性质及其力量有关。例如吾人所有不完全之经验，最初如使吾人以行星轨道为圆形，其后吾人若发现其中与圆形说有所歧异，吾人推溯此等歧异，直至依据一定的法则，经由无限之中间阶段，能改变圆形为所推想之种种歧异轨道中之一。盖即谓吾人假定行星之运行非圆形乃多少近于圆形之性质；于是吾人到达一椭圆形之理念。又因彗星在观察所及之范围内，并非以任何此种轨道回至其先有之位置，故彗星之途径展示有更大之歧异。于是吾人推想彗星乃遵抛物线之轨道进行者，此种轨道近似椭圆，就吾人所有之观察而言，实难与“具有异常延扩之长轴”之椭圆相区别。故在此等原理指导之下，吾人在轨道之“类”的方式中发现有统一点，因而发现行星运动（即引力）所有一切法则之原因中之统一。于是吾人乃以所得之效果推而广之，努力以同一原理说明一切变异及与此等法则表面上相违反之情形；最后甚至吾人进而增加“绝非经验所能证实”之事物，即依据亲和性之规律，推想彗星之双曲线轨道，在此种轨道中，彗星完全脱离吾人所有之太阳系，自一太阳向一太阳转移，联结宇宙之最远部分——此一宇宙在吾人虽为无限，但由同一之动力一贯联结之。

此等原理之显著形象及其中唯一与吾人有关者，乃在其颇似先验的，以及此等原理虽包含“用为理性之经验的使用之指导”之纯然理念——理性之追从此等理念殆有类于渐近线的，即永益接近而永不能到达之——但此等理念以其为先天的综合命题，亦具有“客观的而又不定的效力”，用为可能的经验之规律。此等理念又能在努力构成经验时，用为辅助的原理而得极大之效用。但此等理念不能有先验的演绎；盖如吾人以上之所说明，关于理念，此种演绎乃绝不可能者。

在先验分析论中吾人已以悟性之力学的原理与数学的原理相区别，以力学的原理为直观之纯然统制的原理，而数学的原理就其与直观之关系而言则为构成的原理。但此等力学的原理关于经验固亦为构成的，盖以此等原理乃使“无之则不能有经验”之一类概念，先天的可能者。顾纯粹理性之原理，关于经验的概念，则绝不能为构成的；盖因不能有“与此等原理相应之感性图形”授予吾人，故此等原理绝不能有具体的对象。然若吾人不容理性原理有此种所视为构成的原理之经验的使用，则吾人如何能保障此等原理有统制的使用，以及使其因而有客观的效力，且此种统制的使用，吾人果指何而言？

悟性乃理性之对象，正与感性为悟性之对象相同。使“悟性所有一切可能之经验的活动之统一”系统化，乃理性之职务；正与“以概念联结现象之杂多及使其归摄于经验的法则之下”之为悟性职务相同。但悟性活动而无感性图形，则为不确定者；正与理性统一就悟性在其下应系统的联结其概念之条件及其所到达之“范围”而言，其自身为不确定者相同。顾吾人虽不能在直观中发现“一切悟性概念所有完全系统的统一”之图形，但必须有类似此种图形者授予。此种类似者乃“悟性在一原理下所有知识之分化及统一”中之最大理念。盖除去其发生不定量之杂多之一切制限条件，则最大及绝对的完全，自能确定的思维之矣。故理性之理念乃感性图形之类似者；其所不同之点，即在应用悟性概念于理性图形并不产生关于对象本身之知识（如应用范畴于其感性图形中之事例），而仅产生一切悟性运用所有系统的统一之规律或原理。今因“先天的命令悟性所有运用之彻底的统一”之一切原理，亦适用于经验之对象（虽仅间接的），故纯粹理性原理，关于此种对象，亦必有客观的实在性，但此非为其欲在对象中有所规定，仅为其欲指示“悟性之经验的确定的使用所由以能完全与其自身一致”之进程耳。此则由于“使悟性运用尽其所能与彻底的统一之原理相联结及在此原理之指导下以规定其进程”而成就之者。

自“理性关于对象知识之某种可能的完成之所有实际利益”而来非自“对象之性质”而来之一切主观的原理，我名为理性之格率。于是有思辨的理性之格率，此种格率虽颇似客观的原理，但完全根据其思辨的利益者也。

在以纯然统制的原理为构成的原理，因而用为客观的原理时，此等原理自陷于互相抵触。但若仅以之为格率，则无实在的抵触，盖仅理性所有之实际利益不同乃发生种种不同之思维形象耳。就实际言，理性亦仅有唯一之一种实际利益，其格率之互相抵触，仅此种实际利益所欲由以努力获得满足之方法有所不同，及此等方法之互相钳制耳。

故一思想家或偏重于**杂多**（依据特殊化之原理），而另一思想家则或偏重于**统一**（依据集合之原理）。各信其判断乃由洞察对象而到达者，实则完全依据其或多或少偏执于两种原理之一而然耳。且因此等原理皆非以客观的根据为基础，而仅以理性之实际利益为基础，故原理之名实不能严格适用之；名之为“格率”，殆较为切当。当吾人见及“有识之士关于人、动物、植物乃至矿物之特性，争执不已，有谓各民族有其特殊之遗传特性，各家族各种族等等亦各有其确定之遗传的特异，与之相反者则又谓在此一切事例中，自然对于一切事物本精确构成其同一之素质，其所有差别实起于外部之偶然的情形云云”之际，吾人仅须考虑彼等之作此等主张，其所指之对象果为何种对象，即可知彼等之于对象障蔽甚深，不容彼等谓由于洞察对象之性质而有所云云也。此种争论纯起于理性之有二重实际利益，一方醉心（或至少采用）于一种利益，他方则倾心于其他一种之利益。故自然中“纷繁”之格率与“统一”之格率间之歧异，本极易调和之。但在以格率为产生客观的洞察之期间，则直至发现有一种方法以调整彼等相反之主张及在此一方面有以满足理性为止，彼等不仅发生争执，且将成为积极的障碍，使真理之发现长期为之停滞不进也。

关于莱布尼兹所提出，巴奈（Bonnet）所维护，世人所广为论究之“造物之连续的阶段之法则”，其主张或否定，即可以以上所论述适用之。此纯由“根据理性之实际利益之亲和性原理”而来。盖观察及洞察自然之构成性质，绝不能使吾人对于此一法则有客观的主张。经验中所呈现于吾人之此种阶梯，彼此相去甚远；在吾人所见似为微细之差别，在自然本身则常为广大之间隙，故自任何此种观察，吾人对于自然之终极意向皆不能有所决定——吾人如思及在如是多量之事物中发现类似性及接近性，绝非难事，则更见其然。在另一方面，则“依据此种原理以探求自然中秩序”之方法，及命令吾人应以此种秩序为根据于自然本身（至在何处及达何种程度，可置之不问）之格率，确为理性之正当的优越的统制原理。在此种统制的能力中，此种原理远越出经验或观察之所能证实者；且其自身虽无所规定，但实用以揭示“趋向系统的统一”之途径者也。

人类理性所有自然的辩证性质之终极意向

纯粹理性之理念，其自身绝不能成为辩证的，此等理念所引起之惑人的幻相，自必仅由于误用理念所致。盖理念乃自理性之本质发生；此种对于思辨所有一切“权利及主张”之最高法庭，其自身乃为惑人及幻相之根源，实为不可能者。故自当以理念为有“其自身所有之功用及吾人所有理性之自然性质所规定之适切职务”。顾伪辩者流，常大声疾呼，攻讦理性之悖理及矛盾，彼等虽不能深入理性所有最深秘之意向，但仍极口非难理性之种种命令。然彼等之所以有自己独立主张之可能性，及使彼等能谴责“理性之所要求彼等者”之教化，实皆理性之所赐也。

吾人非首先与以先验的演绎，则不能正确使用一先天的概念。顾纯粹理性之理念，实不容有如范畴事例中所可能之此种演绎。但若此等理念有丝毫客观的效力（不问此种适用效力如何不确定），而非纯然思想上之虚构物，则其演绎自必可能，固不问其与“吾人所能授予范畴之演绎”相异如何之大（此为吾人所承认者）也。此点将以之完成吾人理性之批判工作而为吾人令所欲从事者。

所授之于我之理性之某某事物，绝对视为对象或仅视为理念中之对象，其间实大有区别。在前一事例中，吾人之概念乃用以规定对象者；在后一事例中，则实际仅有一图形，对此图形并无对象直接授予，甚至并假设的对象亦无之，且此种图形仅能使吾人以间接方法表现其他对象，即由此等对象与此理念之关系，在其系统的统一中表现之。故我谓最高智力之概念为纯然一理念，盖即谓此种概念之客观的实在性，不应视为由其直接与对象相关而成（盖在此种意义中，则吾人应不能以其客观的效力为正当矣）。此仅一图形，依据最大可能之理性统一条件而构成者——此为普泛所谓事物概念之图形，仅用以保持吾人理性之经验的使用中所有最大可能之系统的统一者。是以吾人殆自——“所视为经验对象之根据或原因”之——此种理念之假定的对象，引申经验对象之由来。例如吾人宣称“世界之事物必须视为一若自一最高智力接受其存在”云云。此种理念，实仅为辅导的概念，而非明示的概念。盖此种理念，并未示吾人以对象如何构成，而仅指示吾人在此理念之指导下吾人应如何求以规定经验对象之构成性质及联结耳。是以若能说明三种先验的理念（心理学的、宇宙论的、神学的），虽不能直接与其所相应之对象相关，或规定之，但仍以之为理性之经验的使用之规律，在此种“理念中之对象”之前提下，引导吾人至系统的统一，又若能说明此等理念以此乃有所贡献于经验知识之扩大，绝不能与经验的知识相背反，则吾人自能推断“常依据此种理念以进行云云，乃理性之必然的格率”。此实思辨的理性所有一切理念之先验的演绎，此等理念不以之为扩大吾人知识至“较之经验所能授予为数更多之对象”之构成的原理，乃以之为“普泛所谓经验的知识所有杂多之系统的统一”之统制的原理，此种经验的知识，由此统制的原理，更能在其自身所有之范围内适当保持其安全，且较之缺乏此种理念，仅由悟性原理之运用所可能者，更能有效地改进之。

我将努力使之更为明晰。依据此等所视为原理之理念，第一，在心理学中，吾人在内的经验指导下，联结吾人所有心之一切现象，一切活动及感受性，一若心乃“以人格的同一持久存在（至少在此生中）之一单纯实体”，同时此实体所有之状态（肉体之状态仅为外的条件而居于此等状态），又在连续的变化之中。第二，在宇宙论中，吾人在一所视为绝不容许完成之研讨中，必须推求“内的外的自然现象”两方所有之条件，一若现象系列之自身无穷无尽，并无任何最初的或最高的项目。顾在如是推求时，吾人无须否定“在一切现象以外，尚有现象之纯粹直悟的根据”；但以吾人对于此等根据绝无所知，故在吾人说明自然时，绝不可企图引用之。最后第三，在神学领域中，吾人必须视“能属于可能的经验之联结衔接”之一切事物，一若构成一绝对的——但同时乃完全依存的及感性的受条件制限者之——统一，但同时又视一切现象之总和（即感性世界自身），一若在其自身之外有一“唯一、最高，及一切充足之根据”，即一独立自存的、本源的、创造的理性。盖唯以此种创造的理性之理念为鉴，吾人始能指导吾人理性之经验的使用，以保持其最大可能之扩大——即由于“视一切现象一若皆自此种原型所发生者”。易言之，吾人不当以心之一切内的现象为来自一单纯之思维的实体，应以心之内的现象为依据一单纯的存在者之理念彼此互相因缘引申而成者；吾人不当以世界之秩序及系统的统一为来自一最高之智力，应视为自最高聪睿的原因之理念获得规律，依据此种规律，理性在联结世界中之经验的因果时，能使之用于最有效用之处，及满足其自身所有之要求。

顾并无任何事物足以妨阻吾人假定此等理念亦为客观的，即使之实体化——唯宇宙论的理念则在例外，以理性在此处若亦以理念为客观的实在，则陷于二律背驰矣。至心理学的及神学的理念，则并不含有二律背驰，且亦无矛盾。于是如何能有任何人争论其可能之客观的实在性？盖凡否定其可能性者，正与吾人欲肯定之者相同，关于此种可能性皆绝无所知。但无积极的障碍以阻吾人如是假定之一事，实不足为假定任何事物之充分根据；吾人不当仅依恃“倾于完成其自身所设立之事业”之思辨的理性权威，即可引入“超越吾人所有一切概念（虽不与此等概念相矛盾），而视为实在的确定的对象”之思想上之存在物。不应以此等理念为自身独立存在，仅能视为具有“图形之实在性”而已——一切自然知识所有系统的统一之规整的原理之图形。仅应以此等理念视为实在的事物之类似者，不应以其自身为实在的事物。吾人自理念之对象除去其条件，此等条件乃制限吾人悟性所提供之概念，但亦唯此等条件，吾人始能对于任何事物具有确定的概念。于是吾人之所思维者，乃——吾人对之绝无概念（就其自身而言），但仍表现其与现象之总体相关，有类现象间之相互关系之——某某事物。

吾人如以此种方法假定此类理想的存在者，则吾人实际并未推展吾人知识于可能的经验对象以外；仅由“其图形由理念所提供”之系统的统一，推展此种经验之经验的统一而已——故此种理念并无权利要求为构成的原理，仅能为统制的原理。盖容许吾人设定与此理念相应之事物，即某某事物乃至一实在的存在者，并非即谓吾人宣称由先验的概念以扩大吾人关于事物之知识。诚以此种存在者仅在理念中设定，而非设定其自身，故仅以之表现系统的统一，此种系统的统一乃用为理性之经验的使用之规律者。至关于此种统一之根据，即关于“统一所依据为原因”之存在者之内的性格为何，则绝无所决定者也。

故纯粹思辨的理性所授予吾人关于“神”之先验的唯一确定的概念，就其最严格之意义言之，乃**有神的**；即理性并未确定此一概念之客观的效力，仅产生“其为一切经验的实在之最高的必然的统一之根据”之某某事物之理念而已。此某某事物，除依据理性之法则类推其为“一切事物之原因”之实在的实体以外，吾人不能思维之。在吾人敢于以此事物为一特殊的对象，而不永以“理性之统制的原理之纯然理念”为满足之限度内，乃以完成一切思维条件为远过于人类悟性力之所及而置之，此即吾人必须思维此某某事物之所以然。顾此种思维进程与追求吾人知识中之完全系统的统一之进程（对于此种进程理性至少不加以限制）乃不相容者。

以下之点，即此种假定之理由所在：盖若吾人假定一“神”，对于其最高完成之内的可能性或其存在之必然性，吾人固不能有丝毫概念，但在另一方面，则吾人对于“与偶然的事物有关之一切问题”，皆能与以满意之解答，且关于理性在其经验的使用中所追求之最高统一，亦能与理性以最圆满之满足。至吾人关于此假定自身不能使理性满足之一事，乃显示其为理性之思辨的实际利益，并非——能以其自远超于理性范围以上之点出发为正当之——任何洞见；且即由此实际利益，努力总括理性所有之对象，视为构成一完全的全体者也。

吾人今到达"论究此同一假定之思维进程"上所有之一种区别，此种区别颇似琐碎，但在先验的哲学，则极为重要。即我在相对的意义中固可有充分根据假定某某事物（suppositio relativa），但无绝对的假定此某某事物（supposito absoluta）之权利。此种区别在纯然之统制的原理之事例中应考虑之。吾人认知此原理之必然性，但对于其必然性之由来，则绝无所知；且吾人之所以假定其有最高的根据者，仅以欲更能确定以思维此原理之普遍性耳。例如当我思维一"与纯然理念乃至与先验的理念相应"之存在者为存在之时，我并无权利假定此种存在者自身之存在，盖因并无概念使我由之能思维足以适合此种目的所视为确定之任何对象——凡关于我之概念之客观的效力所需要之条件，皆为此理念自身所摈除矣。实在性、实体、因果作用等之概念，乃至"存在之必然性"之概念，除其"使关于对象之经验的知识可能"之用途以外，绝无可用以规定任何对象之任何意义。故此等概念能用以说明感官世界中所有事物之可能性，但不能以之说明宇宙自身之可能性。此等说明之根据，应在世界以外，因而不能为可能的经验之对象。但我虽不能假定此种不可思议之对象自身存在，顾仍能假定其为与感官世界有关之"纯然理念之对象"。盖若我之理性之"最大可能之经验的使用"，依据一理念（系统的完全统一之理念，此理念我今将更精密规定之），则此理念自身虽绝不能在经验中适当展示之，但欲接近经验的统一之最高可能的程度，则仍为势所必需者，故我不仅有资格且亦不得不实现此理念，即“对于此理念设定一实在的对象”。但我之设定此种对象，仅以之为我所绝不知其自身之某某事物，且以其为此种系统的统一之根据，在与此种统一有关之范围内，我乃以“与悟性在经验的范围内所用之概念相类似之性质”，归之于此种对象。因之，就世界中之实在性，即就实体、因果作用、必然性等类推，我思维一“具有此种种之最高完全程度”之存在者；且因此种理念仅依存我之理性，故我能思维此种存在者为独立自存之理性，此种独立自存之理性——由最大调和及最大统一之理念——视为宇宙之原因。我之除去“能制限理念之一切条件”者，仅以欲在此种本源的根据支持之下，使宇宙中所有杂多之系统的统一，及由此统一而来之“理性之最大经验的使用”可能耳。我之为此，由于表现一切联结一若及一最高理性之命令（吾人之理性，仅此最高理性之微弱的模拟而已）。于是我进而专由“本仅能适用于感官世界之概念”以思维此最高存在者。但因我不过相对的用此先验的假定，即仅以此假定为授予经验之最大可能的统一之基体，故我全然由“仅属于感官世界之性质”，以思维此与感官世界相异之存在者。盖我不希求——且亦无正当理由以希求——能知此种“我之理念所有之对象”之自身为何。良以并无适用于此种目的之概念；即彼实在性、实体、因果作用等等之概念，乃至“存在之必然性”之概念，当吾人敢于以此等概念越出感官领域以外时，则一切失其意义，而为一种可能的概念之空虚名称，其自身全无内容矣。我仅思维一存在者（其自身完全非我所知）与宇宙之最大可能系统的统一之关系，其目的唯在用之为“我之理性之最大可能经验的使用”之统制的原理之图形耳。

设吾人目的所在为“吾人所有理念之先验的对象”，则吾人不能以实在性、实体、因果作用等等概念之名词，预行假定其自身之实在，盖因此等概念丝毫不能适用于“与感官世界完全相异之任何事物”。故理性关于所以为最高原因之最高存在者所设立之假定，仅为相对的；此仅为感官世界中之系统的统一而规划者，纯为一理念中之某某事物，至关于其自身，则吾人绝无概念。此即说明关于“授予感官所视为现实存在之事物”何以吾人需要一其自身为必然的之原始存在者之理念，且关于此存在者或其绝对的必然性又绝不能构成丝毫概念之所以然也。

吾人今关于全部先验的辩证论之结果，能有一明晰的见解，且能精确规定纯粹理性所有理念之终极意向，至其所以成为辩证的者，则仅由疏忽及误解耳。纯粹理性，实际除其自身以外，并不涉及任何事物。且不能有其他职务。盖所授予理性者，非——应归摄于“经验的概念之统一”之——对象，乃由悟性所提供——须归摄于理性概念之统一（即须归摄于依据原理之联结之统一）——之知识。理性之统一，乃体系之统一；此种系统的统一，并非客观的用为推广理性之应用于“对象”之原理，乃主观的用为推广理性之应用于“对象之一切可能的经验知识”之格率。顾因理性对于“悟性之经验的使用”所能授予之系统的联结，不仅促进其扩大，且亦保障其正确，故此种系统的统一之原理，在此范围内亦为客观的，但以一种空漠不定之形象（principium vagum）耳。此非能使吾人关于其直接的对象有所规定之构成的原理，乃仅为无限的（不定的）促进、增强、“理性之经验的使用”之统制的原理及格率——绝不与其经验的使用之法则相背而进行，同时又开展“不在悟性认知范围内”之新途径。

但理性除与此种统一之理念以一对象以外，不能思维此种系统的统一；且因经验绝不能以一完全系统的统一之例证授予吾人，故吾人所应赋予理念之对象，非经验之所能提供者。此种对象以其为理性所怀抱（ens rationis ratiocinatae），纯为一理念；非假定其为“绝对实在的及此即对象自身”之某某事物，乃仅设定其想当然如是者（盖因吾人由任何悟性概念皆不能到达之者），盖欲因此吾人能视感官世界中所有事物之一切联结一若根据于此一存在者耳。在此种进程中，吾人唯一之目的，在保持——理性所必不可缺且虽以一切途径促进“由悟性所得之一切经验的知识”而绝不能障碍其统一之——系统的统一。

吾人如以此种理念为“主张或假定一实在的事物”（吾人能以系统的世界秩序之根据归之者），则吾人误解此理念之意义矣。反之，“非吾人概念所及”之此种根据，其本有之性质为何，乃完全未定之事；至设定此理念，则仅以之为观点，唯由此种观点，始能更进而扩大“在理性如是切要，在悟性如是有益”之统一。总之，此种先验的事物，仅为统制的原理之图形，理性由此种图形，在其能力所及之限度内，推广系统的统一于全部经验领域之上。

此种理念所有之第一对象，乃所视为“思维的自然物”或视为“心”之“我”自身。我若欲研求思维的存在者自身所赋有之性质，则我必质之经验。盖除范畴之图形在感性直观中授予吾人以外，我即不能以任何范畴适用于此种对象。但我绝不因适用范畴而到达一切内感现象之系统的统一。于是理性采用“一切思维之经验的统一之概念”以代不能使吾人前进之（心之现实性质之）经验的概念；且由于以此种统一为不受条件制限，及本源的理性乃自此种统一构成一理性概念，即一单纯的实体之概念，此种实体其自身永无变化（人格的同一），而与此实体以外之其他实在的事物相联结；一言以蔽之，乃单纯的独立自存的智性之理念。但即如是，理性之意向所在，除在说明心之现象时所有系统的统一之原理以外，余皆置之不顾者也。理性努力欲表现一切规定存在于单一之主体中，一切能力（在可能之限度内）自单一之根本能力而来，一切变化属于同一之永久的存在者之状态，一切空间中之现象完全与思维活动相异。实体之单纯性及其他种种性质，殆仅为此种统制的原理之图形，而非预行假定其为心所有性质之现实根据。盖此等性质或依据完全不同之根据，此等根据，吾人绝不能知之。心自身不能由此等所设想之宾词知之，即令吾人以此等宾词为绝对适用于心，亦不能由之以知心之自身。盖此等宾词仅构成一“不能具体表现之纯然理念”。吾人如仅注意以下之点，即“不以之为纯然理念以上之事物，而以之为在规定吾人所有心之现象时，仅与理性之体系化的使用有关，始能有效”，则自此种心理学的理念所能产生者，自仅属有益之事矣。盖因在说明“专属于内感事物”之际，自无物体的现象之经验的法则（此为完全不同之法则）杂入其中。关于心之生灭及再生等之虚妄假设，无一可以容许。故关于此种内感对象之考虑，应完全保持其纯洁，不容有异类的性质混入。且理性探讨之趋向，亦在使此一方面之说明根据，尽其所能归纳于单一之原理。凡此等等，由于“所视为宛若一实在的存在者”之图形而圆满到达之，且除此图形以外，实亦无他途可以到达之。心理学的理念之意义所能指示者，亦不过统制的原理之图形而已。盖若我问及心自身是否为精神的性质，则此问题殆无意义。盖用此种概念（按即心灵）不仅抽去物质的自然，且抽去普泛所谓之自然，易言之，抽去任何可能经验所有之一切宾词，因而抽去思维“此种概念之对象”所必需之一切条件；顾概念仅以其与一对象相关始能谓其具有意义者也。

纯然思辨的理性之第二种统制的理念，则为普泛所谓世界之概念。盖自然本为理性需要统制的原理之唯一所与对象。此自然为二重，或为思维的，或为物质的。思维此物质的自然，则在关于其内的可能性之限度内，即在限定范畴之适用于物质的自然之限度内，吾人实无须理念，即无须超越经验之表象。且在此一方面亦实无任何理念可能，盖因处理物质的自然，吾人仅受感性直观之指导。物质的自然之事例，与心理学的根本概念“我”之事例完全不同，此种“我”之概念，先天的包含思维之某种方式，即思维之统一。故所留存于纯粹理性者，仅有普泛所谓之自然，及依据某种原理“自然中所有种种条件之完全”而已。此等条件系列之绝对总体，在引申此等条件之各项目时，乃一理念，此种理念，在理性之经验的使用中，绝不能完全实现，但仍用为一种规律，以命令吾人在处理此种系列时应如何进行者，即在说明现象时，不问其在追溯的顺序中或在上升的顺序中，吾人当视此种系列一若其自身乃无限的，即一若其进行乃不定的。在另一方面，当以理性自身视为决定的原因，如在自由之领域内时，盖即谓在实践的原理之事例中时，则吾人应若有一“非感性所有而为纯粹悟性所有”之对象在吾人之前而进行者也。在此种实践的领域内，其条件已不在现象系列中；此等条件能设定在系列以外，因而能以状态之系列视为宛若由于一直悟的原因而具有绝对的起始者。凡此种种，所以说明宇宙论的理念纯为统制的原理，远不能以构成的原理之形象设定此种系列之现实的总体。至关于此种论题之详细论究，可参观纯粹理性之二律背驰一章。

纯粹理性之第三种理念，包含“其为一切宇宙论的系列之唯一的充足的原因之存在者”之纯然相对的假定者，乃神之理念。

吾人并无丝毫根据以绝对的形象假定此种理念之对象（假定其自身）；盖能使吾人仅依据其概念而信仰（或主张）最高完成及由其本质为唯一绝对必然之存在者，究为何物，且即吾人能信仰之或主张之，吾人又如何能说明此种进程之为正当？此仅由于其与世界相关，吾人始能企图证明此种假定之必然性，于是事极明显，此种存在者之理念与一切思辨的理念相同，仅欲构成一种理性之命令，即世界中之一切联结皆当依据系统的统一之原理观察之——若一切此种联结皆自——所视为最高的一切充足的原因之——“包括一切之唯一存在者”而来。是以事极明显，理性在此处除对于其经验的使用之扩大，制定其自身所有之方式的规律以外，并无其他目的，绝无任何越出一切经验的使用限界以外之扩大。因之，此种理念在其应用于可能的经验时，并非以任何隐蔽方法含有“要求其性格上成为构成的”之任何原理，此则极为明显者也。

此种唯依据理性概念之最高方式的统一，乃事物之有目的的统一。理性之思辨的实际利益，使其必然以世界中之一切秩序视为一若以最高理性之目的所创设。此种原理在其应用于经验领域时，完全以新观点开展于吾人理性之前，即世界事物可以依据目的论之法则而联结之，因而使其能到达其最大系统的统一。故关于所视为宇宙唯一原因（虽仅在理念中）之最高智力之假定，常能有益于理性而绝不能伤害之。故在研究地球（此为圆形但略带扁平形）[①]、山、海等等之形状时，吾人若假定其为世界创造者之

① 自地球之圆形所生之益处，为尽人所知者。但唯地球为扁圆形始能阻止陆地乃至小山（此或为地震所震起）之不断上升，及阻止在较易觉察之较短时期内变更地轴位置，此则知者甚少。地球在赤道下之膨胀，形成如是广大之山，使其他一切山岭之震动，绝不能产生任何可见之结果，以变更地轴之位置。此种构造虽如是贤明，但吾人仍不踌躇以地球过去之液体状态所有之平衡性说明之也。

贤明目的之结果，则吾人实能以此种方法获得无数发现。又若吾人以此种原理仅限于统制的用法，则即有误谬，亦不致与吾人以任何大害。盖其所能发生最恶劣之事，殆在吾人所期待有目的论的联结（nexus finalis）之处，仅发现一机械的或物理的联结（nexus effectivus）耳。在此种事例中，吾人仅不能发现其所增加的统一；并未毁损理性在其经验的使用中所主张之统一。但即有此种失望，亦不能影响及于目的论的法则自身（就其普泛的意义而言）。盖当一解剖学者以一种目的归之于某种动物之肢体，而此种目的则显然能证明其为不合者，斯时固能证明此解剖学者之误，但在任何事例中，欲证明自然之组织（不问其为何）绝不适合于任何目的，此则全然不可能者。因之，医学的生理学关于有机体关节所尽其效用之目的，所有极有限之经验的知识，借纯粹理性所唯一负责之原理而扩大之；且由此原理竭其所能扩大至确信的与人人赞同的假定，即动物所有之一切事物，皆有其效用，且合于某种良善之目的。如以此种假定为构成的，则远超过于观察在此程度内所能证明其正当之范围外矣；故吾人必须断言，此种假定仅为理性之统制的原理，以“世界最高原因之有目的的因果作用”之理念，辅助吾人保持最高可能之系统的统一——一若此种依据最高之贤明目的而活动“所视为最高智力之存在者”乃一切事物之原因。

但吾人如忽视“理念仅限于统制的用法”之限制，则将引理性入于歧途。盖斯时理性离经验根据（仅经验能包含“揭示理性正当途径”之目标），冒险越出其外，以趋向不可思议不可究极之事物，及飞越至令人眩晕之高度，乃发现其自身完全与一切依据经验之可能的行动相断绝矣。

自“吾人以有悖理念本质之方法（即构成的而非仅为统制

的）使用最高存在者之理念”所发生之第一种误谬，乃理性玩忽怠惰（ignava ratio）之误谬[①]。“凡使吾人以研讨自然（不问任何主题）为已绝对完成，致理性以为其自身所设立之事业一若业已完全成就，而终止更进行研讨”之一切原理，吾人皆可以此名称名之。故心理学的理念，当其用为构成的原理以说明心之现象，因而扩大吾人关于自我所有之知识于经验限界以外（推及其死后之状态）时，确曾使理性之事业简易易为；但实障碍乃至完全毁灭“吾人理性在经验指导下论究自然之用途”。独断的精神论者以彼所信为在“我”中直接知觉之“思维的实体之统一”，说明“在状态之一切变化中”人格之常住不变的统一；或以吾人关于思维的主体非物质性之意识，说明“吾人关于死后始能发生者之所有之利害关系”；以及等等。于是彼对于此等内部的现象之原因，废止一切经验的研讨,（在此种经验原因应在物理的说明根据中探求之限度内）；彼依恃超经验的理性之假定的权威，自以为有权忽视“在经验中为内在的”一类之知识源流，此虽牺牲一切实在的洞察，在彼则固有极大之便利者也。此种有害的结果，在独断的处理吾人所有最高智力之理念中，及误以此理念为基础之神学的自然体系（自然神学）中，尤为显著。盖在此种研讨领域中，吾人若不在物质的机械性之普遍法则中探求其原因，而直接诉之于最高智慧之不可究极的命令，则在自然中所展示之一切目的以及吾人所仅能归之于自然之种种目的，将使吾人探讨原因成为一极易之事，因而使吾人以理性劳作为已完成，实则斯时吾

① 此为古代辩证论者对于一种伪辩的论据所加之名称，其辞如下：病愈若为汝之运命，则不问汝就医与否，病自能愈。西采洛（Cicero）谓此种论证方法之所以如是名之者，以吾人若遵从此种论据，则理性在人生中，将一无所用矣。我据此同一理由，即以此名加之于纯粹理性之伪辩的论据。

人仅废止理性之使用耳——此种使用乃完全依据自然秩序及其变化系列所展示之普遍法则，以自然秩序及其变化系列为其指导者也。吾人如自目的论的观点，不仅考虑自然之某某部分，如陆地之分布及其构造，山岭之构成性质及其位置，或仅动植物之有机组织等等，而使此种自然之系统的统一与最高智力之理念相关，完全成为普遍的，则自能避免此种误谬。盖斯时吾人以自然为依据普遍法则，以目的性为其基础者，依据此普遍法则欲在任何事例中证明此种目的性固极困难，但无一特殊的布置能在此目的性之外者也。于是吾人有一“目的论的联结之系统的统一”之统制的原理——但此种联结，吾人并不预定其如是。吾人之所能断然行之者，乃在发现“目的论的联结实际为何”之期望下，依据普遍的法则，以探求物理机械的联结耳。仅有此种方法，有目的的统一之原理，始能常有助于扩大与经验相关之理性使用，而无任何事例与之相仿。

由误解以上系统的统一之原理所发生之第二种误谬，乃理性颠倒之误谬（perversa ratio）。系统的统一之理念，应仅用为统制的原理，以指导吾人依据普遍的自然法则，在事物之联结中探求此种统一；故吾人当信为在使用此种原理时，吾人愈能以经验的形象证实此种统一，则愈能近于完全——此种完全自属绝不能到达者。不用此种方法，则自必采用相反之进程而颠倒矣。有目的的统一原理之实在性，不仅以之为前提且又使之实体化；又因最高智力之概念，其自身完全在吾人理解能力以外，吾人乃以拟人论的方法规定之，因而强迫的专断的以种种目的加之自然之上，而不由物理的探讨途径，以推寻所以探求此类目的之更合理的进程。于是意仅在辅助吾人完成“依据普遍的法则之自然统一”之目的论，不仅趋向于撤废此种统一，且又妨阻理性成就其固有之目的，即依据此等法则，由自然以证明最高智力的原因之存在之理性目的。盖若最完全之目的性，不能先天的在自然中预行假定之，即以之为属于自然之本质，则如何能要求吾人探求此种目的性，及经由目的性之一切阶段，以接近一切事物之创造者之最高完成（此为绝对必然的而必须先天的认知之完成）？统制的原理制定系统的统一，乃——不仅经验的知之且先天的预行假定之者（虽以不确定之态度假定之）之——自然中之统一，应绝对的以为前提，而视为自"事物之本质"而来者也。但若我开始即以一"最高有目的的存在者"为一切事物之根据，则实际上自然之统一性必被委弃，将以之为偶然之事，而与事物之性质完全无关，且视为不能自其固有之普遍的法则知之者。于是发生一最恶之循环论；即吾人正在假定之主要争论之点是也。

以关于自然之系统的统一之统制的原理为一构成的原理，且以仅在理念中用为理性自相一致使用之根据者，使之实体化而预定之为一原因，此仅使理性昏乱而已。探讨自然自有其固有之独立的进程，即依据自然原因所有之普遍的法则，保持自然原因之连锁。即以此种进程进行，实亦依据宇宙创造者之理念而进行者，但非欲由此演绎"所永在探求之目的性"，不过欲自此种目的性以知此种创造者之存在耳。由于在自然所有事物之本质中，及在可能限度内在普泛所谓事物之本质中，探求此种目的性，以求知此种所视为绝对必然的最高存在者之存在。不问此事是否有成，若以纯然统制的原理之条件制限理念，则理念自身固常真实，且能保证其使用之正当者也。

完全之有目的统一，构成绝对的意义之完成。吾人若不在"构成经验所有全部对象（即构成吾人所有一切客观的有效知识之全部对象）之事物"之本质中，发现此种统一，以及不在自然之普遍的必然的法则中发现此种统一，则吾人如何能宣称自此种统一，直接推论——所视为一切因果作用之根源所在之——本源的存在者之最高及绝对必然的“完成”之理念？最大可能之系统的统一以及其结果之有目的的统一，乃使用理性之训练学校，且实为理性最大可能之使用所以可能之基础。故此种统一之理念与吾人理性之本性，乃固结而不可分者。此种理念，即以此故，在吾人为立法的；故吾人应假定一“与此相应之立法的理性”（intellectus archetypus），实极自然，所视为吾人理性对象之“自然之一切系统的统一”皆自此立法的理性而来也。

在论述纯粹理性之二律背驰时，吾人已言及纯粹理性所提出之问题，应在一切事例中，皆容许答复，且就此等问题而言，不容以吾人知识有限为遁词（此种遁词在关于自然之种种问题，乃不可避者，且为适切之辞）。盖吾人此处所质询者，非关于事物性质之问题，乃仅自理性之本性发生，且仅与其自身所有内部性质相关之问题。吾人今能就纯粹理性最关心之两问题限度内证实此种主张（骤见之，颇似轻率之主张）；因而最后完成吾人关于纯粹理性辩证性质之论究。

在与先验的神学有关之范围内[①]，吾人第一，如问及是否有与世界不同之任何事物，包含“世界秩序及依据普遍法则之世界联结”之根据，其答复则为无疑有之。盖世界乃现象之总和，故必须有现象之某某先验的根据，即仅能由纯粹悟性所思维之根据。第二，如问及是否此种存在者乃最大实在的、必然的等等之实体，则吾人答以此种问题乃完全无意义者。盖吾人所能由以企

① 在吾人已言及关于心理学的理念及其本有之职务，乃视为理性之纯然统制的使用之原理以后，我对于——一切内感杂多由以实体化之——先验的幻想，无须更有所言矣。此种进程，与吾人批判神学的理想时所论究之进程极相类似。

图构成“此种对象之概念”之一切范畴，仅容经验的使用，当其不用之于可能的经验之对象（即感官世界）时，则绝无意义。除此领域之外，此等范畴仅为概念之空名，吾人固可容许有此等空名概念，但由此等空名概念之自身，则吾人绝不能有所领悟者也。第三，如问及吾人是否至少能以经验对象之类推，思维此种与世界不同之存在者，则其答复为确能思维之，但仅为理念中之对象，而非实在之对象，即仅为世界组织之系统的统一、秩序、目的性等等之“吾人所不可知之基体”——理性不得不构成此种理念以为其研讨自然之统制的原理。不仅如是，吾人更能自由容许“于其统制的职能有益”之拟人论（Anthropomorphismus）加入此种理念中，而不为人所谴责。盖此永为一理念而已，并非直接与世界不同之存在者相关，乃与世界之系统的统一之统制的原理相关，且仅由此种统一之图形，即由最高智力（此种智力在其创造世界时，乃依据贤明之目的而行动者）之图形，而与之相关者也。至此种世界统一之本源的根据之自身为何，吾人不能自以为由此已有所决定，仅在与“关于世界事物所有理性之系统的使用”相关之范围内，吾人应如何运用此种根据，或宁谓为如何运用其理念耳。

但尚有人以此种问题相逼问者，即：吾人能否依据此种根据假定一世界之聪慧之全能创造者？吾人无疑能之，不仅能之，且必须如是假定之。但斯时吾人是否推展吾人之知识于可能的经验领域以外？则绝不如是。竭吾人之所为者，仅预行假定一某某事物，即预行假定一先验的对象而已，至此先验的对象之自身为何，则吾人绝无概念。吾人若研究自然，则不得不以世界之系统的有目的的排列为前提，而吾人之所以能由一种智力（一种经验的概念）类推，以思维此种不可知之存在者，亦仅在与世界之系统的有目的的排列相关耳；即就根据于此种存在者之目的及完成而言，以“依据吾人所有理性之条件所能视为包含此种统一之根据”之一类性质，赋之于此种存在者。故此种理念，仅在吾人之理性与世界相关之使用范围内，始能有效。吾人如以绝对的客观的一种效力归之于此种理念，则是吾人忘却吾人之所思维者仅为理念中之存在者；且吾人若如是自“非由观察世界所能规定”之根据出发，则吾人已不能以适合于理性之经验的使用一种方法，应用此原理矣。

但尚有人问我能否以最高存在者之概念及前提，用之于“唯理的考虑世界”？能，此正理性依恃此种理念之目的所在。但我能否因此进而以外表上有目的布置视为其目的所在，因而以此等目的为自神意（此固间接由于“推广神意所建立之某种自然方策”）而来？

吾人实能如是为之，但有一条件，即不问其主张神之智慧依据其最高目的处理一切事物，或主张“最高智慧之理念”乃依据普遍法则探讨自然之统制的原理，及自然之系统的有目的的统一之原理（乃至在不能发现此种统一之事例中亦然）吾人均视为无足轻重之事。易言之，当吾人知觉此种统一时，不问吾人谓为神以其智慧，愿望其如是，或谓为“自然”贤明的排列之如是，此在吾人乃一极不相干之事。盖吾人之所以能采用最高智力之理念为统制的原理之图形，正由于此最大可能之系统的有目的的统一耳——此种统一乃吾人理性所要求为一切自然探讨所必须以之为基础之统制的原理。故吾人愈能发现世界中之有目的，则愈能证实吾人理念之正当。但因此种原理之唯一目的，在指导吾人探求最大可能程度之“自然之必然的统一”，故吾人之探求自然统一，在能到达此种统一之限度内，虽有赖于最高存在者之理念，但若吾人忽视自然之普遍的法则（盖欲发现理念所唯一适用之自然），而以此种自然之目的性视为起于偶然的超自然的，则不能不陷于自相矛盾。盖吾人实无正当理由假定一“在自然以上具有此种性质之存在者”，其所以采用此种存在者之理念者，盖欲以现象为依据因果规定之原理，而互相系统的联结故耳。

职是之故，在思维世界之原因时，吾人不仅能就某种微妙之拟人论（无此种拟人论，则吾人对于世界原因绝不能有所思维），在吾人之理念中表现此种世界原因，即以之为具有“悟性、快与不快之感情，及与此等悟性感情相应之欲望决意”之存在者，且亦能以超越“吾人关于世界秩序所有之经验的知识所能归之于此原因之任何完成”，即无限之完成，归之于此世界原因。盖系统的统一之统制的法则，制定吾人研究自然应以“与最大可能之杂多相联结”之系统的有目的的统一，一若触处可无限见及之者。诚以吾人所能发现此种世界之完成，虽极微渺，但吾人所有理性之立法，仍要求吾人必须常探求推度此种完成，且依据此种原理以指导吾人之探究自然，实为有百利而无一害者。但在此种表现原理为包括“最高创造者之理念”之方法中，我并非以此原理根据于此种存在者之现实存在及吾人确知此存在者之知识，但仅根据于其理念，且我实际并非自此种存在者引申任何事物，仅自其理念引申之耳——即依据此种理念自世界事物之本性引申之耳——此则极为明显者也。关于此种理性概念真实用途之不定形式之意识，实促使一切时代之哲学家使用中庸及合理之言辞，盖因彼等语及自然之智慧与用意及神之智慧时，一若自然与神之智慧，乃同义之名词——在彼等专论究思辨的理性之范围内，固愿择用自然之名词，其理由则在能使吾人避免轶出所能正当主张者以外，且又能导使理性专向其固有之领域（即自然）进行也。

是以纯粹理性在最初，其所期许者，似不外扩大知识于一切经验限界以外，若正当理解之，则仅包含统制的原理而已，此种统制的原理固制定较之悟性之经验的使用所能到达之更大统一，但就其努力目标置之非常辽远之一事言之，则仍能由系统的统一，在最大可能之程度以与其自身一致而不相矛盾。但在另一方面，此等原理若被误解，而以之为超经验的知识之构成的原理，则将由令人迷惑及欺人之幻相而发生偏见及纯然空想的知识，因而发生矛盾及永久之争论也。

***

故一切人类知识以直观始，由直观进至概念，而终于理念。吾人之知识，就此三种要素而言，虽具有先天的知识源流（此种先天的知识源流，最初视之，虽似蔑视一切经验之限界者），但彻底的批判，则使吾人确信理性在其思辨的使用时，绝不能以此等要素超越可能的经验领域，且此种最高知识能力之本有职务，目的在依据一切可能的统一原理——目的之原理乃其最重要者——使用一切方法及此等方法之原理，以探求透入自然之甚深秘密，但绝不超越自然之外，盖在自然以外，对于吾人仅有虚空的空间而已。“一切似能扩大吾人知识于现实经验以外之命题”之批判的检讨，如在先验分析论中之所为者，无疑足以使吾人确信此等命题绝不能引至可能的经验以外之任何事物。吾人若不怀疑明晰之抽象的普泛的学说，以及惑人的外观的展望，若不引诱吾人趋避此等学说所加之束缚，则吾人自能省略质询“超经验的理性为维护其越权行为所提出之辩证论的证人”之烦劳。盖吾人自始已完全确知此等越权行为，其意虽或诚实，但必为绝对无根据者，诚以其与“人所绝不能到达之一种知识”有关故耳。但除吾人能通彻“即明哲之士亦为其所欺之幻相”之真实原因以外，不能终止此种论辩。加之，分解吾人所有一切超经验的知识至其要素（视为关于吾人内部性质之一种研究）一事，其自身极有价值，实为一切哲学家应尽之义务。因之，思辨的理性所有一切此等努力，虽无效果可言，吾人仍以穷流溯源至其最初源流，为一至要之事。且因辩证的幻相，不仅在吾人之判断中欺吾人，且因吾人在此等判断中具有利害关系，此等幻相又具有自然的吸引之力，且将永远继续有之，故为防阻此种未来之误谬起见，吾人详述所能叙述者，以之为此种公案之纪录而藏之于人类理性之纪录保存所，实极为适宜者也。

二

先验方法论

导言

吾人如以一切纯粹思辨的理性所有知识之总和视为——吾人至少在吾人自身内部具有其理念之——一种建筑物，则能调为在先验原理论中，吾人已评衡其材料而决定其足以建筑何种建筑物及其高度与强度矣。吾人实见及吾人虽曾默思建筑一高矗云霄之塔，而所供之材料，则仅足以建立一居宅，其广适足以合于吾人在经验水平上之业务，其高仅足容俯视此经验之平野而已。故吾人所计划之勇敢事业，乃由材料缺乏而不得不失败——更不必提及巴别城及其通天高塔矣，此城此塔，因语言混乱，使工匠间关于应依照施工之设计发生争论，终以散遗此等工师于全世界，使各按其自身之计划各自建筑自用之建筑物而无成者也。顾吾人今之所论究者，乃在计划而非在材料；盖以吾人已受警告，不可任意以完全超越吾人能力之盲目计划冒险为之，但尚不能抑遏为吾人自身建筑一安全居宅之心愿，故吾人必须就吾人所有，及适于吾人需要之材料，以设计吾人之建筑物。

故我之所谓先验方法论，乃指规定“纯粹理性所有完全体系之方式的条件”而言。在此方面，吾人应论究理性之训练、法规、建筑术及历史，以提供（在其先验的方面）“僧院派以实践的逻辑之名在其与普泛所谓悟性之使用相关者所曾尝试而未能满意”之事项。盖因普泛逻辑不限于“悟性所使之可能之任何特殊知识”（例如不限于其纯粹知识），且亦不限于某种对象，故除由其他学问假借其所有知识以外，不能在“可能的方法之名称及在一切学问中用以体系化之学术名词”之外，更有所论述；且此种逻辑，仅用以使新学者预先认知名词而已，至此等名词之意义及用法，则非至以后不能学习之也。

第一章
纯粹理性之训练

由于普遍之知识欲，消极的判断（即不仅关于其方式，且亦关于其内容之消极的判断），不为人所重视。且实以此种消极的判断为吾人所有不断努力欲扩大知识之敌，即欲得人宽容，亦须善为辩解，至欢迎及尊敬，则更无论矣。

在与逻辑的方式有关之范围内，吾人固能一如吾人所欲，使任何命题成为何消极的；但关于或为判断所扩大、或为判断所制限，吾人所有普泛所谓知识之内容，则消极的判断之特有任务，唯在摈除误谬。因之，意在摈除虚伪知识之消极的命题，若用之于并无误谬可能之处，即属真实，亦极空虚无意义，盖此种用法，不合于其目的，且正以此故，往往发生不合理之命题，如僧院派所提出“亚历山大若无军队，则不能征服任何国土”之一类命题是也。

但在吾人可能的知识限界极狭之处，亟欲判断之心极强之处，围绕吾人之幻相诱惑力极强而由误谬所发生之害处极大之处，则仅用以防免误谬之消极的教训，较之由以增进吾人知识之无数积极的示知，更为重要。所由以拘束及消灭“违背某种规律之常有倾向"之强制，吾人名之为**训练**。此与教化有别，教化之目的，仅在授予某种技巧，并不铲除任何已有之习惯的行动方法。就才能之发展而言，则以才能自身本有表现其自身之冲动，故训练之所贡献者乃消极[①]的，而启发及学说之所贡献者则为积极的。

天禀及吾人所有之种种天赋才能（如想象力及巧智等），皆倾于容许其自身自由放纵之活动者，自种种方面言之，其须训练，任何人皆以为然。但在理性以对于其他一切努力加以训练为其本有任务者，今谓其自身亦须受此种训练，则人当以为异矣；实则理性迄今之所以免于训练者，仅因自其表面之庄严及既有之地位观之，故无人能疑其窃以空想代概念，以言辞代事物之无聊举动也。

关于理性之在经验上使用，实无须批判，盖以在此方面，理性之原理，常受经验之检讨。在数学中，亦无须批判，以此处理性概念必须进而具体的在纯粹直观中展示，因而其中无根据及任意空想之一切事物，皆立即显露。但在既无经验的直观又无纯粹直观保持理性在明显可见之轨道内时，盖即谓就理性依据纯然概念在其先验的使用中考虑之之时，则须训练以制限其越出"可能的经验之狭小限界"以外之倾向，及防免其放纵、误谬，自极重要，故纯粹理性之全部哲学，亦仅此种严格之消极的效用而已。特殊的误谬，固能由检举而获免，其原因则由批判而更正。但如在纯粹理性之事例中，吾人乃到达"种种幻相与误谬推理密切联

① 我深知僧院派所有之名词学中训练（Disciplin）常与教训（Unterweisung）同义。顾有种种其他事例，其中强迫教练意义之训练与教导意义之教训，实严为区别，且就此等事项之性质而言，亦亟须吾人保存适于此种区别之仅有名词，故训练一名词，除消极的意义以外，亦以不用之于其他任何意义为当。

结，在共同原理下组织所成”之全部体系，故须有一特殊之消极的立法，根据理性本质及其纯粹使用之对象，在训练之名称下建立一种警诫及自己检讨之体系——在此种体系之前，无一伪辩的幻相能成立，且不问其因要求例外之特殊待遇所提呈之理由为何，立即显露其自身之虚伪者也。

但亟须注意者，在此先验的批判之第二主要部分，纯粹理性之训练，并非指向由于纯粹理性所得知识之内容，乃在其方法耳。盖前者已在先验原理论中论究之矣。顾“使用理性”之形象不问其所应用者为何种对象，实极相似，唯同时其先验的使用，与一切其他用法，则又如是根本不同，故若无特别为此种目的所筹划之意在训诫之消极的训练教示，则吾人不能期望避免由所用方法（此种方法在其他领域中实合于理性之用，唯在此先验的领域中则不然）不当，而必然发生之误谬。

第一节 关于纯粹理性独断的使用之训练

数学呈现“纯粹理性无经验之助独自扩大成功”之最光荣例证。例证乃有传染性者，尤其一种能力在一领域中已有成功，自必以为能在其他领域中，期望亦获同一之幸运。是以纯粹理性期望在先验的使用中扩大其领域，亦如在其数学的使用时，能同一成功，尤在其择用“在数学中显有功效之同一方法”时为然。故认知“到达必然的正确性所名为数学的之方法”，与“吾人由以努力欲在哲学中获得同一正确性及在哲学中应名为独断的之方法”是否同一，在吾人实极为重要者也。

哲学的知识乃由理性自概念所得之知识；数学的知识乃由理性自构成概念所得之知识。所谓构成概念，乃指先天的展示“与概念相应之直观”而言。故构成一概念，吾人需要“非经验的直观”。此种直观以其为一直观故，必须为一“个别的对象”，但以其乃构成一概念（一普遍的表象），故在其表象中又必须表显适于“属此同一概念之一切可能的直观”之普遍的效力。例如我之构成一三角形，或唯由想象在纯粹直观中表现“与此种概念相应之对象”，或依据纯粹直观以经验的直观又表现之于纸上——在两种事例中，皆完全为先天的，未尝在任何经验中求取范例。吾人所描画之个别图形乃经验的，但亦用以表现概念而不损及概念之普遍性。盖在此种经验的直观中，吾人仅考虑“吾人所由以构成概念之活动”，而抽去许多规定（如边及角之大小等），此类规定，以其不能改变三角之概念，故极不相干者也。

是以哲学的知识，唯在普遍中考虑特殊，而数学的知识则在特殊中甚或在个别事例中——虽常先天的及由于理性——考虑普遍。因之，正如此种个别的对象为“用以构成此对象之某种普遍的条件”所规定，其概念（与此概念相应之个别对象，仅为此概念之图形）之对象，亦必思维为普遍的所规定者。

故两种“理性知识”间之本质的相异，实在此方式上之不同，而不在其质料或对象之不同。凡谓哲学仅以质为对象，数学仅以量为对象，以区别哲学与数学者，实误以结果为原因耳。数学知识之方式，乃其“专限于量”之原因。盖仅有量之概念容许构成，即容许先天的在直观中展示之；至“质”则不能在任何“非经验的直观”中表现之。因之，理性仅能由概念获得“质”之知识。除由经验以外，无一人能获得与实在之概念相应之直观；吾人绝不能先天的自吾人自身所有之源泉，及在“实在之经验的意识”之先，具有此种直观。圆锥物之形状，吾人固能无须任何经验之助、仅依据其概念自行在直观中构成之，但此圆锥物之色彩，则必先在某种经验中授予吾人。我除经验所提供之例证以外，不能在直观中表现普泛所谓原因之概念；关于其他概念，亦复如是。哲学与数学相同，实曾论究量之问题，如总体、无限，等等。数学亦论究质之问题，如以线、面之不同视为不同性质之空间，及以延扩之连续性视为空间性质之一，等等。但即哲学与数学，在此等事例中，有一共同对象，而理性所由以处理此种对象之形象，则在哲学中者与在数学中者全然相异。哲学限于普遍的概念；数学仅由概念则一无所成，故立即趋赴直观，数学在直观中具体的考虑其概念（虽非在经验的直观中而仅在先天的所呈现之直观中，即在其所构成之直观中考虑之），在此种直观中，凡自"用以构成此对象之普遍的条件"而来者，对于其所构成之"概念之对象"必普遍地有效。

设令以一三角形概念授予哲学家，而任彼以其自身之方法寻究三角形所有各角之和与直角之关系。则彼所得者，仅有"为三直线所包围而具有三种角之图形"之概念而已。不问彼默思此概念如何之久，绝不能产生任何新事物。彼能分析直线、角及三之数字，等等之概念，而使之明晰，但绝不能到达"不包含于此等概念中之任何性质"。今试令几何学家处理此等问题。彼立即开始构成一三角形。因彼知两直角之和正等于自直线上之一点所能构成之一切邻角之和，故彼延长三角形之一边而得两邻角，此等邻角之和等于两直角。于是彼引一对边平行线以分割外角，而见彼已得与内角相等之外邻角——以及等等。以此种方法，经由直观所导引之推理连锁，彼乃到达关于此问题之圆满证明及普遍有效之解决。

但数学不仅构成几何学中所有之量（quanta）；且亦构成代数学中所有之量（quantitas）。在代数中，数学完全抽去"以此种量之概念所思维之对象性质”。斯时数学采用某种符号以代一切此种量（数）如加、减、开方等等之构成。数学一度在量之普遍的概念中区别量所有之种种不同关系以后，即依据某种普遍的规律，在直观中展示量所由以产生及变化之一切演算方法。例如一数量为其他数量所除时两种数量之符号，依除法之记号而联结之，在其他之数学进程中，亦复如是；故在代数中由符号的构成，正如在几何中由直证的构成（对象自身之几何的构成），吾人乃能到达“论证的知识由纯然概念所绝不能到达”之结果。

哲学家与数学家二者皆实行理性之技术，其一由概念以行之；其一则由彼依据概念先天的所展示之直观行之，顾二者所有之成功乃有如是之根本的差异，其理由何在？就吾人以上阐明先验原理论时之所述各点观之，即能了然其原因所在。吾人在此处并不论究仅由分权概念所能产生之分析命题（论究此种命题，哲学家优于数学家），唯论究综合命题，且实论究所能先天认知之综合命题。盖我绝不可专注意于“我在所有之三角形概念中实际所思维之事物”（此仅纯然定义而已）；必须越出概念之外而到达“不包含于此概念中但又属于此概念”之性质。顾此事除我依据经验的直观或纯粹的直观之条件以规定我之对象以外，实不可能。依据经验的直观之条件以规定我之对象之方法，仅与吾人以经验的命题（依据各角之测量），此种经验的命题并无普遍性，更无必然性；因而绝不合于吾人之目的。其第二种方法，乃数学之方法，且在此种事例中则为几何学的构成之方法，我由此种方法联结——属于普泛所谓三角形之图形因而属于其概念之——杂多在一纯粹直观中（正如我在经验的直观中之所为者）。普遍的综合命题，必须由此种方法构成之。

故欲使三角形哲学化，即论证的思维此三角形，在我殆为极无益之事。除“以之开始之纯然定义”以外，我不能更前进一步。世自有仅由概念所构成之先验的综合，此种综合唯哲学家始能处理之；但此种综合仅与普泛所谓之事物相关，乃规定“事物之知觉所以能属于可能的经验”之条件者。但在数学的问题中，并无此种问题，亦绝无关于“存在”之问题，仅有关于对象自身所有性质之问题，盖即谓仅在此等性质与对象之概念相联结之范围内成为问题耳。

在以上之例证中，吾人之所努力者，仅在使“理性依据概念之论证的使用”与“理性由于构成概念之直观的使用”之间所存之极大差异，辨别明晰。顾此点自必引达以下之问题，即使理性之二重使用成为必然者，其原因为何，且吾人如何认知其所用者为第一种方法，抑第二种方法。

吾人所有之一切知识最后皆与可能的直观有关，盖知识唯由直观始有对象授予。顾先天的概念（即非经验的概念）或其自身中已包括一纯粹直观（设为如是，则其概念能为吾人所构成），或仅包括“非先天的所授予之可能的直观”之综合。在此后一事例中，吾人固能用此种概念以构成先天的综合判断，但仅依据概念之论证的，绝非由于构成概念之直观的也。

先天的所授予之唯一直观，乃纯然现象方式之直观，即空间时间。所视为量之空间时间概念，能先天地在直观中展示之，即或自量之性质（形）方面构成之，或仅就其量中所有“数”构成之（同质的杂多之纯然综合）。但事物所由以在时间空间中授予吾人之“现象质料”，则仅能在知觉中表现，因而为后天的。先天的表现“此种现象之经验的内容”之唯一概念，乃普泛所谓事物之概念，此种普泛所谓事物之先天的综合知识，仅能以——知觉所能后天的授予吾人之事物之——综合之规律授予吾人而已。

绝不能产生关于实在的对象之先天的直观，盖以此种直观必须为经验的也。

关于普泛所谓事物（其直观不容先天的授予者）之综合命题，乃先验的。先验的命题，绝不能由构成概念以授予吾人，仅依据先天的概念以授予吾人。此等命题所包含者，仅为吾人依据之在经验上探求“所不能先天的以直观表现之事物（即知觉）所有某种综合的统一”之规律。但此等综合的原理，不能在一特殊事例中，先天的展示其所有概念任何之一；仅借经验（此经验自身仅依据此等综合的原理而始可能者）后天的展示之。

吾人若就一概念，综合地判断之，则吾人必须越出此概念以外，而诉之于此概念所由以授予之直观。盖若吾人限于所包含于此概念中者而判断之，则此判断纯为分析的，就实际所包含于此概念中者，仅用为说明思维而已。但我能自概念转至与其相应之纯粹的或经验的直观，以便具体的在此种直观中考虑概念，因而先天的或后天的认知“此概念之对象”之性质为何。先天的方法由构成概念以合理的数学的知识授予吾人，后天的方法则仅以经验的（机械的）知识授予吾人，此种知识乃不能产生必然的自明的命题者。是以我即能分析我所有关于黄金之经验的概念，而所得者仅为列举我实际以此名词所思维之一切事物而已，此虽改进我之知识所有之逻辑的性格，但绝无所增益于其上者也。但我若探取“世所熟知以黄金所名之物体”，则由此物体获得种种知觉；此等知觉产生综合的、但属于经验的之种种命题。当其概念为数学的，例如在三角形之概念中之时，则我能构成此概念，即先天的在直观中以此概念授予吾人，且以此种方法而得综合的而又合理的之知识。但若所授予我者为实在性、实体、力等等之先验的概念，则其所指示者既非经验的直观，又非纯粹直观，仅为经验的直观之综合，此等直观以其为经验的之故，不能先天地授予吾人。又因此种综合不能超出概念先天的进至其所相应之直观，故其概念不能产生任何有所规定的综合命题，仅产生“可能之经验的直观之综合”① 所有之原理。故先验的命题，乃由理性依据纯然概念所得之综合的知识；且为论证的知识，盖此种知识虽为唯一所以使经验的知识之综合的统一可能者，但又不能先天地授予吾人直观者也。

于是有理性之二重使用；此两种使用形象在其知识之有普遍性及先天的起源之点，彼此固相类似，但其结果则大异。其相异之理由，则以在现象领域中（在此范围内一切对象皆为授予吾人者）有两种要素，即直观之方式（空间时间），此为完全能先天的认知之规定之者，及质料（物质的要素）或内容，此指在空间时间中所见及之某某事物，因而含有与感觉相应之一种现实存在。关于此种“除经验的形象以外，绝不能以任何确定的形象授予”之质料的要素，吾人所能先天的具有之者，除“可能的感觉之综合”云云之一类不确定概念（就其在可能的经验中属于统觉之统一限度内而言）以外，实无其他任何事物。至关于方式的要素，则吾人能先天地在直观中规定吾人所有之概念，盖因吾人在空间时间中由同质之综合自行创造对象自身——此等对象乃仅被视为量者。前一方法名为依据概念之理性使用；用此方法时，吾人之所能为者不过按现象之现实内容归摄之于概念之下耳。至其概念，则除经验的即后天的（虽常依据此等概念，以之为经验的

① 我由原因概念，实际固越出一事件（所发生之某某事象）之概念以外，但我并非转移至“具体的展示原因概念之直观”，乃转移至普泛所谓之时间条件，此种时间条件在经验中能发现其与此原因概念相一致者。故我纯然依据概念而进行；不能以构成概念之方法进行，盖因其概念乃“综合知觉”之一种规律，而知觉则非纯粹直观，因而不容先天的授予者也。

综合之规律）规定之以外，不能以此种方法使其内容确定之。另一方法，名为“由于构成概念之理性使用”；且因概念在此处与一先天的直观相关，故此等概念即以此故为先天的，而能无须经验的资料之助，以十分确定之形象在纯粹直观中授予吾人。关于存在空间或时间中之一切事物，凡就以下之问题所考虑者：①此种事物是否为量且其程度如何；②是否吾人以之为积极的存在者，抑以之为缺乏此种积极的存在；③在何种程度内，此种占有空间或时间之某某事物，为原始的基体，或仅实体所有之规定；④是否此种存在与其他存在有为因或为果之关系；⑤最后关于其存在是否孤立，抑或与其他存在有相互关系而彼此依存——此等问题亦以其为此种存在之可能性、现实性、必然性，或与此等等相反者之问题，一切皆属于理性自概念所得之知识，此种知识名为哲学的。但①空间中之先天的直观所有之规定（形状），②时间之区分（延续），③乃至“时间空间内同一事物之综合”中所有普遍的要素之知识，及由此所产生之一直观量（数）——凡此种种皆由于构成概念之理性工作名为数学的。

理性在数学的使用中所到达之极大成效，自必发生此种期望，以为理性或至少理性之方法，在其他领域中，亦将与在量之领域中相同，有同一之成效。盖此种方法具有能使其一切概念在先天的所能提供之直观中实现之便益，由此即成为所谓“控制自然”矣；反之，纯粹哲学当其由先天的论证概念，以求洞察自然世界时，实陷于渺茫之中，盖以不能先天地直观此等概念之实在，因而证实之也。且在精通数学之士，一旦从事彼等之计划，对于此种进程，从未缺乏自信，即在庸众，对于数学家之熟练，亦抱有极大期望。盖因数学家关于其数学，从未企图使之哲学化（此诚一难事！），故理性之两种使用间所有之特殊异点，彼等绝不思及之。自常识假借而来之“通行之经验的规律”，数学家以之为公理。数学家之所从事者，虽正为空间时间之概念（以之为唯一之本源的最），但关于空间时间概念由来之问题，则绝不关心。复次，数学家以研究纯粹悟性概念之起源以及规定其效力所及范围之事，为多余之举；盖彼等仅留意于使用此等概念而已。凡此种种，数学家若不逾越其固有之限界（即自然世界之限界），则彼等完全正当。但若彼等于不知不识间越出感性领域而进入纯粹的乃至先验的概念之不安定根据，则此一地域（instabilis tellus，innabilis unda 不安定地域，浊流）既不容其立足，亦不容其游泳，彼等仓促就道，所经之路程、痕迹，至此立即消失。反之，在数学中，凡彼等所经之路程，皆成为荡荡大道，即后世子孙依然能以确信，高视阔步于其间也。

吾人以精密正确规定纯粹理性在先验的使用中之限界，为吾人之义务。但探求此种先验的知识，实有此一种特点，即虽有极明显极迫切之警戒，吾人仍容其自身为虚妄之期望所惑，因而不能立即全部放弃“越出经验疆域以达智性世界之惑人领域”之一切企图。故必须切断此等迷惘的期望之最后一线，即指示在此类知识中以数学的方法探求，绝不能有丝毫益处（除更明显展示此种方法之限界而外）；以及指示数学与哲学，在自然科学中虽实携手共进，但仍为完全不同之学问，一方所有之进行程序，他方绝不能模拟之也。

数学之精密性基于定义、公理及证明。顾此等定义、公理、证明，就数学家所解说之意义，无一能为哲学家所成就或模拟之者，我今说明此一事即已满足。几何家在哲学中以其方法仅能制造无数空中楼阁，正与哲学的方法在数学中使用，仅能产生空谈相同。哲学之所由以成，正在认知其限界；即如数学家，其才能本为一特殊性格，专限于其固有领域，除此以外，则不能轻视哲学之警告，或旁若无人，一若彼优胜于哲学家者然。

一、定义。下一定义，就此一语本身所指而言，其实际意义，仅在事物概念之限界内，呈现事物之完全的本源的概念而已[①]。如以此为吾人之标准，则经验的概念绝不能加以定义，仅能使之明晓。盖因吾人在其中所发现者，仅为某种感性对象之微少特征，故吾人绝不能保证不以其语在指示同一对象时有时表现较多特征，有时较少特征。是以在黄金之概念中，一人之所思维者，或在其重量、颜色、坚韧性之外，加以不朽之性质，但其他之人则或不知有此种性质。吾人之用某种特征，仅限其能适合于辨别之目的；新有观察，则除去某种性质及增加其他性质；故概念之限界，绝不能确定。且对于经验的概念，例如“水”一类之概念，加以定义，果有何种效用？当吾人言及水与其性质时，并不就其语所思维者，即已终止，且进而实验之。名词其具有吾人所加于其上之若干特征者，与其视为事物之概念，毋宁仅视为一种记号，较为适当；其所谓定义，仅规定字义而已。第二，先天的授予之概念，如实体、原因、权利、平等，等等，严格言之，无一能加以定义者。盖凡所与概念之明晰表象（就其授予而言，或仍混杂），除我知其与对象适合以外，我绝不能保证其已完全成就。顾对象之概念，则因其为所授予者，可包括无数晦昧之表象（此等表象在吾人应用其概念时，虽常使用之，但在分析时，吾人多忽略之），故关于我之概念之分析，其完全程度，常在可

① 所谓完全，指特征之明晰及充分而言；所谓限界，乃指除属于完全概念之种种特征以外，不更有其他特征之严密精确而言；所谓本源的，则指此等限界之规定，非由其他任何事物而来，因而无须证明；盖若须证明，则将使其所假定之说明，不宜居于“一切关于对象之判断”之首矣。

疑中，适切例证之多，亦仅足以使其完全程度成为大概正确，绝不能使之成为必然正确。我宁择用阐释之名以代定义之名，盖以阐释之名较为妥善，批判者关于其分析之完备与否，虽尚有所疑，但以此名至某种有效程度而接受之。无论经验的概念或先天的所授予之概念，既皆不容有定义，则所能加以定义之唯一种类之概念，仅有任意制造之概念。我所制造之概念，我常能加以定义；盖因此种概念非由悟性性质或经验所授予，乃我有意自行制造之者，故我必知我用此概念时所欲思维之事物。但我不能谓由此我已对于一真实对象，加以定义。盖若此概念依存经验的条件，例如舟中时钟之概念等类，则此种我所任意制造之概念，关于其对象之存在及可能性，并未有所保证。甚至我自此种概念并不知有否对象，至我之说明与其谓为对象之定义，毋宁谓为表明我之计划。故除包含"容许先天的构成之任意的综合"之一类概念以外，并无任何容许定义之概念留存。因之，数学乃唯一具有定义之学问。盖数学所思维之对象，先天的在直观中展示之，且此种对象所包含者确不能较之概念或多或少，盖因其对象之概念乃由定义而授予者——此乃本源的授予吾人，即无须自任何其他源流引申其定义。对于阐释（exposition）、说明（explication）、表明（declaration）、定义（definition）等等之原拉丁名词，德语仅有（Erklärung）一语，故在吾人要求完全摈除以定义之尊称加之哲学的说明时，实无须过于谨严。吾人之所注意者，仅限于以下一点，即哲学的定义绝不能过于所与概念之阐释，而数学的定义则为构成"本源的由心自身所形成"之概念，前者虽仅能由分析得之（其完全程度绝不能必然的确实），而后者则综合的所产生者也。故数学的定义，乃构成概念，而哲学的定义，则仅说明其概念而已。由此所得之结论如下：

（甲）在哲学中除纯为试验以外，吾人绝不可模仿数学以定义开始。盖因定义乃所与概念之分析，以概念之先行存在为前提（此等概念虽在混杂之状态中），而不完全之说明，必先于完全之说明。因之，吾人在到达完全的说明即定义之前，能由不完全的分析所得之少数特征，以推论无数事象。总之，在哲学中精密及明晰之定义，应在吾人研讨之终结时到达之，非以之开始者也。反之，在数学中，吾人并无先于定义之任何概念，概念自身由定义始授予吾人。职是之故，数学必常以（且常能）定义开始。

（乙）数学的定义绝不能有误谬。盖因其概念由定义始授予吾人，其所包含者，除定义所欲由概念以指示之者以外，绝不含有其他任何事物。关于数学之内容，虽绝无不正确之事物能输入其中，但其所衣被之方式（即关于其精密），有时亦有缺陷（此种事例虽极少见）。例如圆之通常说明，“圆为曲线上所有之点与同一点（中心）等距离之曲线”，即具有缺点，盖“曲”之规定，实无须加入者也。盖若如是，则必须有自定义所演绎且易于证明之特殊定理，即“线中所有一切点如与同一点等距离，则其线为曲线”（无一部分为直者）云云之特殊定理。反之，分析的定义则陷于误谬之道甚多，或由于“以实际不属于其概念之特征加入之”，或由于缺乏“成为定义主要特征之周密”。后一缺点，由于吾人关于分析之完全程度绝不能十分保证所致。因此种种，定义之数学的方法，不容在哲学中模拟之也。

二、公理。此等公理，在其直接正确之限度内，皆为先天的综合原理。顾一概念不能综合地而又直接地与其他概念相联结，盖因需要越出此二概念之外之第三者，作为吾人知识之媒介。是以哲学因其仅为理性由概念所知者，故其中所有之原理，无一足当公理之名。反之，数学能有公理，盖因其以构成概念之方法，能在对象之直观中先天的直接的联结对象之宾词，例如“三点常在一平面中”之命题是。但仅自概念而来之综合原理，则绝不能直接的正确，例如“凡发生之事象皆有一原因”之命题是。在此处我必须寻求一第三者，即经验中所有时间规定之条件；我不能直接仅自概念获得此种原理之知识。故论证的原理与直观的原理（即公理）全然不同；常须演绎。反之，公理则无须此种演绎，即以此故为自明的——哲学的原理不问其正确性如何之大，绝不能提出此种要求。因之，纯粹的先验的理性之综合命题，皆绝不能如“二二得四”命题之为自明的（但往往有人傲然主张此等命题有如是性质）。在分析论中，我曾以某种直观之公理加入纯粹悟性之原理表中；但其中所用之原理，其自身并非公理，仅用以标示“普泛所谓公理所以可能”之原理，至其自身则不过自概念而来之原理耳。盖数学之可能性，其自身必在先验的哲学中证明之。故哲学并无公理，且绝不能以任何此种绝对的态度制定其先天的原理，而必须甘愿承受由彻底的演绎以证明其关于先天的原理之权威。

三、明示的证明。一必然的证明，在其为直观的之限度内，能名之为明示的证明。经验教吾人以事物之所有相，并不教吾人以“事物除此所有相以外不能别有其他”。因之证明之经验的根据，无一能成为必然的证明。乃至自论证的知识中所用之先天的概念，亦绝不能发生直观的正确，即直证的自明证据，固不问其判断在其他关系中如何必然的正确也。故仅数学具有“明示的证明”，盖因数学之知识，非自概念得来，乃自构成概念得来，即自“能依据概念先天的授予之直观”得来。乃至具有方程式之代数方式（正确之答案以及其证明，乃自此等方程式由归约所演绎之者），其性质固非几何学的，但仍为构成的（以此种学问特有方法之符号构成其概念）。系属此等符号之概念，尤其关于量之关系者，由符号在直观中呈现之；此种方法在其具有辅导的利益以外，由于使其符号一一呈现于吾人目前而得防免推论之误。顾哲学的知识必不能有此种利益，盖以其常抽象的（由概念）考虑普遍的事物，而数学则能具体的（在个别之直观中）同时又由纯粹先天的表象考虑普遍的事物，因此一切误谬立能自明。故我与其称哲学的知识为明示的证明（此种证明顾名思义乃由对象之直观以进行且在其中进行者），毋宁谓为论述的（论证的）证明，盖因此等证明乃仅借语言文字之力（思维中之对象）以行之者也。

由以上所述之种种，所得结论则为：傲然采取独断的步骤，以数学之名称标识自饰者，实不适于哲学之本质，尤其在纯粹理性之领域内，更不适当，盖哲学虽有种种根据，期望与数学有姊妹的联结，但实不属数学一类之等级。此种矫妄之主张，实为绝不能成就之无聊主张，且实使哲学违反其真实之目的，所谓哲学之真实目的者，即在暴露“忘却限界之理性幻想”，及充分使吾人之概念明晰，以使理性之矫妄的思辨探求，复归于谦恭而彻底之自知之明耳。故理性在其先验的努力中，不可以热烈期望急速前进，一若所经历之途径，乃直接趋向目标者，所承受之前提，一若能安然依赖，无须常时还顾，无须考虑吾人是否能在推论进程中发现缺点，此等缺点乃在原理中所忽略，且使此等原理必须更为圆满规定或全然变更之者。

我以必然的命题不问其为可明示证明的或直接的正确，分为定说（Dogmata）及定理（Mathemata）两种。直接自概念而来之综合命题为定说；直接由构成概念所得之综合命题为定理。分析的判断，其关于对象，实际所教示吾人者，仅为吾人所有概念之已包含者；此等判断，并不推广吾人知识于对象概念以外，仅在使概念明晰而已。故此等判断不能名之为定说（此一名词或应译为学说 Lehrsprüche）。关于此两种先天的综合命题，就通常之用语习惯而言，仅有属于哲学的知识之命题，可名为定说；算术或几何之命题，难以此名名之。故言语之习惯用法，证实吾人关于此名词之解释，即仅有自概念而来之判断，始能名之为定说，而基于构成概念之命题，则不能以此名名之也。

顾在纯粹理性之全部领域中，即在其纯然思辨的使用中，并不见有一直接自概念而来之综合判断。盖就吾人之所论述者言之，理念不能构成“任何客观的有效之综合判断”之基础。纯粹理性固曾由悟性概念建立巩固原理，但非直接唯由概念建立之，常间接由此等概念与全然偶然的某某事物，即可能的经验之关系而建立之。当以此种经验（即为可能的经验对象之某某事物）为前提时，此等原理实为必然的正确；但直接就此等原理之自身而言，则绝不能先天的知之。例如“凡发生之一切事象皆有其原因”之命题，无一人能仅自其所包含之概念洞察此命题。故此一命题，虽自其他观点，即自其可能的使用之唯一领域（即经验），能以完全必然的正确证明之，但此命题非定说。顾此种命题虽须证明，但应名之为原理，不应名之为定理，盖因其具有此种特殊性格，即此种命题，乃使——为其自身所有证明之根据之——经验可能，且在经验中必常以之为前提者。

今若在纯粹理性之思辨使用中，并无定说用为其特殊主题，则一切独断的方法，不问其假自数学或特行自创，皆为不适当者。盖此等独断的方法，仅用以掩藏缺点、误谬及陷哲学于歧途而已，盖哲学之真实目的，在使理性之一切步骤极明显呈现于吾人之前。顾其方法则常能成为体系的。此乃因吾人之理性自身主观的即为一体系，即在其“由于纯然概念之纯粹使用”中，亦不过“吾人之研讨所能依据统一原理由以进行”之一种体系而已，至其材料则仅由经验提供之。吾人在此处不能论究先验的哲学所特有之方法；今之所论究者，仅在批判的评衡“自吾人能力所能期待之事物”而已——吾人是否能建筑；如能建筑，则以吾人所能支配之材料（先天的纯粹概念），可期望此建筑物达如何高度。

第二节　关于纯粹理性争辩的使用之训练

理性在其一切事业中，必须从属批判；理性如以任何禁令限制批判之自由，则必害及其身，而以一有害之疑虑加之其自身。实无较之“能自此种检讨幸免”，更为重要（由于其效用）、更为神圣之事，盖以此种检讨，铁面无私，并不知有个人之地位荣誉令其尊敬。理性之存在即依赖此种自由。盖理性并无专断的威权；其裁决，无论何时纯为自由公民之同意所成，至此等公民，则每人必容许其（毫无障碍或嗾使）自由发表其反对意见乃至其否决权。

顾理性虽绝不能拒绝从属批判，但并不常有畏惧批判之理由。理性在其独断的（非数学的）使用中，并不彻底自觉应严格遵守其自身所有之最高法则，即以谦抑态度，乃至完全放弃其一切僭窃之独断的威权，以立于高级裁判的理性之批判的检讨之前而不觉其强迫难堪是也。

但在理性非处理法官之判决事件，而为处理同等公民之要求事件，其反对此等要求，又仅在防卫自身时，则其情形完全不同。盖以此等要求在其自身所有之肯定中，意在成为独断的，正与在否定之者成为独断的相同，故自人的标准言，理性能以一种防免一切侵犯之形态及以一种确保所有不惧外来要求之资格赋予之，以保障其自身，唯就真理标准言，此种资格，固不能决定的证明之也。

我之所谓纯粹理性之争辩的使用，乃指辩护其命题以反抗“否定此等命题之独断的相反命题”而言。此处之争论，并不在其自身所有主张能不虚伪，而仅在无一人能以必然的正确乃至以较大程度之近似主张其相反方面一点。吾人在此处并不依据宽容保持吾人之所有；盖吾人对于所有之资格，虽不十分具备，但无一人能证明此种资格之不合法，则固十分确实者也。

纯粹理性之必有矛盾等类事，且以一“为一切争执之最高法庭”之理性，而必与自身争执，此诚可悲之事。在前章吾人已论究此种矛盾；但已知其仅为依据误解之表面冲突。盖理性依据通常偏见，以现象为物自身，乃以两种方法之一，要求其综合之绝对完全（此事在两种方法之任何一方，同一为不可能者）——此一种要求，在现象方面乃绝不能容许者。故所提出之“以自身授予之现象系列有一绝对最初起源”及“此种系列乃绝对的，及就其自身而言，并无任何起源”两命题，其中并无真实之理性自相矛盾。盖此两命题互相一致，可以并存，诚以其为现象之故，就其存在而言（视为现象），则绝非其自身即绝非所视为自相矛盾之某某事物；至以此等现象为自身独立存在之一种假定，则自必引至自相矛盾之推论矣。

但尚有其他事例，吾人不能指摘任何此种误解之，故不能以以上之方法处理其中之理性矛盾——例如一方以有神论的态度主张有一最高存在者，一方则以无神论的态度主张并无最高存在者；又如在心理学中，一方以能思维之事物赋有绝对的常住的统一，因而与转变无常之物质的统一有别，而其反对方面则以心非“非物质的统一”，不能免于转变无常。盖因在此等事例中，悟性仅处理物自身而非现象，故此等问题之对象，不杂有任何与其性质相矛盾之异质的要素。故若纯粹理性在否定方面有所主张，其主张乃等于拥护其所否定的争辩之积极理由，则有真实之矛盾矣。诚以在批判“独断的肯定方面所提呈之证明根据”之限度内，固自由容许批判，但并不即以此故而放弃此等肯定主张，此等肯定主张至少理性之实际利益偏护之——此种利益在反对方面实不能陈诉之者也。

关于“有神”及“有来生”理性所有之两种基本命题，某某思虑深远之士［如苏遂（Sulzer）等］见及过去所用论据之薄弱，以为他日吾人或能期望发现其坚强之佐证，在我则绝不抱有此种意见。反之，我实确信此事绝不能有。盖对于此种“与经验之对象及其内的可能性无关”之综合的主张，果从何处获得其根据。唯绝无一人能独断的以丝毫（极少程度）证明，主张其相反方面，则亦十分确实者也。此因彼仅能由纯粹理性以证明此点，故彼必须从事于证明“所视为纯粹智性之最高存在者及在吾人内部之思维的主体之**不可能**”。但从何处获得此类知识，使彼有权能就存在于一切可能的经验以外之事物，综合地判断之。故吾人能完全保证永无一人能证明其相反方面，吾人亦无须论究其形式的论据。吾人当能容受此等命题——在理性之经验的使用中，密切与吾人所有理性之思辨的利益相固结不解，且为调和思辨的利益与实践的利益之唯一方策之一类命题。就反驳吾人之反对者（此处之所谓反对者不可仅视为批判者），吾人实准备告以“事在疑似尚不能裁决”（nonliquet），此不能不使彼感受烦困者。同时吾人实不惧彼以此种论调反加之吾人自身，盖因吾人常保有理性之主观的格率，此为反对者之所必无者，在此种格率掩护之下，故吾人对于彼之无效攻讦，能冷静视之也。

由此观之，并无纯粹理性之真实矛盾。盖此种矛盾冲突之战场，应在纯粹神学及心理学之领域中；在此等领域中断无一战士能准备充足，其所持武器，实不足惧。讥笑与大言，为彼之全部武器，此等武器固能视为儿戏，一笑置之者也。此为慰藉理性及鼓励理性之一种见解，盖理性职在扫除一切误谬，若亦必与其自身相矛盾而无平和及静保所有之期望，则理性将何所依恃。

凡自然自身所组成之一切事物，皆适于某种目的之用。乃至毒物亦有其用途。盖此等毒物乃用以对消吾人体液内所产生之其他毒物，在一切完备之药局中，为一不可缺少之物。对于“纯粹思辨的理性之偏信及自负”所有之反对意见，乃自理性自身之本质所生，故必有其效用及目的，不当蔑视之。何以神意设置“与吾人最高利益有密切关联之许多事物”而远非吾人所能到达，仅容吾人以隐约及疑似之态度理会之——在此种情形下吾人之探索目光与其谓为满足，毋宁更受其刺激？关于此种不确定之事欲贸然有大胆辞说，吾人自当疑此种辞说是否有益，甚至疑其是否有害矣。但关于探讨及批判容许理性完全自由，因而不致妨阻理性注意其固有之利益，则常为最善之事，此固不容疑者。此等利益由制限理性之思辨以促进之，实不亚于由扩大思辨以促进之，但当外来影响掺杂其间，使理性逸出其本有之途径，以及由“其与理性本有目的不相容之事物”拘束理性时，则常受损害矣。

故当容许汝之反对者以理性之名发言，且应仅以理性之武器反驳之。此外，对于其结果与吾人实践的利益有关者，实毋庸过虑，盖在纯然思辨的论争中，此等利益绝不受其影响。凡仅用以展示理性某种二律背驰之矛盾者，以其由理性之本质而来，吾人必须倾听之而审察之。就对象之两面考虑，理性自受其益，有此制限，理性之判断，自能更正。故此处之所论争者，实非理性之实践的利益，乃其表现之形象耳。盖吾人在此处虽不当用知识二字，但在最严正的理性之前，吾人仍有充分根据使用十分正当之坚强信仰一语也。

吾人如询问天性特适于公正判断之冷静的休谟，所以使彼以惨淡苦思之巧辩，颠覆"慰藉人类而于人类有益"之信念——即人之理性具有充分洞察力以到达"关于最高存在者之主张及确定的概念"之信念——者为何，则彼将答以：仅欲增进理性自知之明，且因愤慨有人加理性以危害之故，盖此等人虽夸大理性之力量，但实妨阻理性坦白自承其弱点，此等弱点由理性自行检讨，即行了然者也。在另一方面，吾人若询问专信奉理性之经验的使用对于一切超验的思辨毫无同情之披立斯脱莱（Priestley），所以使彼（彼自身乃一宗教之虔诚教师）推翻宗教二大柱石——自由及灵魂不灭（来生之期望在彼仅视为期待复活之奇迹耳）之动机何在，则彼之所能答者，仅有关于理性之利益一点，盖若吾人欲使某对象选出物质的自然法则（此为吾人所能知及能精密规定之唯一法则）之外，则理性之利益必大受损害。对于"能知如何使其悖理教说与宗教利益联结"而怀有善良意向之披立斯脱莱，加以苛责而与以苦痛，实属不当，盖彼实不能知其行为固已超出自然科学之领域以外者也。对于性情善良、道德品格毫无缺陷之休谟，当其在此领域内主张其巧为辞说之思辨为正当时，亦当予以同一之谅解。盖世人所有信念上之对象，正如休谟之所主张，完全在自然科学之限界以外，而在纯粹理念之领域中也。

然则应何以处之，尤其在吾人见及似将危害人类之最善利益时？当无较之吾人由此所不得不有之决断，更为自然更为合理矣。一任此等思想家自由采择其自身所有之路线。彼等如显展其才能，如发动更新而深奥之论究，一言以蔽之，彼等如显示其理性，则理性必常有所获。吾人如在不受羁勒之理性所有方策以外，依赖其他方策，吾人如对于反对者高呼叛逆，一若欲召集凡庸，共同赴救火灾（此等凡庸之人并不能理解此种精辟之议论）者然，则吾人将成为笑谈矣。盖在此等议论中所争之问题，并不与人类最善利害有益或有害之事相关，仅在理性以“抽去一切利益之思辨”究能进至何种程度，以及此种思辨是否能说明任何事物，或“必须放弃之，以与实践的利益相交换”，等等耳。故吾人且不必执剑赴战，宁愿在批判之安全地位，为一平和之旁观者。此种争斗，在战士方面固极艰辛，但在吾人固能欢迎之者，且其结果（确为完全不流血者）对于吾人理论上之识见，亦必有有益之贡献。盖欲求理性有所启发，而又先行命令理性必须偏袒何方，此实悖理之至。且就理性之自身而言，已为理性所抑止而置之于限界之内，故吾人无须召集警卫，意在以市民权力加之于“吾人以其优胜为危险之一方”。在此种辩证的论战中，实无足以引起吾人忧虑之胜利可得。

理性实亟须此种辩证的论战；且极愿此种论战早日开始而在无拘束之公众赞同下行之者也。盖在此种情形下，批判即能早日成熟，一切争论自必立即终止，论战两方乃能认知所以使彼等争执之幻相及偏见。

在人类性质中实有不诚实之点，此与由自然而来之一切事物相同，最后必有所贡献于良善目的，所谓不诚实之点即“掩藏真实情绪而表示所视为善良及可信之假饰情绪”之一种倾向是也。此种掩藏吾人自身而表面粉饰为有所贡献于吾人利益之一类倾向，不仅使吾人**开化**，且在某种程度内，渐使吾人**道德化**，固毫无疑义者也。盖在吾人不能由礼让、诚实、谦抑之外表以透视其内部之时期内，吾人乃在围绕吾人之外表善良之真实例证中，发现一改进自身之学校。但此种“表现吾人自身优于吾人所有实际情形及表示吾人并未参有之情绪”之倾向，仅用为临时处置，引导吾人脱离野蛮粗鲁之状态，而容吾人采取至少知其为善良之外表的行动。但当真实之原理已行发展，且成为吾人所有思维方法之一部分时，则此种伪饰必日益为人所猛烈攻击；否则此种伪饰将腐蚀人心，且以虚饰外表之杂草妨阻盖良情绪之成长矣。

乃至在思辨的思想之表现中（此处公正坦白以主张吾人之思想本极少障碍，且以虚伪行之，亦未见有益），不幸乃亦见有不诚实及虚饰伪善等事。世无较之“以虚伪方式传达思想以掩藏吾人对于自身主张所感觉之疑点，或对于吾人自身所认为不充足之证明根据与以决定之外表形象”，对于知识，更为有害，在纯然个人的虚荣孕育此等秘密计划之时期内（此为与特殊利益无关，且为“不易容许其必然正确”之一类思辨的判断之普通情形），此等个人的虚荣乃为其他之个人虚荣在其求取公众接受之进程中所对抗；于是终局所得之结果，乃亦与完全由正直诚实之进程所得之结果无异（此则得之更速）。常人之见解，以为“醉心微妙论辩之人，其目的唯在动摇公众福利之基础时，与其静默退让至仅成为一实践的信念，而迫使吾人自承缺乏思辨的必然正确性，使假定之敌得占优胜，毋宁进而以伪辩的论据促进善良主张”，不仅贤明可许，且实堪嘉尚。顾我则不能不以为世无较之奸诈、虚伪、欺骗、与维护善良主张之目的，更为根本不相容者。在纯粹思辨之事项中，吾人评衡理性所引之意见时，吾人应以完全真诚的态度出之，此乃所能要求之最小限度。吾人对于此一小事果能确实如所期望，则关于神、灵魂不灭、自由等之重要问题，早已解决，或立即到达一结论矣。故目的纯洁与主张善良之为反比例，乃常有之事，且正直诚实之人，在攻击一方，较之拥护一方，或更易于得之也。

故我假定为我之读者不愿见以不正之方法辩护正当之主张；且又假定读者因而一致同意以下之点，即依据吾人之批判方法，不顾通常所有之事，而唯注意于所应有之事，其实则不会有纯粹理性之论争也。盖关于一事物，两方皆不能在现实的经验乃至可能的经验中表出其实在性，则两人如何能进行其论争（此一种论争，两方唯熟思事物之纯然理念，欲自此纯然理念以抽绎理念以上之事物，即对象自身之实在性）？彼等既皆不能使其正面主张为人所真实理解及使之正确，唯攻击驳斥其反对者之主张而已，双方究有何种方策以终止其论争？以下之点，乃纯粹理性所有一切主张之运命：即因此等主张超越一切可能的经验之条件（除此条件以外真理之确证绝不可能），同时又须使用悟性法则（此等法则仅适于经验的使用，但无此等法则，则在综合的思维中不能前进一步），故两方皆不能避免各自暴露其弱点，因而各能利用他方之弱点。

纯粹理性之批判，可视为纯粹理性所有一切论争之真实法庭；盖此批判不卷入此等论争（即直接对于对象之论争）之中，而旨在依据其最初所制定之原理，规定及评衡普泛所谓理性之权利而已。

在缺乏此种批判时，理性殆在自然状态中，唯由战争始能建立及维护其主张及要求。反之，批判则按其自身所设定之根本原理，到达其所有之一切断定，无一人能疑及其权威，使吾人保有法律的秩序之平和，在此种秩序中，吾人之争执，唯由所认为法律的行动之方法以行之。在前一状态中，争执以互称胜利而终结，其后仅有调停者所安排之一时休战；在后一状态中，则争执乃以司法的判决而终结，此种判决以适中冲突之根本所在，故能保持永久之和平。独断的理性所有终止无期之争执，最后迫使吾人求助于批判理性自身及基于此种批判之立法以消灭争端。一如霍布斯（Hobbes）所言，自然状态乃一不正及暴乱之状态，吾人除中止此种状态，服从法律之制裁以外，实无他途可择，至法律之限制吾人之自由，仅欲使其与他人之自由及全体之公益相一致耳。

此种自由，自有权将吾人自觉所不能处理之思想及疑点公开请求评论，而不因之被人斥为危险可厌之市民。此乃人类理性所有基本权利之一，人类理性除认“每人于其中皆有其发言权之普遍的人类理性”以外，不认有其他任何法官。且因所能改善吾人状态之一切改进，必自此种普遍的人类理性之源流得之，故此种权利乃神圣而不可侵犯者。吾人声斥反对或攻击“已为社会大部分及最良部分所赞同之观点”之大胆主张为危险，实不智之甚；盖若如是，则是以此等反对主张所不应具有之重要性归之矣。无论何时，我闻及才智之士有否定人类意志自由、来生期望及神之存在之证明时，我必热望读其书，盖我期由彼之才能以增进我关于此等事项之识见。顾在我未展读其书之前，已完全确定彼所有之特殊主张无一有正当理由；此非因我自信关于此等重要命题具有决定的证明，实因“以纯粹理性之一切源流展示于我”之先验的批判，已完全使我确信理性在此领域中，固不能到达肯定的主张，且亦不能建立（甚或更有所不能）任何否定的断论。盖自由思想家果从何处获得其所自诩之知识，例如“并无最高存在者”云云之知识？此种命题在可能的经验之外，因而在一切人类之洞察限界以外。至独断的拥护善良主张者之辩解，则我绝不欲读之。盖我已预知彼之攻击其敌人之伪辩的论据，仅欲使其自身之伪辩的论据得人承认耳；且我又知人所熟知之虚伪的论据，实不及新奇及钩心斗角所创建之虚伪的论据，能以如是多材料提供新观察。反对宗教者，就彼自身所有之方法而言，实亦独断的，但彼实与我以应用及改善（在某一方面）我之批判原理之最适机缘，同时我又无须顾虑此等原理有丝毫为其所危及也。

然则青年（至少在其受大学教育时）是否对于此种论著，不可接近，非至其判断能力成熟以后，或宁在吾人所欲灌输彼等之学说在彼等心中已根深蒂固足以抵抗“令其趋向相反见解”之引诱（不问此种引诱来自何方）以前，不可不极力诫勉其不可早知此种危险之命题乎？

吾人如在纯粹理性之事项中固执独断的进程，而以严格抗争的形态处置吾人之论敌，即由吾人自身加入论战，因而自行准备所以维护相反主张之证明，则此程进程**在当时**确最适切，但**就久远而言**，则世无较之“在一时置青年理性于保护之下”之愚拙而无效果者也。此固一时能护卫青年抵抗诱惑。但当青年以好奇心或爱时尚而注意及此等著作时，则青年之信念是否能经历试验而不为动摇？无论何人在抵御论敌之攻击时，仅有独断的武器可用，而不能发展所隐藏于彼自身胸中与论敌胸中所有者相同之辩证性质，则彼实处于危险之地位。彼见新奇引人之伪辩的论据与“久已不能动人且反足令人疑其利用青年轻信之伪辩的论据”对抗。以致彼信为欲表示其已脱离幼稚训练而趋于长成，除排弃此等怀有善意之警劝以外，实无较善之方法；且以彼习于独断论之故，乃一口饮尽“以相反之独断论毁灭彼所有一切原理”之毒药。

在大学教法中，吾人应遵循“与现今为人所欢迎者正相反”

之途径——常准备以纯粹理性批判中所有之彻底教训为依据之教法。盖欲使此种批判原理务能极早发生作用，且欲表示此种批判原理，即在辩证的幻相发展至最高度之际，亦有其充分力量，则在独断论者所视为可惧之攻击，应使其对于学生之理性发挥充分之力量（学生之理性虽仍微弱，然已由批判启发之）及容许学生获有由自身检讨之机缘，引用批判原理，逐一检讨攻击者所有主张之如何毫无根据，此实为绝对所必需者也。以解决此等论据，使之烟消云灭，在彼实毫无困难，故彼极早即自觉其所有防卫自身抵御此种有害的欺诈之能力，此等欺诈之于彼，最后必完全失其所有之诱惑力。毁灭论敌所有结构之一种痛击，自必同一毁灭彼自身抑或欲建立之任何思辨的结构。顾此点并不丝毫使彼有所不宁，盖因彼已无须此种托庇之所，且在实践方面仍保有极大期望，彼在实践方面，确能期望发现“所能建立彼之合理的有益的体系”之坚强根据。

故切实言之，在纯粹理之领域中，实无争执可言。两方皆凿空蹈虚，皆与自身所有之阴影斗，盖因彼等所争者已出自然界限之外，彼处则绝无事物能为彼等以独断的体会所争夺所把持者也。一任彼等争斗，顾彼等所击破之阴影又复立即团聚为一，恢复常态，此正如天堂之勇士，时以不流血之争斗为消遣娱乐之具。

但吾人亦不能承认有纯粹理性之怀疑的使用，类如所可名为理性一切争论中之**中立**原理。使理性自相冲突，与正反两方以武器，然后以冷静讥讽之态度旁观其猛烈之斗争，此自独断论之观点言之，实非佳事，而显见其为幸灾乐祸之恶质。但吾人苟思及独断论者之顽固不化、大言不惭，以及其坚拒以任何批判裁抑其主张，则除使另一方与之有同等资格之大言与此一方之大言相冲突以外，实无其他可采之途径，在此冲突中，所期望者，在由论敌之抵抗，至少能使理性爽然自失，对于自身之矫妄主张有所怀疑，而愿倾听批判也。但一任吾人只安于此等疑点，因怀疑理论而推崇信仰及自承无知二者，为不仅对于独断论者之自满对症发药，且又为终结理性自相矛盾之正当方法云云，则实为一无益之举，绝不足以克服理性之不安者也。就怀疑方法而言，最善亦不过为"觉醒理性之美满的独断迷梦，而引之进入更精密的检讨其自身地位"之方策而已。顾因规避令人烦困之理性纷争事务之怀疑方法，其外表颇似吾人到达哲学中永久和平之捷径，即不如是，至少在以"蔑视一切此种研究佯为表示其具有哲学的资望"之人视之，为其所欢迎之途径，故我以阐明此种思维方法之真相为一至要之事。

纯粹理性在其内部冲突时怀疑的满足之不可能

自觉无知之意识（除此种无知同时认为必然的以外），并不以此终止我之探究，宁以其无知正应成为探究之理由。一切无知或为关于事物之无知，或为关于知识之机能、限界之无知。无知若仅为偶然的，则在前一类无知中，必激动我关于事物（对象）之独断的探究，在后一类之无知中，则必激动我关于可能的知识限界之批判的探究。但"我之无知而为绝对的必然，因而放弃一切探究"之一事，不能自观察方面经验的证明之，仅由关于吾人知识之根本源流，批判的行其检讨以证明之。故除先天的根据以外，不能决定吾人理性之限界；顾在另一方面，以吾人之知识范围不能确定不能不有所不知者之理性界限，则由参照吾人虽尽知一切亦尚有应知者留存其后之事可后天的认知之。关于吾人所无知之前一种类之知识（按此指依据先天的根据以决定理性之限界），仅由批判理性自身而可能知之者，故为学问；后一种类（按此指后天的不能尽知）则仅为知觉，吾人不能谓自知觉可推论其所及之程度如何远也。我若就地球所显现于感官者，表现其为具有圆形地平线之平面，则我不能知其延展至如何程度。但经验所教示我者，凡我所往之处，常见有围绕我之空间，我能在此空间中更向前进行；于是，我知在任何所与时间中我所关于地球之实际知识之限界，但不知一切可能的地理学之限界。顾我若进至如是程度，知地球之为球形，其表面之为球面，则我即自其一小部分，例如自其一经纬度之量，亦能依据先天的原理，确定的知其直径，由直径以知地球之总体面积；故我对于此地球，表面所包括之种种对象，虽属无知，但关于其圆周、大小及限界，则固有所知也。

吾人知识所有一切可能的对象之总和在吾人视之似为一具有明显地平线之平面——即在其周围一望之范围内，包括此平面之所有一切吾人所名为“不受条件制限之总体”之理念。欲经验的到达此种概念，实不可能，且依据一确信之原理欲先天的规定其概念之一切企图，亦已证明其无效。顾由纯粹理性所提出之一切问题，则仍为关于地平线以外，或在其境界线上果有何物之一类问题。

休谟乃关于人类理性之地理学者之一，此等地理学者以为将此等问题置之于人类理性之地平线以外，即已处理之矣——唯此一种地平线，彼尚不能规定之者。休谟尤特详论因果律，所见甚是，以为因果律之真理，乃至普泛所谓有效原因之概念所有之客观的效力，非根据洞察，即非根据先天的知识，故因果律所有之权威，不能归之于必然性，仅能归之于其在经验过程中所有之普遍效用，及自此种效用所得彼所名为习惯者之主观的必然性。由吾人理性无力以超经验之形象使用此种原理之故，休谟乃推断理性所有超越经验的事物之一切越权主张为空虚无效。

此一类进行程序——检讨理性所有之事实，若必须责难，则责难之——可名之为理性之检举。此种检举，自必致疑及“原理之一切超验的使用”。但此仅为第二步，绝不能以此完成研讨工作。在纯粹理性事项中之第一步，标识其在幼稚时期者，乃独断的。第二步则为怀疑的，及指示经验使吾人之判断力较为贤明，较为周密。但尚须有第三步，此为完全成熟之判断力所能采取之步骤，根据“已证明为普遍性之确信原理”，即非检讨理性所有之事实，乃就理性所有能力之全部范围及理性对于纯粹先天的知识之适合倾向，以检讨理性之自身。此非理性之检举，乃理性之批判，由此所证明者，非理性现有之疆界，乃其确定的必然的限界，非关于此或彼某部分之无知，乃关于其某一种类一切可能的问题之不可知，凡此等等，皆自原理证明之，非纯然推测所能到达者也。故怀疑论乃人类理性之休憩所，在此处，理性能反省其独断的漫游旅程，检查理性所在之地域，俾在将来能更正确选择其途径。但此非能永久安居之处。此种永久安居之处，仅能由完全正确之知识得之，所谓完全正确之知识，乃对于对象自身及“吾人关于对象之一切知识所有之限界”二者之正确知识。

吾人之理性，非如一延展至不知所届，其限界仅能约略认知之平面；此实须以之与一球面相比较，其半径能自其表面上弧形之曲线规定之——盖即谓能自先天的综合命题之性质规定之——由此吾人又能举示其容积及限界。除此球面（经验之领域）之外，绝无能为理性对象之事物；不仅如是，即关于此种设想的对象之问题，亦仅与理性以之图满规定“归摄于悟性概念下及能在经验的范围内见及之关系”者之主观的原理有关。

吾人实际具有先天的综合知识，此由在经验之先预测经验之悟性原理所证明者。任何人若不能完全理解此等原理之可能性，其初彼自倾向于怀疑此等原理是否实际先天的存于吾人内部中；但彼不能即以此故，宣告此等原理在悟性力量以外，因而以理性在此等原理指导下所采取之一切步骤为空虚无效。彼之所能言者仅如是，即：吾人如能洞察此等知识之起源及其真实性质，自能确定吾人所有理性之范围及限界，但在未能有此种洞察以前，则任何关于理性限界之主张，皆任意言之者耳。以此之故，对于一切独断的哲学之彻底的怀疑（此种哲学乃未经批判理性自身而进行者），完全正当；但吾人不能因而完全否定理性有采取向前进展步骤之权利——吾人一度已为理性准备及由更彻底准备之根据使之确保其向前进展之途径。盖纯粹理性所呈现于吾人之一切概念乃至一切问题，其来源不在经验中而完全在理性自身中，故必容许解决，且关于其有效力或无效力亦必容许决定之者也。吾人并无权利忽视此等问题，一若其解决实以事物之性质为断者然，因而吾人不能借口于无能力，拒绝进一步之研讨；盖因此等理念皆理性自身所产生，自有对其效力或其惑人的辩证的性质说明之责任。

一切怀疑的争辩，应专向独断论者，盖独断论者对于彼所以为基础之客观的原理，不挟任何疑虑（即毫无批判），沾沾自得向其所采之途径进行；怀疑的争辩，应计划唯使此种独断论者失其面目，因而使彼有自知之明。顾就此种争辩之自身而言，关于决定何者能为吾人所知，何者吾人所不能知，实不能使吾人有丝毫用处者也。理性所有一切独断的企图之失败，皆属事实一类，使此等理性事实受怀疑论之检举，常为有益之事。但此种怀疑论之检举关于使理性期望在未来之企图中较有所成就及在此基础上建立其主张之理性期待，绝不能有所决定；因之纯然检举，不能终结关于人类理性所有权利之争执。

休谟殆为一切怀疑论者中最优秀之士，关于“觉醒理性使之自行检讨之怀疑方法”所能及之影响，实无人能与之匹敌。故吾人在合于吾人目的之范围内，究明如是聪明可敬之人所用之推理过程及其错误，自必有以酬吾人之劳——此一种推理过程，在其出发时，确在真理之轨道上者。

休谟殆知在某种判断中，吾人越出吾人关于对象所有之概念（彼虽从未推阐此事）。我名此种判断为综合的。至说明我如何能由经验越出我所已有之概念，则绝非难事。经验自身乃知觉之综合，因此我由知觉所得之概念，因增加其他知觉而亦增加。但吾人假定吾人自身能先天的超出吾人之概念以扩大吾人之知识。此则吾人或由纯粹悟性企图为之，此乃关于至少能为经验之对象者，或由纯粹理性企图为之，此乃关于绝不能在经验中见及之事物，性质乃至此种事物之存在。顾吾人之怀疑的哲学家，则对于此应有区别之两种判断，并不区别，直前径行以概念之此种自行增殖，及所可谓为不由经验受胎，悟性及理性方面之自行生殖为不可能。故彼以此等能力所有一切假定的先天原理为空想，断言此等原理不过由经验及其法则所发生之“习俗所养成之一种习惯”，因而纯然经验的，即其自身乃偶然的一类规律，吾人乃以所假定之必然性及普遍性归之。为欲维护此种惊人的主张，彼乃引用普遍所承认之因果律。盖因无一悟性能力能使吾人自一事物之概念到达“普遍的必然的由此所授予之其他某某事物之存在”，故彼信为彼能断言在缺乏经验时，吾人绝无任何事物能增殖吾人之概念，及使吾人能有正当理由提出先天的如是扩大其自身之一种判断。日光融化白蜡，而又使土块坚硬，彼指出无一悟性能自吾人关于此等事物所已有之概念，以发现此等事实，更不能依据法则以推断此等事实。仅有经验能教吾人以此种法则。顾就吾人在先验逻辑中之所发现者，吾人虽不能直接越出所与概念之内容，但在与第三者事物，即与可能的经验相关时，吾人仍能知其与其他事物联结之法则，且以先天的形象知之。我固不能离去经验先天的以任何特殊的方法自结果以决定其原因，或自原因以决定其结果，但若以前坚硬之蜡今乃融化，则我能先天的知必有某某事物在其前（例如太阳之热）、融化之事乃依据固定法则继此某某事物而来者也。故休谟之误，乃在以吾人依据法则所决定者之偶然性，推论法则自身之偶然性。彼以“越出事物之概念，到达可能的经验”（此为先天的发生，乃构成概念之客观的实在性者）与“现实的经验对象之综合”（此则常为经验的）相混。故彼以亲和性之原理（此根据于悟性而肯定必然的联结者）与联想之规律（此仅存于模拟的想象力中，且仅能展示偶然的联结而非客观的联结）相混。

就其他之点而言，休谟乃一世罕与匹之锐利思想家，至其所有怀疑论之误谬，主要由于彼与一切独断论者所共有之缺点而来，即彼对于所能归之于悟性之一切种类之先天的综合，并未有一系统的评衡。盖彼若有一系统的评衡，则彼将见及（仅指种种可能的例证之一而言）永久性之原理实即此种性格之原理，且与因果律相同，乃在经验以前“预测经验”之原理。于是彼对于悟性及纯粹理性所由以先天的扩大其自身之种种活动，自能制定其确定之限界矣。顾不如是，彼仅限制悟性而下明定其限界，且虽普遍不信任，而对于吾人所不可避免之无知，则又不能提供任何确定的知识。盖彼虽检举某种悟性原理，彼实未尝企图以批判之评量权衡，就悟性所有之一切力量检定悟性之自身；彼之否定

"实际非悟性所能提供者"，固属正当，但彼又进而否定悟性所有先天的扩大其自身之一切力量，且即如是，彼又绝未就悟性之全体而检验之。故一切怀疑论所应有之运命，亦复降于休谟，即彼自身所有之怀疑的教说亦成为可疑之事，以其仅依据偶然之事实，而非根据于"能迫使独断论的主张必然放弃其一切权利"之原理。

加之，彼之攻击，主要虽在理性之辩证的越权主张，但彼在悟性之极有根据之主张与理性之辩证的越权主张之间，并未设有区别。因之，理性要求"放任其自身"之特有热诚，并未稍受影响，仅一时有所妨阻耳。理性并未觉其所欲放纵其自身之场处为人所封锁；因之即在某某特殊方向感受阻塞，理性亦不能完全停止此等冒险事业。反之，此种攻击仅引起敌对准备，而使人更益冥顽固执己见。但对于理性之一切力量有一周密完全之评量——以及"对于理性在最适当之狭小疆域内之所有权所由以获得确实性，且因而又知过大要求之为无益"之信念——即足终结一切争执，而使理性安于"有限的而无争执"之世业矣。

无批判之独断论者，以彼并未测定其悟性之范围，因而并未依据原理规定其可能的知识之限界，故此等怀疑论的攻击，在无批判的独断论者，不仅感有危险，且将毁灭之也。盖独断论者并未预知彼之能力能扩大至如何程度，且信为此等限界仅能由"尝试与失败"之单纯方法决定之。其结果，则当攻击来时，彼所不能辩证之主张，即令仅有其一，或此种主张含有彼所不能以任何原理说明之幻相，其疑点即遍及于彼所有之一切辩论，不问此等辩论表面如何动听也。

故怀疑论乃一严格教师，督使独断论的推理者发展"悟性及理性之坚实批判"。当吾人已进步至如是程度，则毋庸更惧攻击，盖吾人已知以吾人实际所有与完全在吾人所有以外者，严为区别；且因吾人对于在吾人所有以外之领域，并无任何要求，故吾人不能陷入关于此一领域之争执。是以怀疑的程序就其自身而言，对于理性之种种问题，虽不能有满意之解答，但此种方法由于引起理性趋于思虑周密，及指示适于确保理性之“合法的所有”之根本方策，实为解答之准备途径。

第三节　纯粹理性关于假设之训练

以吾人之理性批判最后所教吾人者，为吾人不能以“理性之纯粹的思辨的使用”到达任何知识，顾是否对于假设有较大之领域？盖在吾人不能有主张之处，是否并最少限度创造理论、表示意见之自由亦无之？

想象力若非纯然幻想的，而为在理性严密监视下之创造的；则必常预有“十分确实而非想象的或仅意见”之某某事物，即对象自身之可能性。此种可能性一度建立以后，关于其现实性，自能容其以意见立论；但此种意见，如非无根据者，则必与现实所授予者相联结，在此种联结内，此意见即为正确，盖因其用为说明现实所授予者也。所以，假定唯在斯时，始能名为假设。

以吾人关于力学的联结之可能性，不能先天地构成丝毫概念，又因纯粹悟性之范畴，不足规划任何此种概念，仅在经验中遇及此种概念时，用以理会之而已，故吾人不能依据此等范畴，以经验中所不容有之任何新性质，创造的想象任何对象；因而吾人不能在任何正当的假设中使用此种对象；否则吾人乃以理性根据于空想，而非根据于事物之概念矣。故发明任何新本源的力量，例如无须感官之助，即能直观其对象之悟性；又如无须任何接触即能吸引之力；又如存在空间中而又非不可入者之新种类实体，皆为不可许者。又如设想“与经验中所见完全相异”之实体间交通方式，以及非空间的之占据、非时间的之延续，亦皆为不应有者。总之，吾人之理性仅能以可能的经验之条件用为事物可能性之条件；绝不能进而构成完全脱离此等条件之事物概念。盖此种概念虽非自相矛盾，但无对象。

就以前所述，理性概念乃纯然理念，并无“在任何经验中所能见及”之对象。但此种概念并不即以此故而能指其所设想之对象为可能的。此种概念，吾人仅以之为想当然者，盖欲因此吾人能以“经验领域中悟性之系统的使用之规整的原理”建立于其上耳（作为辅导的拟议）。除此种关系而外，此种概念纯为思维上之空想存在物，其可能性不可证明，因而不容以假设之性格用之于说明现实的现象。思维“心”为单纯的，自极可容许，盖欲依据此种理念，以心所有能力之完全的必然的统一，用为吾人说明“心之内部现象”之原理；固不问此种统一绝不能具体的认知之者也。但**假定**“心”为单纯的实体（一超验的概念），则是提出一种不仅不可证明（如在许多物理的假设之事例中者然），且为十分盲目武断、姑妄言之之命题矣。盖单纯的事物绝不能在任何经验中见及之；且所谓实体，此处若指感性的直观之永久对象而言，则**单纯的现象**之可能性，乃完全不可理解者。理性并未提供任何充分根据以假定（即作为一种意见亦有所不可）纯然直悟的存在事物，或属于感性世界所有事物之纯然直悟的性质——吾人虽亦不能自称有任何洞察能使吾人有正当理由独断的否定之（以吾人并无关于此种事物可能或不可能之概念）。

在说明所与现象时，除此等已发现其依据现象之已知法则与“所与现象”联结者以外，并无其他之事物或说明根据，可以引证。“以理性之纯然理念用为说明自然的存在事实”之先验的假设，实际并非说明；若由此进行，则是以吾人绝不理解之某某事物说明“吾人就已知之经验的原理所未充分理解之某某事物”矣。且此种“假设”之原理，至多亦不过用以满足理性，而非用以促进悟性关于对象之使用。自然中之秩序及目的性，必须以自然根据及依据自然法则说明之；即最荒诞之假设，如仅为物理的，则较之“仅欲有一说明而假定”之超自然的假设（如诉之于神的创造者一类之假设），可容受多矣。此种超自然的假设，形为理性怠惰之原理（ignavaratio），盖欲以一纯然理念为休止点（与理性十分适合之理念），吾人势必略去一切原因，而此等原因之客观的实在性，至少关于其可能性，则固能在经验过程中认知之者。至此等原因系列所有说明根据之绝对的总体，关于自然的存在事事自须提示，并未有任何困难；盖因此等存在事实仅为现象，吾人对之，绝无须要求综合条件系列中所有任何种类之完全性。

在理性之思辨的使用中，求之于先验的假设，及以为“吾人诉之于超自然的，即能补正物理的说明根据所有之缺陷”云云，乃绝不能容许者。对于此种进行程序之反对理由有二：一则以理性由此绝不能丝毫有所进展，且断绝其自身所有使用中之一切进路；一则以此种放纵理想之法，终局将夺去理性在其固有领域中（即在经验之领域中）耕耘所得之一切成果。盖凡在说明自然的存在事实发现有困难时，随处常有一“先验的说明根据”，以免除吾人前进探求之困难，于是吾人之研究，非由洞察而终结，乃由——最初即构成为必然包含“绝对原始者之概念”之——一种完全不可理解之原理之助而终结之也。

容许假设之第二要求，乃在其充分先天的说明实际所与之结果。顾吾人若因此种目的须求助于补充的假设，则将令人疑及此等假设纯为空想；盖每一假说需要解释辩证，明其不妄，正与基本的假设之所需者相同，故此等假设不能信任为可恃之证据。吾人若假定一绝对完全之原因，则在说明世界中所展示之目的性、秩序、广大等等，自不致张皇失措；但就明显之变异及害恶而言（至少就吾人概念之所判断者），则欲维护原有之假设，以应付此等变异及害恶所提示之相反事实，自须有其他新假设。若以"人类心灵之单纯的圆满自足"，用为说明心之现象，则为"与物质中所生变化相类之现象"而来之某种困难（成长及衰灭）所反驳，故吾人须求助于新假设，顾此种新假设诚或不无可信，但除求其维持者之一类意见（即基本的假设）与以证明以外，尚不能有可靠之证据。

此处所引"为理性所有主张之例证"——心之非物质的统一及最高存在者之存在等——如非提出之为假设而以之为先天的所证明之教义定说，则我除告以须注意其证明应有明示证明之必然的确实性以外，我今不欲论究之。盖所从事于说明者不过此等理念之实在性为大概如是，其谬正与欲证明一几何命题之纯为大概如是者相同。理性在其离一切经验而使用时，或能完全先天的知其命题以及知其为必然的，或则绝不能有所知。故理性之判断，绝非意见；理性或必须放弃一切判断，或必须以必然的正确性肯定之。至对于"属于事物者等类事项"所有意见及大概如是之判断，仅能在说明现实所授予之事物时提出之，或为"依据经验的法则，由实际所与事物之根底中所有事实而来"之结果。故意见及大概如是之判断，仅与经验之对象系列相关。在此领域以外形成**意见**，则纯以思想为游戏耳。盖斯时吾人尚须以其他意见为前提——即由不确实之途径或亦能到达真理之意见是也。

但在论究纯粹理性之纯然思辨的问题时，假设虽不能为建立命题于其上之用，但为拥护命题起见，此等假设固仍完全可容许者；盖即谓假设不可以任何独断的形态用之，仅能以争辩的形态用之。所谓拥护命题，我非指对于其主张增加新根据而言，仅指论破“敌方用以摧毁此种主张之伪辩的论据”而言耳。顾纯粹理性所有一切综合命题，皆有此种特点，即在主张某某理念之实在性时，吾人固绝不能有“足以使吾人命题正确”之知识，但吾人之论敌亦不能主张其相反方面。此种人类理性所有冒险尝试之运命相等，在思辨的知识中并不偏袒一方，此理性之所以常为争斗不已之战场也。但理性关于其实践的使用，则有权设定“在纯然思辨领域中无充分证明绝不容假定”之基本的某某事物。盖所有此种假定，虽破坏“思辨完善无缺”之原理，顾实践的利益，则与此种原理绝不相关。在实践的范围内，理性有种种所有权，关于此等所有权无须提呈证明，且理性亦不能提供之者。因之，证明之责任，厥在论敌一方。但因后者关于所争论之对象在其所欲证明其不存在者，其一无所知，与前者欲主张其实在者相同，故“以某某事物为实践上必然的假定”之人，显然居有利之地位（melior est conditio possidentis 所有者居有利之地位）。盖以彼自卫其所有善良主张，能自由运用敌方所用以攻击此种主张之同一武器，即假设是也。此等假设，意不在增强关于此方主张之证明，仅在显示敌方关于所争论之事实，在彼所自以为关于思辨的洞察优胜于人者，实则更一无所知耳。

故在纯粹理性之领域中，仅容以假设为战争之武器，仅为防卫权利而用之，而非用以建立权利也。但吾人必须常在吾人自身中，探求敌方。盖思辨的理性，在其先验的使用中，其自身即为辩证的；吾人所恐惧之驳论，实在吾人自身中。吾人欲消灭此等反对论，俾能建立永久和平，吾人必须搜寻此等反对论一如吾人在权利诉讼事件中之所为者然，盖此等权利主张虽已陈旧，但绝不成为丧失时效者也。外表之平静，纯为虚有其表之平静。深藏人类理性本质中之扰乱根苗必须铲除之。顾除“吾人与之以自由，乃至与之以滋养，使其滋生长养，以显现于吾人之前，从而完全摧毁之”以外，尚有何术足以铲除之？顾吾人必须自身设想任何论敌所从未思及之反对论，且与论敌以吾人所有之武器而容其处于彼所能渴望之有利地位。在此种种中，吾人绝无所惧，且有大望，即吾人因之能获得以后不再受人攻讦之一种所有是也。

故为准备完全起见，在其他种种准备事项中，吾人更需纯粹理性之假设。盖此等假设虽以未受任何经验法则之锻炼而为不良之武器，但其尚有效力，正与敌人之所用以攻击吾人之武器相等。故若假定（在某种非思辨的关系中）“心之本质非物质的，不受物质的变化之影响”，而遇及此种困难，即经验似证明“吾人心力之发扬及错乱，同为吾人所有肉体的器官之种种变状”，则吾人能以以下之基本假定减弱此种证明之力，即假定肉体仅为“在吾人现有状态中（在此生中）用为吾人所有全部感性能力以及一切思维之条件”之基本现象，以及假定其自肉体分离，可视为吾人知识能力之感性的使用终结，智性的使用开始。如是见解，肉体始不为思维之原因，而仅视为思维之制限的条件，因而肉体虽实促进感性的动物的生活，但即据此事实，应以肉体为“纯粹的精神的生活”之障。动物的感性的生活之依存肉体的组织，当不能因之证明吾人全部生活依存“吾人所有肉体的器官状态”之上。吾人应更进一步，探求所从未提及或从未充分发展之新反对论。

生育一事，在人与在非理性之生物相同，唯机缘是赖，且常视资生之道，统治者之气质心境，乃至罪恶等等情形而定。此种情形乃使假定人有永久生命十分困难，即假定“其生命在其出生之初，情形即如是无聊，如是完全依属吾人自身选择”之生物，乃能有延展至永久未来之生存之云，自必十分困难。至关于全体种族（在此地上者）之延续，则此种困难可以忽视，盖各个事例中所有之偶然情形，仍从属一普遍法则，唯就各个体而言，则由如是微细之原因以期待如是效力重大之结果，确见其极为可疑耳。顾吾人能提出一种先验的假设以答复此种驳论，即谓一切生命（按即普泛所谓生命），严格言之，仅为直悟的，不受时间变化之影响，既不以生而始，亦不以死而终；且此生仅为现象，即纯粹精神的生活之感性的表象，而全部感性世界，则纯为在吾人现有知识状态中所飘浮于吾人目前之图画，其自身殆如梦幻，并无客观的实在性；又若吾人能直观吾人自身及事物，一如其实有之相，则吾人即能在一精神世界中观察吾人自身，吾人与此种世界之唯一真实之交通，非由出生而始，自亦不由肉体死亡而终——生与死二者纯为现象。

顾关于此种种，吾人实一无知识。吾人仅以假设的形象，借此以抵御反驳；并非实际主张之。盖此尚不能列为理性之理念，仅为自卫起见所规划之概念耳。唯吾人在此处进行，完全与理性相合。吾人之论敌妄以缺乏经验的条件即等于证明吾人所有信念之全部不可能，因而假定被已竭尽所有之可能性以推论者。今吾人之所能为者，唯在对于此种论敌，指示彼之不能为纯然经验之法则包括可能的事物之全部，正犹吾人之不能在经验以外到达任何足证吾人理性有正当理由所到达之结论。任何人以防卫之假设的方策，抵御其论敌所有粗率矫妄之否定，切勿以其意在采取此等意见为彼自身所有之意见；当彼已能处置其论敌之断独的矫妄主张以后，即置此等意见于不顾。盖对于“他人主张”所采之纯然否定的态度自可视为极中正和平，但若进而以“对于一种主张之驳论”，为其相反主张之证明，则其所云云矫妄荒诞，实不亚于其在积极的肯定的立场之所有者也。

故在理性之思辨的使用中所视为意见之假设，其自身并无效力，仅为敌方之超验的矫妄主张相关时，始有效用可言耳。盖以可能的经验之原理为普泛所谓事物所以可能之条件，其进行过程之为超验的，正与主张超验的概念（其对象除在一切可能经验限界以外，任何处所皆不能见及之）之客观的实在相同。凡纯粹理性之所断言的判断之者（与理性所知之一切事物相同），皆为必然的；不如是则为绝无所主张。因之，纯粹理性实际并不包含任何意见。以上所引之假设，则纯为想当然之判断，此等想当然之判断，虽不容有任何证明，但至少不能拒斥之。故此等假设仅为个人意见。唯吾人不能不以之为抵御“所可发生之疑虑”之武器；乃至欲保全吾人内部之安宁，亦必须有此等假设。吾人必须使此等假设保持此种性格谨慎，避免以其为有独立权威或绝对效力之假定，盖不如是，则此等假设将陷理性于空想及幻想中也。

第四节　纯粹理性关于其证明之训练

先验的综合命题之证明，与“产生先天的综合知识之其他一切证明”所有之区别，唯在以下之点，即在前一事例中，理性不能直接应用其概念于对象，必须首先证明此等概念之客观的效力及其所有先天的综合之可能性。此种规律不仅为审慎严密起见所必需，且实为“此等证明”自身所以可能之根本所在。我若先天地越出一对象之概念，其所以能如是者，仅由此概念以外所提供之某某特殊引导为之助耳。在数学中引导我之综合者为先天的直观；因而一切吾人所有之结论，能直接自纯粹直观引来。在先验的知识中，就吾人仅与悟性概念相关而言，吾人之引导实为经验之可能性。此种证明，并不显示所与概念（例如所发生之事象之概念）直接引达其他概念（原因概念）；盖此种转移将为一不能辩释其为正当之突飞。证明由于指示“经验自身以至经验之对象无此种联结，则不可能”而进行者。因之，证明在同时又必须指示“综合的先天的到达所不包含于事物概念中之事物知识”之可能性。除适合此种要求以外，证明将如溃决两岸之河流，漫溢四野，随联想潜流之偶然所及，无所不往。此种“依据联想之主观的原因，及所视为洞察自然的亲和性”之信念外表，实不能抵消此种冒险之推论过程必然发生之疑虑。以此之故，凡欲证明充足理由之原理所有一切企图，皆无效果可言，此为识者之所公认；顾以不能放弃此种原理，故在到达吾人所有先验的批判以前，以为更尝试新的独断证明，毋宁大胆诉之人类常识之为愈——求之常识，实为证明理性根据已在绝望状态中之一种征候。

但若所应证明之命题为纯粹理性之一种主张，又若我因而欲以纯然理念越出我之经验的概念，则证明综合中所有此一步骤（假定其为可能的）之为正当，实一切中最要之事，而为“凡欲证明命题自身”所有任何企图之先在条件。故关于吾人所有思维的实体之单纯性质，自统觉统一引申而来之所谓证明，不问表面如何言之成理，实遇及不可避免之困难，盖因绝对的单纯性非能直接与知觉相关之概念，乃为一理念，应推论得之者，故不能了解仅仅意识（此为包含**于一切思维中**者或至能包含之）——此虽为一单纯表象——如何能引导吾人到达“仅能包有思维**在其中**之**一种事物**”之知识及意识。我如表现一“在运动中之物体”之力之表象，此在我自为绝对的统一，我所有此力之表象，自亦单纯；因而我能以“点”之运动表现此种表象——盖物体容积在此处并非有关联应考虑之事，故能毫不损及其运动之力，任意视为极小之物，甚而视为存在一点中。但我不能因此即断言“若除物体之运动力以外，更无其他事物授予我，则能以此物体为一单纯的实体”——仅因其表象抽去容积大小因而成为单纯者。由抽象所到达之单纯者，与视为一对象之单纯者完全不同；抽象所得之“我”在其自身中固能不包有任何杂多，但就其他意义而言，如指心自身而言，则能成为一极度复杂之概念，以在其自身之中包有异常复杂之事物，且心云者，即指此等复杂事物而言也。于是我在此等论据中，发现有一种误谬推理。但欲防御此种误谬推理（盖若无某种预警，则吾人关于证明不怀抱任何疑念），则常须手际备有“关于意在证明经验以上之事物之综合的命题”之所以可能之标准，实为至要之事。此种标准，由以下之要求条件所成，即“证明”不应直接进达所愿望之断言，而仅由——能论证以先天的形象扩展所与概念直至理念及实现此种理念等等之可能性之——原理到达之。如常遵守此种审慎态度，以及在企图任何证明以前，吾人如熟虑如何及以何种可期待之根据，吾人能期望此种由于纯粹理性之扩展，及在此种事例中“其非自概念发展而来且在其任何可能的经验相关时皆不能预测之者”之洞察，果从何处得来，果如是，则吾人自能省免无数“困难而又无效果”之勤劳，对于理性不再期待其有明显超越其能力之事矣——或宁谓为理性在其被“极欲思辨的扩大其领域之热烈欲望”所袭时，不易使之服从自制纪律，以制止之也。

故第一规律为：吾人为此等证明获得正当之保证起见，非直至考虑“此等证明所根据之原理，果自何种源流得来，及有何种权利能期待吾人之推论成功”等等以后，不企图任何先验的证明。此等原理如为悟性原理（例如因果律），则以此等原理企图到达纯粹理性之理念，实为无益之举；盖此等原理仅适用于可能的经验之对象。此等原理如为纯粹理性之原理，则亦为劳而无益之事。理性诚有其自身之原理；但若以此等原理为客观的原理，则皆为辩证的，除欲使经验系统的一贯联结起见，以之为理性在经验中使用之统制的原理以外，绝不能有何效力。但若提出此种所宣称之证明，则吾人必须以成熟判断力所有“事在疑似尚不能裁决”（non liquet）之词应付其惑人之劝诱力；且吾人虽不能发现其所含之幻相，但吾人固有十分权利要求其中所用原理之演绎；此等原理如仅来自理性，则绝不能应付此种要求。故吾人无须论究一切无根据幻相之特殊性质而一一驳斥之；在固执法律之批判理性法庭之前，此种策略层出不穷之全部辩证性质，固能总括处理之也。

先验的证明之第二特性为：每一先验的命题仅能有**一种**证明。我若不自概念推论而自“与概念相应之直观”推论，则不问其为数学中之纯粹直观，或自然科学中之经验的直观，所用为推论基础之直观，以综合命题所有之种种材料提供于我，此种材料我能以种种方法联结之，因其能容我自种种之点出发，故我能由种种途径到达同一命题。

顾在先验的证明之事例中，吾人常自一概念出发，依据此种概念以主张对象所以可能之综合的条件。盖因在此概念以外，更无能由以规定对象之事物，故仅能有一种证明根据。此种证明之所能包含者，仅为与此唯一概念相合之“普泛所谓对象之规定”而已。例如在先验的分析论中，吾人自“唯一由以使普泛所谓发生之概念客观的可能”之条件——即由于指示“时间中一事件之规定以及所视为属于经验之事件，除从属力学的规律以外，则不可能”——引申而得“凡发生之一切事物皆有一原因”之原理。此为唯一可能的证明根据；盖事件（在其被表现时）之具有客观的效力（即真理），仅限于由因果律规定一对象合于概念耳。此种原理之其他证明，固亦曾有人尝试及之，例如自所发生者之偶然性证明之。但检讨此种论据，除发生一事以外，即除“先未存在之对象今存在”以外，吾人不能发现有任何偶然性征候，故又还至以前所有之同一证明根据。事与此相同，如应证明“能思之一切事物皆为单纯的”之命题，则吾人置思维之杂多于不顾，唯执持“单纯之、一切思维皆与其相关”之“我”一概念。此点同一适用于“神存在”之先验的证明；盖此种证明，仅根据最实在的存在者与必然的存在者两种概念之一致，而不在其他任何处所求之也。

如是注意绵密，使关于理性主张之批判归约至极小范围。当理性仅由概念行其职务时，设果有任何可能的证明，则仅有一种可能的证明。故若吾人见及独断论者提出十种证明，吾人即能十分确定彼实一无所有。盖若彼有一必然的证明（此常为纯粹理性事项之所必需者），则何以尚须其他证明？彼之目的，仅能与议会中辩士之目的相同，此种辩士意在利用听众之弱点，对于不同之团体陈说其不同之论据——此等听众并不深求事实之真相，极愿从速了事，故获得最初所能吸引彼等之注意者，即决定之矣。

纯粹理性所特有之第三规律，在其服从关于先验的证明之训练之限度内，为：其证明绝不可迂回的（Apagogisch），常须明示的（Ostensiv）。在一切种类之知识中，直接的即明示的证明，乃以“真理之信念”与“洞察真理之来源”相联结之证明；反之，迂回的证明，虽能产生正确性，但不能使吾人就其与“所以可能之根据”相联结，以了解真理。故后者与其视为满足一切理性要求之证明程序，毋宁视为最后所依恃之一种方法。但关于使人信服之能力，则迂回的证明较优于直接的证明，盖矛盾常较最善之联结，更伴有明晰之表象，而接近论证之直观的正确性也。

迂回的证明之用于种种学问之真实理由，殆即以此。当某种知识所由之而来之根据或过多或过于隐秘之时，吾人乃尝试是否由其结果能到达所欲探索之知识。顾此种肯定式（modus ponens 主张的形象）推理即自其结果之真理推论一主张之真理，仅在其所有一切可能的结果皆已知其为真实时，方可用之；盖在此种事例中，对于其所以如是，仅有一种可能的根据，故此种根据亦必真实。但此种过程为不能实行者；诚以欲探求任何所与命题所有之一切可能的结果，实非吾人能力所及。顾在吾人仅努力欲证明某某事物仅为一假设时，则此种推理方法仍可依恃，其须特别加以改变，自不待言。至所加之改变，则为吾人依据类推以主张其结论，其所根据之理由为：吾人所检讨之许多结果，若皆与所假定之根据相合，则其他一切可能的结果自亦与之相合。唯就论据之性质而言，则一假设绝不能以此证据即能转变为已证明之真理，此则极明显者也。至自结果进达理由之否定式（modus tollens 废弃的形象）推理，则不仅十分严格，且亦为极易之证明方法。盖若有一虚伪结果能自一命题引出，则命题之自身即伪。故非如直接的证明所用之方法，须完全洞察命题之可能性，以检点所能引导吾人到达命题真理之全部根据系列，吾人欲证明其相反方面之自身为伪，仅须指示自其相反方面所产生之结果中之一为伪即足，于是吾人所应证明之命题亦因而真实矣。

但迂回的证明方法，仅在不能误以吾人表象中所有主观的事物**更替**客观的事物（即对象中所有事物之知识）之学问中，方可行之。在能发生此种更替之学问中，则必常有以下之事，即所与命题之相反方面，仅与思维之主观的条件相矛盾，并非与对象相矛盾，或两命题仅在所误为客观的条件之主观的条件下互相矛盾；此条件若伪，则两方皆能为伪，固不能自一方之伪以推论他方之真也。

在数学中此种更替实不可能；因而迂回的证明在数学中自有其真实地位。在自然科学中，吾人所有之一切知识，皆根据经验的直观，此种更替，大抵能由观察之重复校订防免之；但在此领域中，此种证明方法，大都并不置重。但纯粹理性之先验的规划，皆在辩证的幻相所特适之领域内行之，即在主观的事物之领域内行之，此种主观的事物，在其前提中，对于理性表现为客观的，甚或强理性以其自身为客观的。故在此领域中，就综合命题有关之范围而言，绝不容“以否定其相反方面为证实其自身主张为正当”之事。盖此种驳斥或仅为相反方面之意见与“任何事物唯在其下始能为吾人理性所考虑之主观的条件”相冲突之表现，此种驳斥，固丝毫不足以否定事物自身者——例如一存在者存在之不受条件制限之必然性，完全非吾人所能思议，因而必然的最高存在者之思辨的证明，在主观的理由上自当反对之，但吾人尚无权利否定此种原始的存在者自身之可能性——或肯定方面与否定方面两方同为先验的幻相所欺，而以彼等之主张，根据于一不可能之对象概念。在此种事例中吾人能以“不存在之事物并不具有何种性质”（non entis nulla sunt predicata）之规律适用之，即关于对象所有之一切主张，不问其为肯定的或否定的，皆属误谬，因而吾人不能由驳斥相反方面迂回到达真理之知识。例如今假定感性世界以其自身之总体授予吾人，则谓其非在空间中为无限的，即属有限的制限的，实误矣。此二者皆伪。盖现象（以其为纯然表象）而又以自身（以之为对象）授予，实为不可能之事；且此种想象的总体之无限性，固为不受条件制限者，但此则与概念中所以为前提之“量之不受条件制限之规定”（即总体之规定）相矛盾（因现象中之一切事物皆为受条件制限者）。

迂回的证明方法，具有真实之诱惑势力，独断的推理者常以之博得其赞美之人。此有类一斗士对于怀疑彼党之名誉及权利者，必申请与之决斗，以此扶植彼党之名誉及其不可争之权利。但此种傲慢夸大，于所争事项之是非，实无所证明，仅表示斗士间各自之强力而已，且此仅表示采取攻势者之强力耳。旁观者见及各孤迭为胜败，致常疑及其所争之对象。唯斗争者则无采取此种怀疑的态度之资格，当告以“时间本身不需代辩者”（non defensoribus istis tempus eget）已足。各人必须以合法之证明（此种证明伴有其所依据根据之先验的演绎）直接防护其所主张。仅在此点实行以后，吾人始能决断其主张所可认为合理者究至何种程度。若其论敌根据主观的根据，则极易驳斥之。唯独断论者则不能沾有此种利益。盖彼自身所有之判断，通常亦皆根据主观的势力；彼同一能为其论敌所窘迫。但若两方皆由直接的方法进行，则或彼等立即发现对于其主张提示根据之困难，乃至不可能，以致除乞求于“有时效的权威”之某种方式以外，一无所依恃；或吾人之批判极易发现彼等独断的进程所由以发生之幻相，迫使纯粹理性放弃其在思辨领域中之夸大的僭越，而退至其所固有领域（实践原理之领域）之限界中。

第二章
纯粹理性之法规

理性在其纯粹使用中一无所成就，且须训练以抑制其放纵而防免其由放纵所生之欺诈，此实使人类理性感受屈辱者也。顾在另一方面，若见及理性自身能够且必须实行训练，以及非强使其服属任何外来的检查，又若见及所强加于其思辨的使用上之限界，亦复制限其所有一切论敌之伪辩的僭妄主张，以及使彼能抵御一切攻击，保持“以前过分要求中之所可留存者”，则自必能使理性意气复振而获得自信。一切纯粹理性之哲学，其所有最大（或为唯一的）之效用，仅为消极的；盖哲学非用为扩大理性之工具，而仅为制限纯粹理性之训练，且其功效不在发现真理，仅有防免误谬之寻常劳绩耳。

但必须有——属于纯粹理性领域其所以发生误谬仅在误解，但实际上仍为理性努力所欲趋向之目标之——积极的知识之某种源泉。否则如何能说明吾人终难抑止务欲在经验限界以外寻求坚固立场之愿望？理性预感有对于彼具有极大价值之对象。但在遵循纯粹思辨之途径欲以接近此等对象时，此等对象即隐匿无踪。大抵理性可在仍留存于彼仅有之其他途径中，即**实践的**使用中，期望有较大之成功。

我之所谓法规，乃指“某种知识能力正确使用所有先天的原理之总和”而言。故普泛的逻辑，在其分析的部分中，乃普泛对于悟性及理性之法规，唯仅关于其形式，而抽去一切内容。先验的分析论，亦同一显示其为纯粹悟性之法规；盖唯悟性能有真实之先天的综合知识。但在无知识能力之正确使用可能时，则无法规。顾如以前所有之证明所说明者，由纯粹理性在其思辨的使用中而来之综合知识，乃完全不可能者。故关于理性之思辨的使用，并无法规；盖此种使用完全为辩证的。一切先验的逻辑，在此一方面，纯为训练。是以若有纯粹理性之任何正确运用，则在此种事例中必有其使用之法规，故此种法规非处理理性之思辨的使用，乃处理理性之实践的使用者。吾人今将进而研讨此种理性之实践的使用。

第一节　吾人所有理性纯粹使用之终极目的

理性为其本性之倾向所驱，欲越出其经验的使用之领域以外，突入纯粹使用中，仅借理念到达一切知识之最后限界，除完成其在体会一“独立自存之系统的全体”中所有之途径以外，绝不满足。此种努力，是否纯为理性所有思辨的利益之结果？抑或必须以之为其缘由专在理性之实践的利益？

我关于纯粹理性在其思辨的发挥中之成就所有一切问题，姑置之不问，仅研讨唯以其解决为理性之终极目的（不问到达与否）及以其他一切目的仅视为其方策之一类问题。此等最高目的必须自理性之本性有某种统一，盖若如是统一，则此等目的能促进人类至高（不附属于其他更高利益之下者）之利益。

理性之思辨在其先验的使用中所指向之终极目的，与三种对象相关：即意志自由、灵魂不灭及神之存在是也。此三者与理性之纯然思辨的利益，关系甚浅；若仅为理性之思辨的利益计，吾人殆不欲从事于先验的研讨之劳——与重重障碍争斗不已令人疲困之一种事业——盖凡关于此等事项所能有之发现，吾人皆不能以任何具体的有益形象用之，即不能用之于研究自然中。设令意志而为自由，此仅在吾人决意之直悟的原因上能有意义而已。盖关于意志外部所表现之现象，即吾人行为之现象，吾人必须依据“吾人无之则不能以任何经验的形象使用理性”之根本的及不可破弃之一种格率以说明其他一切自然现象之同一方法，即依据一不变的法则说明之。第二，吾人即能洞察心之精神的性质，因而洞察其不灭之精神的性质，吾人亦不能以此种洞察用为说明“此生”之现象或“来生”之特殊性质。盖吾人所有非物质的性质之概念，纯为消极的，丝毫未扩大吾人之知识，除纯为空想不为哲学所容许者以外，对于此等推论，并未与以充分材料。第三，一最高智力之存在如被证明，吾人固能借此使“世界之构造及排列中所有之目的”大概可以理解，但绝不能保证能以任何特殊组织及布置为自此最高智力而来或在知觉所不及之处贸然推论有任何如是等事。盖自“完全超越吾人所有一切可能的知识之某某事物”以演绎吾人所知之某某事物，不可超越自然的原因，及废弃能由经验训示吾人之事项，实为理性所有思辨的使用之必然的规律。总之，此三命题在思辨的理性，则常为超验的，不容有内在的使用（即与经验之对象相关，因而在某种形象中实际为有益于吾人之一种使有），且就命题之自身而言，第加重负于吾人之理性而已，实为完全无益之事。

故此三基本命题，如绝非**知识**所必需，而吾人之理性仍坚强推崇于吾人之前，则其重要所在，适切言之，自必仅在实践的方面。

我之所谓“实践的”乃指由自由所可能之一切事物。顾在“行使吾人自由意志之条件而为经验的”之时，则理性对之只能有一统制的使用，且仅能用以产生“其在经验的法则中之统一”。例如在处世条规中，理性之全部任务，唯在联结“吾人之欲望所加于吾人之一切目的”在幸福之唯一目的中，及调整“所有到达此唯一目的之种种方策”与此目的相合而已。故在此领域内，为欲到达感性所提呈于吾人之种种目的起见，理性只能提供自由行动之实用的法则；不能与吾人以纯粹的而完全先天所规定之法则也。此后一类型之法则，即纯粹的实践法则，其目的完全由理性先天所授予，且非以“经验的条件所限制之形象”加于吾人，乃以绝对的形象命令吾人者，当为纯粹理性之产物。此种法则，即道德律；故唯道德律属于理性之实践的运用，而容许有一种法规。

在“可名为纯粹哲学之训练”中，理性之全部准备，其实际目的皆在以上所举之三问题。顾此等问题之自身，又复使吾人关涉更远与以下之问题相关，即若意志而自由，有神有未来世界，则吾人之所应为者为何之问题是也。以此点与吾人对于最高目的之态度有关，故自然在其“为吾人所备之贤明准备中”，即在吾人所有理性之本性中，其最后意向，唯在道德的利益，此则极为明显者也。

但在吾人之注意转向“先验的哲学以外之对象”[①]时，吾人

① 一切实践的概念，皆与满足或不满足之对象（即快苦之对象）相关，因而（至少间接的）与吾人感情之对象相关。但以感情非吾人由以表现事实之能力，而在吾人所有全部知识能力以外，故吾人判断之要素在其与快苦相关之限度内（即实践的判断之要素），不属于先验哲学，盖先验哲学专与纯粹先天的知识相关者也。

务须审慎，不可过为辞费，损及体系之统一，又不可过于简略，以致欠缺明晰而使人不生信念。我竭其所能与先验的因素密接，而完全除去“所能偶然伴随之心理学的即经验的因素”，以期避免此两种危险。

我首先所必须言及者，我今仅以此种实践的意义用此自由概念，“其不能经验的用以说明现象，且其自身对于理性成为一问题”（如前已论及者）之其他先验的意义，则皆置之不顾。除感性的冲动（病理的）以外不能决定之意志，乃纯粹动物的（arbitrium brutum）。能离感性的冲动而唯由理性所表现之动机决定者，名为自由意志（arbitrium liberum），凡与此种意志相联结者，不问为其原因或结果，皆名为实践的。实践的意志自由之事实，能由经验证明之。盖人类意志非仅由刺激（即直接影响于感官者）决定；吾人具有“以更间接的形象引起其有益或有害等之表象，以克服在吾人之感性的欲求能力上所有印象”之力量。但就吾人全体状态以考虑可欲求者为何（即关于考虑何者为善为有益）之等等考虑，则根据理性。故理性提供成为无上命令之法则，即意志之客观的法则，此种法则告知吾人应发生者为何——虽或绝不发生——因而与“仅与所发生者相关之自然法则”不同。是以此等法则应名为实践的法则。

理性在其由以制定种种法则之行动中，是否其自身复为其他势力所决定，以及在其与感性的冲动相关时，所名为自由者，是否在其与更高更远行动的原因相关时，仍属于自然，此在实践的领域中实为与吾人无关之问题，盖此处吾人之所要求于理性者，仅行为之规律而已；以上所言乃纯然思辨的问题，在吾人考虑何者应为、何者不应为之范围内，固能置之不顾者也。吾人虽由经验知实践的自由为自然中原因之一，即为决定意志之理性所有之因果作用，但先验的自由则要求此种理性——就其开始一现象系列之因果作用而言——离去感性世界所有一切决定事物之原因而独立。故先验的自由颇似与“自然法则以及一切可能的经验”相反；因而留存为一问题。但此种问题不进入“理性在实践的运用中之领域”；故在纯粹理性之法规中，吾人之所论究者，仅有两问题，皆与纯粹理性之实践的利益相关，且关于此两问题，必有一理性使用之法规可能——即是否有神、是否有来生之两问题。先验的自由之问题，则仅属思辨的知识之事，当吾人论究实践的事项之时，自能以之为与吾人无关之争论而置之不顾。且关于此一问题，殆已在纯粹理性之二律背驰一章内充分论究之矣。

第二节　视为纯粹理性终极目的之决定根据之最高善理想

理性在其思辨的使用中引导吾人经由经验领域，因经验中不能发现完全满足，乃自经验趋达思辨的理念，顾此等思辨的理念终极又引吾人复归经验。在此种进行中，理念固已实现其目的，但其达此目的之情形（固极有益），则不足以副吾人之期待。顾尚有一其他之研究方向留待吾人：即在实践的范围中是否能见及纯粹理性，在此范围中纯粹理性是否能引导吾人到达——吾人适所陈述之纯粹理性所有最高目的之——理念，以及理性是否能自其实践的利益立场以其“就思辨的利益而言所完全绝拒斥之事物”提供吾人。

我之理性所有之一切关心事项（思辨的及实践的），皆总括在以下之三问题中：

（一）我所能知者为何？

（二）我所应为者为何？

（三）我所可期望者为何？

第一问题纯为思辨的。对于此一问题，一如我所自负，已竭尽一切可能之解答，最后且已发现理性所不得不满足之解答，且此种解答在理性不涉及实践的事项之范围内，固有充分理由使理性满足。但就纯粹理性“全部努力”实际所指向之其他二大目的而言，则吾人仍离之甚远，一若自始即耽于安逸，规避此种研讨之劳者。是以在与知识有关之范围内，吾人之不能到达其他两大问题之知识，至少极为确实，且已确定的证明之矣。

第二问题纯为实践的。此一问题固能进入纯粹理性之范围，但即令如是，亦非先验的而为道德的，故就此问题自身而言，不能成为本批判中所论究之固有主题。

第三问题——我如为我所应为者，则所可期望者为何？——乃实践的同时又为理论的其情形如是，即实践的事项仅用为引导吾人到达解决理论问题之线索，当此种线索觅得以后，则以之解决思辨的问题。盖一切期望皆在幸福，其与实践的事项及道德律之关系，正与认知及自然法则与事物之理论的知识之关系相同。前者最后到达“某某事物（规定‘可能之终极目的’者）之存在乃因某某事物应当发生”之结论；后者则到达“某某事物（其作用如最高原因）之存在乃因某某事物发生”之结论。

幸福乃满足吾人所有一切愿望之谓，就愿望之杂多而言，扩大的满足之，就愿望之程度而言，则增强的满足之，就愿望之延续而言，则历久的满足之。自幸福动机而来之实践的法则，我名之为实用的（处世规律），其除“以其行为足值幸福之动机”以外别无其他动机之法则——没有此一种法则——我则名之为道德的（道德律）。前者以“吾人如欲到达幸福则应为何事”劝告吾人；后者则以“吾人为具有享此幸福之价值起见，必须如何行动”命令吾人。前者根据经验的原理；盖仅借经验，我始能知有何种渴求满足之愿望，以及所能满足此等愿望之自然原因为何。后者则置愿望及满足愿望之自然方策等等不顾，仅考虑普泛所谓理性的存在者之自由，及此种自由所唯一由以能与幸福分配（此乃依据原理而分配者）相和谐之必然的条件。故此后一法则，能根据纯粹理性之纯然理念而先天的知之。

我以为实际确有“完全先天规定（与经验的动机即幸福无关）何者应为何者不应为（即规定普泛所谓理性的存在者之自由之使用）之纯粹的道德律”；此等道德律以绝对的态度命令吾人（非以其他经验的目的为前提而纯为假设的），故在一切方面为必然的。我之作此假定，实极正当，盖我不仅能诉之于最博学多闻之道德研究家所用之证明，且能诉之于一切人之道德判断（在其努力欲明晰思维此种法则之限度内）。

是以纯粹理性实非在其思辨的使用中，而在其实践的使用中（此又为道德的使用），包含经验所以可能之原理，即包含“据在人类历史中所可见及与道德的训示符合之行为”之原理。盖因理性命令应有此种行为，故此种行为之发生，必须可能。因之，特殊种类之系统的统一即道德的统一，自亦必须可能。吾人已发现自然之系统的统一，不能依据理性之思辨的原理证明之。盖理性关于普泛所谓自由，虽有因果作用，但关于所视为一全体之自然，则并无因果作用；以及理性之道理的原理，虽能引起自由行动，但不能引起自然法则。因之，纯粹理性之原理，在其实践的使用中（意即指其道德的作用），始具有客观的实在性。

在世界能与一切道德律相合之限度内，我名此世界为一道德世界；此种世界乃由理性的存在者之自由所能成立，且依据必然的道德律所应成立者。此处由于吾人除去一切条件（种种目的）乃至道德所遭遇之一切特殊困难（人类本性之弱点或缺陷），此种世界乃被思维为一直悟的（可想的）世界。故在此程度内，此种世界乃一纯然理念（同时虽为一实践的理念），顾此理念实能具有（且以其亦应有）影响感性世界之势力，就其力之所能，使感性世界与此理念相一致。是以道德世界之理念具有客观的实在性，但非以其与直悟的直观之对象（吾人绝不能思维任何此种对象）相关，乃以其与感性世界有关耳，但此感性世界乃视为纯粹理性在其实践的使用中之对象，即在“每一理性的存在者之自由意志，在道德律之下，与其自身及一切人之自由，完全系统的统一”之限度内，视为理性的存在者在感性世界中之神秘团体（corpus mysticum）。

此为解答纯粹理性关于其实践的关心事项所有两大问题之第一问题：——汝应为“由之汝成为足值幸福者”之事。其第二问题为：——我若如是行动，即非不足值幸福者，则我能否期望由之获得幸福？答复此一问题，吾人应考虑先天的制定法则之纯粹理性原理，是否必然的亦以此期望与法则相联结。

我以为就理性之观点而言，即在理性之理论的使用范围内而言，假定一切人皆有理由期望能得由彼之足值幸福之行为所致力程度之幸福，以及假定道德体系与幸福体系密结不可分离（虽仅在纯粹理性之理念中），正与“就理性在其实践的使用上而言道德律乃必然的”云云相同，实亦为必然的。

顾在直悟的世界中即在道德世界中（在此世界之概念中吾人抽去道德所有之一切障碍“欲望”），则能以“幸福与道德联结而成为比例之一种体系”视为必然的，盖以一方为道德律所鼓励，一方又为道德律所限制之自由，其自身乃普泛的幸福之原因，此因理性的存在者在此种原理指导之下，其自身乃成为“其自身所有以及他人所有之持久的福祉”之创造者。但此种自食其报之道德体系，仅为一理念，实现此种理念，须根据“一切人为其所当为”之条件，即理性的存在者之一切行动，一若自“包括一切私人意志在其自身内或在其自身下”之最高意志而来。但因道德律在一切人行使其自由时，即令他人之行为不合道德律，亦仍拘束之而务使遵守，故非世界事物之性质，亦非行为自身之因果关系及其与道德之关系，能决定此等行为之结果如何与幸福相关者也。故以上所谓“幸福之期望”与“锐意致力自身足值幸福”二者间之必然的联结，不能由理性知之。此仅赖“依据道德律以统制一切之最高理性”亦在自然根底中设定为其原因而后能者也。

最完善之道德意志与最高福祉在其中联结之一种智力之理念，乃世界中一切幸福之原因，在幸福与道德（即足值幸福）有精密关系之限度内，我名之为最高善之理想。故理性仅在本源的最高善之理想中，能发现引申的最高善之二要素（接即道德与幸福）间之联结根据（此种联结自实践的观点言之，乃必然的）——此种根据乃直悟的即道德的世界之根据。今因理性必然的迫使吾人表现为属于此种道德世界，而感官所呈现于吾人者只为一现象世界，故吾人必须假定道德世界乃吾人在感官世界（其中并未展示价值与幸福间之联结）中行为之结果，因而道德世界之在吾人，成为一未来世界。由此观之，“神”及“来生”乃两种基本设想，依据纯粹理性之原理，此两种基本设想与此同一理性所加于吾人之责任，实不可分离。

道德由其自身构成一体系。顾幸福则不如是，除其与道德有精密比例以分配以外，别无体系可言。但此精密比例分配，仅在贤明之创造者及统治者支配下之直悟的世界中可能。理性不得不假定此种“统治者”及吾人所视为“未来世界中之生活”；不如是则将以道德律为空想，盖因无此种基本设想，则理性所以之与道德律联结之必然的结果（按即幸福）将不能推得之矣。故一切人又视道德律为命令；但若道德律非先天的以适合之结果与其规律相联结，因而伴随有期许与逼迫，则道德律不能成为命令。但若道德律不存于“唯一能使目的的统一可能，所视为最高善之必然的存在者”之中，则道德律亦不能具有“期许”及“逼迫”之力。

在吾人仅就理性存在者在其中及彼等在最高善之统治下，依据道德律相互联结而言之范围内，莱布尼兹名此世界为恩宠之国（Das Reich der Gnaden）以与自然之国相区别，此等理性的存在者在自然之国固亦在道德律统治之下，但就其行为所可期待之结果而言，则除依据自然过程在吾人之感官世界中所可得之结果以外，别无其他结果可言。故视吾人自身为在恩宠国中之一事——此处除吾人由不值幸福之行为自行限制其所应得之分以外，一切幸福皆等待吾人之来临——自实践的观点而言，乃理性之一种必然的理念。

实践的法则在其为行为之主观的根据（即主观的原理）之限度内，名为格率。关于道德之“纯洁程度及其结果”之评判，依据理念行之，至关于道德律之遵守，则依据格率行之。

吾人生活之全部途径应从属道德的格率，实为必然之事；但除“理性以纯为理念之道德律与——对于依据道德律之行为，规定其有精密与吾人最高目的适合之一种结果（不问其在今生或来生）者——发动的原因相联结”以外，此事殆不可能。故若无“神”及无“吾人今虽不可见而实期望之一种世界”，则光荣之道德理念，乃成为赞美叹赏之对象，而非目的及行为之发动所在矣。盖因此等道德律，不能完全实现——在一切理性的存在者实为自然之事，且为此同一纯粹理性先天所决定而使之成为必然的之——目的。

幸福就其自身而言，在吾人之理性视之远非完全之善。理性除幸福与足值幸福（即道德的行为）联结以外，并不称许幸福（不问个人倾向，如何愿望幸福）。道德就其自身及所伴随之足享幸福之价值而言，亦远非完全之善。欲使“善”完全，则行为足值“幸福”之人，必须能期望参与幸福。乃至毫无一切私人目的之理性，苟处于应分配一切幸福于他人之地位，则除福德一致以外，亦不能有其他之判断；盖在实践的理念中，道德与幸福两种要素本质上联结一致，至其联结之形象，则为道德性情乃参与幸福之条件及使之可能者，而非相反的，幸福之展望使道德性情可能者。盖在后一情形中，此种性情殆非道德的，因而不值完全之幸福——幸福自理性之观点而言，除由吾人之不道德行为所发生之制限以外，不容有任何制限。

故幸福仅在与理性的存在者之道德有精密之比例中（理性的存在者由此精密的比例致力于足值幸福之行为），构成——吾人依据纯粹的而又实践的理性之命令所不得不处身其中——此种世界之最高善。此种世界实仅为一种直悟的世界，盖感性世界并不期许吾人能自事物本质有任何此种“目的之系统的统一”。且此种统一之实在性，除根据于本源的最高善之基本设想以外，亦无其他任何根据。在如是思维之最高善中，备有“最高原因之一切充足性”之自性具足之理性，依据最完备之计划，以建设事物之普遍的秩序，且维持之而完成之——此一种秩序在感官世界中，大部分隐匿而不为吾人所见。

此种道德的神学，具有优于思辨的神学之特点，即道德的神学势必引达“唯一的一切具足的理性的原始存在者”之概念，而思辨的神学则在客观根据上甚至指示其途径之程度亦无之，至关于其存在，则更不能与人以确信矣。盖在先验神学及自然神学中不问理性能引吾人到达如何之远，吾人皆不能发现有任何相当根据以假定只有一唯一的存在者，此唯一的存在者，吾人极有理由应置之于一切自然的原因之先，且能在一切方面以此等自然的原因依存其下。顾在另一方面，吾人若自所视为世界之必然的法则之“道德的统一”之观点以考虑“所唯一能以其适切的结果授之于此种必然的法则，使此种法则因而对于吾人具有强迫力”之原因，必须为何种原因，则吾人自必断言必须有一唯一的最高意志，此种最高意志乃包括一切此等法则在其自身中者。盖若在种种不同意志之下，吾人如何能发现目的之完全统一。以自然全体及其与世界中道德之关系，从属彼之意志，故此“神”必为全能；以彼可知吾人内部最深远之情绪及其道德的价值，故必为全知；以彼可立即满足最高善所要求之一切要求，故必遍在；以此种自然与自由之和谐，永不失错，故必永恒，以及等等。

但此种智性世界中所有此种目的之系统的统一——此一种世界实仅所视为自然之感性世界，但以之为一自由之体系，则能名之为直悟的即道德的世界（regnum gratiae 恩宠国）——势必引达“依据自然之普遍法则构成此种大全体之一切事物”之有目的的统一（正与前一种统一依据道德之普遍的必然的法则相同），于是实践的理性与思辨的理性相联结。若此世界应与理性此种使用，即无此种使用，则吾人自身将不值其为具有理性者，盖即道德的使用一致——此种使用乃完全根据最高善之理念——则此世界必须表现为起于理念。如是一切自然之探讨，皆倾向采取目的体系之方式，扩而充之，即成为一种自然神学。但此种自然神学，以其渊源于道德秩序，乃根据于自由本质之一种统一，而非由外部命令偶然所组成，故以自然之有目的性与“先天的必与事物内部可能性联结而不可分离之根据”相联结，因而引达先验神学——此一种神学以“最高本体论的圆满具足之理想”为系统的统一之原理。且因一切事物皆起源于唯一的原始存在者之绝对的必然性。故此种原理依据自然之普遍的必然的法则以联结此等事物。

吾人若非自身抱有目的，则即关于经验，其能以吾人之悟性有何用处？但最高目的乃道德目的，吾人仅能知其为纯粹理性所授于吾人者。顾即具备此等道德目的，且用之为一导线，但若非自然自身显示其计划之统一，则吾人不能用自然知识以任何有益于吾人之形象建立知识。盖无此种统一，则吾人即不能自身具有理性，诚以无此种统一则将无训练理性之学校，且亦无“由其对于必然的概念所能提供质料之对象”而来之培植。但前一种目的的统一，乃必然的，并根据于意志之本质，后一种自然中计划之统一，则以其包含具体的应用之条件，故亦必为必然的。由此观之，吾人知识之先验的扩大（如由理性所保有者），不应视为原因，应仅视为“纯粹理性所加于吾人之实践的目的”之结果。

因之，吾人在人类理性之历史中，发现此种情形即在道德概念未充分纯化及规定以前，以及依据此等道德概念及自必然的原理以了解其目的之系统的统一以前，自然知识乃至在许多其他科学中理性极显著之发展，对于神性亦仅能发生浅薄不一贯之概念，或如某时代所见及关于一切此等事项致有令人惊异之异常冷淡。深入道德的理念（此为吾人宗教所有极端之纯粹道德律，使之成为必然的），使理性由于其所不得不参与之关心事项更敏锐感及其对象（按即神）。此则与一切由更为广博之自然观点或由正确可恃之先验洞察（此种洞察实从未见有）而来之任何影响无关而到达之者。产生吾人今所以为正确之“神之概念”者，乃道德理念——吾人之所以以此种概念为正确者，非因思辨的理性能使吾人确信其正确所在，乃因此种概念完全与理性之道德的原理一致耳。故吾人最后必须以吾人之最高利益与——理性仅能思维而不能证明，因而显示其非已证明的定说，而为就“理性所有最基本的目的”而言，所绝对必需之基本设想之——一种知识相联结之功绩，常归之于纯粹理性（虽仅在其实践的使用一方）。

但当实践的理性到达此种目标，即到达所视为最高善之唯一的原始存在者之概念时，则断不可以为理性自身已超脱其所适用之一切经验的条件而到达新对象之直接知识，因而能自此种概念出发，以及能由此种概念以推演道德律本身。盖引吾人到达“自性具足的原因”或“贤明的世界统治者”之基本设想即此等道德律，此由于此等道德律内部之实践的必然性所致，盖以经由此种主动者（按即神），则能与道德律以结果也。故吾人不可颠倒此种程序，以道德律为偶然的而纯自统治者之意志而来，尤其除依据道德律以构成此一种意志以外，吾人关于此一种意志实无任何概念。因而吾人在实践的理性具有权利指导吾人之限度内，吾人之视某种行为为义务所在，不可不行，非以其为“神之命令”之故，乃因吾人对此等行为，内感其为义务，始以之为神之命令耳。吾人应依据“规定其与理性原理相一致之目的的统一”以研究自由，且仅在吾人以理性自“行为本身”之性质所教吾人之道德律为神圣之限度内，始信吾人之行为与神之意志相合；且仅由促进“世界中所有在吾人自身以及在他人皆为最善之事项”，吾人始信能为此意志服役。故道德的神学，仅有内在的使用。此种神学由其指示吾人如何适应于“目的之全部体系”，及规诫吾人力避“因欲直接自最高存在者之理念觅取指导，而废弃吾人一生在正当行为中所有道德上立法的理性之指导”等等之狂热（且实非虔诚事神之道），使吾人能在现世中尽其责分。盖直接欲自最高存在者之理念觅取指导，乃以道德的神学为“超经验的使用”；此与纯粹思辨之超经验的使用相同，必使理念之终极目的颠倒错乱而挫折之也。

第三节　意见、知识及信仰

以一事物为真实及吾人悟性中所有之事，此虽可依据客观的根据，但亦需作此判断者个人心中之主观的原因。其判断如对于一切具有理性之人有效，则其判断之根据，自属客观的充分，其以此判断为真实云云名为确信。若其所有根据，仅属主观之特殊性格，则名为“私见”。

“私见”乃纯然幻相，盖以“仅存于主观中之判断根据”，乃视为客观的。此种判断，仅有个人私的效力，其以此为真实云云者不容传达他人。但真理唯赖“与对象一致”，就此点而论，每一悟性之判断因而亦必须互相一致（Consentientia uni tertio, consentiunt inter se 凡与第三者一致者亦互相一致）。吾人所由以决定吾人之以一事物为真实云云，其为确信抑为私见之标准，乃外部的，即传达他人及发现其对于一切人类理性有效之可能性是也。盖斯时至少先有一种假定，即一切判断互相一致之根据（不问个人之性格各个不同），在依据一共同根据，即在对象以此之故，所有一切此等判断皆与对象一致——判断之真实，乃以此而证明者。

故在主观视判断纯为彼心之现象时，“私见”在主观上不能与“确信”相区别。但吾人所由以检验他人悟性之实验，即“对于吾人有效之判断，其所有之根据，是否对于他人之理性亦如对于吾人之理性，有同一之结果”，乃一种方策，此虽仅属主观的并非产生确信之一种方策，但实为探索判断中所有任何纯然个人私的效力（即其中所有纯然私见之任何事物）之方策。

此外吾人若能列举判断中吾人所以为其客观的根据之主观的原因，因而能说明欺人的判断乃吾人心中所有之一种事象，且无须顾及对象之性格，即能如是说明为之者，于是吾人显露其幻相而不再为其所欺，此虽就幻相之主观的原因本在吾人之本性内而言，固时时仍须多少受其影响者也。

我除其产生确信者以外，不能有所主张，即不能宣称其为必然对于一切人有效之判断。“私见”在我以为然时，自能随我之便而保持之，但不能（且不应）公然以之为足以拘束我自身以外任何人之判断。

以一事物为真实云云，即判断之主观的效力，在其与确信（此乃同时为客观的有效者）有关系时，有以下之三种等级：即意见、信仰及知识。意见乃其主持一判断在意识上不仅客观的感其不充足即主观的亦感其不充足。若吾人所主持之判断，仅主观的充足，同时以为客观的不充足，此即吾人之所名为信仰者。最后，以一事物为真实云云，在主观客观两方皆充足时，则为知识。其主观的充足性，名为确信（对于我自身），其客观的充足性，名为正确（对于一切人）。此种极易了解之名词，固无须我多费时间以解说之也。

若非至少就判断（其自身纯为想当然者）借之与真理相联结（此种联结虽不完备，但非任意空想）之某某事物有所知，则绝不冒昧树立意见。且此种联结之法则，又必须正确。盖若关于此种法则，我亦仅有意见，则一切纯为想象之游戏，丝毫与真理无关矣。复次，在以纯粹理性行其判断时，绝不容有意见。盖因此种判断，非根据经验理由，乃在一切事例中所有一切皆必然先天的到达之者，故其联结之原理，须有普遍性必然性以及完全之正确性；否则吾人将无到达真理之导引矣。故在纯粹数学中欲有意见，实为悖谬；盖非吾人必知之，即终止一切判断耳。此在道德原理之事例中亦然，盖因吾人不可仅以“容许此行为之意见”为根据而贸然行动，必须知其可以容许而后行之。

反之，在理性之先验的使用中，用意见之名词，自属过弱，但用知识之名词，则又过强。故在纯然思辨的范围内，吾人不能有所判断。盖吾人以某某事物为真实云云之主观的根据（如能产生信仰一类之主观的根据），在思辨的问题中，实不能容许，诚以此等根据一离经验之支持，即不能主持，且不容以同等程度传达于他人者也。

以事物为真实云云在理论上并不充足而能名之为信仰者，仅自实践的观点言之耳。此种实践的观点，或与技能有关，或与道德有关，前者与任意的偶然的目的有关，后者则与绝对的必然之目的相关。

凡一种目的，在一度接受以后，则到达此目的之条件，皆假设为必然的。我若不知能自以到达此目的之其他条件，则此必然性乃主观的充足，但亦仅比较的充足而已。反之，我若正确知无一人能知有到达所提示目的之任何其他条件，则此必然性乃绝对的充足而适用于一切人。在前一事例中，我之假定及以某种条件为真实云云，纯为一偶然的信仰；在后一事例中，则为必然的信仰。医生对病势危殆之病人，必有所处置，但不知其病之性质。

彼观察种种症候，若不能更发现属于他种病症之症候，则彼断为肺病。顾即以彼自身之评判而言，彼之信仰，亦仅为偶然的；其他诊断者或许能有较为健全之断案。此种偶然的信仰，构成某种行动之实际的行使方策之根据者，我名之为实用的信仰。

检验某人之所主张是否纯为彼一人之私见，抑至少为彼之主观的确信（即彼之坚固的信仰），其通常方法，则为赌赛。常见有某种人以绝无错误之积极的不可妥协的自信态度，提出其主张。与之赌赛，即足以窘迫之。有时显露彼所有之信仰，仅值一“窦开脱”而非十“窦开脱”。盖彼极顾赌一“窦开脱”，当赌十“窦开脱”时，则彼已非先前情形，自觉彼之有误，亦极可能。在某一事例中，吾人若以一生之幸福相赌，则吾人所有意气飞扬之判断，必大为减色；成为极端自馁，始发现召人之信仰，并未到如是程度。故实用的信仰程度不一，常按所赌之利害不同，可大可小者也。

但在许多事例中，当吾人处理一吾人对之不能有所作为之对象，因而关于此对象之判断纯为理论的之时，吾人能想象一种态度，对于此种态度，吾人自以为具有充分根据，但事实上并无到达其正确性之现存方策。故即在纯然理论的判断中，亦有实践的判断之类似者，就其心理的情形而言，极合于信仰之名词，吾人可名之为学说的信仰。如借任何经验能决定此问题，我愿以一切所有赌此一事，即吾人所见之行星，至少其中之一，有人居住。故我谓其他世界有人居住之一事，非纯然意见，乃一极强之信仰，盖我愿冒大险以赌其正确者也。

吾人今必须承认“神”存在之说，属于学说的信仰。盖因关于世界之理论的知识，我不能引证任何事物必然以此种思想（按即神之存在说）为我说明世界所展示之现象之条件，毋宁谓为我不得不视一切事物一若纯为自然，以使用我之理性。顾有目的的统一，乃应用我之理性于自然之一重要条件，我不能忽视之，尤其在经验以如是丰富之目的的统一例证提供于我，更不能忽视之。但除“最高智力按其最贤明之目的以安排一切事物”之基本设想以外，我不知更有“此种统一能由之在我研究自然时供我以指导”之其他条件。因之，我必须设想一贤明之世界统治者以为“偶然的但非不重要的目的”即指导自然研究之条件。且我在说明自然时所有企图之结果，屡屡证实此种设想之效用，故我谓“我若进而声言仅以此种设想为一意见不足以尽其意”云云，实无任何可引以决定的反对此言之事。即在此种理论的关系中，亦能谓为我坚信神。故此种信仰，严格言之，非实践的；必须名之为学说的信仰，自然之神学（自然神学）必常发生此种学说的信仰。见及人类本性天赋之优越，而生命之短，实不适于发挥吾人之能力，故吾人能在此同一之神的智慧中，发现“人类心灵之有来生”一种学说的信仰之，亦颇有充分根据。

在此种事例中，信仰之名词，自客观的观点言之，乃谦抑之名词；自主观的观点言之，则为吾人自信坚强之表白。我若进而以理论上所有信仰为我有正当理由所假定之假设，则我须因此保证我对于世界原因及另一世界等之性质，较之在我实际所能提供者以上，更有适切之概念。盖我若有所假定，即令纯为一种假设，我至少亦必须知“我所须假定者之性质”，此种性质非其概念，实其现实存在。故信仰之名词，仅与“理念所授予我之指导”及“促进我之理性活动中——此使我坚信理念，且无须我能与以思辨的说明，即能坚信——理念的主观影响”相关。

但纯然学说的信仰则颇缺坚定性；吾人由于遭逢思辨的困难屡失去此种信仰——吾人终极虽必回复此种信仰。

至道德的信仰则全然不同。盖在此处某某事象之必须发生，即我在一切方面必须与道德律相合之一事，乃绝对必然者。此处目的坚强确立，就我所能有之洞察，“此种目的能由以与其他一切目的联结，因而具有实践的效力之条件”，仅有一种可能的条件，即有“神”及有“未来世界”是也。我又确知无一人能知引达“此种在道德律下之目的统一”之任何其他条件。以道德的训条同时即我之格率（理性命令其应如是者）故我必信有神及来生之存在，且确信绝无动摇此种信仰之事物，盖以我之道德律将由动摇信念而颠覆，我若不成为自身所深恶痛疾之人，则不能废弃此等道德律。

故即在理性所有超出经验限界之一切抱有大望之企图失败以后，在与吾人实践的立场有关之限度内，仍留有足以满足吾人者也。世固无一人能自诩彼知神及来生之存在；设彼果知此事，则彼即为我所历久寻觅未得之人。凡一切知识如与纯然理性之对象相关，则能传达；因而我自能期望在彼教导之下，我自身所有之知识，能以此种惊奇形态开展。否，我之确信，非逻辑的确实，乃道德的确实；且因此种确信依据（道德情绪之）主观的根据，甚至我不可谓“神之存在等等，在道德上确实”，仅能谓我在道德上确信有“神之存在等等”耳。易言之，有神及另一世界之信仰，与我之道德情绪，参伍交织，故绝无能自我夺去信仰之恐惧，正与我无丝毫理由俱有失去道德情绪相同。

其间唯一可疑之点，似为理性的信仰依据“道德情绪之假定”之一事。设吾人置此等道德情绪于不顾，而就一完全漠视道德律之人言之，则斯时理性所提供之问题，纯成为一思辨之问题，且能由类推之坚强根据支持之，而非由此种必须强迫极端怀疑派屈服之根据支持之[①]。但在此等问题中，无一人能超脱一切利害关系。盖由缺乏善良情绪，彼虽可断绝道德上之利害关心，但即在此种事例中，仍留有足以使彼恐有神之存在及有来生。关于此点，仅须彼至少不能自以为有任何确实性断言无神及无来生，即足证明之矣。盖若以无神及无来生为确实，则应纯由理性证明之，因而彼应必然的证明神及来生之不可能，此则确无一人能合理地从事之者也。故此点可用为消极的信仰，固不能发生道德及善良情绪，但仍发生与此二者相类似之事，即一种强有力之抑止，使恶劣情绪不致突发也。

但或有人谓纯粹理性在经验限界以外所有之展望中，所成就者仅有此乎？果不出此二信条（神及来生）以外乎？设果如是则无须商之哲学家，通常悟性即优为之矣。

我在此处不再欲多论哲学由其批判之惨淡努力所尽力于人类理性之劳绩，乃至最后承认此种劳绩乃纯然消极的；关于此点，在以下一节，当更详言之。我所欲即时答复者，即：公等实际所要求者，是否与一切人有关之知识，应超越通常悟性，而常由哲学家启示公等？是则公等之所以为误者，正为证实以上所有主张之正确无误耳。盖吾人因而发现最初所不能预见之事，即在平等无别与一切人有关之事项中，自然并无使天赋有偏颇之过误，且关于人类本性所有之主要目的，最高哲学之所能到达者，亦不能逾越“在自然所赋予极平庸悟性之指导下所可能之事”。

---

① 人心（以我所信，一切理性的存在者必然如是）对于道德，具有自然的利害关心——此种利害关心，虽非不可分割，在实践上虽非占极优越之地位。吾人若确保证此种利害关心而增殖之，则将见理性极易教化，且关于思辨的利益与实践的利益之联结，理性自身更益开展。但若吾人不注意最初使人为善（至少某种程度之善），则吾人永不能使彼等成为信有神及来生之诚实信徒也。

第三章
纯粹理性之建筑术

我之所谓建筑术，乃指构成体系之技术而言。以系统的统一乃最初使通常知识跻身于学问等级之事，即自知识之纯然集合构成一体系，故建筑术乃吾人知识中关于构成学问之学说，因而必然成为方法论之一部分。

依据理性之立法的命令，吾人所有之分歧知识不容纯为断片的，必须构成一体系。仅有如是，始能促进理性之主要目的。我之所谓体系，乃指杂多之知识在一理念下之统一而言。此种理念乃理性所提供之概念，即“一全体之方式”之概念——在“此种概念不仅先天的规定其所有杂多内容之范围，且亦决定其所有部分间相互应占位置”之限度内。故理性之学问的概念，包含与此种要求适合之“全体之目的及方式”。目的之统一（所有一切部分皆与此统一相关，且一切部分皆在此统一之理念中相互关联），能使吾人自“吾人所有知识之其他部分”决定是否有任何部分遗漏，以及阻止任何任意增加，或关于其全体之完成，阻止有“与先天的所决定之限界不相合”之任何不确定性。故全体乃一有机组织的统一体（articulatio）非一集合体（coacervatio）。此种统一体自内成长（per intussusceptionem 由内摄取），非由外部的增加（per appositionem 由于附加）所致。故有类动物肉体，其成长非由新肢体之增加，乃由各肢体不变本有之比例日益增强，对于其所有之种种目的，更有效用耳。

理念为使其实现，需要一图形，即需要其各部分所有构成分子之繁复，及一种秩序，此二者必须自其目的所阐明之原理先天的规定之。非依据理念即非就理性之终极目的所规划，乃经验的依据其偶有之目的（其数不能预知）所规划之图形，产生技术的统一；反之，自理念所创设之图形（其中之目的乃理性先天的所提出，非俟经验的授予之者）则用为建筑术的统一之基础。至吾人之所称为学问者——其图形必须与理念相合，包含纲领（Monogramma）及全体分为部分之区分，即先天的包含之，及包含此纲领及区分时，则必须以正确性及依据原理以与一切其他全体相区别——非就其繁复的构成分子之类似性，或为一切任意的外部目的起见偶然使用吾人之具体知识，以技术的形态构成之者，乃就其各部分之亲和性及此等部分之自“其由之始能构成一全体之唯一最高的内部的目的”而来，以建筑术的形态构成之也。

无论何人，除彼具有以为基础之理念以外，绝不企图建立学问。但在缔造学问时，图形乃至彼最初所与此学问之定义，罕能与彼之理念相合。盖此种理念深藏理性中，有一类胚种，其中各部分尚未发达，即在显微镜之观察下，亦仅约略认知之。是以因学问乃自某种普遍的利益之观点所规划者，故吾人不可依据其创立者对于此等学问之叙述以说明之而规定之，其说明规定应与理念相合，此种理念乃根据于理性自身，自吾人所已集合部分之自然的统一而来者也。盖吾人斯时将发现其创立者及其最近之后继者，皆在探索彼等永不能使其自身明晰之一种理念，因而彼等无力规定此学问之固有内容，以及其结构（系统的统一）限界等等。

仅在吾人按“潜藏吾人心中之理念之暗示”，浪费无数时间，以杂乱情形收集材料以后，且实在吾人以技术的形态长期间集合材料以后，始使吾人能更明晰认知其理念，以建筑术的形态与理念相合规划一全体，此诚不幸之至。体系之构成，其情形颇似下等有机体，由于融合所集合之概念而偶然发生（generatio aequivoca），其初极不完全，渐次达于完成，但此等逐渐发达之体系皆具有其图形，在理性之纯然自行发展中，宛如一本源地胚种。故不仅每一体系结构与理念相合，且此等体系又皆有机地联结在一“人类知识之体系”中，有类全体之一部分，而容许有一种“人类总知识之建筑”，建筑此种人类总知识，就现时所集得材料之多，且能自古代体系之废墟中获得材料之点言之，不仅可能，且实非难事。在此处，吾人以完成吾人现有之业务为已足，即仅概述自纯粹理性所发生一切知识之**建筑术**之纲要；欲概述此等建筑术，则吾人将自吾人知识能力之共同根干分为两大支之点开始，此两大支之一即为**理性**。此处我之所谓理性，乃指高等知识能力之全部而言，因而以“理性的”与“经验的”相对立。

我若抽去一切客观的所视为知识内容等物，则一切知识自主观的视之，或为历史的、或为理性的。历史的知识，乃接受所得之知识（cognitio ex datis）；理性的知识，则由原理所得之知识（cognitio ex principiis）。授予吾人之知识即令为独创的，但具有此知识之人，所知者若仅为自外所授予彼者（此即授彼知识之方式），则不问其由直接经验或听闻而来，或由（如在通常知识之事例中）教导而来，在具有此种知识之个人而言，仍仅为历史的知识。故在习得（就此名词之严格意义而言）一种哲学体系（例如沃尔夫哲学体系）之人，虽能以此种体系所有之原理、说明、证明及其全部学说之形式的区分——深印在心，如示诸掌，实亦仅有沃尔夫哲学之完全历史的知识耳。彼所知及所判断者，仅为所授之彼者。吾人若驳斥其一定义，则彼殆不知自何处更得其他定义。彼以他人之心意构成彼所有之心意，模仿能力之本身，实非生产的。易言之，彼之知识在彼非自理性发生，就客观言之，此虽亦由理性而来之知识，但就其主观的性格而言，则纯为历史的知识。彼充分体会此种知识而保有之；即彼已完全习得之，而纯为一生人之石膏模型。客观的合理之理性的知识（即最初唯在人类理性中发生之知识），其所以亦能主观地名之为理性的知识者，仅在此等知识自理性之普遍的源泉（即自原理）而来耳——此等源泉亦能自之发生批判，乃至自此源泉驳斥所习得者。

自理性发生之一切知识，或自概念而来，或自构成概念而来。前者名为哲学的，后者名为数学的。我在先验方法论之第一章中，已论究此两种知识间之根本区别。如吾人适所言及知识能客观为哲学的而主观则为历史的，此在大多数之学徒及永不在出其学派以外终身甘为学徒之人皆如是。但数学的知识，则就其主观的性格及适如其所学习者之点而言，亦能视为自理性所发生之知识，因而关于数学，并无吾人在哲学知识中所设立之区别，此则大可注意者也。此由于教师所唯一能引取其知识之源泉，不在他处，唯在理性之基本的本有的原理中，因而学徒不能自任何其他源泉以得知识，且亦不能争论其是非，且此又由于理性在此处之使用，虽亦先天的，但仅具体的，即在“纯粹的因而无误”之直观中使用，排除一切幻相及误谬。故一切自理性发生之（先天的）学问中，唯有数学可以学习；哲学则除历史的以外，绝不能学习；至关于与理性有关之事项，则吾人至多学习哲学化而已。

哲学乃一切哲学的知识之体系。吾人若以哲学指评衡“一切哲学化企图”之原型而言，又若此种原型为评衡各种主观的哲学（此种哲学之结构，往往分歧繁复而易于改变）之用，则此种哲学必须视为客观的哲学。所视为客观的之哲学，乃一可能的学问（非具体的存在）之纯然理念，但吾人由种种不同途径努力接近此种理念，直至最后发现为感性产物所掩蔽之唯一真实途径，以及迄今无成之心象能与此原型相类（在人力所能及之限度内）为止。非至此种时期，吾人不能学习哲学；盖哲学在何处，何人有哲学，吾人如何认知哲学？吾人仅能学习哲学化，即依据理性之普遍原理在“某种实际存在之哲学上企图”发挥理性之才能，但常保有“理性就此等原理所由来之源泉中，探讨、证实或驳斥此等原理之权利”。

自来哲学之概念，纯为一种学究的形式概念，即专就其所视为学问之性格探索，因而其所见者仅在学问所专有之系统的统一，其结果不过知识之逻辑的完成一种“知识体系之概念”。但尚有哲学之另一概念，即世界概念（Conceptus cosmicus），此种概念常构成哲学名称之真实基础，尤其在此种概念之宛然人格化，及其原型在理想的哲学家中表现时为然。就此种观点而言，哲学乃一切知识与人类理性之基本目的（Teleologia rationis humanae）相关之学问，哲学家非理性领域之技术家，其自身乃人类理性之立法者。在此种意义中，凡有人自称哲学家而自以为与“唯存于理念中之模型”相等者，实僭妄之至。

数学家、自然哲学家、逻辑家等，不问前二者在理性的知识领域中，后二者尤其在哲学的知识领域中如何成功，实仅理性领域中之技术家而已。有一理想中所拟议之教师，以数学家等等应有之业务加之彼等，用彼等为工具，以促进人类理性之基本目的。吾人所必须称之为哲学家者唯此人，唯以天壤间实际并无斯人，顾彼之立法之理念，则在一切人类所天赋之理性中皆可见及之，故吾人应完全与此种立法的理念相合，依据此种世界概念[①]，自其基本的目的之立场更精密规定哲学关于系统的统一之所训示者。

基本目的并非即最高目的；就理性对于完全系统的统一之要求而言，仅能以其中之一为最高目的。故基本目的或为终极目的，或为必然与前者联结而为前者方策之附属目的。前者实不外人之全部职分，论究此种目的之哲学，名为道德哲学。以道德哲学高出于理性所有一切其他职务，故古人之所谓哲学家，常特指道德家而言；即在今日，吾人由某种比拟，称“以理性自制之人”为哲学家，固不问其知识之如何浅狭也。

人类理性之立法（哲学），有两大目标，即自然与自由，因而不仅包含自然法则，且亦包含道德法则，最初在两种不同之体系中表现此二者，终极则在唯一之哲学的体系中表现之。自然之哲学，论究一切所有之事物，道德之哲学则论究应有之事物。

一切哲学或为纯粹理性所发生之知识，或由理性自经验的原理所获得之知识。前者名为纯粹哲学，后者名为经验哲学。

纯粹理性之哲学，或为预备的，此乃就理性所有一切纯粹先天的知识，研讨理性之能力，名为批判，或为纯粹理性之体系，即“在系统的联结中，展示自纯粹理性所发生之哲学的知识之全

---

① 此处所谓世界概念（Weltbegriff），乃指与“任何人必有利害关心在其中之事物”相关之概念，因之一种学问若仅被视为“就某种任意选择之目的所规划之训练”之一，则我必依据学究的形式概念规定之。

体”（不问真与伪）之学问，此则名为玄学。顾玄学之名称，亦可加于纯粹哲学之全体（即批判亦包括在内），因而包括“一切能先天认知之事物”之检讨，以及“构成此种纯粹哲学知识体系之事物”之阐释——因之与理性之一切经验的数学的使用相区别。

玄学分为纯粹理性思辨的使用之玄学，及实践的使用之玄学，因而或为自然玄学或为道德玄学。前者包含“纯自概念（因而数学除外）而来用于一切事物之理论知识中”之一切纯粹理性原理；后者包含先天的规定吾人一切行动及使之成为必然者之原理。顾道德乃应用于吾人所有“能完全先天的自原理而来之行动”之唯一法典。因之，道德玄学实际乃纯粹的道德哲学，并不以人类学或其他经验的条件为其基础。“玄学”之名称，就其严格意义言之，通常保留为“思辨的理性之玄学”之用。但以纯粹的道德哲学实际构成“自纯粹理性而来之人类知识及哲学的知识特殊部门”之部分，故吾人应为道德哲学保留玄学之名称。顾吾人今则非论究此点，姑置之。

按知识所有种类及其起源之不同，离析种种不同知识而使之得保持其不相混淆（此种混淆由于吾人使用此等知识时通常联结为一而起），实为至要之事。化学家在分析物体时，数学家在其特殊训练中之所为者，在哲学家应以更高之程度为之，于是彼始能在悟性之繁复使用中，正确规定属于各特殊种类知识之部分，及其特殊价值与影响。人类理性自其最初开始思维（毋宁谓之反省）以来，从不能废弃玄学；但又从未能以充分免除一切外来要素之方式获得玄学。此一种学问之理念，其渊源之古，实与思辨的人类理性同时；果有理性的存在者而不以学术方法或通俗方法思辨者乎？顾吾人所有知识之两种要素——在吾人所有力量中完全先天的得来之要素，及仅能自经验后天的得来之要素——从未能充分明晰区别，乃至并职业的思想家亦不能辨别明晰，是以彼等不能决定特种知识之分界，以致盘踞人类理性中如是之久如是之深之“学问之真实理念”，不能成立。当宣称玄学为“人类知识所有第一原理之学问”时，其意向所在，并非标识玄学为特殊种类之知识，仅以之为“就普遍性而言占某种优越地位之知识”，顾此点尚不足使此种知识与经验的知识相区别。盖在经验的原理中，吾人固能区别某种原理较其他原理更为普遍，因而其等级较高；但在各部分互相隶属之系列中（在此一系列中，吾人并不辨别何者完全先天的、何者仅为后天的所知），吾人应在何处划一界线，使最高或第一部分与较下之隶属部分相区别？如在计算年代时，吾人之能区别世界时期，仅在分之为第一世纪及以后等等之世纪，则吾人对之意将谓何？吾人应问：第五世纪、第十世纪等等，是否与第一世纪同属于世纪？于是我以同一之态度问：延扩之概念是否属于玄学？公等答以是。然则物体之概念是否亦如是？又答以是。然则液体之概念何如？则公等不胜其烦；盖若如是推进，则一切事物皆将属于玄学矣。故（在普遍下所有特殊之）纯然隶属阶段，不能决定学问之限界，极为明显；在今所考虑之事例中，唯规定种类及起源之完全不同始足决定其限界。但玄学之基本理念，尚在其他方面有所晦昧，此由于其显示与数学有某种类似性（以其为先天的知识故）而起。在二者皆属先天的起源之限度内，二者确有关系；但当忆及哲学知识与数学知识间之差异时（即一自概念而来，一则仅由构成概念以到达其先天的判断），吾人应认知其有种类上之决定的差异，此种差异固常感觉之，但从未能以明晰之标准阐明之耳。于是乃有此种情形，因哲学家并彼等所有学问之理念亦不能发展，致彼等在缔造其学问时，不能有确定之目的及安全之指导，因之，在此种任意所思之创业中，以彼不知应择之途径，致关于各人所自以为由其特殊途径所得之发现，常互相争执，其结果，彼等所有之学问，最初为局外人所轻视，终则即彼等自身亦轻视之矣。

一切纯粹的先天知识，由于"此种知识所唯一能由以发生之特别知识能力，其自身具有一种特殊的统一；玄学乃以叙述此种系统的统一中之纯粹先天的知识为其事业"之哲学。"特别占有玄学名称即吾人所名为自然玄学及以先天的概念在每一所有事物（非应有之事物）之范围内，考虑每一事物"之思辨的部分，今分类如下。

玄学就其狭义而言，由先验哲学及纯粹理性之自然学而成。前者在"其与普泛所谓对象有关而不顾及其能授予之对象之原理及概念"之体系中，仅论究悟性及理性（Ontologia 本体论）；后者论究自然即论究所与对象之总和（不问授予感官或授予其他种类之直观——吾人如愿用此名词），因而为自然学——虽仅为合理的。在此种合理的自然研究中之理性使用，或为物理的，或为超物理的，更以适当之名词言之，即或为内在的或为超经验的。前者论究所能在经验（具体的）中应用之自然知识，后者则论究超越一切经验之"经验对象之联结"。此种超经验的自然学，或以内的联结或以外的联结为其对象，但二者皆超越可能的经验。其论究内的联结者，乃自然全体之自然学，即先验的世界知识；其论究外的联结者，则为自然全体与"在自然之上之存在者"有关之自然学，盖即谓关于"神"之先验的知识。

反之，内在的自然学，视自然为一切感官对象之总和，因而适如自然之所授予吾人者，唯与"自然所唯一能由以授予吾人"之先天的条件相合耳。故此等对象仅有两种。一是外感之对象及其总和，即物的自然。二是内感之对象即心，及与“吾人所有关于心之基本概念”相合之对象，即思维的自然。物的自然之玄学，名为物理学；以其必须仅包含关于物的自然之先天的知识之原理，故为合理的物理学。思维的自然之玄学，名为心理学，以同一理由应仅指心理学之合理的知识而言。

于是玄学之全部体系由四种主要部分所成：①本体论；②合理的自然学；③合理的宇宙论；④合理的神学。其第二部分，即由纯粹理性所发展之自然学说，包含两分科，即合理的物理学（Physica rationalis）[①] 及合理的心理学（Psychologia rationalis）。

纯粹理性自身之哲学所本有之理念，制定此种区分，故此种区分与理性之基本目的相合而为建筑术的，非仅与偶然所观察之类似性相合而为技术的，即非漫无方针所创设者。因之，此种区分亦为不变的，而有立法的权威。但尚有某某数点，颇似可疑，且足以减弱吾人关于其主张正当之信念。

第一，在此等对象授予吾人感官（即后天的授予吾人）之限度内，吾人如何能期待具有关于对象之先天的知识（以及玄学）？且如何能知事物之本性及先天的依据原理到达合理的自然学？其答复如是：吾人所取之经验者，除授予吾人以外感或内感之对象以外，不再需要其他任何事物。吾人由物质之纯然概念（不可入性无生命的延扩）以得外感对象，由思维的存在者之概念（在所谓“我思”之经验的内部表象中）以得内感对象。至

① 我之所谓合理的物理学，不可即以之为指通常所谓物理学通论（Physica generalis）而言；后者与其谓之自然哲学，毋宁谓之数学。自然之玄学与数学极不相同。此种玄学其离“以数学之有效形象扩大吾人之知识”尚远，但在其应用于自然时，则产生关于纯粹悟性知识之批判，此仍极为重要者也。盖若缺乏此种批判，则即数学家亦将固执某种共通概念，（此虽共通，实际仍为玄学的）于不识不知之间，以假设妨阻其自然学说，此种假设在批判其所含有之原理时，立即消灭，且丝毫不损及数学之使用——此种使用乃此领域内所不可或缺者。

其余等等，则在全部玄学的论究此等对象时，吾人必须废弃一切“意在为使吾人对于对象能有更进一步之判断、以任何其他更为特殊的经验加于此等概念上”之经验的原理。

第二，吾人对于经验的心理学应以何种态度视之，此种心理学常要求在玄学中占有位置，且当吾人之时代，在以先天的方法期在玄学有所成就之事失望以后，关于玄学之进步，所期望于经验的心理学者甚大。我答以经验的心理学属于适切所谓（经验的）自然学说所属之范围，即属于应用哲学一方面，至此应用哲学之先天的原理则包含在纯粹哲学中；故纯粹哲学虽不可与应用哲学相混淆，但就此点而言，实互相密切联结。是以经验的心理学完全摈弃于玄学领域以外；此实在玄学之理念中已完全排除之矣。但按僧院派之旧习，吾人必须容许经验的心理学在玄学中占有某种位置（虽仅属枝叶地位），且自经济的动机而言，亦当如是，盖因经验的心理学尚未发达至能以其自身成为研究主题，但若完全摈弃之，或强以之安置于较其与玄学为邻，更不适宜之处，则以其尚属重要，又似不宜。经验的心理学特如一容许其久居家内之异乡人，直至其能在完全之人类学中设置其自身所有之居住区域（即属于经验的自然学说之附属品）为止，吾人当许其一时寄居也。

概言之，以上种种即玄学之理念。最初所期待于玄学者较之所能合理要求者为大，玄学一时颇以种种愉快的预期自娱。但在证明此等期望为欺人以后，玄学遂为世人所蔑视。吾人所有批判之论证，就其全体而言，必已充分使读者确信，玄学虽不能为宗教之基础，但必能常继续为宗教之堡垒，且人类理性就其本质之为辩证的而言，绝不能废弃此种学问，盖玄学抑止理性，且以学问的完全确信的自知之明，以防阻“纵横无法之思辨的理性失其制裁，必然在道德以及宗教之领域内所犯之残毁荒芜之事”。故吾人确信玄学虽为“不就其性质判断学问，而仅就其偶有之效果判断之人”所淡漠轻蔑，但吾人必常复归玄学一若复归曾与仳离之爱人者然。盖在玄学中吾人论究基本目的——玄学必须不断从事此种目的，或努力如实洞察此等目的，或驳斥自以为已到达此等目的之人。

仅有玄学（自然玄学及道德玄学二者，尤以“用为玄学之导论及准备”之尝试的自恃的理性批判）能适切构成所可称为哲学者（就哲学一名词之严格意义言之）。哲学所唯一首先从事者为智慧，哲学由学问之途径探索之，至学问之途径一旦跋涉以后，即绝不能荒芜而为荆棘所蔽，且不容有迷离彷徨者也。数学，自然科学，乃至吾人所有之经验的知识，其大部分虽为偶然的目的之工具，但其最后结果又为人类之必然的基本的目的之工具而有高尚价值。顾此等学问之能尽此后一种任务，仅借助于“由理性自纯然概念所得之知识”，此种知识吾人虽可任意名之，但其实则不过玄学耳。

以此同一理由，玄学亦即人类理性圆满充足之发展。今姑置其与特殊目的联结视为学问所有之影响不论，玄学亦为一种不可或缺之训练。盖玄学在论究理性时，乃就其成为“某某学问所以可能及运用一切学问”之基础者等等要素及最高格率论究之。故就玄学为纯然思辨而言，谓其用以防止误谬，非用以扩大知识云云，并不伤及玄学之价值。反之，此实予玄学以尊严及权威，盖经玄学之检查，得以保持学术界之共同秩序、和谐以及福祉，而防阻多所尽力于学术界之人有忽视“最高目的，即一切人类之幸福者也”。

第四章
纯粹理性之历史

在此处揭示此一标题，仅为指示今后之从事哲学者在此体系内尚留有彼等必须完成之一部分耳。我自先验的观点，即自纯粹理性之本质，对于在此领域中曾努力从事之人士所有著作予以概括一览，即为已足——此一览中发现无数庄严之结构，顾仅在废墟中耳。

人在哲学之幼稚时代所以之开始者，实为吾人所欲以之为终点者，即以关于神之知识开始，专心从事于另一世界之期望，或宁谓为从事研讨另一世界之特殊性质，不能别有其他途径，此实为极可注意之点。自各民族野蛮时代遗留至今之古代宗教仪式所产生之宗教概念，虽极粗鄙，但此并不妨阻较为开化之人士致力于此等事项之自由研讨；彼等极易认知除度其纯洁善良之生活以外，并无较善根据或较可依恃之方法，以取悦于统治世界之不测威力，因而使彼等至少能在另一世界中获得幸福。因之，神学及道德，及以后人所致力之一切抽象的理性研究之两种动机，或宁谓为两种关联之点。其逐渐以此等以后以玄学著名之劳作委之纯粹思辨的理性者，主要实为神学。

我在此处并不企图区分玄学中所发生种种变迁之历史时期，仅略述在玄学理论中发生主要革命之各种理念。此处我发现在所有种种对立争论之过程中，发生最显著之变迁者，共有三种争点。

（一）关于吾人由理性所得之一切知识之对象，有纯为感觉论者，有纯为智性论者。伊壁鸠鲁可视为感觉论者中之特出哲学家，柏拉图则为智性论者中之巨擘。二派间之区别（虽似不自然），自古已然；至此两派之观点则不断继续保持，直至今日。感觉派主张实在性唯在感官对象中见之，其他一切事物皆为空想；反之，智性派则谓感官中所有不过幻相而已，仅有悟性知真实之事物。感觉派固不否认悟性概念之实在性；但此种实在性之在彼等，纯为逻辑的；反之，在智性派则此种实在性为神秘的。感觉派容认智性的概念，但仅承认感性的对象。智性派要求真实对象应为纯粹直悟的，且主张吾人由纯粹悟性具有一种不伴随感官之直观——就彼等之意见而言，感官仅使悟性昏乱而已。

（二）关于由纯粹理性所得知识之起源，即此等知识是否自经验而来，抑或与经验无关而起于理性之问题。亚里士多德可视为经验论者之重镇，柏拉图则为理性论者之领袖。在近代，洛克追随亚里士多德之后，莱布尼兹则追随柏拉图之后（莱布尼兹之说，虽多与柏拉图之神秘体系不合），并不能使此种争论到达任何确定的结论。不问吾人对于伊壁鸠鲁之见解如何，至少彼在感觉论之体系中，其彻底一致，远过于亚里士多德及洛克，盖彼从未以推论越出经验限界以外。此点就洛克而言，尤为确实，盖彼在以一切概念及原理自经验引来以后，乃在用此等概念原理时，突越出经验如是之远，乃至主张吾人之能证明神之存在及灵魂不灭，一如任何数学的命题同一坚决确实——此二者虽完全在可能的经验限界以外。

（三）关于方法。如有任何事物可当方法之名，则必为一种与原理相合之进行程序。吾人可将在此研究领域中今所通行之方法，分为自然论的及学术的。纯粹理性之自然论者所奉以为原理者，乃“彼由通常理性无须学问”，即由彼所名为“坚实之理性”关于成为玄学问题之最崇高问题，能较“由思辨之所可能者”更有所成就。如是彼在实质上乃主张吾人由肉眼决定月之大小及距离，其确实性能远过于用数学的规划所决定者。此纯为蔑视理论，并据以为原理；其中尤为悖谬者，则以“蔑视一切人为的技术”誉为扩大吾人知识之方法。以自然论派之人，缺乏较深洞见，故不应深责彼等。彼等追随通常理性，并未自诩其无知为含有“吾人如何自德谟克利特（democritus）深井汲取真理”之一类神秘。quod sapio，satis est mihi；non ego curo，esse quod Arcesilas aerumnosique Solones（我以我所知者为已足，既不欲为亚尔采西拉斯，亦不欲为忧患孔多之索伦）云云，乃其标语，彼等以此标语可渡其安舒及足值赞美之生涯，既不劳瘁于学问，亦不因彼等之参与而使学问混乱。

至关于采用学术的方法之人，则彼等所择之方法，或为独断的或为怀疑的；但不问其用何种方法，彼等皆须系统的进行。我可以沃尔夫为前一种方法之代表，休谟为后一种方法之代表，今为简略计，不再另举他人。此外唯有批判的途径，尚公开于人。读者若有坚忍之心，惠然肯与我携手偕行此径，则彼可自行判断，设若彼小心翼翼竭其助力，使此小径成为大道，则是否若干世纪以来所未能成就之事业，立能于本世纪终结以前成就；即关于“人类理性始终以其全力热烈从事迄今尚无所获之事”，使之能完全满足是也。

译者后记

本书系据史密斯 Norman Kemp Smith 英译本译出，唯其中先验分析论部分第一卷第二章第二节的版次顺序，史氏列第一版的原文在先，第二版的修正文在后，我则列第二版在先，以期与全书体例相符。书中句法有过于繁复难解处，我多加圆括号（　　）、引号“　　”及破折号——　——，愿能有助于读者了解。

还要说明的是，我开始翻译这部书是在 1933 年，于 1935 年秋始全部译完。之后，译稿就搁置一边，迄今二十一年，一直没有再去摸它。这次付印，虽自知其中错误与欠妥处难免，奈近年来为病魔所缠，无法用脑，只好照旧未动，请读者指正。

蓝公武

1957 年元旦于北京